AF617733

# LA EXTENSIÓN DE EFECTOS DE SENTENCIAS FIRMES EN EL PROCESO CONTENCIOSO-ADMINISTRATIVO

## Consejo Editorial


D. LUIS MARÍA CAZORLA PRIETO
*Presidente*

*VOCALES*

D. ALBERTO BERCOVITZ RODRÍGUEZ-CANO
D.ª ANA BELÉN CAMPUZANO LAGUILLO
D. ÁNGEL CARRASCO PERERA
D.ª CARMEN CHINCHILLA MARÍN
D. FAUSTINO CORDÓN MORENO
D. ANTONIO FERNÁNDEZ DE BUJÁN Y FERNÁNDEZ
D.ª ANA FERNÁNDEZ-TRESGUERRES GARCÍA
D. MARIO GARCÉS SANAGUSTÍN
D. JOSÉ LUIS GARCÍA DELGADO
D. EUGENIO GAY MONTALVO
D. JACOBO BARJA DE QUIROGA
D. LUIS MARTÍN REBOLLO
D. ALFREDO MONTOYA MELGAR
D. JULIO MUERZA ESPARZA
D. ALFONSO MUÑOZ PAREDES
D. ALBERTO PALOMAR OLMEDA
D. GONZALO QUINTERO OLIVARES
D. TOMÁS RAMÓN FERNÁNDEZ
D. GONZALO RODRÍGUEZ MOURULLO
D. ÁNGEL ROJO FERNÁNDEZ-RÍO
D. JUAN SÁNCHEZ-CALERO GUILARTE
D.ª M.ª LUISA SEGOVIANO ASTABURUAGA
D. ANTONIO V. SEMPERE NAVARRO
D. EUGENIO SIMÓN ACOSTA

MARÍA LUISA DOMÍNGUEZ BARRAGÁN

# LA EXTENSIÓN DE EFECTOS DE SENTENCIAS FIRMES EN EL PROCESO CONTENCIOSO-ADMINISTRATIVO

ARANZADI

Primera edición, 2023

El editor no se hace responsable de las opiniones recogidas, comentarios y manifestaciones vertidas por los autores. La presente obra recoge exclusivamente la opinión de su autor como manifestación de su derecho de libertad de expresión.

La Editorial se opone expresamente a que cualquiera de las páginas de esta obra o partes de ella sean utilizadas para la realización de resúmenes de prensa.

Cualquier forma de reproducción, distribución, comunicación pública o transformación de esta obra solo puede ser realizada con la autorización de sus titulares, salvo excepción prevista por la ley. Diríjase a CEDRO (Centro Español de Derechos Reprográficos) si necesita fotocopiar o escanear algún fragmento de esta obra (www.conlicencia.com; 91 702 19 70 / 93 272 04 45).

Por tanto, este libro no podrá ser reproducido total o parcialmente, ni transmitirse por procedimientos electrónicos, mecánicos, magnéticos o por sistemas de almacenamiento y recuperación informáticos o cualquier otro medio, quedando prohibidos su préstamo, alquiler o cualquier otra forma de cesión de uso del ejemplar, sin el permiso previo, por escrito, del titular o titulares del copyright.

© 2023 [Editorial Aranzadi, S.A.U. / María Luisa Domínguez Barragán]
© Portada: Editorial Aranzadi, S.A.U.

Editorial Aranzadi, S.A.U.
Camino de Galar, 15
31190 Cizur Menor (Navarra)
ISBN versión impresa: 978-84-1162-419-0
DL NA 2482-2023
*Printed in Spain. Impreso en España*
Fotocomposición: Editorial Aranzadi, S.A.U.
Impresión: Rodona Industria Gráfica, SL
Polígono Agustinos, Calle A, Nave D-11
31013 – Pamplona

*A mi familia, a mi maestro y a todos los que, con su impulso,*
*han hecho posible que esta obra vea la luz*

# *Índice General*

Página

*Página*

CAPÍTULO VI

# *Presentación*

Me solicita María Luisa Domínguez Barragán unas palabras de presentación con motivo de la publicación de su obra *LA EXTENSIÓN DE EFECTOS DE SENTENCIAS FIRMES EN EL PROCESO CONTENCIOSO-ADMINISTRATIVO*.

Con mucho gusto accedo a ello. Mi relación con la autora comenzó hace años, siendo alumna mía en la Facultad de Derecho sevillana, en la que pronto destacó por su rigor y aplicación. Terminada la Doble titulación (Licenciatura en Derecho y Diplomatura en Gestión y Administración Pública), con excelentes calificaciones, la animé a emprender la carrera académica. Hay que obrar con suma cautela al dar un consejo de esa naturaleza, pues no todo alumno está capacitado para ello e, involuntariamente, el profesor puede desviarle de otras salidas profesionales más acordes con su formación y vocación. En el caso de la interesada, creo que la iniciativa fue procedente.

Su aceptación llegó de inmediato. Al efecto, solicitó y obtuvo una beca de Ayuda de Formación del Profesorado Universitario (Beca FPU) del Ministerio de Educación, Cultura y Deporte del Gobierno de España (convocatoria 2013), para la realización del trabajo de tesis doctoral. Una ayuda estatal prevista, como su nombre indica, para facilitar los pasos iniciales del beneficiario en el mundo académico, concretamente en el primer proyecto de investigación serio y duradero que le permitirá alcanzar el doctorado. Su brillante expediente académico facilitó la concesión de la citada beca, favorablemente informada por quien suscribe estas líneas.

Una vez seleccionado el tema sobre el que versaría la investigación, dedicó la primera etapa a la aproximación a su estudio, al mismo tiempo que comenzó la recopilación del material necesario. En ese tiempo, dada su preferencia por el Derecho procesal administrativo, con financiación del Ministerio español llevó a cabo dos estancias en Francia, en el especializado Centre de Recherche en Droit Administratif (CRDA) de la Université Paris II Panthéon-Assas, trabajando bajo la dirección de Benoit Plessix, Profesor de Derecho Administrativo de la Universidad Paris II, que llegó a ser presidente de la *Association française pour la recherche en droit administratif*. Un centro de reconocido prestigio científico que sin duda influyó en la formación de la joven investigadora Domínguez Barragán, a la par que facilitó su enriquecimiento humano con la experiencia vivida en la capital francesa.

A su vuelta a España, tras muchos meses de debate y reflexión, con las consiguientes dudas y cavilaciones derivadas de un mejor conocimiento de la institución estudiada, María Luisa Domínguez Barragán concluyó la redacción final de su trabajo que sometió a la valoración de un tribunal académico para la obtención del Doctorado en Derecho. El acto de lectura y defensa tuvo lugar en la Universidad de Sevilla, ante los Profesores Manuel Jesús Cachón Cadenas (Universidad Autónoma de Barcelona), Lorenzo Mateo Bujosa Vadell (Universidad de Salamanca), María del Pilar Martín Ríos (Universidad de Sevilla), Manuel Monteiro Guedes Valente (Universidad Autónoma de Lisboa) y María Ángeles Pérez Marín (Universidad de Sevilla). Por unanimidad, mereció la máxima calificación académica, con mención internacional.

Continuando con su línea de especialización en el ámbito procesal administrativo, poco tiempo después realizó otra estancia en el Centro de investigación sobre Justicia Administrativa de la Universidad Autónoma de Madrid, sin descuidar la publicación de algunos trabajos de investigación.

En la actualidad desempeña con acierto una plaza de Profesora Ayudante Doctora (estando acreditada como Profesora Contratada Doctora por la ANECA) en el Departamento de Derecho Procesal de la Universidad de Sevilla.

Un camino que puede calificarse como de corte tradicional dentro del mundo universitario, pero sólo recorrido por quienes acreditan unas condiciones idóneas para el estudio y la investigación con intención de dedicarse a la carrera académica. Aunque la universidad española se encuentra en un delicado momento de cambio (tal vez, debiera utilizar términos más graves), no hay duda de que la vía seguida por la Profesora Domínguez Barragán es la adecuada. El esfuerzo y el conocimiento encuentran su justa compensación, sin ser sustituidos por situaciones de subterfugios que en ningún caso suplirán lo que exige la ciencia. Nunca un texto legal podrá satisfacer artificialmente las exigencias intelectuales requeridas a un buen docente e investigador y, en ese sentido, las positivas cualidades que adornan a esta joven profesora de seguro que no caerán en el vacío ni resultarán inútiles.

Por lo que se refiere a su trabajo de tesis, resulta sobradamente conocido que durante muchos años los estudiosos del Derecho procesal se centraron de modo principal en el estudio de su vertiente civil. Después, comenzaron a abordar más ampliamente la rama criminal. Ambas han experimentado un auge patente en las últimas décadas. Salvo excepciones, otras especialidades (como el referido a los procesos social, contencioso-administrativo, constitucional, menores y militar) no han merecido la suficiente atención por parte de los investigadores. Sin embargo, de un tiempo a esta parte comienza a percibirse un cambio; buena prueba de lo afirmado lo constituye la decisión de la entonces estudiante de doctorado de dedicar su esfuerzo a la desatendida especialidad contencioso-administrativa. No abundan los trabajos de procesalistas en ese campo, por lo que el esfuerzo de María Luisa Domínguez Barragán adquiere mayor relieve.

Aunque para la exacta valoración de la obra hay que remitir necesariamente a su lectura y estudio, no puede pasar la ocasión sin aludir al adecuado método de investigación seguido y al acertado planteamiento desarrollado en el trabajo, con un uso oportuno de doctrina científica y de los tribunales, así como a las conclusiones obtenidas; todo ello conduce a que el resultado será de obligada consulta en el tema de referencia. Han sido varios años, con muchas horas de conversación en torno a la figura estudiada y a sus posibilidades, los que me han conducido a la conclusión de que se trata de un interesante trabajo con unas atractivas consecuencias prácticas. Una obra en la que destaca el servicio a la eficaz tutela judicial del ciudadano ante situaciones similares. La extensión de efectos no se limita a una proclamación baladí; por el contrario, su mejor regulación legal y, lo que es más importante, su debida alegación ante los tribunales, con su correspondiente estimación y aplicación judicial, ha de colaborar de modo significativo para una mejor impartición de justicia, en este caso en el orden contencioso-administrativo.

En relación con la extensión de efectos y sin ánimo de incurrir en una enumeración detallada de los aspectos de la obra, la autora aborda con maestría cuestiones tan importantes como el concepto y la naturaleza jurídica, su fundamento, los elementos configuradores y los presupuestos procesales. Como no podía ser de otra forma en quien se inicia en la senda procesalista, lo completa con el pormenorizado estudio de diversos temas procedimentales, deteniéndose en el plazo, el inicio y tramitación, las posibles alternativas a la finalización común (desestimación y suspensión), la conclusión y los posibles recursos a plantear.

Además, otra prueba más de la envergadura de la investigación realizada la constituye la copiosa y selecta doctrina jurisprudencial aportada. No se limita al Tribunal Constitucional y al Tribunal Supremo, sino que incorpora en su trabajo numerosas sentencias y autos de otros tribunales.

Ahora, la doctora María Luisa Domínguez Barragán presenta su obra ante la comunidad científica, en feliz coincidencia con los veinticinco años de la vigente Ley reguladora de la Jurisdicción Contencioso-administrativa. Sea bienvenida la publicación y reciba su autora nuestra más cordial felicitación.

Sevilla, a veinticinco de septiembre de dos mil veintitrés.

José Martín Ostos

Catedrático de Derecho Procesal

# *Abreviaturas*

| | |
|---|---|
| AAN | Auto de la Audiencia Nacional |
| AN | Audiencia Nacional |
| art. | artículo |
| ATS | Auto del Tribunal Supremo |
| ATSJ | Auto de Tribunal Superior de Justicia |
| BOE | Boletín Oficial del Estado |
| CC | Código Civil |
| CE | Constitución Española de 1978 |
| CENDOJ | Centro de Documentación Judicial |
| CGPJ | Consejo General del Poder Judicial |
| Cfr. | Confróntese con |
| coord. | coordinado |
| dir. | dirigido |
| Disp. Ad. | Disposición Adicional |
| DO | Diario Oficial de la Unión Europea |
| ECLI | *European Case Law Identifier* |
| Et al. | *et alii* (y otros) |
| FJ | Fundamento Jurídico |
| Ibíd. | *Ibidem* (en el mismo lugar) |
| LEC | Ley 1/2000, de 17 de enero, de Enjuiciamiento Civil |
| LGT | Ley 58/2003, de 17 de diciembre, General Tributaria |
| LJCA | Ley 29/1998, de 13 de julio, reguladora de la Jurisdicción Contencioso-Administrativa |
| LO | Ley Orgánica |
| LOPD | Ley Orgánica 15/1999, de 13 de diciembre, de Protección de Datos de Carácter Personal |

| | |
|---|---|
| LOPJ | Ley Orgánica 6/1985, de 1 de julio, del Poder Judicial |
| LPACAP | Ley 39/2015, de 1 de octubre, del Procedimiento Administrativo Común de las Administraciones Públicas |
| LRJPAC | Ley 30/1992, de 26 de noviembre, de Régimen Jurídico de las Administraciones Púbicas y del Procedimiento Administrativo Común |
| LRJS | Ley 36/2011, de 10 de octubre, reguladora de la jurisdicción social |
| LUM | Ley 20/2013, de 9 de diciembre, de garantía de la unidad de mercado |
| núm. o n.º | número |
| *op. cit.* | *opus citatum* (obra citada) |
| pág. | página |
| PLMEP | Proyecto de Ley de Medidas de eficiencia procesal del servicio público de Justicia |
| RAE | Real Academia Española de la Lengua |
| rec. | recurso |
| ROJ | Repertorio Oficial de Jurisprudencia |
| SAN | Sentencia de la Audiencia Nacional |
| SAP | Sentencia de Audiencia Provincial |
| ss. | siguientes |
| STC | Sentencia del Tribunal Constitucional |
| STJUE | Sentencia del Tribunal de Justicia de la Unión Europea |
| STS | Sentencia del Tribunal Supremo |
| STSJ | Sentencia del Tribunal Superior de Justicia |
| TEDH | Tribunal Europeo de Derechos Humanos |
| TJUE | Tribunal de Justicia de la Unión Europea |
| TS | Tribunal Supremo |
| TSJ | Tribunal Superior de Justicia |
| UE | Unión Europea |
| *Vid.* | véase |
| vol. | volumen |
| VVAA | varios autores |

# Introducción

El ámbito contencioso-administrativo ha sido desde siempre uno de los sectores más abandonados por la doctrina procesalista española. No obstante, la ampliación de la eficacia de las resoluciones judiciales más allá de las partes en conflicto ha constituido, tradicionalmente, un importante tema de estudio para la materia procesal y, especialmente, para el proceso administrativo. Este estudio tuvo su reflejo con la interpretación amplia, tanto jurisprudencial como doctrinal, que se realizó del art. 86 de la antigua Ley de la Jurisdicción Contencioso-Administrativa de 1956, que puso la semilla de la figura que articula esta obra, especialmente permitiendo la introducción de nuevas partes en el proceso en la vía ejecutiva.

Las instituciones jurídicas suelen responder a una serie de características que hacen posible su identificación dentro del conjunto del ordenamiento jurídico. Además, por lo general, son rápidamente identificables para los juristas. Sin embargo, existe una figura procesal que, a pesar de llevar un cuarto de siglo en nuestro sistema legal es aún muy desconocida, constituyendo una excepción a esa regla general. Esta figura no es otra que la extensión de efectos de sentencias firmes contencioso-administrativas, recogida en el artículo 110 de la LJCA. Posiblemente, sus antecedentes históricos hayan contribuido en alto agrado a que su configuración no sea nítida, lo que lleva aparejado que su definición y su naturaleza jurídica sean asuntos de gran complejidad que pasen desapercibidos dentro de nuestro complejo sistema procesal.

Si se atiende a sus referencias históricas[1], se comprueba que la disposición de la extensión de efectos reflejada en el art. 110 LJCA no ha seguido una línea de tramitación lógica, por lo que su encuadramiento procesal es una tarea ardua. Tras la prohibición de la extensión de efectos de sentencias firmes en pleitos de plena jurisdicción, la jurisprudencia consentía una inserción de partes en la fase ejecutiva, siempre y cuando la Administración hubiera denegado la pretensión en vía administrativa. Sin embargo, en la LJCA actual, directamente se permite *ope legis* que un tercero, ajeno absolutamente al proceso originario,

1. Para una información más amplia tanto de los orígenes históricos como de los fundamentos sobre los que se construye la figura: *vid.* DOMÍNGUEZ BARRAGÁN, María Luisa, «Historia y Fundamentos de la extensión de efectos de sentencias firmes como figura procesal autónoma», en *Estudios de Deusto*, Vol. 67/2, julio-diciembre 2019, págs. 235-261.

pueda solicitar, como opción procesal, que se le extiendan los efectos de una sentencia de un proceso en el que no ha sido parte. Podemos decir, por tanto, que para el derecho procesal clásico esta institución posee una serie de aristas que dificultan su comprensión de una manera global. Así, se plantean las siguientes cuestiones: ¿Nos encontramos ante una figura que quiebra el sistema jurídico-procesal? ¿Estamos ante una figura híbrida y *sui generis*? ¿Responde su configuración legal al lugar que ocupa en la LJCA? ¿Es simplemente una técnica procesal más que no aspiraba a convertirse en una figura tan controvertida años después? De la Exposición de Motivos de la LJCA se desprendía su focalización como instrumento para la impugnación de actos-masa que, si bien ha sido su campo de actuación mayoritario no ha sido el único, pues también se ha utilizado para la impugnación de otros actos administrativos singulares.

A pesar de estos interrogantes, ha de afirmarse que su desconocimiento por los operadores jurídicos no le ha restado importancia. Si bien en su inicio fue una técnica novedosa presentada y aprobada con recelos (la Exposición de motivos de la LJCA indicaba: «Dos novedades importantes completan este capítulo de la Ley. La primera se refiere a la posibilidad de extender los efectos de una sentencia firme en materia de personal y en materia tributaria a personas distintas de las partes que se encuentren en situación idéntica. Aun regulada con la necesaria cautela, la apertura puede ahorrar la reiteración de múltiples procesos innecesarios contra los llamados actos en masa., surgida a raíz de la lucha del legislador contra los actos masa»), más adelante, el legislador la siguió considerando una herramienta útil pues, a pesar de las voces en contra, amplió sus supuestos de actuación introduciendo, en 2013, la posibilidad de extender los efectos de una sentencia firme en materias referidas a unidad de mercado.

Sin embargo, es ahora, cuando cumple veinticinco años, cuando está alcanzado una notoria importancia. Las nuevas estructuras sociales derivadas del impacto de la tecnología, de las plataformas digitales y de la crisis económica que han tenido lugar en estos últimos años han propiciado el surgimiento (o la renovación, en su caso) de figuras jurídico-procesales inéditas para los operadores jurídicos, entre las que se encuentra la extensión de efectos de sentencias firmes. Puede afirmarse que la extensión de efectos «está de moda» y ello responde, principalmente, a dos circunstancias: la primera, por la notabilidad que ha cobrado la institución más allá de nuestras fronteras. Países como Portugal o Colombia han utilizado la extensión de efectos de sentencias firmes española como base para la creación de instituciones similares en sus ordenamientos (como ejemplo: la «*Extensão dos efeitos da sentença*» portuguesa y la «extensión de jurisprudencia» colombiana), y la segunda y más relevante a nivel nacional: el legislador vuelve a traer al panorama jurídico actual la extensión de efectos cuando se trata de agilizar el sistema de justicia. En contra de la reiterada petición doctrinal no amplía el ámbito de actuación en el contencioso-administrativo pero con el Proyecto de Ley de Medidas de Eficiencia Procesal del Servicio Público de Justicia sí extrapolaba la técnica procesal de la extensión de efectos a los órdenes jurisdiccionales civil y laboral, lo que llegaba a suponer una verdadera revolución: una figura puramente contencioso-administrativa sirviendo de modelo para otras ramas del ordenamiento, mostrando la absoluta reivindicación del orden contencioso-administrativo como sistema autónomo dentro de la materia procesal y, por otro lado, acarreando una serie de problemas en lo que se refiere a la naturaleza de la institución. De todas formas, parece que la coyuntura política hace que esta innovación aún deba esperar.

Las razones que fundamentan la incorporación al ordenamiento jurídico de un mecanismo procesal como éste son de distinta índole. A nuestro juicio, la verdadera *ratio essendi* se encuentra en el principio de igualdad en la aplicación de la ley que, conjugado con una necesidad de ahorro tanto temporal como económico para evitar una multiplicidad de procesos sobre idénticas situaciones jurídicas en el ámbito judicial, han dado lugar a este procedimiento. Asimismo, se produce una ampliación de la tutela judicial efectiva contenida en el art. 24 CE y, a la duda acerca de su carácter judicial frente a su labor puramente administrativa, entendemos que se produce cierto tipo de enjuiciamiento, por lo que la extensión de efectos de sentencias firmes para el juez se encuentra dentro del mandato constitucional del art. 117.3 CE. Como venimos reiterando, resulta evidente que la figura de la extensión de efectos de sentencias firmes no responde a los patrones procesales tradicionales, al establecerse por el legislador de la LJCA como una herramienta de utilidad práctica más que como una figura legal de relevancia constitucional. Sin embargo, resulta indudable que las premisas constitucionales que la rodean siguen siendo de vital importancia en la esfera jurídico-procesal del siglo XXI. El aura del art. 24 CE, que siempre rodea cualquier figura procesal, se hace más visible en un ámbito donde se está llevando más allá de sus límites el derecho al proceso, abriendo nuevas posibilidades que permiten agrandar la esfera del derecho a la tutela judicial efectiva. No obstante, también tendría sentido si solo se contemplase como una figura de carácter administrativo, tendente a la mejora de la actuación de la Administración con sus administrados, ya que su incumplimiento podría derivarse a inactividad de la Administración. Por consiguiente, consideramos que el sistema mixto previo que desapareció con la LO 19/2003, de 23 de diciembre era bastante clarificador pero su carácter no judicial *a priori* ralentizaba el procedimiento, por lo que no se cumplían los objetivos de la creación de la figura.

El desconocimiento generalizado sobre su existencia y finalidad, y la dificultad de su aplicación (unidos a su inexistencia en términos estadísticos), provocan que su uso y proyección hayan sido mucho menores de los que se intuían con su introducción en la LJCA de 1998. ¿Realmente es una figura que ha de tener virtualidad solo en momentos de crisis o ha sido creada como un instrumento estable? ¿Responde la extensión de efectos de sentencias firmes contencioso-administrativa en el siglo XXI a los fines para los que fue creada? ¿Da cumplimiento a los fundamentos de tutela judicial efectiva del artículo 24 de la CE evitando las dilaciones indebidas? ¿Es útil para paliar las decisiones judiciales contradictorias en situaciones idénticas? ¿Posee una técnica tan depurada como para servir de base para la mejora de otros órdenes jurisdiccionales? ¿Permitiría una modificación de la planta judicial española? Son muchas cuestiones las que plantea el análisis de la figura, cuestiones a las que, humildemente, esta monografía intenta buscar una posible respuesta. No debe olvidarse que, además, el ser susceptible de extensión de efectos es uno de los requisitos que abre el camino del recurso de casación a las sentencias dictadas en única instancia por los Juzgados de lo Contencioso-administrativo, en virtud de lo dispuesto por el artículo 86.1 *in fine* de la LJCA. Como recuerda el ATS 3590/2023, de 13 de abril, en su FJ II[2]:

> «(...) Conviene insistir en que, como resalta el auto que acabamos de transcribir, la irrecurribilidad casacional no se liga a consideraciones subjetivas aprioristicas sobre la diferente posición institucional de la Administración frente a los particulares, sino al dato objetivo de que en el sistema de la Ley Jurisdiccional sólo se ha previsto el recurso de casación contra sentencias de juzgados en única instancia cuando se trata de sentencias *estimatorias que* además reconocen una situación jurídica individualizada susceptible de extensión de efectos conforme a los artículos 110 y 111 LJCA; basándose este acotamiento de la recurribilidad de dichas resoluciones en que la Ley considera que solamente en tal escenario es posible apreciar el efecto multiplicador de la sentencia que justifica la apertura, al menos potencial, de la casación».

Puede afirmarse que este trabajo viene a conformar un estudio completo del art. 110 LJCA, abarcando el concepto de extensión de efectos de sentencias firmes, su contenido y los límites a su utilización. La obra se presenta en seis capítulos que analizan los puntos más relevantes de la figura siguiendo, en la medida de lo posible, el orden establecido en dicho artículo. Así, el primer capítulo se dedica a la institucionalización de la extensión de efectos de sentencias firmes, atendiendo a su naturaleza jurídica y a su distinción con otras figuras parecidas ya existentes en nuestro ordenamiento. A continuación, el capítulo segundo pone el foco en lo que hemos llamado «elementos delimitadores», diferenciándose de los presupuestos procesales que constituyen el tercer capítulo. En cuarto lugar, se atiende a los aspectos puramente procedimentales, subrayando las diferencias entre la extensión de efectos de sentencias firmes y los procesos ordinario y abreviado contenciosos-administrativos. El capítulo quinto, de gran importancia, profundiza, principalmente, en el apartado quinto del artículo 110 LJCA, para poner sobre la mesa la dificultad que añaden las

2. Téngase en cuenta que para la cita de todas las resoluciones de la jurisdicción ordinaria contenidas en este trabajo se ha utilizado la base de datos del Centro de Documentación Judicial (CENDOJ) y para su identificación el código ROJ, es decir, el número de identificación de las mismas en el Repertorio Oficial de Jurisprudencia (todas pertenecen al orden jurisdiccional contencioso-administrativo). Para la cita de las resoluciones procedentes del Tribunal Constitucional se ha utilizado la base de datos de dicho órgano.

causas desestimatorias a la consecución positiva de las solicitudes de extensión, incorporando las nuevas tendencias jurisprudenciales en lo referente a los apartados quinto y sexto del artículo. Por último, el capítulo sexto está dedicado a la finalización de la extensión de efectos y a los efectos que produce la misma. El trabajo se cierra con un apartado dedicado a la bibliografía y con un anexo jurisprudencial que recoge las más de doscientas resoluciones citadas a lo largo de toda la obra.

La lucha por descongestionar el orden jurisdiccional contencioso-administrativo es una realidad indudable y una meta primordial del legislador y es ahí donde los objetivos de eficiencia que inspiraron la creación de la extensión de efectos de sentencias firmes en este orden jurisdiccional ocupan un papel muy relevante. Por todo lo dicho, puede afirmarse que, a pesar de sus 25 años de vigencia, nos encontramos ante un instrumento técnico procesal de actualidad que, sin duda, provocará en el lector reacciones encontradas. Del contenido de este trabajo se desprende que las sentencias ya no buscan ser meramente declarativas, sino que, a nivel estructural, se está dando un paso más que se proyecta en una objetivización del sistema, superponiendo el elemento objetivo al subjetivo[3]. Esta circunstancia no solo se observa en la figura de la extensión de efectos de sentencias firmes sino, también, cuando se atiende a la nueva configuración del recurso de casación contencioso-administrativo o, yendo más allá, a la figura del *arrêt pilot* utilizada en el Tribunal Europeo de Derechos Humanos.

Como podrá comprobarse, si se entiende la figura como un beneficio para el interés general, su éxito va a depender de la flexibilidad en la interpretación de sus requisitos y de su naturaleza jurídica, por lo que es difícil realizar una valoración objetiva de su impacto dentro de la estructura procesal. No obstante, el lector podrá comprobar con la monografía que tiene en sus manos que no nos encontramos, en ningún caso, ante un sustituto absoluto del proceso declarativo, ya que siempre dependerá de la existencia previa de una sentencia que permita solicitar la extensión de sus efectos a terceros. Asimismo, comprenderá la dificultad de su utilización, sus múltiples contradicciones y lagunas y el reparo de los operadores jurídicos a su utilización como forma de agilización del sistema judicial.

3. No podemos olvidar que es un terreno sobre el que debe pisarse con cuidado. Como indica PALOMAR OLMEDA, la estandarización se convierte, muy a menudo, en una solución por aproximación que, finalmente, no es satisfactoria para el sistema de justicia en su conjunto. Entre las soluciones por aproximación y las soluciones a asuntos iguales, tratados y formulados de la una forma similar, hay, desde luego, mucho camino y muchas diferencias, pero la advertencia de la insatisfacción de la solución por aproximación conviene hacerla para evitar que la estandarización produzca aún más aislamiento y más separación entre los operadores jurídicos. Cfr. PALOMAR OLMEDA, A., «La reforma de la jurisdicción contencioso-administrativo en una tarde de verano: a propósito del RDL 5/2023, de 28 de junio», en *Diario La Ley*, núm. 10319, Sección Tribuna, 3 de julio de 2023.

# *Capítulo I*

# Denominación, naturaleza jurídica y relación de la extensión de efectos con otras instituciones procesales

SUMARIO: 1. NOCIONES SOBRE EL CONCEPTO DE «EXTENSIÓN DE EFECTOS DE SENTENCIAS FIRMES» Y SU RELACIÓN CON EL ORDENAMIENTO. 2. LA ESPECIAL NATURALEZA JURÍDICA DE LA EXTENSIÓN DE EFECTOS DE SENTENCIAS FIRMES. 3. RELACIÓN DE LA EXTENSIÓN DE EFECTOS DE SENTENCIAS FIRMES CON FIGURAS E INSTITUCIONES AFINES. *3.1. La extensión de efectos: ¿manifestación de jurisdicción voluntaria? 3.2. La extensión de efectos de sentencias firmes: ¿intervención procesal de terceros? 3.3. ¿La extensión de efectos de sentencias firmes como tercería? 3.4. La extensión de efectos de sentencias firmes: ¿una forma de prejudicialidad? 3.5. La relación entre la extensión de efectos de sentencias firmes, el precedente administrativo y el precedente en el sistema de common law. 3.6. La extensión de efectos de sentencias firmes y su relación con el sistema de pleito testigo del art. 37.2 LJCA.*

## 1. NOCIONES SOBRE EL CONCEPTO DE «EXTENSIÓN DE EFECTOS DE SENTENCIAS FIRMES» Y SU RELACIÓN CON EL ORDENAMIENTO

Poca atención ha recibido la propia denominación de la figura aunque se haya convertido en su rasgo individualizador dentro de nuestro sistema jurídico. Cuando se hablaba de extensión de efectos, rápidamente el jurista evocaba el ámbito contencioso-administrativo, aunque pudiese llegar a confundirse con otras figuras similares como el pleito testigo o la eficacia *ultra partem* de algunas resoluciones judiciales. No obstante, con su proyectada introducción en otros ámbitos ya debe especificarse: extensión de efectos de sentencias firmes contencioso-administrativa o extensión de efectos civil/laboral.

De todas formas, por ahora, el TS ha reiterado que cuando se habla de extensión de efectos (sobre todo en relación con lo dispuesto en el art. 86.1

LJCA) solo se está aludiendo a la figura comprendida en el art. 110 LJCA[1]. Igualmente, no debe olvidarse que existe otra extensión de efectos en la LJCA, aún más desconocida si cabe, que no es otra que la extensión de los efectos de las pruebas periciales a los procedimientos conexos, regulada en el art. 61.5 LJCA. Si bien, en este caso, se habla de extensión de los efectos y no propiamente de «extensión de efectos» y, aún menos, de extensión de efectos de sentencias firmes.

A pesar de que la posibilidad de extensión de efectos ya se anuncia en el art. 72.3 LJCA[2], es el art. 110.1 *ab initio* el que recoge lo que podríamos considerar el concepto de la institución:

> «En materia tributaria, de personal al servicio de la Administración pública y de unidad de mercado, los efectos de una sentencia firme que hubiera reconocido una situación jurídica individualizada a favor de una o varias personas podrán extenderse a otras, en ejecución de la sentencia, cuando concurran las siguientes circunstancias...».

Por tanto, puede afirmarse que, en el proceso administrativo, como extensión de efectos de sentencia firme entendemos la posibilidad legal que ostenta un tercero, con aplicación de una reserva material, de poder solicitar que se le destinen los mismos resultados que un recurrente en su misma situación obtuvo en un proceso anterior porque, como indica GONZÁLEZ DE LARA MINGO, existe ya una respuesta judicial firme sobre lo que sería su objeto[3] y, como recoge la STS 1930/2020, de 18 de junio (FJ III) poseyendo la finalidad de evitar trámites y sentencias reiterativos y liberar al ciudadano de la necesidad de interponer recursos independientes para ver satisfecha la misma pretensión. Dicho así, no se presenta ningún punto trascendental. No obstante, si analizamos en profundidad su título (concretamente el apartado primero del art. 110 LJCA) podemos plantear una serie de cuestiones.

La primera de las cuestiones a la que podemos dedicar nuestra atención hace referencia a si realmente estamos ante una extensión de efectos o si la denominación no concreta los términos de la figura ante la que nos encontramos. Así, *a priori* y en estas circunstancias, debemos hacer dos diferenciaciones: por un

1. *Vid.* ATS 5744/2018, de 25 de mayo (FJ III):
«(...) Como ya hemos puesto de manifiesto en autos, entre otros, de 8 de marzo de 2017 —rec. 65/2017— y 22 de marzo de 2017 —rec. 143/2016—, la alusión a la extensión de efectos no puede entenderse de otra manera que referida a la contemplada en los artículos 110 y 111 de la Ley de esta Jurisdicción.». Lo vuelve a reiterar, por ejemplo, en los AATS 2210/2021, de 19 de febrero y 2525/2021, de 26 de febrero.
2. «La estimación de pretensiones de reconocimiento o restablecimiento de una situación jurídica individualizada sólo producirá efectos entre las partes. No obstante, tales efectos podrán extenderse a terceros en los términos previstos en los artículos 110 y 111».
3. Cfr. GONZÁLEZ DE LARA MINGO, Sandra, «Nueva jurisprudencia del Tribunal Supremo en relación con la extensión de los efectos de una sentencia firme en materia tributaria», en *Actualidad Administrativa*, núm. 10, octubre, 2020.

lado, si nos hallamos ante un acto masa[4] y, por otro, si estamos ante un caso idéntico pero que pende de dos o más actos administrativos distintos.

Como ya se adelantó, la propia Exposición de motivos de la LJCA menciona la extensión de efectos de sentencias firmes dentro del contexto de los actos masa; sin embargo, el legislador no previó, en ningún momento, que la extensión hubiera de aplicarse únicamente a los actos administrativos con destinatarios múltiples lo que, a nuestro juicio, dificulta mucho la comprensión de la figura en un sentido global.

Para la Real Academia Española, el término «extender» significa hacer que algo, aumentando su superficie, ocupe más lugar o espacio que el que antes ocupaba. En ambos casos, la extensión *a priori* lo que permite es que los efectos de una sentencia anterior afecten a un tercero ajeno[5], es decir, amplíen su ámbito de impacto. Si bien la terminología empleada es bastante clara, hemos de tener en cuenta que, ciertamente, no se produce una extensión como tal, sino un reconocimiento judicial de unos efectos que ya han sido concedidos a un recurrente anterior, puesto que, en ningún caso, nos encontramos ante un litisconsorcio constituyendo, en todo caso, una extensión subjetiva de efectos. Es por ello que, más bien, se está instituyendo una especie de precedente judicial obligatorio para casos idénticos. Este hecho es mucho más evidente cuando se trata de dos actos administrativos distintos, pero es bastante discutible para los actos masa. En estos últimos casos, sería plausible hablar propiamente de extensión subjetiva.

Este matiz nos lleva directamente a la segunda cuestión: ¿son los efectos puramente procesales el objeto de la extensión? Si fuera así, parecería lógico que la denominación fuese la de extensión de efectos. Los efectos de una sentencia, en palabras de PÉREZ ANDRÉS[6], son la verdadera razón de ser de una resolución judicial. Como consecuencias que se derivan de la sentencia, pueden ser jurídico-materiales y jurídico-procesales. Así, entendemos que es a este conjunto de efectos a los que hace referencia el citado art. 110 LJCA. En muchos casos, podríamos decir junto a GRANDE SEARA[7] que se tratan de efectos reflejos, porque afectan a terceros no litigantes en el proceso en el que la sentencia se dictó[8]. Obviamente, se extienden los efectos de la sentencia originaria,

4. Como «acto masa» entendemos aquel acto administrativo con múltiples destinatarios identificables o no numéricamente.
5. La consideración de «ajeno» en este momento hace referencia a su cualidad de tercero no parte, ya que, realmente, tiene algún punto de conexión con el pleito originario (ya sea por obra del mismo acto administrativo o por la identidad de situaciones).
6. *Vid.* PÉREZ ANDRÉS, Antonio Alfonso, Los Efectos de las Sentencias de la Jurisdicción Contencioso-Administrativa, Elcano (Navarra), 2000, pág. 50.
7. Cfr. GRANDE SEARA, Pablo, La extensión subjetiva de la cosa juzgada en el proceso civil, Valencia, 2008, pág. 53.
8. No obstante, dependerá de la naturaleza jurídica que se le otorgue a la institución de extensión de efectos de sentencias firmes como se verá a continuación.

pero lo más importante es que se extiende el resultado que provoca el reconocimiento de la situación jurídica individualizada, por lo que no es una mera extensión de elementos formales, sino una extensión completa, tanto de elementos procesales como sustantivos. ¿Sería más concreto hablar de extensión de efectos y fallo de una sentencia? El debate está abierto, aunque debe reconocerse que la particularización de la denominación ha permitido la identificación de la institución dentro del conjunto de herramientas procesales de las que dispone nuestro ordenamiento jurídico.

Dentro del concepto como punto de partida, no puede olvidarse atender al carácter de la figura. A pesar de que la LJCA no habla del (peculiar) carácter de la extensión de efectos, en este primer momento podemos decir que, como ya hemos advertido, nos encontramos ante una extensión subjetiva de los efectos (o de los efectos y el fallo) de una sentencia anterior. La extensión es a otros sujetos, mientras que los efectos y el fallo a extender no cambian (de hecho, el art. 110.4 LJCA establece el límite de la imposibilidad de reconocimiento de una situación jurídica distinta a la que se hubiese reconocido en la sentencia firme originaria). Por tanto, entendemos que no nos encontramos ante una extensión de la ejecución de un fallo anterior, ya que la figura, a pesar de encontrarse en sede ejecutiva, es de carácter declarativo. Negamos así que la extensión de efectos conforme una modalidad de ejecución. Como vemos, nos encontramos ante un procedimiento que se inserta dentro del capítulo legal dedicado a la ejecución pero que, por su forma y contenido, posee un carácter rotundamente declarativo.

CACHÓN CADENAS[9] deja claro que la función del proceso ejecutivo es distinta a la del proceso declarativo, puesto que en ella se pretende hacer efectiva la realización de un derecho cuya existencia ya ha sido declarada en sentencia o resolución judicial, cuestión que no se produce en la extensión de efectos, donde lo que se pretende determinar (siguiendo la opinión de este autor para el proceso declarativo) es si existe o no el derecho que una parte invoca frente a la otra, si bien con algunas particularidades como la necesaria existencia del requisito de la identidad de situaciones. De igual forma (aunque para la ejecución civil) este autor recuerda la necesaria existencia del título ejecutivo para proceder a la ejecución procesal por lo que, por analogía en el ámbito contencioso-administrativo, sería imposible acudir a la ejecución sin el título ejecutivo que otorga la propia extensión de efectos, revelando de nuevo, por tanto, su carácter declarativo[10]. Asimismo, PÉREZ DEL BLANCO recuerda que la extensión de efectos puede producirse también respecto de sentencias que no generen actividad ejecutiva, por lo que la relación entre ejecución y extensión de efectos es nula, en el sentido de inexistente[11].

9. Cfr. CACHÓN CADENAS, Manuel, *La ejecución procesal civil*, Barcelona, 2018, pág. 22.
10. *Vid.* Ibíd., págs. 26 y ss.

Otro de los puntos clave de su definición es el relativo al momento procesal en el que puede llevarse a cabo la extensión. El art. 110.1 LJCA habla de la extensión de los efectos «en ejecución de la sentencia». En un primer momento parece un aviso temporal aunque, si se profundiza en su significado, plantea dos vertientes. La primera sobre la que debemos reflexionar es acerca del titular de la ejecución: ¿la extensión se produce en la fase ejecutiva del primer recurrente o en la del solicitante? Parece claro que ha de ser en la ejecución del primero, ya que el solicitante de extensión aún no ha recibido ninguna sentencia ni resolución judicial que pudiera ser ejecutable. La segunda cuestión va un poco más allá: ¿qué pasa si la ejecución ya se ha producido o, incluso, aún no ha sido abierta? En una interpretación literal del precepto podría defenderse que no sería posible acudir a la extensión de efectos. Sin embargo, la jurisprudencia se muestra flexible en este punto, posiblemente porque sea aún una reminiscencia derivada de los antecedentes históricos[12].

Por último, aludiremos al conjunto de la denominación. ¿Es la llamada extensión de efectos de sentencias firmes una denominación concreta? Es cierto que, a lo largo de los años desde su inclusión en la LJCA, la denominación de la institución como «extensión de efectos de sentencias firmes» ha sufrido multitud de críticas e, incluso, algún sector de la doctrina la ha renombrado de distinta forma. En los albores de la figura, GONZÁLEZ CANO ya indicaba que la cuestión terminológica necesitaba de matización[13]. De hecho, ha recibido diferentes denominaciones como, por ejemplo: ampliación de los límites subjetivos de la cosa juzgada[14], ampliación de efectos, eficacia refleja de la sentencia[15] o extensión *ultra partem* de los efectos de las sentencias. A pesar de las críticas, desde 1998 ha seguido recibiendo la misma denominación y en la actualidad no se discute su título (al revés, se pretende su exportación a otros órdenes jurisdiccionales). Además, reiteramos

11. Cfr. PÉREZ DEL BLANCO, Gilberto, «La extensión subjetiva de los efectos de las sentencias administrativas en los supuestos de litigios en masa» en *CEF Legal,* núm. 53, junio, 2005, pág. 89.
12. La STS 5476/2008, de 22 de octubre (n.º rec. 1104/2006) en su FJ III recuerda:
«Por lo cual, el incidente de extensión de efectos no es propiamente una actuación procesal de ejecución sino de preparación de la ejecución; es un proceso de cognición destinado a crear, en favor del instante, un título de ejecución con el mismo contenido que el de la sentencia de cuya extensión se trata, si bien con una limitación en cuanto a lo que puede de ser objeto de esa cognición».
13. *Vid.* GONZÁLEZ CANO, María Isabel, La protección de los intereses legítimos en el proceso administrativo, Valencia, 1997, pág. 203.
14. Como indica NIEVA FENOLL, Jordi (*La cosa juzgada*, Barcelona, 2006, pág. 119): el principio básico del que parte el concepto de cosa juzgada es el que los juicios solo deben realizarse una única vez por lo que, a nuestro juicio, tiene sentido hablar de extensión de efectos como extensión subjetiva de la cosa juzgada.
15. *Vid.* GRANDE SEARA, Pablo, La extensión subjetiva de la cosa juzgada en el proceso civil, *op. cit.*, pág. 60.

lo expuesto al inicio de este apartado: esta denominación individualiza a la figura, por lo que no es necesario su identificación posterior como institución perteneciente al ámbito contencioso-administrativo dentro del ordenamiento. Si bien, es cierto que también se producen extensiones de efectos en otras materias, como las extensiones de efectos de cláusulas arbitrales o las extensiones de efectos de cláusulas de nulidad en el ámbito del derecho de consumidores y usuarios y, más ahora, si al final entrasen en vigor las nuevas medidas que pretende el PLMEP. Realmente, a nuestro parecer, lo que identifica a la extensión de efectos de sentencias firmes es precisamente este complemento «de sentencias firmes» pues, como ya hemos visto, existe también la figura de la extensión de los efectos de las pruebas periciales. Así, es notorio que GONZÁLEZ-VARAS IBÁÑEZ aluda a la extensión de efectos como una extensión de determinados derechos reconocidos en una sentencia[16].

En definitiva, la extensión de efectos en cuanto a su concepto no presenta unas dificultades subrayables, más allá de la posibilidad de que hubiese recibido otra denominación que reflejase el verdadero objetivo de la integración de esta herramienta en la LJCA y facilitara su uso. De todas formas, no sería este el momento *de lege ferenda* de proponer una nueva denominación o terminología (como podría ser reconocimiento de efectos o declaración de efectos), ya que nos encontramos ante una denominación consolidada, individualizable, conocida y aceptada en el orden contencioso-administrativo.

## 2. LA ESPECIAL NATURALEZA JURÍDICA DE LA EXTENSIÓN DE EFECTOS DE SENTENCIAS FIRMES

La naturaleza jurídica de la extensión de efectos de sentencias firmes en el contencioso-administrativo es, sin duda, el elemento que más quebraderos de cabeza ha generado a la doctrina, pues puede afirmarse que, aún hoy, no está definida. De hecho, estamos en total acuerdo con MARTÍN CONTRERAS cuando la define como un «tremendo galimatías procedimental»[17]. La ubicación normativa del artículo dentro del Capítulo IV del Título IV de la LJCA, dedicado a la ejecución de sentencias, no ayuda a su delimitación y, a su vez, descuadra su sensata y posible configuración declarativa[18]. De hecho, MAGALDI[19] plantea

16. *Vid.* GONZÁLEZ-VARAS IBÁÑEZ, Santiago, *Tratado de Derecho Administrativo, Tomo II*, Navarra, 2020, pág. 1297.

17. *Vid.* MARTÍN CONTRERAS, Luis, «La extensión de efectos de una sentencia a terceros: el artículo 110 de la Ley reguladora de la Jurisdicción Contencioso-administrativa», en ALONSO SALGADO, Cristina (coord.) *et al.*, *El proceso administrativo (LJCA): cuestiones problemáticas: procedimiento abreviado y procedimientos especiales,* Valencia, 2021, pág. 200. Es de gran interés la argumentación relativa a la naturaleza jurídica de la extensión de efectos que realiza este autor (Ibíd., págs. 200 y ss.).

18. Algunos autores han considerado que la ubicación de la extensión de efectos en la LJCA es absolutamente errónea. Por ejemplo *vid.* SANTAMARÍA PASTOR, Juan Alfonso, *La Ley reguladora de la Jurisdicción Contencioso-Administrativa. Comentario*, Madrid, 2010, pág. 1151.

que hubiese sido más adecuado su inclusión en la LJCA como un procedimiento especial de los contenidos en el Título V[20] mientras que GONZÁLEZ-VARAS IBÁÑEZ apuesta, directamente, por su supresión[21].

En multitud de ocasiones hemos defendido una postura mixta[22]: es decir, una naturaleza híbrida, diferenciada según el sujeto al que estemos considerando dando paso, por nuestra parte, a mostrar una clasificación dual y heterogénea dependiendo de la perspectiva del enfoque pero imposibilitando, sin duda, su posicionamiento dentro de las estructuras procesales habituales. No obstante, consideramos innegable su naturaleza declarativa y procedimental a pesar de situarse legalmente en la vía ejecutiva. Si se observa desde la visión del recurrente originario, nos encontraríamos ante un incidente o cuestión incidental del proceso que va a dar lugar a la extensión, siendo ésta la postura doctrinal mayoritaria (apoyada también en el apartado quinto del art. 110 que expone: «el incidente se desestimará...»). Sin embargo, desde la postura del solicitante de extensión de efectos, nos encontramos ante un procedimiento nuevo y autónomo[23], donde el principio de aportación de parte posee un papel muy acentuado. A pesar de que, tradicionalmente, la extensión de efectos ha sido considerada como un incidente mayoritariamente para los tribunales, parece que esta concepción va cambiando lentamente o, al menos, de forma

19. *Vid.* MAGALDI, Nuria, «Artículo 110», en EZQUERRA HUERVA, Antonio (dir.) y OLIVAN DEL CACHO, Javier (dir.), *Comentarios a la Ley reguladora de la Jurisdicción Contencioso-Administrativa*, Valencia, 2021, pág. 1880. En el mismo sentido, *vid.* MARTÍN CONTRERAS, Luis, «La extensión de efectos de una sentencia a terceros: el artículo 110 de la Ley reguladora de la Jurisdicción Contencioso-administrativa», en ALONSO SALGADO, Cristina (coord.) *et al.*, *El proceso administrativo (LJCA): cuestiones problemáticas: procedimiento abreviado y procedimientos especiales, óp. cit.*, pág. 201.

20. Según GONZÁLEZ-VARAS IBÁÑEZ, antes de la reforma de 2003, nos encontrábamos ante una solución «intermedia o de equilibrio» entre la posibilidad de plantear un simple incidente en la fase de ejecución de sentencias y la necesidad de iniciar un proceso administrativo. (Cfr. GONZÁLEZ-VARAS IBÁÑEZ, Santiago, *Tratado de Derecho Administrativo, op. cit.*, pág. 1306).

21. Llama la atención que este autor en 2023 plantee la posibilidad de suprimir la extensión en base a los siguientes argumentos: «En relación con la ejecución de la sentencia a nuestro juicio confunde, más que aporta, el artículo 110 de la LJCA, debiéndose remitir todos los supuestos al marco general del incidente de ejecución de sentencia. En los procesos administrativos es importante una interpretación flexible de los incidentes de ejecución para evitar situaciones de indefensión». Cfr. GONZÁLEZ-VARAS IBÁÑEZ, S., «35 posibles reformas de la LJCA y una propuesta de reforma global», en *Diario La Ley*, núm. 10336, Sección Tribuna, 26 de julio de 2023.

22. Para una reflexión más en profundidad sobre la naturaleza jurídica de la extensión de efectos, *vid.* DOMÍNGUEZ BARRAGÁN, María Luisa, «La controvertida naturaleza jurídica de la extensión subjetiva de efectos de las sentencias firmes en el ámbito contencioso-administrativo», en *Revista General de Derecho Procesal*, núm. 51, 2020.

23. GONZÁLEZ-VARAS IBÁÑEZ afirma: «El artículo 110 no afirma realmente la posibilidad general de plantear simples incidentes en fase de ejecución de sentencias ni siquiera en materia de personal o tributaria, que son los casos a los que se refiere». (Cfr. GONZÁLEZ-VARAS IBÁÑEZ, Santiago, *Tratado de Derecho Administrativo, op. cit.*, pág. 1304).

implícita, sobre todo a raíz de la entrada en vigor de la LEC. Como ejemplo, puede citarse la STS 607/2018, de 21 de febrero, cuando en su FJ VII se expone:

> «(...) El motivo previsto en el apartado b) del artículo 88.1 de la LJCA podría plantearse con más propiedad si se llega a tramitar un recurso jurisdiccional soslayándose el procedimiento que fuere preceptivo. Es lo que ocurriría, por ejemplo, si siendo preceptivo el procedimiento abreviado del artículo 78 de la LJCA, se sigue el procedimiento ordinario o se tramita por el procedimiento abreviado un pleito sobre materias ajenas al mismo o se tramita al amparo del artículo 110 de la LJCA un procedimiento en el que no se pretende extensión de efectos alguna o si el supuesto del artículo 122 de la LJCA se tramita por un procedimiento distinto, etc.»[24].

Esta doble naturaleza se observa claramente cuando son dos actos administrativos diferentes los que dan lugar al recurso primigenio y a la posterior extensión; pero se difumina cuando todo deriva del mismo acto administrativo masa. Por ello, puede llegar a pensarse que el legislador de 1998 realmente estaba imaginando una extensión de efectos posible únicamente en los casos de actos que tuvieran una multitud de destinatarios y, por ese motivo, aludía al carácter incidental. No obstante, al no recoger el texto del artículo tal precisión, se ha permitido la solicitud de extensión de efectos aun cuando fuesen actos administrativos distintos. Esto hace que la responsabilidad de acordar la extensión de efectos de sentencias firmes bascule desde el acto administrativo que produjo la situación hacia la identidad de las situaciones jurídicas individualizadas.

Incluso, puede llegar a contemplarse que la extensión de efectos sea un mero mecanismo procedimental que no ostente la consideración de proceso ni tampoco de incidente. De hecho, así parece desprenderse del ATS 4811/2023, de 20 de abril, que en su FJ II expone:

> «(...)La primera de esas circunstancias (la posibilidad de extensión de efectos de la resolución recurrida) es objetiva: nuestra Ley Jurisdiccional determina en los artículos 110 y 111 qué sentencias son susceptibles de extensión de efectos, de suerte que el órgano judicial que ha dictado la resolución que pretende recurrirse en casación puede comprobar que la misma reúne los requisitos que aquellos preceptos determinan objetivamente; ello, obviamente, sin perjuicio del control que, sobre tal actuación, corresponde efectuar a esta Sala al adoptar la decisión que corresponda sobre la admisión (o no) del recurso».

Esta circunstancia se aprecia aún más cuando se observa el mero papel de comprobación que ostenta el órgano juzgador en la aplicación del art. 110. Un ejemplo de ello lo encontramos en el ATS 14670/2022, de 18 de octubre, donde en su FJ I se señala:

24. De la misma forma, el propio TS hace diferenciaciones expresas entre la ejecución y el instituto de la extensión de efectos de sentencias. *Vid.* (por todas), STS 3614/2005, de 7 de junio.

«Expuestas en los Antecedentes de este Auto las circunstancias del caso; esto es, el fallo de la Sentencia y la solicitud de extensión de efectos, es necesario tan sólo, conforme a lo establecido en el artículo 110 LJCA, examinar si concurren o no en la solicitante las circunstancias que al efecto puedan hacer le beneficiaria de la extensión que solicita. En este análisis es dato de partida de importancia decisiva el hecho de que no ha habido oposición a dicha solicitud, pues el Abogado del Estado se ha limitado a no hacer objeción alguna a la viabilidad de la extensión de efectos de la sentencia solicitada. Bastaría esta consideración para estimar la extensión de efectos sin necesidad de más prolijas consideraciones (...)».

Con estas breves alusiones a la naturaleza jurídica, se hace patente la complejidad que encierra la figura, que irá siendo aún más evidente a lo largo de toda la obra. Como ya hemos manifestado en otros escritos anteriores, la divergencia de opiniones no permite realizar conclusiones definitivas, sino defender alguna postura concreta en función de la viabilidad de la que se le quiera dotar dentro de un asunto concreto. De hecho, no puede afirmarse que la doctrina (y en menor grado, la jurisprudencia) sea pacífica a la hora de establecer la naturaleza jurídica de la figura. Lo que es indiscutible es la imposibilidad de negar sus rasgos de posible proceso especial y, por supuesto, su peculiarísimo carácter dentro del ordenamiento procesal.

## 3. RELACIÓN DE LA EXTENSIÓN DE EFECTOS DE SENTENCIAS FIRMES CON FIGURAS E INSTITUCIONES AFINES

Al no poseer unas características que identifiquen la extensión de efectos de sentencias firmes como estructura procesal ya existente en el ordenamiento, se revela necesario distinguirla de otras figuras parecidas o conexas como pueden ser los precedentes, las tercerías, el pleito-testigo o la intervención procesal de terceros. Como veremos, el mencionado análisis la muestra como una institución autónoma, particular e individualizada dentro del sistema de derecho continental[25].

Antes de iniciar la comparación con las figuras más parecidas hemos de destacar su carácter singularizado. Muchas veces se asimila la extensión de efectos de sentencias firmes con los procesos colectivos o se la incluye en la órbita de los mismos, sobre todo, por su naturaleza plúrima primigenia. Sin embargo, a nuestro juicio, la figura de la extensión de efectos no comparte las características de una «*class action*» (aunque podría hipotetizarse con un cauce colectivo para las pretensiones), puesto que no ampara intereses heterogéneos con relevancia colectiva. Es cierto que, como figuras destinadas a canalizar los intereses de muchas personas, pueden tener algún grado de cercanía, pero si bien las acciones colectivas poseen ese rasgo unido de subjetividad múltiple, la extensión de efectos preconiza la importancia de la individualización de la situación jurídica para su reconocimiento. Así, no busca la defensa de pretensiones fusionadas,

25. Salvo Portugal y, en cierta medida, Alemania, no hemos encontrado países que posean en sus ordenamientos figuras jurídicas similares.

sino que, a través de un mecanismo concreto, se reconozca a múltiples personas situaciones jurídicas singulares provenientes de un acto único que puede tener múltiples destinatarios (individualizables en la mayoría de los casos)[26].

### 3.1. LA EXTENSIÓN DE EFECTOS: ¿MANIFESTACIÓN DE JURISDICCIÓN VOLUNTARIA?

Es cuestión pacífica entre la doctrina que la extensión de efectos no responde a los patrones de la jurisdicción voluntaria, puesto que, aunque la intervención del juez sea meramente de comprobación, existe un juicio o una cuestión contradictoria entre las partes y, además, nos encontramos dentro de un procedimiento contencioso-administrativo y no de carácter civil y/o mercantil.

### 3.2. LA EXTENSIÓN DE EFECTOS DE SENTENCIAS FIRMES: ¿INTERVENCIÓN PROCESAL DE TERCEROS?

La LEC regula la intervención procesal en sus arts. 13 y 14. Sobre esta base, OROMÍ VALL-LLOVERA define la intervención procesal de terceros como una pluralidad de partes sobrevenida, frente a la figura litisconsorcial donde las posiciones procesales están determinadas desde el inicio del proceso[27]. Para SERRA DOMÍNGUEZ la intervención procesal es la introducción en un proceso, pendiente entre dos o más partes, de una tercera persona que formula, frente o junto a las partes originarias, una determinada pretensión, encaminada bien a la inmediata defensa de un propio derecho, bien a la defensa del derecho de cualquiera de las partes personadas[28].

Puede comprobarse que, a simple vista, la extensión de efectos responde en alto grado a las características de una intervención procesal de terceros, ya sea tanto de carácter adhesivo-litisconsorcial como simple (dependerá de si el acto administrativo es el mismo o no) y, por supuesto, no principal. Sin embargo, consideramos que no nos encontramos ante esta figura procesal por dos motivos: en primer lugar, porque el solicitante de extensión de efectos no se incorpora a un procedimiento abierto en fase declarativa, sino que lo hace a través de un procedimiento independiente o cuasi independiente y, en segundo término, porque la base procedimental no es el interés legítimo, sino la identidad de dos situaciones jurídicas. La pretensión, por tanto, es radicalmente distinta: el recurrente pide el reconocimiento de una situación jurídica individualizada y el solicitante de extensión de efectos el reconocimiento de la propia extensión en base

26. Para mayor información sobre la naturaleza del proceso colectivo, *Vid.*, por ejemplo: BUJOSA VADELL, Lorenzo, *Procesos Colectivos,* Lima, 2023.
27. *Vid.* OROMÍ VALL-LLOVERA, Susana, Intervención voluntaria de terceros en el proceso civil: facultades procesales del interviniente, Madrid, 2007, págs. 15 y ss.
28. Cfr. SERRA DOMÍNGUEZ, Manuel, «Intervención de terceros en el proceso», en *Estudios de Derecho Procesal*, Barcelona, 1969, págs. 207 y ss.

a dicha identidad. Evidentemente puede (sobre todo en los actos masa) haber un interés legítimo, pero no es condición para que se lleve a cabo la extensión, puesto que puede derivar de dos situaciones independientes pero que están asimiladas por multitud de factores. Tampoco sería defendible suponer que el solicitante de la extensión de efectos es un mero coadyuvante, pues en ningún caso su posición está subordinada a una de las partes, sino que se configura como una parte en sí misma considerada.

### 3.3. ¿LA EXTENSIÓN DE EFECTOS DE SENTENCIAS FIRMES COMO TERCERÍA?

Desde la perspectiva procesal puede parecer que la extensión de efectos se asimila a una tercería civil, principalmente por la intervención de un tercero en una causa ajena.

Por ejemplo, como indica GARBERÍ LLOBREGAT para las tercerías de mejor derecho: «la tercería de mejor derecho constituye un incidente dentro de un proceso de ejecución, por medio del cual un tercero ajeno a la ejecución, acreedor de la parte ejecutada en dicho proceso y cuyo crédito goce de preferencia legal respecto el crédito reclamado por el acreedor ejecutante, solicita que le sea satisfecho su crédito con preferencia al de este último antes de que se produzca el pago a dicho acreedor ejecutante con la entrega del producto obtenido de la realización de los bienes embargados, o con la adjudicación al mismo de dichos bienes»[29].

Siguiendo estas pautas, en ningún caso podríamos afirmar que la extensión de efectos es una tercería, ya que el tercero no tiene por qué verse perjudicado con relación al recurrente originario o/y otros terceros ni formular una pretensión que sea incompatible con las demás pretensiones.

### 3.4. LA EXTENSIÓN DE EFECTOS DE SENTENCIAS FIRMES: ¿UNA FORMA DE PREJUDICIALIDAD?

Nunca puede entenderse la extensión de efectos como una forma de prejudicialidad, porque no se produce *a priori,* ni posee ninguna relación en el enjuiciamiento de una cuestión conexa sobre el fondo de un asunto, ya sea del mismo o de distinto orden jurisdiccional. Al contrario, la extensión de efectos de sentencias firmes opera cuando ya se ha producido un enjuiciamiento y la resolución obtenida es firme. El único punto en común que podemos encontrar es el relativo a la relación de ambas instituciones con una causa o cuestión anterior. De hecho, venimos negando la naturaleza incidental absoluta de la extensión de efectos.

29. Cfr. GARBERÍ LLOBREGAT, José y BUITRÓN RAMÍREZ, Guadalupe, *La tercería de mejor derecho*, Barcelona, 2008, pág. 24.

### 3.5. LA RELACIÓN ENTRE LA EXTENSIÓN DE EFECTOS DE SENTENCIAS FIRMES, EL PRECEDENTE ADMINISTRATIVO Y EL PRECEDENTE EN EL SISTEMA DE *COMMON LAW*

Realmente, la comparación entre la extensión de efectos y estas dos figuras próximas a ella puede incluso no tener sentido si entendemos que la extensión de efectos de sentencias firmes no es más que una aplicación directa de un artículo legal, negándose, por tanto, la vinculatoriedad del precedente al respetarse la supremacía de la norma[30]. Efectivamente, esta teoría se ve reforzada si recordamos (como veremos en capítulos posteriores de esta obra) que la extensión de efectos posee una reserva material que imposibilita la extensión de efectos en materias que no sean las establecidas por el art. 110 LJCA y que la independencia judicial es principio constitucional básico de nuestro Estado de derecho (art. 117 CE). Sin embargo, por sus similitudes a la hora de mostrarse como instrumentos técnicos-procesales consideramos útil establecer la comparativa de forma sucinta, pues ya la hemos puesto de manifiesto en anteriores trabajos[31]. De hecho, varios autores como GONZÁLEZ CANO[32], sitúan el precedente como una figura en relación con el sistema de extensión de efectos de sentencias firmes, incluso NOYA FERREIRO, advierte que la interpretación del antiguo art. 86.2 de la LJCA de 1956 ya «suponía un acercamiento en el proceso administrativo a la figura del precedente judicial»[33]. Llegados a este punto es importante recordar, como indica MARTIN CONTRERAS siguiendo a GIL IBÁÑEZ, que la Administración se ha resistido conscientemente a adecuar su actuación a los pronunciamientos judiciales que, ejercitando la potestad atribuida por la CE en el apartado segundo del artículo 106, marcaban la dirección a seguir[34].

---

30. No obstante, para SALA, XIOL y MONTALVO: «la pretensión que abre el procedimiento de extensión de efectos es una pretensión de reconocimiento de una situación jurídica individualizada de la naturaleza de las llamadas pretensiones de plena jurisdicción con la única limitación de que su fundamento no radica en la aplicación de uno o varios preceptos del ordenamiento jurídico, sino en el valor cuasinormativo o de precedente de la sentencia dictada en un caso idéntico...» (cfr. SALA SÁNCHEZ, Pascual, XIOL RÍOS Juan Antonio, y FERNÁNDEZ MONTALVO, Rafael, *Práctica Procesal Contencioso Administrativa*, Barcelona, 2001, pág. 270).
31. *Vid.* por ejemplo: DOMÍNGUEZ BARRAGÁN, María Luisa, «Extensión de efectos de sentencias firmes: ¿aplicación del precedente?», en ARIZA COLMENAREJO, María José (dir.), *Revisión del sistema de fuentes y su repercusión en el derecho procesal*, Madrid, 2021, págs. 272 y ss.
32. *Vid.* GONZÁLEZ CANO, María Isabel, La protección de los intereses legítimos..., *op. cit.*, pág. 203.
33. Cfr. NOYA FERREIRO, M.ª Lourdes, «Extensión de efectos de la sentencia y el pleito testigo. ¿Una apuesta por la eficacia?», en *Revista española de Derecho Administrativo*, 200/2019, págs. 77-110.
34. Cfr. MARTIN CONTRERAS, Luis, «La extensión de efectos de una sentencia a terceros: el artículo 110 de la Ley reguladora de la Jurisdicción Contencioso-administrativa», en CASTILLEJO MANZANARES, R., (dir), *et al.*, *El proceso administrativo (LJCA): Cuestiones problemáticas, procedimiento abreviado y procedimientos especiales*, Valencia, 2021, pág. 198.

En nuestra opinión, la configuración actual del art. 110 LJCA, a grandes rasgos, permite entender la sentencia de contraste o sentencia a extender en la extensión como un precedente[35]. El legislador lo que intentaba era encontrar una herramienta o técnica procesal que diera una solución eficaz a los muchos recursos que se planteaban frente a un acto con múltiples destinatarios, siguiendo la línea del art. 86.2 contenido en la antigua Ley de 1956. El TS en su STS 4488/2016, de 11 de octubre, FJ VI expone:

> «(...) El Tribunal Supremo trató, en algunas ocasiones, de abrir una vía para solventar los problemas derivados de la actitud reticente de las Administraciones públicas a seguir lo ya decidido con anterioridad por los órganos jurisdiccionales para supuestos idénticos, aunque, hasta la entrada en vigor de la LJCA de 1998, se trataba de resoluciones de esta Sala ocasionales y muy limitadas. Por tanto, resultaba precisa una reforma legislativa que atribuyese a los tribunales facultades suficientes para fiscalizar de manera inmediata la aplicación por la Administración de los precedentes judiciales a los casos idénticos no llevados a los tribunales»[36].

Si comparamos la extensión de efectos de sentencias firmes con el precedente administrativo nos damos cuenta de que, si bien en el momento de la creación de la figura de la extensión eran dos herramientas conexas (puesto que el art. 110.2 LJCA originario establecía una vía administrativa previa), tras la modificación del articulado la conexión se rompió, dando lugar a dos figuras distintas que no pueden asimilarse en base a varias razones: autovinculación de la Administración Pública, presencia imprescindible del interés público, etc.

De igual forma, la extensión de efectos de sentencias firmes recuerda indudablemente al precedente del sistema anglosajón del *common law,* pero con la diferencia de que, a nuestro juicio, la extensión de efectos no tiene como objetivo fundamental ostentar un papel preferente en la solución de casos futuros (puesto que, en muchos casos, derivará de actos masa). Autores como MORAL SORIANO ya han puesto de manifiesto el acercamiento extensión de efectos-precedente del *common law*, indicando que las líneas diferenciadoras son cada vez más difusas[37],

35. Así, lo ha entendido el TS, por ejemplo, en su STS 5476/2008, de 22 de octubre FJ III. En ella expresa: «(...) Se trata, como es bien sabido, de un mecanismo dirigido a evitar procesos innecesarios cuando, sobre una situación idéntica a la que vaya a encarnar el tema de un litigio, existe ya un precedente judicial con carácter de firmeza; y pretende por ello dar cumplida satisfacción a los derechos a la igualdad en la aplicación de la ley y a la tutela judicial efectiva reconocidos en los artículos 14 y 24 de la Constitución. Ésa es la que pudiéramos llamar la vertiente sustantiva de la institución, pero también desde el punto de vista procesal tiene un perfil propio: su finalidad es crear un título de ejecución, del mismo contenido que el que presente una determinada sentencia firme, en favor de una persona que, aun no habiendo sido parte en el proceso donde esta haya sido dictada, se encuentre en idéntica situación a las personas individualmente favorecidas por el fallo de dicha sentencia. (...)».
36. En igual sentido: STS 4489/2016, de 11 de octubre (FJ VI), SSTS 4508/2016 (reproduciendo contenido) y 4529/2016 (FJ IV), ambas de 17 de octubre y STS 4630/2016, de 24 de octubre (FJ II).
37. *Vid.* MORAL SORIANO, Leonor, *El precedente judicial*, Barcelona, 2002, págs. 15 y ss.

aunque en nuestra opinión el precedente lo crea la propia aplicación del principio de igualdad: en el caso de la extensión de efectos no se produce un nuevo enjuiciamiento, sino que se aplican directamente los efectos de la sentencia firme originaria cuando hay identidad de situaciones. Es interesante el FJ II de la STS 3443/2018, de 9 de octubre cuando indicaba que:

> «(...) Lo expuesto nos lleva a recordar que las normas de los artículos 110, 111 y 37.2 de la LJCA de 1998 sirven para garantizar el principio constitucional de igualdad en la aplicación jurisdiccional de la ley, además de evitar el coste y el retraso de la repetición de procesos en lo que se han denominado "actos en masa" en materia tributaria, de personal y de unidad de mercado. Y es evidente que, en este caso, el respeto a la igualdad nos vincula por partida doble, dado el número considerable de precedentes planteados como se ha dicho y que se han enumerado, lo que nos autoriza a examinar en forma breve esta impugnación. Las Administraciones deben acomodar su actuación, en la medida que les sea posible, a lo que resuelvan los Tribunales en casos en que los interesados se encuentran en idéntica situación fáctica y jurídica y acomodarse a lo resuelto o "juzgado", pero en este caso el recurso esgrime que no hay identidad de situaciones, lo que nos llevará a un examen más extenso de esa cuestión».

## 3.6. LA EXTENSIÓN DE EFECTOS DE SENTENCIAS FIRMES Y SU RELACIÓN CON EL SISTEMA DE PLEITO TESTIGO DEL ART. 37.2 LJCA

El art. 37.2 y 3 LJCA dispone:

> «2. Cuando ante un juez o tribunal estuviera pendiente una pluralidad de recursos con idéntico objeto, el órgano jurisdiccional, si no se hubiesen acumulado, tramitará uno o varios con carácter preferente previa audiencia de las partes por plazo común de cinco días, suspendiendo el curso de los demás, en el estado en que se encuentren, hasta que se dicte sentencia en los primeros.
>
> En caso de que esa pluralidad de recursos con idéntico objeto pudiera, a su vez, agruparse por categorías o grupos que planteen una controversia sustancialmente análoga, el órgano jurisdiccional, si no se hubieran acumulado, tramitará uno o varios de cada grupo o categoría con carácter preferente, previa audiencia de las partes por plazo común de cinco días, suspendiendo el curso de los demás en el estado en que se encuentren hasta que se dicte sentencia en los tramitados preferentemente para cada grupo o categoría.
>
> 3. Una vez firme, el Secretario judicial llevará testimonio de la sentencia a los recursos suspendidos y la notificará a los recurrentes afectados por la suspensión a fin de que en el plazo de cinco días puedan interesar la extensión de sus efectos en los términos previstos en el artículo 111, la continuación del procedimiento o bien desistir del recurso» [38].

38. Este artículo aún sigue conservando la antigua denominación de «Secretario Judicial» para la figura del actual Letrado de la Administración de Justicia que entró en vigor con la Ley Orgánica 7/2015, de 21 de julio, por la que se modificó la Ley Orgánica 6/1985, de 1 de julio,

Resulta innegable la conexión entre este artículo, mediante el cual se establece un sistema alternativo al original de acumulación de autos en supuestos similares (que ha sido denominado procedimiento testigo[39]), y la figura de extensión de efectos objeto de este trabajo. Sin embargo, a pesar de sus similitudes es necesario establecer sus distintos ámbitos de actuación para evitar que se produzcan confusiones[40]. No entendemos la extensión de efectos como un concepto amplio donde quepa incluir el «procedimiento» del pleito testigo,

---

del Poder Judicial. Se ha visto modificado, recientemente, con la entrada en vigor del Real Decreto-ley 5/2023, de 28 de junio, por el que se adoptan y prorrogan determinadas medidas de respuesta a las consecuencias económicas y sociales de la Guerra de Ucrania, de apoyo a la reconstrucción de la isla de La Palma y a otras situaciones de vulnerabilidad; de transposición de Directivas de la Unión Europea en materia de modificaciones estructurales de sociedades mercantiles y conciliación de la vida familiar y la vida profesional de los progenitores y los cuidadores; y de ejecución y cumplimiento del Derecho de la Unión Europea. No obstante, como indica PALOMAR OLMEDA: «la modificación introducida en la regulación del pleito testigo trata de flexibilizar la ordenación para que el órgano jurisdiccional pueda desagregar los procesos que guarden una identidad sustancial en varias categorías o grupos de forma que el efecto suspensivo opere conforme al principio de especialidad, esto es, que no sea objeto de la suspensión meramente nominal por coincidencia del acto o la disposición impugnada sino centrada en aspectos materiales que conecten la línea argumental de los recurrentes con el objeto de la impugnación». Estamos de acuerdo con este autor cuando valora la reforma en el sentido siguiente: «Se trata de un nuevo intento de conseguir la aplicación efectiva de la figura del proceso testigo que se introduce en 1998 pero que, a fuerza de ser sinceros, ha tenido una repercusión real en la tramitación de los procesos básicamente porque está pensado en clave interna, de tramitación y no acaba de satisfacer los deseos de cada parte de intentar que la resolución final gire por sus argumentos y no por los que haya podido presentar otras partes más allá de que el objeto impugnado sea nominalmente el mismo». Cfr. PALOMAR OLMEDA, A., «La reforma de la jurisdicción contencioso-administrativo en una tarde de verano: a propósito del RDL 5/2023, de 28 de junio», *op. cit.*

39. Como indica CANCIO FERNÁNDEZ, Raúl César («Procedimiento testigo y extensión de efectos en materia tributaria. Significado de su vinculación por vía remisoria», en *Quincena Fiscal,* julio, 2009, núm.13, págs. 71 y 72) esta figura, a pesar de estar basada en *el leading case* del *common law* no responde a los mismos objetivos, ya que el art. 37.2 LJCA: «tiene un rol puramente ritual, como mecanismo de estandarización de decisiones que afectan a recursos con idéntico objeto, que si bien incide sobre el fondo del asunto, lo hace desde el plano procesal y no desde la óptica de la sustantividad material». De hecho, MARTIN CONTRERAS le niega la condición de procedimiento, al entender que «en este caso no estamos ante un procedimiento judicial, ni siquiera ante un incidente de ejecución (...) sino simplemente ante una preferencia de tramitación, de carácter procesal...». (Cfr. MARTIN CONTRERAS, Luis, «La extensión de efectos de una sentencia a terceros: el artículo 110 de la Ley reguladora de la Jurisdicción Contencioso-administrativa», en CASTILLEJO MANZANARES, R., (dir), *et al., El proceso administrativo (LJCA)... op. cit.*, pág. 233).
En nuestra opinión es ésta la principal conexión con el sistema de extensión de efectos, ya que ambas figuras responden al intento de la LJCA de agilizar y estandarizar la gran afluencia de recursos en el orden contencioso-administrativo, pero sin formar un *totum revolutum* no individualizable.
40. De hecho, los medios de comunicación confunden ambos extremos. Por ejemplo, *vid.* MARRACO, Manuel y URRUTIA, César (19 de Octubre de 2018), *Miles de nuevas demandas por el fallo del Supremo sobre un sistema judicial ya saturado*, Periódico El Mundo. Recuperado de: https://www.elmundo.es/economia/2018/10/19/5bc8e1b6468aeb736e8b45c9.html. En esta noticia se expone lo siguiente:

puesto que, por ejemplo, es posible solicitar extensiones de efectos de sentencias firmes sin haber participado del sistema del pleito testigo (y, de hecho, es el supuesto más frecuente). Consideramos por tanto que, como hemos dicho, son figuras conexas, pero claramente independientes[41].

La primera y gran diferencia radica en su posicionamiento legal. Mientras la acumulación de autos[42] se encuentra dentro de la tramitación del procedimiento ordinario en fase meramente declarativa, la extensión de efectos ya pertenece a una fase posterior como es la fase ejecutiva (salvando las cuestiones a las que hemos hecho referencia *ut supra*). Podríamos decir, por tanto, que el mecanismo previsto en el art. 37 LJCA se configura como una herramienta anterior que, llevada a término, puede producir un reconocimiento de extensión de efectos posterior que discurrirá por los términos específicos del art. 111 LJCA[43] y no por los términos del art. 110 LJCA (con la única excepción de que se tendrá en cuenta si la doctrina determinante del fallo cuya extensión se postulare fuere contraria a la jurisprudencia del Tribunal Supremo o a la doctrina

---

«El cómo se aborde este asunto dependerá, en principio, del ámbito en el que se diriman las reclamaciones. Si como pretenden las entidades bancarias se acota todo a un asunto tributario, los conflictos se resolverían en la jurisdicción contencioso-administrativa. No podría, por tanto, ser resuelta en los juzgados especializados que ya existen, que tratan materia Civil. Si las demandas fueran ingentes podrían señalarse nuevos juzgados especiales. Sin embargo, la normativa de lo contencioso permite las llamadas sentencias testigo, que extienden sus efectos automáticamente a las situaciones iguales sin la necesidad de tratamiento individualizado de las causas civiles».

Como podemos comprobar, se habla de la sentencia testigo como si fuera el procedimiento de extensión de efectos de las sentencias firmes, cuando la denominación «testigo» es relativa al procedimiento que establece el art. 37 de la LJCA. En ningún momento ni la doctrina ni la jurisprudencia se refieren a la extensión que contempla el art. 110 LJCA como una sentencia testigo, sino más bien como sentencia de origen, sentencia a extender o incluso sentencia-guía.

41. Esta idea se refleja también en la extrapolación de estas figuras al orden jurisdiccional civil que pretendía el Proyecto de Ley de Medidas de eficiencia procesal del servicio público de Justicia. Como ejemplo, *vid.* PÉREZ MARÍN, M.ª Ángeles, «La protección de los derechos de los consumidores a través del pleito testigo o la ilusión del legislador», en *Revista General de Derecho Procesal,* núm. 60, 2023.

42. Para la doctrina, el mecanismo del art. 37.2 LJCA es considerado, en general, como una modalidad de la acumulación de procesos. Sin embargo, algunos autores como MAGALDI (siguiendo la línea de SANTAMARÍA PASTOR), recuerdan que, específicamente, se trata de una técnica de resolución simultánea de un conjunto de procesos similares sin proceder a acumularlos. (*Vid.* MAGALDI, Nuria «La extensión de efectos de las sentencias», en EZQUERRA HUERVA Antonio (dir.) y OLIVÁN DEL CACHO, José Javier (dir.), *Estudio de la Ley de la Jurisdicción Contencioso-Administrativa, Valencia, 2014*, pág. 1055). CALAZA LÓPEZ también los separa en su obra *Rebus sic stantibus, extensión de efectos y cosa juzgada* (*vid.* CALAZA LÓPEZ, Sonia, *Rebus sic stantibus, extensión de efectos y cosa juzgada,* Madrid, 2021).

43. El art. 111 LJCA dispone:
«Cuando se hubiere acordado suspender la tramitación de uno o más recursos con arreglo a lo previsto en el artículo 37.2, una vez declarada la firmeza de la sentencia dictada en el pleito que se hubiere tramitado con carácter preferente, el Secretario judicial requerirá a los recurrentes afectados por la suspensión para que en el plazo de cinco días interesen la

sentada por los Tribunales Superiores de Justicia en el recurso a que se refiere el artículo 99[44]).

Como segunda diferencia podemos destacar la posibilidad de que mediante el mecanismo del art. 37 LJCA se puedan extender también sentencias que contengan pretensiones de mera anulación, mientras que, como veremos en capítulos posteriores, uno de los requisitos para la extensión de efectos de sentencia firme es que la sentencia a extender reconozca una situación jurídica individualizada.

En tercer lugar, observamos junto a CANCIO FERNÁNDEZ[45] que la audiencia a las partes en uno y otro sistema son completamente distintas, puesto que «carecen de efectos sustitutorios recíprocos, las alegaciones que las partes tengan a bien efectuar acerca de la procedencia de tramitar con carácter preferente uno o varios asuntos, suspendiendo el curso de los demás hasta que recaiga sentencia en aquel o aquellos, con aquellas otras cuyo objeto es valorar la procedencia de extender los efectos de una sentencia a la vista del informe de viabilidad y de los antecedentes de los procedimientos en litigio».

Por último, ha de apreciarse que en la extensión de efectos de sentencias firmes existe una reserva material (materia de personal, tributaria y de unidad de mercado) que no se exige para el supuesto del art. 37 LJCA[46] (ni siquiera tras su reciente modificación).

El TS ha dejado clara la distinción entre estas figuras procesales. Lo hizo en su STS 8501/2006, de 4 de diciembre FJ III[47]:

> «Frente a la asimilación que hace el Abogado del Estado a un supuesto de mera extensión de los efectos de una sentencia firme de los arts. 110 y 111 LJCA, la previsión del citado art. 37.2 LJCA constituye, en realidad, un sistema alternativo

---

extensión de los efectos de la sentencia o la continuación del pleito suspendido, o bien manifiesten si desisten del recurso.

Si se solicitase la extensión de los efectos de aquella sentencia, el Juez o Tribunal la acordará, salvo que concurra la circunstancia prevista en el artículo 110.5.b) o alguna de las causas de inadmisibilidad del recurso contempladas en el artículo 69 de esta Ley».

Es lógico que el art. 37 LJCA tenga su correspondiente artículo previsor de la extensión de efectos, pues el juicio de identidad ya se ha producido *a priori*, a la hora de suspender los procedimientos para tramitar uno como preferente.

44. En este caso ya solo sería la jurisprudencia del TS, puesto que el art. 99 LJCA fue suprimido por la disposición final 3.2 de la Ley Orgánica 7/2015, de 21 de julio. Sin embargo, el art. 110 no ha sido modificado en este sentido, y sigue conservando la alusión.

45. Cfr. CANCIO FERNÁNDEZ, Raúl Cesar, «Procedimiento testigo y extensión de efectos en materia tributaria...», *op. cit.*, pág. 74.

46. Para PERA VERDAGUER, Francisco (*Comentarios a la Ley de lo Contencioso Administrativo,* Barcelona, 2004, pág. 767) el art. 37 LJCA pretende «el posibilitar, con carácter de generalidad, que la solución prevista para la materia tributaria y de personal alcance a cualesquiera otros supuestos de existencia de una pluralidad de recursos con idéntico objeto, como reza el art. 37.2 de la misma Ley, sin limitación alguna en cuanto a la materia cuestionada».

47. En igual sentido, STS 8041/2006, de 4 de diciembre (n.º rec. 6198/2003), FJ III.

a la acumulación ordinaria de autos, de gran raigambre en nuestro ordenamiento jurídico y regulada tanto en el mismo capítulo de la LJCA en que aquel precepto se integra (Capítulo III del Título III) como, de manera supletoria (Disposición Final Primera LJCA) por los arts. 74 a 98 (Capítulo II, Título III, Libro I) de la Ley de Enjuiciamiento Civil.

El efecto propio de la acumulación de autos es seguir en un sólo procedimiento dos o más procesos cuyos objetos son idénticos y que se resuelven por una misma sentencia (...) Al servicio de dichas finalidades, la ley permite en su art. 37.2 al Juez o Tribunal, ante el que pende una pluralidad de recursos con idéntico objeto, que, en lugar de acumularlos, elija uno o varios "procesos testigos" (Leader case) para tramitarlos con carácter preferente, suspendiendo el curso de los demás hasta que dicte sentencia en aquél o aquellos. (...) Ahora bien, la remisión que el art. 37.2 LJCA hace al art. 111, y éste a los apartados 3,4 y 5 del art. 110 LJCA, es de carácter parcial a los efectos de integrar los trámites procedimentales y determinar el contenido de la decisión posible del incidente, según el limitado control que le corresponde (...).

Por otra parte, es cierto que el art. 110 se refiere a la extensión de efectos de las sentencias firmes que reconocen situaciones jurídicas individualizadas en favor de una o varias personas, pero ello tiene su justificación en que las sentencias que anulan una disposición o un acto (las anulatorias) producen directamente efectos para todas las personas afectadas (art. 72 LJCA), sin necesidad, por tanto, de ulterior extensión.

En la previsión del art. 37.2 de la LJCA, por el contrario, no resulta justificada dicha diferencia porque, como la acumulación de autos de la que es alternativa, es aplicable también a procesos en los que la pretensión es de mera anulación, cuando los actos impugnados son distintos, siempre que, como se ha dicho, la pretensión y la *causa petendi* sean las mismas. Por tanto, si la sentencia en el proceso testigo anula el acto objeto de su pretensión, la extensión de efectos de aquélla comportará necesariamente la anulación de los actos impugnados en los procesos suspendidos. O, dicho en otros términos, si la limitación a las pretensiones de plena jurisdicción tiene justificación en el incidente de extensión de efectos de la sentencia, propiamente dicho, del art. 110, carece de tal justificación en el mecanismo procesal del "proceso testigo", contemplado en el art. 37.2 LJCA como alternativa a la acumulación de autos, que si bien se remite al art. 110 LJCA, sólo a los apartados 3,4 y 5, en cuanto al procedimiento a seguir y a la fundamentación desestimatoria del incidente, no es incompatible con los procesos de mera anulación, en los que se den los requisitos establecidos en el propio precepto».

En relación con la distinción entre los dos tipos de audiencia, el TS en su STS 1969/2009, de 1 de abril, FJ IV *in fine,* no admite lugar a dudas en la diferenciación entre ambas:

«Finalmente, la Sala de instancia no puede ampararse en la inexistencia de indefensión en el representante estatal, por haber tenido la oportunidad de alegar en el trámite del art. 37.2, ya que la audiencia previa del 110.4 se refiere al fondo del incidente de extensión de efectos planteado, que nada tiene que ver con el que se establece antes de resolver si un determinado procedimiento se puede tramitar con carácter preferente a otros».

# *Capítulo II*

# Elementos delimitadores



## 1. PALABRAS PREVIAS

El TS, en varias ocasiones desde el año 2016, ha realizado una clasificación de los elementos delimitadores más importantes de la institución. Así (por todas) en la STS 4488/2016, de 11 de octubre, FJ VII, dispone:

> «(...) El texto legal (...) incorpora dos requisitos o presupuestos materiales básicos: que se trate de materia tributaria o de personal al servicio de la Administración pública y que la situación jurídica de los interesados en la extensión de la eficacia de la sentencia sea idéntica a la de los favorecidos por el fallo. Dos requisitos procesales: la competencia territorial del Juez o Tribunal sentenciador para conocer de las nuevas pretensiones de reconocimiento y la observancia del plazo, un año desde la última notificación de la sentencia a quienes fueron parte en el proceso, o, en su caso, de la notificación de la resolución que ponga término al recurso en interés de ley o de revisión que pudiera haberse interpuesto. Y dos excepciones que impiden la estimación del incidente: la existencia de cosa juzgada y que la doctrina determinante del fallo sea contraria a la jurisprudencia del Tri-

bunal Supremo o a la doctrina sentada por los Tribunales Superiores de Justicia en el recurso a que se refiere el artículo 99 LJCA. A estas dos excepciones el actual texto añade una tercera, que para el interesado se hubiera dictado resolución que, habiendo causado estado en vía administrativa, fuere consentida y firme por no haber promovido recurso Contencioso-Administrativo».

Si bien consideramos que, para un acercamiento a la figura, con esta afirmación el TS esclarece los aspectos más determinantes de la institución, desconocemos porqué omite la materia de unidad de mercado y algunas cuestiones básicas para que se pueda producirse la extensión como, por ejemplo, la firmeza de la sentencia a extender o la necesidad de que ésta reconozca una situación jurídica individualizada. Nuestra sistematización será diferente, con el objetivo de aclarar al lector la proyección de todos los variados elementos que conforman la institución. De hecho, es múltiple la naturaleza jurídica de los elementos que delimitan o rodean a la extensión de efectos, por lo que algunos autores como ORÓN MORATAL hablan, simplemente, de «circunstancias» y «condiciones» para que pueda solicitarse una extensión de efectos[1]. Aunque nosotros por sistemática de la obra y en busca de una mejor comprensión separemos las circunstancias que rodean a la extensión, debemos recordar, como nos indica el AAN 6412/2023, de 2 de junio en su FJ III que:

> «Estas condiciones son cumulativas, de modo que la ausencia de una de ellas impide la extensión de efectos solicitada».

## 2. EL ÁMBITO EN LA EXTENSIÓN DE EFECTOS

Las materias susceptibles de extensión de efectos han sido, desde la creación de la institución con la Ley de 1998, uno de los temas que más comentarios han suscitado. ¿Por qué las materias actuales fueron las elegidas y no otras? Nos encontramos ante el requisito de fondo (¿o podría considerarse de forma?) imprescindible para que pueda articularse este sistema.

En la iniciativa del 18 de junio de 1997 que presentaba el Proyecto de Ley de lo que en el futuro sería la LJCA, la única materia susceptible de extensión de efectos contemplada era la relativa a los asuntos de personal al servicio de la Administración Pública[2]. Va a ser el Grupo socialista el que, en la enmienda n.º 308 al Proyecto de Ley, introducirá la materia tributaria en los siguientes tér-

1. *Vid.* ORÓN MORATAL, Germán, «Recursos extraordinarios de revisión y extensión de efectos de las sentencias en materia tributaria», en ALMUDÍ CID, José Manuel y MARTÍNEZ LAGO, Miguel Ángel (dirs.), *Litigación tributaria y protección de los derechos de los contribuyentes*, Valencia, 2023, pág. 189.
2. El originario art. 105.1 disponía:
   «En materia de personal al servicio de la Administración Pública, los efectos de una sentencia firme que hubiera reconocido una situación jurídica individualizada en favor de una o varias personas podrán extenderse a otras, en ejecución de la sentencia, cuando concurran las siguientes circunstancias...»

minos: «En materia tributaria y de personal al servicio de la Administración Pública...» Se trata de la primera referencia que encontramos a la ampliación de las materias aptas para la extensión de efectos en el texto legal. En España, al igual que en otros países de nuestro entorno, no existe un orden jurisdiccional específico encargado de la materia fiscal. De hecho, como indica ALBERT[3] es extraño que los legisladores tanto nacionales como internacionales organicen jurisdicciones especializadas en materia fiscal, con las excepciones de la Corte Canadiense del impuesto de 1983 o la Corte Federal de las finanzas en Alemania creada en 1950. Es por ello que la materia tributaria sigue formando parte del Derecho contencioso-administrativo.

Para LÓPEZ BENÍTEZ[4] la reducción competencial respondía a los débiles soportes tanto doctrinales como jurisprudenciales de los que disponía el legislador de 1998 para la creación de la institución. Sin embargo, FONT I LLOVET hace una precisión peculiar. Para este autor lo que latía era la idea de introducir una solución pragmática para dos grandes ámbitos de pleitos masivos pero con el objetivo de no modificar de raíz los presupuestos esenciales «del control administrativo a través de un proceso plenario en el que se proyecta la función jurisdiccional de juzgar la legalidad de la actuación administrativa»[5].

Muchos años más tarde, se introduce una materia nueva en la que también pueden extenderse los efectos. Estamos hablando de la unidad de mercado que, con la Ley 20/2013, de 9 de diciembre, de garantía de la unidad de mercado, realizó una modificación en el art. 110.1 LJCA[6].

La Exposición de motivos de la LJCA se hace eco de las dudas acerca de la limitación competencial y señala que la extensión de efectos se configura especialmente como una novedad y se regula con una cierta mesura. Queda claro su carácter experimental cuando se observan las materias susceptibles de extensión y, de hecho, la Exposición de motivos lo manifiesta expresamente cuando

La motivación que conllevó esta introducción en la Ley fue la siguiente:
«Con la inclusión en este precepto de la materia tributaria y teniendo en cuenta la sobrecarga de los Tribunales de este orden jurisdiccional, podrían evitarse la reiteración de múltiples procesos innecesarios».

3. Cfr. ALBERT, Jean Luc, *Finances publiques*, Paris, 2015, pág. 98.
4. *Vid.* LÓPEZ BENÍTEZ, Mariano, «Comentarios a la Ley de la Jurisdicción Contencioso-Administrativa de 1998», en *Edición especial del núm. 100, Revista Española de Derecho Administrativo,* 1999, pág. 782.
5. Cfr. FONT I LLOVET, Tomás, en «la extensión a terceros de los efectos de la sentencia en vía de ejecución», en *Justicia Administrativa*, 1999, núm. 1 (núm. Extraordinario), pág. 170.
6. Por ello, el art. 110 LJCA queda establecido de la forma siguiente (versión actual):
«En materia tributaria, de personal al servicio de la Administración pública y de unidad de mercado, los efectos de una sentencia firme que hubiera reconocido una situación jurídica individualizada a favor de una o varias personas podrán extenderse a otras, en ejecución de la sentencia, cuando concurran las siguientes circunstancias...».

alude a las reservas con las que se introduce la figura en la LJCA[7], sobre todo, si tenemos en cuenta que, como indica DÍEZ PICAZO, la jurisdicción contencioso-administrativa en España debe ocuparse de una gran variedad de cuestiones, tanto por razón de la materia como de las pretensiones formuladas[8].

Así, el ámbito objetivo de la extensión de efectos de sentencias queda delimitado a las tres materias que acabamos de mencionar: materia de personal, tributaria y unidad de mercado. De esta forma lo recoge el apartado primero del art. 110 LJCA:

> «En materia tributaria, de personal al servicio de la Administración pública y de unidad de mercado, los efectos de una sentencia firme que hubiera reconocido una situación jurídica individualizada a favor de una o varias personas podrán extenderse a otras, en ejecución de la sentencia, cuando concurran las siguientes circunstancias...».

A pesar de las críticas a esta reserva material, el TS realiza una interpretación *numerus clausus* de las materias y niega la posibilidad de solicitar y, por ende, conceder una extensión de efectos a otros ámbitos no expresamente reconocidos legalmente. Un ejemplo de ello lo tenemos en el ATS 4457/2018, de 18 de abril que desestima un recurso de queja presentado ante la denegación de la preparación de un recurso de casación (FJ II)[9] y recuerda la posibilidad de extender los efectos de una sentencia únicamente en los casos comprendidos en las materias que establece el art. 110 LJCA.

Como puede observarse, nos encontramos ante un proceso de cognición de objeto limitado porque, como señala ROMERO REY: «(en las materias referidas)

---

7. Aunque la hemos citado en la introducción, la reiteramos aquí por su importancia: «Dos novedades importantes completan este capítulo de la Ley. La primera se refiere a la posibilidad de extender los efectos de una sentencia firme en materia de personal y en materia tributaria a personas distintas de las partes que se encuentren en situación idéntica. Aun regulada con la necesaria cautela, la apertura puede ahorrar la reiteración de múltiples procesos innecesarios contra los llamados actos en masa...».
8. Cfr. DÍEZ-PICAZO, Luis María, «Sobre la estructura de la jurisdicción contencioso-administrativa», en *Revista de Administración Pública,* 220, 2023, pág. 18. No obstante, alude a que sigue habiendo bolsas de asuntos repetitivos: «especialmente abundantes en materia tributaria y de empleo público, lastran el trabajo del Tribunal Supremo sin añadir nada al desarrollo de la jurisprudencia». Ibíd., pág. 26.
9. «La alusión a la extensión de efectos no puede entenderse de otra manera que referida a la contemplada en los arts. 110 y 111 de la Ley de esta Jurisdicción En lo que aquí concierne, el mencionado art. 110 LJCA establece la posibilidad de extender los efectos de una sentencia firme que hubiera reconocido una situación individualizada a favor de una o varias personas, si se ha dictado en materia tributaria, de personal al servicio de la Administración pública o de unidad de mercado y si concurren las circunstancias enumeradas en el precepto. No se produce en este sentido innovación alguna; la reforma de la casación no altera conceptos presentes en la ley de la jurisdicción.
   Atendiendo a la perspectiva desde la que ha sido formulado este recurso de queja, la cuestión estriba en determinar si la sentencia dictada por el Juzgado reúne las características que determinan su posible extensión de efectos, para verificar así si es susceptible de recurso

se concentran la mayoría de pleitos reiterativos, bien por tratarse de situaciones que afectan a un gran colectivo con intereses idénticos, en el caso del personal al servicio de la Administración pública, bien por tratarse de la aplicación de unas normas que afectan a un gran número de ciudadanos en situación similar, caso de las normas tributarias» [10]. No debemos olvidar que la materia se define en el pleito de origen, donde se va a determinar de qué trata el asunto [11].

Continuemos con el análisis pormenorizado de cada una de las materias.

## 2.1. MATERIA DE PERSONAL

Nos hallamos ante la materia que, debido a su volumen de conflictividad, dio sentido a la introducción de un procedimiento de las características del regulado en el art. 110 LJCA. La principal duda que surge cuando hay que enfrentarse a la extensión en materia de personal es la referente a establecer quien ha de considerarse personal al servicio de la Administración Pública, pues éste será el dato determinante que permita el acceso a la institución de la extensión de efectos de sentencias firmes.

No encontramos ninguna norma en nuestro ordenamiento que fije que ha de considerarse como cuestión de personal. Ha sido la jurisprudencia la que ha interpretado qué debemos considerar por materia de personal [12]. Así, la STC 35/1990, de 1 de marzo (interpretando las normas contenidas en la antigua Ley de la Jurisdicción de 1956), en su FJ II dispuso:

> «La fórmula genérica "cuestiones de personal" [art. 94.1 a) de la L.J.C.A.] comprende todas aquellas incidencias y vicisitudes referidas a los funcionarios públicos respecto de la relación funcionarial (como ya señalamos en nuestro ATC 779/1988), incluyendo en ellas las relativas a las sanciones impuestas...».

de casación. Y no puede sino darse la razón al Juzgado de instancia puesto que la sentencia que se impugna no versa sobre ninguna de las materias previstas en el artículo 110. 1 LJCA —tributarias, de personal al servicio de las Administraciones Públicas o de unidad de mercado— y ni siquiera lo pretende la entidad recurrente que argumenta en términos de que la sentencia dictada constituirá un precedente en las futuras y eventuales reclamaciones que se formulen en relación al festival de música organizado anualmente por la Corporación. No se cumple, por tanto, el doble presupuesto de recurribilidad que exige el artículo 89.2 a) LJCA en relación al ya citado artículo 86.1 in fine LJCA».

10. *Vid.* ROMERO REY, Carlos, en QUINTANA CARRETERO, Juan Pedro, (dir.), *Comentarios a la Ley de la Jurisdicción Contencioso-Administrativa,* Valladolid, 2013, pág. 767.
11. Esto considerando, claro está, que nos encontramos ante dos situaciones idénticas por su objeto. Así lo indicó el TS en su Sentencia 1750/2009, de 1 de abril (FJ III): «Es evidente que la circunstancia de ser los recurrentes miembros del Cuerpo Nacional de Policía no determina que cualesquiera acciones administrativas o judiciales que promuevan hayan de versar indefectiblemente sobre una cuestión de personal, pues no es la condición subjetiva del recurrente sino el objeto de la pretensión deducida lo que permite identificar la materia sobre la versa la acción ejercitada».
12. A este respecto resulta interesante profundizar sobre las vicisitudes de algunas cuestiones en relación a su atribución jurisdiccional. *Vid.* por ejemplo: STC 145/2022, de 15 de noviembre.

Como recuerda ESPINAL MANZANARES[13], la noción de personal quedó fijada por la jurisprudencia cuando delimitaba el campo de actuación del antiguo art. 113 de la Ley de la Jurisdicción contencioso-administrativa[14]. Ya en 1997, el TS[15] disponía que había que considerar materia de personal todas las cuestiones que se derivasen del binomio Administración-personal[16].

A pesar de que el TC habla de funcionarios públicos en general, vemos que el TS habla únicamente de personal. Para el art. 8 del Estatuto Básico del Empleado Público los empleados públicos se clasifican en funcionarios de carrera, funcionarios interinos, personal laboral en todas sus modalidades y personal eventual[17]. Como indican TOSCANI GIMÉNEZ Y VALENCIANO SAL, este artículo ya reconoce al trabajador interino rango de empleado público en tanto y cuando desempeña funciones retribuidas en las Administraciones Públicas al servicio de los intereses generales, equiparando su posición jurídica en el ámbito de las relaciones laborales a los funcionarios de carrera[18]. Estas distinciones entre el personal al servicio de la Administración Pública han provocado grandes debates en lo relativo a la posibilidad de extensión de efectos de las sentencias. Nosotros, en la línea de la *vis* expansiva de la extensión de efectos consideramos, junto a lo que ya decía MENÉNDEZ PÉREZ en 1999,

13. ESPINAL MANZANARES, Javier, «La extensión de efectos de las sentencias contencioso-administrativas; el artículo 110 de la L.J.C.A.», en *Revista Jurídica de la Comunidad de Madrid*, 2005, núm. 20, págs. 123 y ss.

14. Debe recordarse que la derogada Ley reguladora de la Jurisdicción contencioso-administrativa de 1956 en su art. 113 establecía un proceso especial en materia de personal, circunstancia que produjo una delimitación jurisprudencial de las cuestiones que debían responder a esta materia.

15. El TS es bastante explícito y en el FJ III de su STS 1461/1997, de 3 de marzo establece: «(...) Son cuestiones de personal a estos efectos, según reiterada doctrina jurisprudencial, todas las cuestiones derivadas de una relación jurídico-administrativa o estatutaria entre una Administración Pública y su personal, ya se refieran al nacimiento o constitución de la relación jurídica (concursos, oposiciones, nombramientos), a su contenido (derechos económicos, ascensos), situaciones administrativas (excedencias) o extinción, incluso las peticiones de derechos pasivos (cfr., entre otras, las sentencias de 27 de marzo, 22 de noviembre y 15 de diciembre de 1.989 y 14 de marzo de 1.990)».

16. Otros ejemplos de materia de personal son los que recoge SOSPEDRA NAVAS, Francisco José («La ejecución de sentencias en materia de función pública», en *Cuadernos de Derecho Local*, junio 2011, núm. 26, pág. 131): «retribuciones, encuadramiento en un Grupo de clasificación, niveles que se les asignan, complementos a los que se creen con derecho, igualdad que reclaman respecto a otro grupo o colectivo de funcionarios por la igualdad de sus servicios, u otros supuestos semejantes que pueden presentarse en el desarrollo de la relación estatutaria».

17. *Vid.* Art. 8 del Real Decreto Legislativo 5/2015, de 30 de octubre, por el que se aprueba el texto refundido de la Ley del Estatuto Básico del Empleado Público. Esta clasificación la sigue respetando el Proyecto de Ley de la Función Pública de la Administración del Estado, aprobado en marzo de 2023.

18. Cfr. TOSCANI GIMÉNEZ, Daniel y VALENCIANO SAL, Antonio, «La situación jurídica de los trabajadores interinos tras la STJUE (C-596/14): posibles efectos sobre la normativa interna de interinos y la de los demás trabajadores temporales» en *Trabajo y derecho: nueva revista de actualidad y relaciones laborales*, núm. 24, 2016, pág. 63.

que la materia de personal ha de interpretarse en sentido amplio[19]. Siguiendo la postura de este autor[20], entendemos que la materia de personal ha de comprender no solo las situaciones jurídicas individualizadas predicables de los funcionarios públicos *stricto sensu*, sino también las que puedan afectar a otros colectivos de cuyos integrantes quepa afirmar esa cualidad de personal al servicio de las Administraciones Públicas[21]. De hecho, el tenor literal del apartado primero del art. 110 LJCA habla de «personal al servicio de la Administración pública», sin hacer ninguna diferenciación. Si bien, hay que tener en cuenta que dependiendo de la relación laboral con la Administración, habrá cuestiones que no estén sometidas a la jurisdicción contenciosa. Es decir, es la función pública la susceptible de poder presentar una extensión de efectos. Como indica PLANTEY[22] para el caso francés (muy similar al nuestro en esta materia): «*L'État, les collectivités et leur établissements spécialisés emplient des centaines de milliers d'agents de toutes catégories, de tos niveaux, dans une multitude de services d'établissements dont les missions, les structurs et les activités sont différentes. Tous ces salariés n'ont pas la qualité de fonctionnarie*».

Puede observarse que, tanto a nivel comparado (en un sistema muy parecido al nacional) como en derecho interno, queda muy claro que los funcionarios solo son una parte de la función pública que engloba o puede englobar muchas más categorías[23]. Por lo tanto, entendemos que considerar en sentido amplio la categoría de personal al servicio de la Administración dota al art. 110 LJCA de un significado más completo y de una virtualidad práctica mucho mayor. Posiblemente, la cuestión a abordar sea la denominación, que podría haber sido cambiada, por ejemplo, por la «del personal de la función pública». Sin embargo, es magistral la precisión que realiza MELLERAY[24] al distinguir entre *fonction*

19. En la misma línea, por ejemplo: ORTEGA ÁLVAREZ, Luis, en LEGUINA VILLA, Jesús *et al.*, *Comentarios a la Ley de la Jurisdicción Contencioso-Administrativa*, Valladolid, 2001, pág. 521.
20. *Vid.* MENÉNDEZ PÉREZ, Segundo, en BAENA DEL ALCÁZAR, Mariano (dir.), *Ley Reguladora de la Jurisdicción Contencioso Administrativa, Doctrina y Jurisprudencia*, Madrid, 1999, pág. 703. En el mismo sentido se manifiestan DE LA VALLINA VELARDE Juan Luis, y DE LA VALLINA MARTÍNEZ DE LA VEGA, Luis, «Extensión *ultra partem* de los efectos de las sentencias del orden Contencioso-Administrativo», en *La Ley: Revista jurídica española de doctrina, jurisprudencia y bibliografía,* 2001, núm. 5, D-162 pág. 1739.
21. Es peculiar la situación que plantea BENITO SANCHO en relación con los empleados de la Sociedad Estatal de Correos y Telégrafos a tenor de lo dispuesto en la Disposición Adicional 7.ª de la LJCA. A pesar de que el autor se muestra dubitativo a la hora de considerar si la situación de dichos empleados podría ser susceptible de extensión de efectos, en nuestra opinión y en la línea de lo ya manifestado, es claro que se trata de una situación susceptible de la mencionada extensión. Para más información, *Vid.*: BENITO SANCHO, Ernesto, «La extensión de efectos de sentencias en la Ley 29/1998, de 13 de julio, de la Jurisdicción Contencioso-Administrativa», en *Estudios Jurídicos*, 2005, pág. 4.
22. Cfr. PLANTEY Alain, *La fonction publique. Traité Général*, Paris, 2001, pág. 21. En igual sentido: DORD, Oliver, *Droit de la fonction publique*, Paris, 2017, págs. 4 y ss.
23. *Vid.* por ejemplo: THOMAS-TUAL, Beatrice, *Droit de la fonction publique*, Bruselas, 2015, págs. 21 y ss.
24. *Vid.* MELLERAY, Fabrice, *Droit de la fonction publique*, Paris, 2017, pág. 173.

*publique* y *fonctions publiques* porque, verdaderamente, esta diferenciación es la base del concepto de personal al servicio de la Administración pública que nos muestra el art. 110 LJCA. Lo que encierra es esta diferenciación: es decir, son susceptibles de solicitar una extensión de efectos las personas que realizan funciones públicas sea cual sea su condición o régimen laboral. La cuestión que se plantea no es tanto ya la de la consideración del personal al servicio de la Administración pública, puesto que la jurisprudencia en la mayoría de los casos utiliza el término amplio, sino si esta concepción amplia permitiría que pudiera extenderse la situación jurídica individualizada reconocida a un funcionario a alguien que trabajase al servicio de la Administración pero no ostentara dicha condición. Aquí entra a jugar ya su papel otro de los requisitos que ha establecido el art. 110 LJCA y que veremos más adelante: la identidad entre la situación jurídica del recurrente originario y la del potencial solicitante de la extensión de efectos.

Siguiendo con la idea de entender la materia de personal en sentido amplio, XIOL RIOS precisa que, para la extensión de efectos no quedan, en ningún caso, excluidas las cuestiones que se refieren al nacimiento de la relación de servicio o la extinción de la misma, como sí sucede en otros preceptos de la LJCA al referirse a la materia de personal[25]. Lo que sí ha de quedar excluido (como nos mostraba la STS 1750/2009, de 1 de abril) son las cuestiones de responsabilidad patrimonial de la Administración pública que, de ninguna manera, conforman la materia de personal[26].

Con relación al impacto de esta normativa, el informe explicativo de la Propuesta de anteproyecto de ley de eficiencia de la Jurisdicción Contencioso-Administrativa de 2013 exponía uno de los principales obstáculos a la hora de extender los efectos de sentencia en materia de personal: los procedimientos competitivos. Para el mencionado informe, estos casos provocaban insatisfac-

25. *Vid.* XIOL RIOS, Juan Antonio, en ESPIN TEMPLADO, Eduardo (coord.), *Comentarios de la Ley de la Jurisdicción Contencioso-Administrativa*, Valencia, 2016, pág. 771.

26. Así, esta STS considera lo siguiente (FJ IV):
«En el caso aquí examinado, resulta patente, a la vista de lo expuesto, que la extensión de efectos aquí pretendida no se refiere a ninguna de las materias que prevé el artículo 110 de la Ley Jurisdiccional, pues, a este respecto, ha declarado esta Sala en Autos de 9 de mayo (n.º rec. 283/02) y 12 de diciembre de 2005 (n.º rec. 40/04) que no cabe aceptar interpretaciones extensivas de la «materia de personal» con la que se pretende obtener la aplicación a efectos del artículo 111 de la Ley 29/1998, de 13 de julio.
En primer lugar, porque no cabe confundir el objeto de la actividad de la Administración de personal con las garantías que, frente a posibles arbitrariedades o ilegalidades puedan cometerse con ocasión de esa actividad por los poderes públicos. Y, en segundo lugar, porque esa interpretación extensiva tendría por consecuencia desvirtuar la razón de ser del incidente de extensión de efectos de las sentencias, que no es otro que el de «ahorrar la apertura de múltiples procesos innecesarios contra los llamados actos en masa» (cfr. exposición de motivos de la Ley de la Jurisdicción)».

ciones extraprocesales a las que la figura de extensión de efectos no podía hacer frente, por lo que pretendía que fueran excluidos de su ámbito de aplicación[27].

En nuestra opinión estas puntualizaciones que realizaba la mencionada Propuesta tenían sentido porque, en el fondo, se enfrentan los intereses personales que se pueden ver correspondidos a través del mecanismo de la extensión de efectos garantizando la igualdad a las situaciones idénticas con unas situaciones que se crean *de facto* a las que la Administraciones no pueden o no deben hacer frente (el principal caso lo encontramos, como se ha expuesto *ut supra,* en la creación de plazas de funcionariado vía extensión de efectos)[28]. Sin embargo, por otro lado, constituyen uno de los ejemplos paradigmáticos donde se viene a aplicar la institución.

Por último, queremos mencionar también la situación peculiar a la que hacía referencia LÓPEZ BENÍTEZ[29] cuando se preguntaba si debían de incluirse aquí las actuaciones de los órganos constitucionales en materia de personal. Por

27. El citado informe expresa:
«La Sección ha constatado la difícil e ineficiente aplicación de la extensión de efectos a los asuntos de personal referidos a procedimientos competitivos. Se comprenden aquí tanto los procedimientos selectivos de acceso a la función pública como los procedimientos competitivos de provisión de puestos de trabajo. En estos casos, y dado que las plazas o puestos de trabajo por los que se compite son limitados, los candidatos presentan intereses contrapuestos entre sí (pues el éxito de uno supone el perjuicio de todos). Esta situación de partida determina que la técnica de la extensión de efectos sea inidónea. Porque la sentencia que resuelve un primer litigio sólo puede tener en cuenta las pretensiones y situación jurídica del recurrente, no los posibles intereses —extraprocesales— de los demás candidatos. En esa medida, la aplicación de la extensión de efectos a este tipo de asuntos puede ser impracticable o indeseable, sobre todo cuando el número de extensiones de efectos solicitadas sea superior al número de plazas convocadas. En este sentido, la experiencia procesal muestra que la extensión de efectos de una sentencia en ocasiones ha llevado a la ampliación de puestos de trabajo sin cobertura presupuestaria, o a que se haya aprobado a un número de aspirantes mayor que el de plazas convocadas. A la vista de estas dificultades y disfunciones evidentes, la Sección considera inadecuada la aplicación del régimen de los pleitos testigo a los procedimientos competitivos en materia de personal. Se trata, en consecuencia, de excluir este tipo de asuntos de entre los enunciados en el art. 110.1 LJCA».
Por ello, la Comisión de modificación plantea una nueva redacción para el ámbito material de la extensión de efectos:

> «1. Se podrá solicitar la extensión de los efectos de una sentencia firme que hubiera reconocido una situación jurídica individualizada a favor de otras personas.
> 2. La extensión de efectos solo podrá solicitarse respecto de las sentencias dictadas en materia tributaria y de personal al servicio de las Administraciones Públicas. Quedan exceptuadas las dictadas en los procesos de concurrencia competitiva en las que se reconozca el acceso a la función pública o a la provisión de un puesto de trabajo...».

28. En igual sentido, DE DIEGO DÍEZ, Luis Alfredo, *Extensión de efectos y pleito testigo en la Jurisdicción Administrativa,* Cizur Menor (Navarra), 2016, pág. 44.
29. *Vid.* LÓPEZ BENÍTEZ, Mariano, «Comentarios a la Ley de la Jurisdicción Contencioso-Administrativa de 1998», *op. cit.*, pág. 786.

supuesto, nuestra posición es junto a la de este autor y a la de MAGALDI[30], absolutamente favorable. Igualmente, hacemos ver que el ámbito de la extensión de efectos aún sigue sin estar delimitado de forma completa. Como ejemplo de interés podemos resaltar que, hasta hace poco tiempo, no existía jurisprudencia sobre si los actos discrecionales podían ser o no susceptibles de extensión de efectos. Esta situación fue resuelta a partir de la STS 4641/2021, de 2 de diciembre[31]. El asunto se refería a la extensión de efectos de una sentencia que resolvía un recurso jurisdiccional en el que se planteó que en la tarjeta de identidad militar surtiese efectos la licencia de armas de primera categoría, todo al amparo del artículo 117.1 del Reglamento de Armas, aprobado por Real Decreto 137/1993, de 29 de enero. Además, se planteaba si la materia pudiera encuadrase dentro de la rúbrica «de personal». La Sala de instancia así lo afirmaba, considerando que por la Abogacía del Estado no se había desvirtuado tal condición y que la licencia litigiosa estaba vinculada a la condición militar del solicitante y a su situación administrativa, por lo que se ventilaba si en esa situación administrativa el personal militar tenía derecho a la licencia pretendida. Así, la cuestión de interés casacional objetivo era si, conforme al artículo 110 de la LJCA, cabía la extensión de efectos de las sentencias estimatorias que anulasen actos discrecionales, como es el previsto en el artículo 117.1 del Reglamento de Armas, según la interpretación restrictiva o no que se haga de los artículos 71.2 y 110.1.a) LJCA. La Sala tercera en su FJ III 2.º ha establecido la regla general en los siguientes términos:

> «(...) Como regla general hay que estar a la razón por la que la sentencia objeto de extensión anula un acto discrecional. Será posible tal extensión si anula un acto discrecional por infracción de los elementos reglados que concurren en su ejercicio (competencia, procedimiento, motivación) o por haberse probado que se incurrió en desviación de poder o por falta del presupuesto para el ejercicio de esa potestad; no cabe tal extensión si la sentencia estimatoria sustituye el juicio de oportunidad propio de una potestad discrecional, lo que podrá apreciarse al amparo del artículo 110.5.b) de la LJCA».

Dicho esto, en el caso de autos la Sala estimó el recurso de casación presentado por la Administración, puesto que consideró que a los efectos del artículo 93.1 de la LJCA no cabía extender los efectos de una sentencia estima-

30. MAGALDI, Nuria, «La extensión de los efectos de las sentencias» en EZQUERRA HUERVA Antonio (dir.) y OLIVÁN DEL CACHO, José Javier (dir.), *Estudio de la Ley..., op. cit.*, pág. 1031, comenta: «En mi opinión, no hay problema alguno en aplicar este mecanismo a los actos dictados por aquellos (órganos constitucionales) en materia de personal. Al fin y al cabo, es la propia LJCA en su artículo 1.3.a) la que somete su actuación a la jurisdicción contenciosa-administrativa para este tipo de cuestiones». En la misma línea se ha expresado ROSENDE VILLAR, Cecilia, *La Eficacia Frente a Terceros de las Sentencias Contencioso-Administrativas*, Cizur Menor (Navarra), 2002, pág. 198, ampliando aún más e incluyendo el personal al servicio del CGPJ y otros análogos.

31. Siguiendo esta doctrina jurisprudencial, *Vid.*: SSTS 4662/2021, de 9 de diciembre, 4642/2021 y 4644/2021, ambas de 14 de diciembre, 4782/2021, de 16 de diciembre, 1031/2022, de 16 de marzo y 2845/2022, de 12 de julio.

toria que anula un acto discrecional cuando no concurre el presupuesto objetivo del ejercicio de la potestad prevista en el artículo 117.1 del Reglamento de Armas. Tal potestad es ejercida si el peticionario está en unas situaciones en las que se mantiene la relación de servicios y que da sentido a esa forma especial de obtener la licencia de armas[32]. En relación a la materia de personal, también hace una observación destacable, pues indica en su FJ IV *in fine* que:

> «(...) No es este el caso de que quienes proceden de la reserva transitoria, que ya no están vinculados las Fuerzas Armadas con tal relación, luego quedan al margen del sentido que inspira esa especialidad prevista en el artículo 117.1 del Reglamento de Armas. La licencia pretendida mediante esa especialidad se asienta ya sólo en el interés personal del solicitante, no es inherente al estatuto específico de un militar en la reserva transitoria cuyos efectos son ya muy limitados, aun extinguida la relación de servicios, en cuanto a la vinculación de sus integrantes con la Administración militar; además, fuera de esos aspectos lo liti-

32. Como indica CHAMORRO GONZÁLEZ: «El Alto Tribunal considera que el artículo 117 del Reglamento de Armas recoge un doble sistema de otorgamiento de licencias de armas, uno para el personal militar en situación de servicio activo, y otro para quienes estén en la reserva, siendo así que, en este último supuesto, el otorgamiento encierra un alto componente de discrecionalidad. Quienes no están en situación de servicio activo tienen una relación con su administración diluida al menos no tiene la consistencia de la de quienes están en servicio activo, y en consecuencia, su interés en tener licencia de armas tiene un alto componente de interés personal, según estas sentencias. No en vano el otorgamiento discrecional de licencias de armas es una materia directamente relacionada con la seguridad pública, y objeto de interpretación restrictiva, de conformidad con el artículo 29.1.b de la Ley Orgánica 4/2015, de 30 de marzo, de Protección de la Seguridad Ciudadana. Las dos sentencias del Tribunal Supremo entienden que como regla general hay que estar a la razón por la que la sentencia objeto de extensión anula un acto discrecional. Será posible tal extensión si anula un acto discrecional por infracción de los elementos reglados que concurren en su ejercicio —competencia, procedimiento, motivación— o por haberse probado que se incurrió en desviación de poder o por falta del presupuesto para el ejercicio de esa potestad. No cabe tal extensión si la sentencia estimatoria sustituye el juicio de oportunidad propio de una potestad discrecional, lo que podrá apreciarse al amparo del artículo 110.5.b) de la LJCA. Esta es la doctrina jurisprudencial que sientan. Parece lógico que, si el control judicial de una actuación administrativa de base discrecional está sometida a importantes condicionantes, en los que en todo caso se reserva para la administración un núcleo irreductible de inmunidad jurisdiccional, la extensión de efectos de las sentencias que anulen actos de esta naturaleza exija la concurrencia de circunstancias específicas. Desde luego que éstas no concurren cuando la Administración ni siquiera se ha pronunciado sobre la concesión de la licencia. Y ello lógicamente porque quien pretende el reconocimiento de la licencia de armas por extensión de efectos lo hace directamente ante el órgano judicial. Ciertamente la redacción original de la LJCA preveía que la solicitud se hiciera previamente ante la Administración. En fin, no se puede otorgar una licencia de armas por la vía de la extensión de efectos, cuando el Ministerio de Defensa, ni siquiera se ha posicionado al respecto apreciando las circunstancias concurrentes, tal y como le encomienda y atribuye el Reglamento de Armas. Desde luego también, que eso no acontecerá con los elementos reglados del acto, sí que es que se produce la identidad exigida por la LJCA». Cfr. CHAMORRO GONZÁLEZ, Jesús María, «Recientes pronunciamientos judiciales sobre la extensión de efectos de sentencias en materia de función pública», en *Actualidad Administrativa*, número 5, mayo, 2022.

gioso, no se identifica con una cuestión de personal a los efectos del artículo 110.1 de la LJCA».

En conclusión, se puede afirmar, sin género de dudas, que la materia de personal es la que más volumen de solicitudes de extensión de efectos plantea por tres motivos principales: en primer, lugar, por constituir un colectivo potencial afectado muy numeroso; en segundo, por la relativa facilidad de apreciación de la situación idéntica (elemento base para poder acordar la extensión de efectos) y, por último, por ser el sector donde se dictan más actos con múltiples destinatarios (los denominados actos masa).

En relación a las, a veces difusas, fronteras entre el orden jurisdiccional contencioso-administrativo y el social, recientemente, el TS ha establecido en su STS 318/2023, de 23 de enero FJ IV que:

> «(...)El enjuiciamiento de la normativa sobre el régimen de los funcionarios —interinos o y no— y la determinación de su corrección jurídica es una función de naturaleza nítidamente jurisdiccional que se inserta en el ámbito de las competencias del orden contencioso-administrativo al tratarse de una cuestión de personal atribuida a los Juzgados Centrales de lo contencioso-administrativo (artículo 9.1.a/ de la Ley reguladora de la Jurisdicción Contencioso-Administrativa) aún cuando se refiera al derecho de los funcionarios al alta en el régimen de la Seguridad Social, dejando a salvo las competencias exclusivas de la Tesorería en lo que se refiere a los efectos derivados del reconocimiento del derecho a la afiliación acordada, como son las cotizaciones o reclamaciones, la responsabilidad empresarial y demás derivadas del alta controvertida».

## 2.2. MATERIA TRIBUTARIA

La cuestión se complica al hablar de materia tributaria, puesto que a la concreción de la materia han de añadirse otras dificultades[33]. Como ejemplo, ALUM LÓPEZ observó que, en esta materia, la Administración es reacia a sentirse vinculada por las decisiones judiciales[34]. De hecho, el TS también ha sido consciente de estos reparos por parte de las Administraciones[35].

---

33. El propio TS en su STS 2714/2020, de 23 de julio, FJ III expone: «(...) la materia tributaria presenta perfiles propios que han de ser resaltados a fin de evitar equívocos en la respuesta que la Administración y los Tribunales ofrecen para denegar derechos en situaciones del denominado acto firme y consentido que, tal como viene siendo interpretado, parece que se quiere convertir en una especie de derecho fundamental de la Administración, privativa o enervadora de todo derecho o expectativa en favor de quien reclama, al margen de toda otra consideración. Para salir al paso de tales excesos interpretativos, es preciso significar lo que al respecto señala el propio artículo 110 LJCA que, no es desdeñable recordar, se incardina en el ámbito de la ejecución de la sentencia y, por ende, de los poderes del juez sentenciador, no de la Administración».
34. *Vid.* ALUM LÓPEZ, Cristina, «El proceso contencioso-administrativo en materia tributaria: extensión de efectos de sentencias y problemas de ejecución», en VV. AA., *Nuevo régimen jurídico de los procedimientos tributarios, Estudios de derecho judicial*, Consejo General del

En palabras de BOUVIER «*cette matière c'est un droit dont finalement la complexité n'a d'égale que la varieté des situations qu'il doit appréhender*»[36].

Estamos de acuerdo con MARTÍNEZ MICÓ cuando afirma que la existencia de actos en masa es innegable en la materia tributaria, porque la Administración emite actos repetidos pero distintos, aunque de contenido idéntico que están dirigidos a una pluralidad de sujetos pasivos[37].

El art. 110 LJCA únicamente hace la precisión «en materia tributaria» pero, al igual que con las otras dos materias, no define qué debemos considerar como tal. De nuevo, hemos de apoyarnos en la jurisprudencia y en la doctrina para arrojar un poco de luz sobre esta temática[38].

La doctrina es pacífica al considerar que la materia tributaria abarca las distintas materias relacionadas con la imposición, gestión, inspección y recaudación de los tributos del Estado, de las Comunidades Autónomas y de los entes locales, incluyendo también la inactividad ejecutiva de la Administración[39]. Asimismo, comprende los actos de liquidación y los procedimientos específicos de

*Poder Judicial, Madrid, 2005, núm. 77, pág. 475. Si bien es verdad que esta apreciación era más certera antes de la modificación para la judicialización del sistema de extensión de efectos, donde había que pedir primero en vía administrativa la posible extensión (esta cuestión es tratada en capítulos posteriores con mayor profundidad).*

35. *De hecho, el TS lo expone, entre otras, en el FJ IV de la ya mencionada STS 4529/2016, de 17 de octubre:*
*«(...) La excepción a dicha regla de la extensión a terceros de los efectos de determinadas sentencias, contenida en el artículo 110 LJCA, es la respuesta legislativa a la resistencia de las Administraciones públicas a ajustar sus pronunciamientos a los precedentes judiciales. Y es que está en la lógica del Estado de Derecho que las Administraciones resuelvan por impulso propio los casos idénticos al decidido por los tribunales, cuando no puedan alegar razonablemente diferencias fácticas o jurídicas entre el caso resuelto y los que están pendientes o no han sido llevados a los tribunales».*

36. Cfr. BOUVIER, Michel, Introduction au droit fiscal général et à la théorie de l'impot, Paris, 2016, pág. 8.

37. *Vid.* MARTÍNEZ MICÓ, Juan Gonzalo, «Extensión de los efectos de una sentencia firme en materia tributaria», en *Tribuna Fiscal*, CISS, 2009, núm. 22, págs. 12 y ss.

38. La determinación de la materia es un elemento clave a la hora de poder establecer si determinadas sentencias son susceptibles de extensión de efectos. Un ejemplo muy claro de esta situación se ha producido con la discutida STS 3422/2018, de 16 de octubre, relativa al reconocimiento del acreedor hipotecario como sujeto pasivo del impuesto sobre actos jurídicos documentados. A pesar de tratarse de un asunto claramente subsumido en el orden civil, el que se discuta quien es el obligado a pagar un impuesto se incardina dentro de la materia tributaria, lo que puede dar lugar (dependiendo del carácter que se le otorgue a la declaración y si concede situaciones jurídicas individualizas o, en su caso, únicamente produce efectos anulatorios) al reconocimiento de extensión de efectos de la sentencia en una multitud de asuntos idénticos.

39. Pueden consultarse por ejemplo (y entre muchos otros): LÓPEZ BENÍTEZ, Mariano, «Comentarios a la Ley de la Jurisdicción Contencioso-Administrativa de 1998», *op. cit.*, pág. 785; DE MIGUEL PAJUELO, Francisco, «La extensión A Terceros de los Efectos de la

impugnación. Deben recordarse aquí las disposiciones de la LGT (art.2) que clasifican a los tributos en tasas, contribuciones especiales e impuestos[40].

Así, entendemos que la materia tributaria que nos enuncia el art. 110.1 LJCA debe comprender las tres figuras que comprenden los tributos, quedando excluidos, por tanto, y en palabras de ARNALDO ALCUBILLA[41]: «otros actos relacionados como los precios públicos o las cuestiones relacionadas con la intervención administrativa en la economía»[42]. De igual forma, siguiendo esta línea han de quedar fuera también las cotizaciones a la Seguridad Social[43].

En resumen, y como expone REQUERO IBÁÑEZ, por materia tributaria ha de entenderse cualquier cuestión litigiosa referente a los diversos tipos de

---

Sentencia», en PALOMAR OLMEDA, Alberto (dir.) *et al.*, *Tratado de la Jurisdicción Contencioso-Administrativa*, Cizur Menor, (Navarra), 2012, pág. 929 o CONTÍN TRILLO-FIGUEROA, Eloísa, «Extensión de los efectos de la sentencia en la Jurisdicción Contencioso-Administrativa», en *Revista Aragonesa de Administración Pública*, junio 2008, núm. 32, pág. 608.

40. La LGT en su art. 2 establece:
*«1. Los tributos son los ingresos públicos que consisten en prestaciones pecuniarias exigidas por una Administración pública como consecuencia de la realización del supuesto de hecho al que la ley vincula el deber de contribuir, con el fin primordial de obtener los ingresos necesarios para el sostenimiento de los gastos públicos.*
*Los tributos, además de ser medios para obtener los recursos necesarios para el sostenimiento de los gastos públicos, podrán servir como instrumentos de la política económica general y atender a la realización de los principios y fines contenidos en la Constitución.*
*2. Los tributos, cualquiera que sea su denominación, se clasifican en tasas, contribuciones especiales e impuestos:*
*a) Tasas son los tributos cuyo hecho imponible consiste en la utilización privativa o el aprovechamiento especial del dominio público, la prestación de servicios o la realización de actividades en régimen de derecho público que se refieran, afecten o beneficien de modo particular al obligado tributario, cuando los servicios o actividades no sean de solicitud o recepción voluntaria para los obligados tributarios o no se presten o realicen por el sector privado.*
*b) Contribuciones especiales son los tributos cuyo hecho imponible consiste en la obtención por el obligado tributario de un beneficio o de un aumento de valor de sus bienes como consecuencia de la realización de obras públicas o del establecimiento o ampliación de servicios públicos.*
*c) Impuestos son los tributos exigidos sin contraprestación cuyo hecho imponible está constituido por negocios, actos o hechos que ponen de manifiesto la capacidad económica del contribuyente».*

41. Cfr. ARNALDO ALCUBILLA, Enrique y FERNÁNDEZ VALVERDE, Rafael, Jurisdicción contencioso-administrativa. Comentarios a la Ley 29/1998, de 13 de julio, Reguladora de la Jurisdicción Contencioso-Administrativa, Madrid, 2007, pág. 973. En el mismo sentido: MARTÍNEZ ALARCÓN, M.ª de la Luz, en MORENO MOLINA, José Antonio (dir.) et al., Procedimiento y Proceso Administrativo Práctico (Vol. III, Proceso Contencioso-Administrativo), Madrid, 2006, pág. 987.

42. Salvo la materia de unidad de mercado.
Antes de su derogación por el Real Decreto-Ley 13/2010 también se consideraba materia tributaria el recurso cameral permanente obligatoriamente establecido para las empresas por la ley 3/1993, de 22 de marzo, Básica de las Cámaras de Comercio, Industria y Navegación.

43. *Vid.* La limitación material que realiza la STSJ M 5014/2002, de 17 de abril.

ingresos de las Administraciones Públicas que tengan el carácter de exacción patrimonial coactiva[44].

Si queremos que la extensión de efectos se convierta en la institución que permita descargar de trabajo a los Tribunales de Justicia, debemos ser partidarios de seguir una línea no restrictiva dentro de las materias (ya de por sí escasas) a las que la Ley le concede la posibilidad de la extensión de los efectos[45]. Es el camino que ya habíamos defendido con la materia de personal. Sin embargo, es muy interesante la apreciación que realiza CHAMORRO GONZÁLEZ cuando observa que en el ámbito contencioso-administrativo y, en especial, en la materia tributaria «existen pronunciamientos que en ocasiones se limitan a anular una liquidación tributaria, por ejemplo, y que la hacen desaparecer de la vida jurídica, y en otras ocasiones se reconoce un derecho concreto a disfrutar, por ejemplo, un beneficio fiscal, que la liquidación a practicar en ejecución de sentencia tenga un determinado importe, o que determinada valoración de un inmueble sea de una manera. Solo este último tipo de pronunciamientos contenidos en un fallo pueden suponer un ulterior incidente de extensión de efectos del fallo, si los solicitantes están en una situación jurídica idéntica, y se dan además el resto de los requisitos más atrás analizados»[46].

Como analizaremos más adelante y con mayor profundidad, para que los efectos de una sentencia puedan ser extendidos, es necesario que ésta haya reconocido una situación jurídica individualizada en materia tributaria. Es peculiar el caso que nos ofrece el ATS 2314/2003, de 27 de febrero, donde se observa que el TS entiende que no debemos apartarnos de la materia específicamente tributaria a la hora de extender unos efectos[47]. Se plantea la duda sobre qué debe

44. Cfr. REQUERO IBÁÑEZ, José Luis, «Ejecución de sentencias en la Ley de la jurisdicción contencioso-administrativa», en *Cuadernos de Derecho Local,* 2005, núm. 8, pág. 44. La LGT en su art. 83 sustenta lo comentado porque dispone:
*«1. La aplicación de los tributos comprende todas las actividades administrativas dirigidas a la información y asistencia a los obligados tributarios y a la gestión, inspección y recaudación, así como las actuaciones de los obligados en el ejercicio de sus derechos o en cumplimiento de sus obligaciones tributarias.*
*También se considera aplicación de los tributos el ejercicio de las actividades administrativas y de las actuaciones de los obligados a las que se refiere el párrafo anterior, que se realicen en el marco de la asistencia mutua.*
*2. Las funciones de aplicación de los tributos se ejercerán de forma separada a la de resolución de las reclamaciones económico-administrativas que se interpongan contra los actos dictados por la Administración tributaria.*
*3. La aplicación de los tributos se desarrollará a través de los procedimientos administrativos de gestión, inspección, recaudación y los demás previstos en este título.*
*4. Corresponde a cada Administración tributaria determinar su estructura administrativa para el ejercicio de la aplicación de los tributos».*
45. Es interesante ver aquí el ATS 12233/2020, de 11 de diciembre.
46. Cfr. CHAMORRO GONZÁLEZ, Jesús María, «La extensión de efectos de Sentencias del Orden Jurisdiccional Contencioso-Administrativo», en *Tributos Locales*, núm. 94, abril-mayo 2010, pág. 118.
47. En la misma línea: STSJ M 2153/2004, de 23 de febrero.

considerarse materia tributaria, al entender que la responsabilidad extracontractual de la Administración (en este caso, el Estado) no debe ser considerada materia tributaria y, por tanto, no deben reconocerse los efectos de una sentencia que reconoció una situación jurídica como tal[48].

48. En su FJ II manifiesta:
*«La propia parte recurrente, en el escrito que presentó, en su día, planteando el incidente, reconocía que lo mismo en el incidente cuya admisión a trámite ha sido denegada como en la sentencia de cuyos efectos pretende beneficiarse —por vía de extensión— «nos encontramos ante un supuesto de responsabilidad patrimonial del Estado por acto legislativo». (...).*
*Cierto es que esa responsabilidad del Estado legislador tiene, a su vez su causa inmediata en una sentencia del Tribunal Constitucional, la ya citada de 31 de octubre de 1996 (BOE del 31 de diciembre). Cierto es también que la ley que se anula por inconstitucional versaba sobre materia tributaria (creación de un gravamen complementario de la tasa fiscal sobre el juego), pero ello no quiere decir, ni dice, que la pretensión que se esgrimió en el recurso contencioso-administrativo 476/1998, donde este Tribunal Supremo dictó la sentencia de 12 de junio del 2001 cuyos efectos se quiere extender al caso que nos ocupa, haya versado sobre materia tributaria.*
*De manera que, en el incidente cuya admisión a trámite hemos denegado, no se trataría de extender los efectos de la anulación de una resolución dictada al amparo de la norma tributaria declarada inconstitucional, sino de demostrar que, al igual que ocurrió en el caso resuelto en el proceso 476/1998 (y en otros muchos sobre responsabilidad del Estado legislador que tienen su origen en aquella sentencia del Tribunal constitucional), concurren en el caso los requisitos que conforme a la Ley 30/1992, de 26 de noviembre, han de darse para que se declare la responsabilidad extracontractual del Estado legislador en relación con las empresas que plantean el incidente que nos ocupa. Que la legislación que hay que ha habido que aplicar en estos procesos de responsabilidad extracontractual no es la tributaria es evidente, y ello es ya un elemento decisivo a la hora de entender lo que se está cuestionando ahora ante nuestra Sala.*
*Las sociedades recurrentes pretenden que constituye materia tributaria, no sólo el sistema de imposición de los tributos y los actos de liquidación de los mismos, así como los procedimientos de recaudación e inspección, sino también —y es esta interpretación extensiva la que rechaza nuestra Sala— las vías procesales que el derecho administrativo procesal permite utilizar frente a la actuación de los poderes públicos en cualquier sector de la actuación del Estado.*
*Pues bien, hay, por lo menos, dos razones que obligan a rechazar esta interpretación extensiva del ámbito de lo tributario. En primer lugar, porque no cabe confundir el objeto de la actividad de la Administración tributaria con las garantías que, frente a posibles arbitrariedades o ilegalidades cometidas con ocasión de esa actividad, puedan cometerse por los poderes públicos. Y, en segundo lugar, porque esa interpretación extensiva tendría por consecuencia desvirtuar la razón de ser del incidente de extensión de efectos de las sentencias, que no es otro que el de «ahorrar la apertura de múltiples procesos innecesarios contra los llamados actos en masa» (cfr. exposición de motivos de la Ley 29/1998, de 13 de julio). Y es esta finalidad —expresamente declarada por el legislador— y que explica y fundamenta la innovación procesal que supone el incidente de extensión de efectos la que está postulando, implícitamente, una interpretación restrictiva del artículo 110 que regula el incidente.*
*En cambio, con esa interpretación extensiva que proponen los recurrentes, incluyendo en la materia tributaria las garantías procesales de común aplicación a todos los sectores de la Administración, no sólo se estaría confundiendo lo material con lo formal, sino que se estaría aumentando la litigiosidad abriendo paso a otras muchas acciones que las partes dejaron caducar y que no versan, en sentido verdadero y propio, sobre materia tributaria».*

Para el TS está claro que el límite ha de ser estrictamente la materia tributaria. No obstante, como ya hemos comentado, nuestra postura propugna la consideración de la materia tributaria en sentido amplio[49], por lo que entendemos junto a DE MIGUEL CANUTO que, en ella, la potestad sancionadora ha de verse incluida junto, como no, a la potestad de comprobar e investigar para liquidar la deuda tributaria y la potestad de recaudar o exigir el pago de la deuda tributaria liquidada[50]. Incluso, como veremos más adelante, aunque se aleguen derechos fundamentales que pudieran empañar la condición o calificación de «materia tributaria». En la misma línea de amplitud se ha manifestado OLEA GODOY, a la hora de entender que es susceptible la extensión de efectos para casos donde la deuda tributaria se encuentra en fase de ejecución forzosa a través del procedimiento de apremio, siempre y cuando, obviamente, las deudas a cobrar tengan naturaleza tributaria[51]. De igual manera, MARTÍN FERNÁNDEZ[52] entiende que la expresión «materia tributaria» que establece el precepto ha de comprender toda esta materia «sin restricción alguna».

En relación a dichas restricciones, una de las cuestiones más recientes sobre la que se debe profundizar en este momento es la dualidad gestión catastral-gestión tributaria a la que vienen aludiendo nuestros tribunales, en virtud de la cual no es posible, como regla general, impugnar «actos catastrales» con ocasión del recurso dirigido frente a «actos tributarios», salvo que concurran «cir-

49. Los tribunales inferiores han seguido la misma línea Así, por ejemplo el TSJ de Madrid en la STSJ M13343/2002, de 10 de octubre, FJ IV, expone:
«(...)Por «materia tributaria» debe entenderse la que tiene relación con la imposición y gestión de los tributos en general, y si bien es indiferente la Administración a que se refiere la sentencia, lo que no resulta posible es extender el concepto de tributo a otros ingresos públicos que no lo son, así dentro del concepto de tributos estarán incluidos los impuestos, las tasas y las contribuciones especiales, pero no lo están las cotizaciones a la seguridad social, los precios públicos, la sanciones impuestas al margen del sistema tributario o las cuestiones relacionadas con la intervención administrativa en el mundo económico, no pudiendo realizarse la interpretación extensiva del art. 110 que propugna el Auto impugnado, extendiéndose el concepto de «materia tributaria» a los ingresos ó prestaciones públicas en general, siendo los tributos, una clase de ingresos públicos, pero resultando evidente que no se puede equiparar «ingreso público» a «materia tributaria», ya que el concepto de ingreso público como «sumas de dinero que percibe el Estado y demás Entes públicos para cubrir con ellos sus gastos y que una vez ingresados en las arcas públicas pierden su signo de procedencia de acuerdo con los principios de universalidad y unidad», es amplísimo y comprende ingresos de carácter muy distinto, que el legislador no ha querido incluir en el art. 110, a excepción de los tributos».

50. Cfr. DE MIGUEL CANUTO, Enrique, *Extensión a Terceros de los Efectos de las Sentencias Tributarias*, Navarra, 2001, pág. 39. En el mismo sentido se manifiesta ALUM LÓPEZ, Cristina, «El proceso contencioso-administrativo en materia tributaria...», *op. cit.*, pág. 477.

51. OLEA GODOY, Wenceslao, «Extensión de los efectos de las sentencias en materia tributaria», en *Nueva fiscalidad,* 2005, núm. 2, pág. 18.

52. Cfr. MARTÍN FERNÁNDEZ, Javier, «Incidencia de la nueva Ley de la Jurisdicción Contencioso-administrativa en materia tributaria: suspensión de la ejecución del acto impugnado y extensión de los efectos de una sentencia firme a personas que no han sido parte en el procedimiento», en *Revista de Información Fiscal*, núm. 32, 1999, pág. 36.

cunstancias excepcionales, sobrevenidas, análogas o similares» a las tenidas en cuenta por la doctrina tradicional del TS (como la falta de notificación individual de los valores catastrales a sus destinatarios)[53]. Esta dualidad nos lleva a plantearnos qué sucede con la posibilidad de extensión de efectos de sentencias firmes en esta materia. El punto de conexión entre gestión catastral y gestión tributaria está en la determinación de la base imponible del impuesto, que viene constituida por el valor catastral, valor que es el resultado de la gestión catastral y el punto de partida para la gestión tributaria, de manera que esta última empieza donde termina la gestión catastral. Por ejemplo, en nuestra opinión, aunque una ponencia de valores catastral pueda contemplarse como acto administrativo de los denominados «actos masa», en un procedimiento judicial únicamente de impugnación de ponencias de valores estimado por sentencia firme, no sería posible la aplicación del procedimiento de extensión por varios motivos: por ejemplo, por no pertenecer específicamente a la materia tributaria al ser una mera valoración administrativa aunque posea una finalidad fiscal (razón material) y, por otro, no reconocer uno de los requisitos específicos que exige la extensión de efectos, como es que la sentencia de origen reconozca una situación jurídica individualizada. De todas formas, si se considerara la nulidad de la ponencia de valores en su totalidad no sería necesario recurrir al procedimiento del art. 110 LJCA, pues la nulidad conllevaría ya un efecto *erga omnes* (no siendo así si se trata de una mera anulabilidad). No obstante, se abre un nuevo horizonte con la entrada en vigor del nuevo valor de referencia como base imponible de algunos tributos cedidos.

Sin embargo, aunque siempre la doctrina se ha mostrado partidaria de interpretar las materias de extensión de efectos en un sentido amplio con la proclamada dualidad establecida por el Supremo parece que queda vetado a las cuestiones procesales la posibilidad de acudir al instituto de la extensión de efectos, al entender el TS que hay que diferenciar la realidad tributaria (que sí queda comprendida) de la realidad catastral. En este sentido, también vemos que se va creando la diferencia por ejemplo con la denominación Real Decreto-ley 18/2019, de 27 de diciembre, por el que se adoptan determinadas medidas en materia tributaria, catastral y de seguridad social. De todas formas, tendremos que seguir esperando respuestas.

Por último, y como situación peculiar dentro de la materia tributaria, queremos hacer una breve mención a la posibilidad de extender los efectos de una sentencia obtenida con relación a un acto concreto a otros llevado a cabo por la misma persona contribuyente en anteriores ejercicios. Hemos de decir que el art. 110 LJCA no contempla esta posibilidad. De hecho, dispone expresamente: «(...) los efectos de una sentencia firme que hubiera reconocido una situación

53. *Vid.* SSTS 971/2020, de 18 de mayo y 2149/2021, de 20 de mayo.

jurídica individualizada a favor de una o varias personas podrán extenderse a otras»[54].

No obstante, en vía administrativa, sí está contemplada esta posibilidad de extensión de efectos de las resoluciones de los Tribunales económicos administrativos. Lo encontramos en el art. 69 del Real Decreto 520/2005, de 13 de mayo, por el que se aprueba el Reglamento general de desarrollo de la LGT, en materia de revisión en vía administrativa[55]. En referencia a este artículo, SÁNCHEZ PEDROCHE indica que se trata de una previsión mucho más limitada que la que establece el art. 110 LJCA[56]. Sin embargo, como hemos dicho, este artículo solo permite la extensión caso por caso, no a situaciones idénticas para una misma persona.

A nivel jurisprudencial, a pesar de no ser un asunto muy tratado, tanto los tribunales inferiores como el TS han aceptado esta posibilidad[57]. Así, en su STS 5470/2007, de 19 de julio (n.º rec. 549/2003), FJ IV, el TS recuerda la posible extensión, aunque en ese caso concreto no sea válido por el juego de la cláusula de los actos consentidos y firmes:

54. *Vid.* para mayor información ROUANET MOSCARDÓ, «¿Extensión de efectos de una sentencia que anula una sanción tributaria, por prescripción, a las sanciones firmes impuestas al mismo contribuyente en anteriores ejercicios, al derivar todas del mismo procedimiento inspector, concurriendo las mismas circunstancias en todas las actas levantadas?», en *Diario La Ley*, marzo 2013, núm. 8036.

55. Dicho artículo expone:

*«1. La resolución de la reclamación interpuesta podrá extender sus efectos a todos los actos, actuaciones u omisiones posteriores a la interposición de la reclamación que sean en todo idénticos al citado en el escrito de interposición de la reclamación y no sean firmes en vía administrativa.*

*2. Para ello, el reclamante o interesado en la reclamación inicial deberá presentar, en el plazo de un mes contado a partir del día siguiente al de la notificación de la resolución, los documentos en los que consten los citados actos, actuaciones u omisiones.*

*3. El pleno, la sala o el órgano unipersonal que hubiera dictado la resolución dictará un acuerdo en ejecución de esta en el que relacionarán todos los actos, actuaciones u omisiones a los que la resolución debe extender sus efectos, incluidos los relativos a los recursos procedentes».*

56. *Vid.* SÁNCHEZ PEDROCHE, José Andrés, *Revisión Administrativa en Vía Tributaria*, Madrid, 2006, pág. 1009.

57. Por ejemplo, la STSJ CAT 11254/2001, de 26 de septiembre, en su FJ VIII expone:

*«En definitiva, no existen los invocados obstáculos para la aplicación del art. 110 en los supuestos en los que, como en el enjuiciado, exista una absoluta identidad de cuestión controvertida respecto de la sujeción y exención tributaria de unos mismos bienes, aunque la extensión se solicite por el favorecido por el fallo respecto de otro ejercicio tributario posterior. Tal identidad requerirá, como ya ha quedado apuntado, que la normativa de aplicación no haya cambiado (cual es el caso para el ejercicio en cuestión, a diferencia de lo que ocurre a partir de 1 de enero de 2001) y que tampoco esté pendiente recurso de casación en interés de la ley (que lo estaba hasta la referida STS de 25 de septiembre de 2000), de acuerdo con el último inciso del art. 110. Estas circunstancias ponen de manifiesto, en todo caso, que la tramitación de un proceso independiente para el ejercicio posterior sería por completo innecesaria, una vez se ha pronunciado el Tribunal Supremo sobre la cuestión controvertida en*

> «Además, la extensión de efectos, tal como está regulada en la Ley, sólo se refiere a personas distintas de las partes que se encuentran en situación idéntica. Esta Sala, en Auto de 21 de diciembre de 2001, recurso n.º 25/99, ya señaló que, en principio, la extensión de los efectos de una sentencia estimatoria en materia tributaria se referirá principalmente a otros sujetos pasivos, pero que no había que descartar que pueda aplicarse tal posibilidad a otros sujetos activos, como podría acontecer en el campo de la Hacienda Local en el que otros Ayuntamientos podrán acogerse al reconocimiento de una situación individualizada, sentenciada a favor de otro Ayuntamiento.
>
> En el caso de autos, sin embargo, nos encontramos ante una extensión que afecta a la propia recurrente y que pretende que el fallo se les aplique a otras liquidaciones anteriores, que dejó firmes, lo que no se contempla por el precepto...».

## 2.3. MATERIA DE UNIDAD DE MERCADO

Si bien parece que los contornos de las materias anteriores están más delimitados, está claro que la materia de unidad de mercado es la más desconocida dentro del ámbito de actuación de la extensión de efectos de sentencias firmes. ¿De qué hablamos cuando hacemos referencia a la unidad de mercado? Esta es la primera pregunta que surge al enfrentarnos a esta nueva materia susceptible de extensión de efectos que se incluyó en el año 2013. Como indica, *ab initio,* la Exposición de motivos de la Ley 20/2013, de 9 de diciembre, de garantía de la unidad de mercado:

> «La unidad de mercado constituye un principio económico esencial para el funcionamiento competitivo de la economía española. El principio de unidad de mercado tiene su reflejo en el artículo 139 de la Constitución que expresamente impide adoptar medidas que directa o indirectamente obstaculicen la libertad de circulación y establecimiento de las personas y la libre circulación de bienes en todo el territorio español».

Así, como expresa FERNANDO PABLO, la finalidad principal de la Ley es «hacer posible un funcionamiento más ágil del mercado interior, esto es, que los requisitos que la legislación administrativa propia de los Entes Territoriales Inferiores (fundamentalmente, Comunidades Autónomas) han impuesto al ejercicio de la libertad de empresa y la libre circulación de bienes, mercancías y la

---

*un recurso de tal naturaleza, pronunciamiento que, a su vez, ha dado lugar a una modificación legislativa en sentido contrario, que, ésta sí, impide cualquier ulterior extensión de efectos de sentencias anteriores.*

*Por fin, no hay en el caso acto firme y consentido alguno (lo que daría lugar a examinar una cuestión objeto de amplia polémica), sino, por el contrario, apartamiento (o simultaneidad) con la vía administrativa o jurisdiccional de impugnación, lo cual no puede ser obstáculo para la aplicación del art. 110. Precisamente con la solución que se adopta se trata también de terminar con prácticas administrativas que, desconociendo la solución dada por los Tribunales de Justicia a controversias tributarias idénticas, obliguen a nuevos e innecesarios procesos o, lo que sería peor, al consentimiento de liquidaciones contrarias a derecho ante la perspectiva de nuevos procesos».*

prestación de servicios, no resulten ser un obstáculo para las economías de escala en todo el territorio nacional»[58].

Si la intención del legislador ha sido ésta, la incorporación de esta materia en el art. 110 LJCA tiene mucho sentido, porque junto a la armonización, se busca dotar al mercado interior de unas estructuras que permitan solventar con una mayor eficiencia las divergencias normativas interterritoriales. Es evidente que el legislador volvió a recurrir al sistema de extensión de efectos por encontrarlo útil y eficaz a la hora de poder responder a un número de pretensiones que puede llegar a ser muy alto. Sin embargo, la extensión de efectos de sentencias firmes en esta materia ha tenido un recorrido mucho menor que en las dos anteriores. Lo único que sí se comprueba es que en el ámbito contencioso-administrativo la institución de extensión de efectos sigue teniendo su parcela a la hora de intentar evitar recursos masivos.

Veamos cuando puede funcionar. De manera general, la extensión de efectos operará como en las restantes materias, es decir, cuando una sentencia haya reconocido una situación jurídica individualizada en materia de unidad de mercado. Sin embargo, la Ley 20/2013, también establece unos medios de defensa particulares y específicos. Concretamente el que nos interesa en este punto es el que establece la Disposición Final Primera de la mencionada Ley que crea un procedimiento especial contencioso-administrativo introduciendo un nuevo Capítulo (Capítulo IV), dentro del Título V de la LJCA (Art. 127 bis.1)[59].

Es en relación con este procedimiento cuando FERNANDO PABLO se pregunta si sería posible que operara la figura de la extensión. Presenta sus dudas basadas en los requisitos competenciales que establece el art. 110: «Puesto que, en el procedimiento especial de garantía de unidad de mercado, el tribunal sentenciador será, por definición, la Audiencia Nacional (art. 11.1.h LJCA) introducido precisamente, por la Disposición Final Primera 1 de la LUM), tal requisito resultaría superfluo y redundante. Por tanto, parece más acorde con la interpretación sistemática de la redacción actual de la LJ entender, como regla de principio, que la posibilidad de extensión de los efectos de la sentencia se refiere (salvo lo que se dirá *infra*) sólo a los procedimientos ordinarios emprendidos por los operadores, y no al recurso interpuesto por la CNMC»[60].

58. Cfr. FERNANDO PABLO, Marcos Matías, «El Contencioso-Administrativo de la unidad de mercado: ¿objetivización de la jurisdicción contenciosa?», en *Revista europea de Derechos Fundamentales*, primer semestre 2014:23, pág. 84.

59. El citado artículo establece:
*«Cuando la Comisión Nacional de los Mercados y la Competencia considere que una disposición, acto, actuación, inactividad o vía de hecho procedente de cualquier Administración pública sea contraria a la libertad de establecimiento o de circulación en los términos previstos en la Ley 20/2013, de 9 de diciembre, de garantía de la unidad de mercado, podrá presentar el recurso contencioso-administrativo regulado en este Capítulo».*

60. Cfr. FERNANDO PABLO, Marcos Matías, «El Contencioso-Administrativo de la unidad de mercado: ¿objetivización de la jurisdicción contenciosa?», *op. cit.*, pág. 103.

Sin embargo, para nosotros este procedimiento, aunque sea un recurso contencioso-administrativo de carácter especial, cumple de igual manera los requisitos para proporcionar una sentencia que pueda reconocer una situación jurídica individualizada y, por ende, una sentencia susceptible de ser extendida. No encontramos ningún impedimento para que no pueda operar esta institución. De todas formas, al ser una cuestión relativamente reciente, habrá que seguir esperando interpretación jurisprudencial.

De hecho, la visión del TS en los temas referentes a la unidad de mercado ha sido la de una postura abierta y expansionista. En lo referente al recurso de casación, el TS en su ATS 4211/2017, de 8 de mayo (n.º rec. 1277/2017), FJ III, considera susceptible de extensión este recurso al ser un asunto íntimamente conectado con la materia de unidad de mercado. Así, establece:

> «La verificación de la concurrencia del segundo de los presupuestos de recurribilidad de la sentencia del Juzgado —esto es, que se trate de una sentencia susceptible de extensión de efectos— requiere de la integración de lo dispuesto en el art. 86.1 LJCA con la regulación contenida en el art. 110 LJCA.
>
> Establece el mencionado art. 110 LJCA que serán susceptibles de extensión de efectos las sentencias firmes dictadas en materia tributaria, de personal al servicio de la Administración pública y de "unidad de mercado", siempre y cuando concurran las circunstancias mencionadas en dicho precepto. El objeto del pleito del que trae causa este recurso de casación no permite rechazar, *a priori*, que nos encontremos ante una cuestión referida a la "unidad de mercado", pues lo discutido en la instancia versa sobre la libertad de establecimiento y prestación de servicios; cuestión ésta que conecta con las previsiones de la Ley 20/2013, de 9 de diciembre, de Garantía de la Unidad de Mercado (en adelante, LGU), cuyo art. 2 define su ámbito de aplicación en relación con el "acceso a actividades económicas en condiciones de mercado y su ejercicio por parte de operadores legalmente establecidos en cualquier lugar del territorio nacional", fundamentándose la unidad de mercado, según se dispone en el segundo apartado del art. 1 LGU «en la libre circulación y establecimiento de los operadores económicos, en la libre circulación de bienes y servicios por todo el territorio español, sin que ninguna autoridad pueda obstaculizarla directa o indirectamente, y en la igualdad de las condiciones básicas del ejercicio de la actividad económica».
>
> Partiendo de lo anterior, no puede obviarse que la *ratio decidendi* de la sentencia que se impugna (para fundamentar la anulación de la sanción impuesta) es, precisamente, la calificación de la actividad económica desarrollada por UBER como una actividad excluida de la ordenación de transportes —que, por tanto, no se encuentra sometida a licencia o autorización— cuyo ejercicio se encuentra amparado, en cambio, en el principio de libre establecimiento y prestación de servicios que proclama la Ley reguladora de los Servicios de la Sociedad de la Información y, en última instancia, la Directiva de Servicios. En definitiva, el litigio plantea el régimen jurídico aplicable a dicha actividad y consecuentemente el ejercicio de la libre prestación de servicios, materia íntimamente conexa con la garantía de la unidad de mercado en los términos ya apuntados. Y bajo este prisma, reiteramos,

no puede rechazarse en este momento procesal que se trate de un asunto subsumible en la materia de «unidad de mercado» a que alude el art. 110 LJCA...».

Puede comprobarse, por tanto, que a pesar de que la materia de unidad de mercado aún sea la que menor volumen de solicitudes de extensión de efectos conlleve, es innegable la importancia de su impacto en la sociedad actual. No obstante, algún solicitante aventajado ha querido revestir de unidad de mercado alguna materia que nada tiene que ver con la misma. Esta es la situación que se produjo en el mencionado AAN 6412/2023, de 2 de junio, donde la Audiencia denegó la viabilidad de la extensión en base a los siguientes motivos (FJ II):

> «Se pide la extensión de los efectos de la sentencia del TS de 20 de diciembre de 2021 (rec. 91/23) que confirma la dictada por esta Sala y Sección el 25 de noviembre de 2019 en el recurso 107/18.
>
> Dicha sentencia tenía por objeto un recurso contra la desestimación por silencio administrativo del Ministerio de Agricultura, Alimentación y Medio Ambiente, de la solicitud de prórroga de una concesión del dominio público marítimo terrestre, que no tiene encaje en ninguna de las materias en que la Ley permite la extensión de efectos, es decir, tributos, personal o unidad de mercado, esta última introducida mediante una reforma del artículo 110 de LJCA por la Ley 20/2013, de 9 de diciembre, de garantía de la unidad de mercado. Las dos primeras ni siquiera se mencionan por el solicitante, que sí cita en apoyo de su pretensión el artículo 17.1 de la Ley acabada de citar. Esta ley tiene por objeto "*...establecer las disposiciones necesarias para hacer efectivo el principio de unidad de mercado en todo el territorio nacional*" (artículo 1). Su ámbito de aplicación se extiende a las actividades económicas en condiciones de mercado y su ejercicio por parte de operadores legalmente establecidos en el territorio nacional (artículo 2). Nada tiene que ver esta ley, ni por su objeto ni por su ámbito de aplicación, con la situación del titular de una concesión sobre el dominio público marítimo terrestre que solicita la prórroga de la misma, que no consiste en una actividad económica en condiciones de mercado por más que en la solicitud se mencione un párrafo del Preámbulo de la Ley en el que al tratar del contenido del Capítulo IV de la Ley, "Garantías al libre establecimiento y circulación", se refiere a la autorización como instrumento adecuado para garantizar la concurrencia competitiva en los casos donde existe una limitación del número de operadores en el mercado por la escasez de recursos naturales o el uso del dominio público, entre otras y en este caso no se trata ni de una actividad económica en régimen de mercado regida por el principio de libre competencia ni cabe hablar en este contexto, propiamente, de operadores económicos. El hecho de ser titular de una concesión demanial no hace equiparable esa situación con la de otros titulares de concesiones, estando cada una de ellas sujeta a las específicas situaciones y plazos previstos en la Ley de Costas y a las condiciones establecidas en cada caso y, desde luego, la situación de los solicitantes no es parecida a la de los recurrentes en la sentencia cuya extensión de efectos se pretende.
>
> Por esas razones no se considera viable la extensión de efectos solicitada».

## 2.4. VISIONES DOCTRINALES

Para DE MIGUEL PAJUELO, la restricción material ha de ser objeto de crítica, pues «existen otros sectores del ordenamiento jurídico con igual problemática y similar volumen de conflictividad, en los que no es posible dicha extensión y en los que los ciudadanos se ven obligados a interponer los recursos necesarios para ver reconocidos sus derechos individuales tales como la materia recaudatoria o de encuadramiento de la Seguridad Social o la materia expropiatoria con tasaciones conjuntas»[61]. De igual manera, GIMENO SENDRA, consideraba que no se comprendía muy bien que no se hubiera efectuado una extensión subjetiva a cualquier forma de litisconsorcio, pues pueden plantearse pretensiones «en masa» en materia de seguridad social, responsabilidad patrimonial, farmacias, etc.[62].

La crítica de PÉREZ DEL BLANCO pasa por discutir que sea el legislador quien marque la reserva material, pues a su entender deberían ser los tribunales los que establecieran en qué materia podrían extenderse los efectos de las sentencias sin necesidad de tener unas materias fijadas y dependiendo de las características del caso y de los sujetos implicados[63]. Sin duda, esta afirmación es de gran interés, pues dejaría en manos del órgano juzgador la aplicación de la figura que pasaría a tener una configuración jurisprudencial aún mayor. Aunque podría ser una reflexión muy innovadora, verdaderamente respondería a los objetivos para los que la extensión de efectos fue creada. ¿Estaríamos dispuestos, o más bien, preparados a que fuera el juez el encargado de la delimitación material? ¿Invadiría algunos principios como, por ejemplo, la seguridad jurídica o el derecho al juez ordinario predeterminado por la ley? A nuestro juicio, esta reflexión abre unas nuevas vías que podrían ser enriquecedoras. De nuevo, se ve la influencia de los sistemas anglosajones en el peculiar carácter de la institución.

Llama la atención la apreciación que realizaba GÓMEZ DÍAZ, en 1997 analizando el Proyecto de Ley, al considerar que la solución adoptada no cerraba la

61. Cfr. DE MIGUEL PAJUELO, Francisco, «La extensión A Terceros de los Efectos de la Sentencia», en PALOMAR OLMEDA, Alberto (dir.) *et al., Tratado de la Jurisdicción Contencioso-Administrativa, op. cit.*, pág. 929. En igual sentido, *vid.* por ejemplo: SANTAMARÍA PASTOR, Juan Alfonso, *La Ley reguladora de la Jurisdicción Contencioso-Administrativa, op. cit.*, pág. 1152.

62. *Vid.* GIMENO SENDRA, Vicente, MORENO CATENA, Víctor y SALA SÁNCHEZ, Pascual, *Derecho Procesal Administrativo*, Madrid, 2004, pág. 282. Para CORDERO LOZANO, Fernando («La extensión de los efectos de la sentencia a terceros en el artículo 110 de la LJCA; una reflexión», *en Revista Aragonesa de Administración Pública*, diciembre 2002, núm. 21, pág. 445) hay muchas más materias que podrían haber sido escogidas también para ser susceptibles de extensión de efectos por sus similitudes con las elegidas por el legislador. A saber: expropiaciones con tasaciones conjuntas, interpretación de normas jurídicas mediante circulares internas, bases de convocatorias que canalizan la actividad de fomento de la Administración: selección de contratistas, materias de urbanismo, medio ambiente y ordenación del territorio, la responsabilidad de la Administración... etc.

63. *Vid.* PÉREZ DEL BLANCO, Gilberto, «La extensión subjetiva de los efectos de la sentencia administrativa en los supuestos de litigios en masa», *op. cit.*, pág. 94.

posibilidad de ampliación a otros ámbitos, aunque con el riesgo de que los tribunales tuviesen que enfrentarse a la reacción de recurrentes que calificasen dicha restricción como lesiva al principio de igualdad ante la ley, recogido en el art. 14 de la CE[64]. Tras un cuarto de siglo de vigencia del precepto hemos podido comprobar que esto no ha sucedido. Bajo nuestro punto de vista la creación de este sistema en la LJCA no vulnera el principio de igualdad, sino que introduce una forma más ampliada a la hora de ejercitar el derecho a la tutela judicial efectiva, constituyendo otra forma de acceso a la jurisdicción[65]. El derecho al recurso en otras materias no deja de existir, sino que, en las que propugna el art. 110 LJCA, los elementos de tutela están más reforzados. Sin embargo, no consideramos que la intención del legislador siguiera esta línea de defensa «*extra*» de las materias tributaria y personal, ya que, como venimos reiterando, lo que se pretendía era establecer un mecanismo procesal que facilitara la labor judicial, sirviendo estas materias como primer filtro.

A pesar de ser más numerosos los autores que critican la reserva de materias, existen voces a favor de la limitación material. Un ejemplo de ello lo constituye AYALA MUÑOZ. Este autor considera que la restricción parece totalmente justificada por la cautela con la que ha de procederse cuando se extienden los efectos del fallo a situaciones no contempladas en el mismo ni en el procedimiento de que trae causa[66]. De igual forma, CORDERO LOZANO (a pesar de que habla de «ensayo» al referirse a la limitación competencial) considera que la decisión de incorporar la extensión de efectos es de una gran trascendencia, ya que se trata de una postura valiente, aunque con claroscuros que debe reconocerse y que por la relevancia de las materias a las que va dirigida «supone o puede suponer un paso de gigante para la descongestión de esta jurisdicción»[67]. Para ESPINAL MANZANARES las dos materias han sido configuradas con una gran amplitud y no entiende cómo puede haber un sentir de la doctrina que considere que el legislador ha sido mísero a la hora de realizar su función[68].

Para nosotros, la restricción material dificulta la utilización de este sistema y, por tanto, complica la consecución de los fines para los que fue creado. Sin embargo, consideramos muy positivo que el legislador haya utilizado, de nuevo, la institución integrándole una nueva materia como es la unidad de mercado.

64. *Vid.* GÓMEZ DÍAZ, Ana Belén, «La eficacia de las sentencias contencioso-administrativas: entre la dogmática y la ingeniería judicial», en *Revista de Administración Pública*, núm. 144, 1997, pág. 281.

65. De hecho, por ejemplo, en la STS 4641/2021, de 2 de diciembre, se recuerda que la extensión de efectos es propiamente, una forma de acceso a la jurisdicción (FJ I).

66. *Vid.* AYALA MUÑOZ, José María et al., Comentarios a la Ley de la Jurisdicción Contencioso-Administrativa de 1998, Cizur Menor (Navarra), 2012, pág. 1210.

67. Cfr. CORDERO LOZANO, Fernando, «La extensión de los efectos de la sentencia a terceros en el artículo 110 de la LJCA», *op. cit.*, pág. 444.

68. *Vid.* ESPINAL MANZANARES, Javier, «La extensión de efectos de las sentencias...», *op. cit.*, págs. 123 y ss.

Con esta actuación se da a entender por parte del legislador que la extensión de efectos de sentencias, aunque, con muchas críticas, sigue siendo un sistema válido y por el que merece la pena seguir apostando en un futuro. En nuestra opinión esta figura debería ser ampliable, en el ámbito administrativo, a otros sectores materiales como podría ser el derecho del deporte (por ejemplo en las actuaciones del Tribunal Administrativo del Deporte) o en el sector farmacéutico, aunque somos conscientes de que la apertura del ámbito material podría conllevar un efecto no deseado por el legislador: la ampliación exponencial del número de sentencias dictadas en única instancia susceptibles de recurso de casación que provienen de los Juzgados de lo Contencioso-administrativo. No obstante, hoy en día lo más impactante es que el legislador, con el PLMEP haya considerado la necesidad de extrapolar la extensión de efectos a otros órdenes jurisdiccionales cuando solo ha ampliado una vez el ámbito de la extensión de efectos contenciosa en más de veinte años transcurridos desde la entrada en vigor de la LJCA[69].

Otra de las cuestiones que llama poderosamente la atención cuando analizamos la restricción material en la extensión de efectos es su comparación con lo establecido en el art. 37.2 LJCA y su correspondiente art. 111 LJCA. La figura análoga (pleito-testigo) que se regula en dicho artículo y que se diferencia por llevarse a cabo antes de que el pleito de origen finalice no impone ninguna restricción material. ¿Qué razón empujó al legislador a esta diferencia de trato? A simple vista parece que no debería haber ninguna diferencia en el tratamiento. La única explicación que encontramos es que en este caso se trata de una acumulación de asuntos y no una extensión de efectos de resoluciones como tal. Sin embargo, esta explicación no responde a la pregunta que nos hacemos, puesto que entendemos que con el juego del art. 111 LJCA la figura es casi la misma, por lo que el tratamiento legal debería ser también el mismo[70].

En lo referente a la línea de interpretación amplia que nosotros hemos defendido también han surgido detractores a lo largo del tiempo. El más directo de ellos es, sin duda, BENITO SANCHO cuando considera que la exégesis extensiva provoca graves perjuicios tanto para la Administración como para

69. En relación a la extrapolación de la extensión de efectos a otros órdenes jurisdiccionales, *vid.* (entre otros): CALAZA LÓPEZ, Sonia, *Rebus sic stantibus, extensión de efectos... op. cit.;* VELASCO JIMÉNEZ, Cristina, «La extensión de efectos y el procedimiento testigo en el plan de choque para la Administración de Justicia tras el Estado de Alarma», en *Diario La Ley*, núm. 9682, 2020; PEREA GONZÁLEZ, Álvaro, «Hacer generalidad de la singularidad: pleito testigo y extensión de efectos ¿Una nueva tutela del conflicto privado?», en *Diario La Ley*, núm. 9676, 2020; ACHÓN BRUÑÉN, M.ª José, «Futuras reformas legales que afectan a pleitos con consumidores y usuarios: especial referencia a la extensión de efectos y al «pleito testigo», en los procesos de nulidad de cláusulas abusivas», en *Práctica de tribunales: revista de derecho procesal civil y mercantil*, núm. 146, 2020 u ORTELLS RAMOS, M., «Proceso colectivo, procesos en serie y proceso testigo. Jueces y CGPJ ante los litigios civiles en masa», en *Revista General de Derecho Procesal*, núm. 54, 2021.

70. De la misma opinión es DE MIGUEL CANUTO, Enrique, *Extensión a terceros de los efectos..., op. cit.*, págs. 35 y ss.

posibles codemandados[71]. No obstante, nos mostramos de acuerdo con este autor al entender que, con la norma vigente, la aplicación ha de ser restrictiva en torno a una aplicación a temas análogos pero que no sean estrictamente tributarios, de personal o de unidad de mercado. No así, como venimos reiterando, cuando nos encontremos dentro de estas materias que, en nuestra opinión han de ampliarse lo máximo posible para poder dar cobertura a los distintos casos que puedan plantearse.

### 2.5. CUESTIÓN CONTROVERTIDA: ¿PRIMACÍA MATERIAL O PROCEDIMENTAL?

En conexión con los requisitos materiales que presenta la extensión de efectos, últimamente han llegado al TS casos donde se ha puesto de manifiesto la necesidad de separar las materias del procedimiento a utilizar. Este es uno de los puntos que, a nuestro juicio, en sede de extensión de efectos reclama más atención en los últimos tiempos, sobre todo a raíz de la utilización por el legislador de la incorporación de la técnica de creación de procedimientos especiales en la LJCA[72]. La cuestión suscitada es la siguiente: ¿qué ha de tener preferencia el aspecto estrictamente material o el procedimiento utilizado? Antes de la diferenciación realizada por el TS en los supuestos de estas características, parecía lógico pensar que cuestiones como la materia de derechos fundamentales tenían sustantividad propia si las relacionábamos con las materias donde era susceptible la extensión de efectos. Sin embargo, la argumentación que realiza la STS 3741/2022, de 14 de octubre, cambia radicalmente la presunción anterior.

En este caso, el interés casacional objetivo consistía en determinar si una sentencia dictada en un procedimiento especial de protección de los derechos fundamentales, regulado en los artículos 114 y ss. LJCA, que anuló unas liquidaciones y sanciones tributarias «por vulneración del derecho fundamental a la inviolabilidad del domicilio» era o no susceptible de extensión de efectos, atendida la sola circunstancia de que no podía considerarse materia tributaria. Este

71. *Vid.* BENITO SANCHO, Ernesto, «La extensión de efectos de sentencias en la Ley 29/1998, de 13 de julio...», *op. cit.*, pág. 2. Este autor se expresa de forma rotunda y lo hace en los siguientes términos: «Antes de entrar a discutir sobre lo que ha de entenderse comprendido dentro de la materia «tributaria» y «de personal al servicio de la Administración Pública» hay que partir de una premisa fundamental, cual es la interpretación restrictiva de la figura en general de la extensión de efectos de sentencias y, en particular, en lo que se refiere concretamente al ámbito de aplicación de la misma (...).
No parece, en consecuencia, que resulte procedente una interpretación extensiva de la figura, interpretación que desde un punto de vista práctico puede producir notabilísimos perjuicios no solo para la Administración autora de la actividad administrativa impugnada sino también, hipotéticamente, para otras posibles partes personadas en el procedimiento como codemandadas conforme al artículo 21.1.b) de la LJCA por ser titulares de derechos o intereses legítimos que pudieran quedar afectados por la estimación de las pretensiones del demandante y que podrían igualmente llegar a ver afectada su esfera de derechos e intereses por la extensión del fallo a terceros...».

72. Como, por ejemplo, el establecido en el art. 122 *quater*.

era el motivo por el que la Sala de instancia había denegado la posible extensión, al considerar que la materia constitucional no estaba contemplada en el catálogo de materias que ofrece el artículo 110 LJCA[73]. Así, la controversia sobre la que debía resolver el recurso de casación era dilucidar si una sentencia dictada en un procedimiento especial de derechos fundamentales es o no susceptible de esa modalidad de ejecución[74]. El TS estima el recurso de casación, recuerda el carácter opcional del procedimiento especial de tutela de derechos fundamentales y establece como aspectos doctrinales de relevancia lo siguiente (FJ III):

> «(...) Entendemos que lo concluyente no es el procedimiento en sí (ordinario, abreviado o especial) sino el objeto de este y, por lo que se refiere al caso, no parece que existan muchas dudas de que una liquidación y sanción, derivadas de un procedimiento de inspección, se integran dentro de la "materia tributaria". Cabría plantear, en hipótesis, qué hubiera ocurrido si, en lugar de un procedimiento especial de protección de los derechos fundamentales, la contribuyente hubiese acudido a un recurso contencioso-administrativo ordinario y, en cuyo seno, habiendo aducido la vulneración del mismo derecho fundamental, la sentencia apreciara dicha vulneración, anulando, en consecuencia, la liquidación y la sanción tributarias. No parece que, en ese hipotético caso, pudiera dudarse de que nos encontraríamos en el ámbito de la "materia tributaria" y, por tanto, en el escenario de aplicación del artículo 110 LJCA como, por otra parte, parece desprenderse *a sensu contrario* de la argumentación de la Sala de instancia, que el representante de la Administración reivindica. Por tanto, resulta indiferente que la constatación y consiguiente proclamación del derecho fundamental tenga lugar a través del proceso contencioso-administrativo, regulado en el Título IV de la LJCA que, mediante un procedimiento especial, como el de protección de los derechos fundamentales, previsto en el Título V. Si en el primer caso no existiría inconveniente —como línea de principio, abstracción hecha de si concurren los demás requisitos del art. 110 LJCA— en extender los efectos de esa sentencia, tampoco debería existir cuando la infracción del derecho fundamental se constate en el procedimiento especial regulado los artículos 114 y ss. LJCA. Más gráficamente, una cosa es el escenario procedimental (continente) y otra distinta la declaración de la infracción del derecho fundamental (contenido) que, como es natural, puede apreciarse en uno u otro procedimiento. Además, se utilice una u otra vía procedimental, lo cierto es que, mantener la conclusión contraria supondría hacer de peor condición a quien combate la nulidad de un acto aduciendo la vulneración de un derecho fundamental, que a quien persigue esa nulidad invocando la simple infracción de la legalidad ordinaria».

73. De hecho, algunos autores como MARTÍN CONTRERAS han negado la posibilidad de extender los efectos de una sentencia dictada al amparo del procedimiento regulado en los artículos 114 y ss. LJCA, por la propia naturaleza de esos procedimientos. *Vid.* también MARTÍN CONTRERAS, Luis, «La extensión de efectos de una sentencia a terceros: el artículo 110 de la Ley reguladora de la Jurisdicción Contencioso-administrativa», en CASTILLEJO MANZANARES, R., (dir), *et al., El proceso administrativo (LJCA)... op. cit.*, pág. 343.

74. Llama también la atención que, aún en 2023, se siga hablando de la extensión de efectos como modalidad de ejecución.

Y en su FJ IV continúa:

> «(...) De conformidad con el artículo 93.1 LJCA, en función de lo razonado precedentemente, procede declarar lo siguiente: A efectos del procedimiento de extensión de efectos del art. 110 LJCA, ha de interpretarse que, una sentencia se entiende dictada "en materia tributaria", cuando tenga por objeto la revisión de un acto administrativo de naturaleza tributaria, con independencia de la naturaleza, especial o no, del procedimiento contencioso-administrativo en que haya sido pronunciada. En consecuencia, los autos impugnados de la Sala de Málaga deben ser casados y anulados al resultar contrarios a la anterior doctrina».

Como puede comprobarse, esta STS aúna dos figuras importantes dentro del sistema contencioso-administrativo español. No debe olvidarse que el TS parece que está intentando flexibilizar los peculiares contornos que presenta el procedimiento especial de tutela de derechos fundamentales, constituyendo esta STS un ejemplo de ello. En este sentido, el TS ha considerado, por ejemplo, que no es preciso agotar la vía administrativa para acudir al proceso especial de protección de los derechos fundamentales o que el término «potestativamente» del artículo 115 LJCA no alude únicamente al recurso de reposición[75].

## 3. OTROS PRESUPUESTOS DELIMITADORES PARA LA EXTENSIÓN DE EFECTOS DE SENTENCIAS FIRMES

Ya hemos adelantado que son numerosos los requisitos necesarios para que pueda producirse una extensión de efectos de sentencias firmes según viene establecida en el art. 110 LJCA. La interpretación de los mismos ha dado lugar a un dilatado conjunto de opiniones. Por ello, es necesario hacer un análisis de cada uno de estos requisitos por separado[76]. De hecho, es el propio TS el que nos menciona que los requisitos para proceder a la extensión son de distinta naturaleza cuando, por ejemplo, en su STS 1881/2021, de 10 de mayo expone que:

> «El incidente de extensión de efectos regulado en el artículo 110 de la LJCA evita tramitar por entero múltiples y repetitivos procedimientos cuando, concurriendo las exigencias materiales y procedimentales que prevé...».

75. *Vid.* SSTS 4789/2021, de 22 de diciembre y 5538/2015, de 16 de diciembre, respectivamente.

76. Es curiosa la advertencia que realiza ALUM LÓPEZ, Cristina («El proceso contencioso-administrativo en materia tributaria: extensión de efectos de sentencias y problemas de ejecución», *op. cit.*, pág. 477) cuando entiende que la sentencia a extender ha de tener vocación de generalidad. Nada dice la LJCA ni tampoco el TS ha hecho referencia en ningún caso a esta vocación, aunque podría ser un requisito similar al interés casacional exigido para los recursos de casación.

### 3.1. LA NECESIDAD DE QUE LA SENTENCIA DE ORIGEN RECONOZCA UNA SITUACIÓN JURÍDICA INDIVIDUALIZADA

Tras hacer referencia al ámbito material, el art. 110.1 LJCA establece otro de los requisitos para hacer posible una hipotética extensión de efectos. Se trata de la necesidad de que la sentencia a extender reconozca una situación jurídica individualizada, en la línea de evitar solicitudes de extensión de efectos de sentencias que únicamente hayan declarado anulaciones. Pero ¿por qué establece el legislador este requisito tan específico? La respuesta es clara y se nos muestra en el art. 72.2 LJCA donde se establece la eficacia *inter partes* de las sentencias cuando ya no son susceptibles de recurso[77].

De igual forma, aunque no está recogido en el articulado de forma expresa, será necesario que la sentencia que se pretende extender sea de carácter estimatorio (porque, obviamente, sería absurdo pretender una extensión de efectos de una sentencia desestimatoria de las pretensiones del recurrente). Así lo entendió también el TS en su ATS 11998/2001, de 21 de diciembre, donde en su FJ III, tras hacer un análisis de los requisitos que exige el art. 110 LJCA[78] considera el carácter estimatorio como imprescindible a la hora de llevar a buen puerto la extensión[79]. A los efectos de qué debemos considerar una situación jurídica individualizada es relevante el ATS 12594/2019, de 29 de noviembre, cuando en su FJ II expone:

---

77. Este artículo establece:
«La anulación de una disposición o acto producirá efectos para todas las personas afectadas. Las sentencias firmes que anulen una disposición general tendrán efectos generales desde el día en que sea publicado su fallo y preceptos anulados en el mismo periódico oficial en que lo hubiera sido la disposición anulada. También se publicarán las sentencias firmes que anulen un acto administrativo que afecte a una pluralidad indeterminada de personas».
Así, la STS 2002/2018, de 31 de mayo (n.º rec. 5059/2016), en su FJ IV deja claro este aspecto cuando expone:
*«(...) Las pretensiones de la recurrente supondrían una extensión de efectos de la citada sentencia, que vulneraría los límites de los artículos 110 y 111 de la LRJCA, por exceder de los supuestos habilitados para la extensión de efectos. No resulta posible, expone, cohonestar la aplicación del artículo 72.3 —que extiende los efectos de reconocimiento de situaciones individualizadas de las sentencias previstas en tal precepto sólo a las partes del recurso— con la reclamación de los efectos erga omnes por la vía de la extensión efectos...».*
78. Respecto a las características que ha de tener la sentencia, este ATS manifiesta:
«(...) Que se trate de una sentencia estimatoria, requisito no mencionado expresamente por el artículo 110 de la Ley 29/1998, de 13 julio, pero que es inherente sustancialmente, a la extensión de los efectos en vía de ejecución, pues carecería de sentido predicar este requisito en sentencias que se limitan a declarar la inadmisibilidad del recurso o la desestimación del mismo, pues, en ambos casos, no puede haber reconocimiento de una situación jurídica individualizada». Este requisito ha sido confirmado indirectamente por el artículo 72, apartado 1, de esta misma Ley, en cuanto dispone que: «1. La sentencia que declare la inadmisibilidad o desestimación del recurso contencioso-administrativo solo producirá efectos entre las partes».
79. Más recientemente, *vid.* ATS 17303/2022, de 30 de noviembre, desestimatorio del recurso de queja presentado.

«(...) Pues bien, resulta evidente que en el caso que ahora examinamos no concurre una de las condiciones establecidas en el citado artículo 110 LJCA. Así, siendo la sentencia que se impugna de signo desestimatorio, no se está reconociendo ninguna situación jurídica individualizada —esto es, alguna titularidad básica (derecho subjetivo) o, al menos, subordinada adoptando, en su caso, cuantas medidas sean necesarias para el pleno restablecimiento de la misma [ artículos 31.2 y 71.1.b) LJCA]— que sea susceptible de extensión de efectos —ATS de 22 de marzo de 2017 (RQ 143/2016)— como exige el tan citado artículo 110».

No obstante, como observa AGÚNDEZ FERNÁNDEZ, también serían extensibles los efectos de una sentencia dictada en virtud de un procedimiento por inactividad de la Administración o de cese de una vía de hecho[80]. Como ejemplo más reciente, puede destacarse el ATS 8196/2023, de 31 de mayo, que inadmite un recurso de queja considerando que aunque la materia sobre la que versaba el asunto era materia tributaria, no puede admitirse la preparación del recurso de casación porque la sentencia de instancia no era susceptible de extensión de efectos al ser de sentido desestimatorio. Esta situación revela uno de los puntos clave de la extensión de efectos, como es ser la puerta de entrada a la casación de muchas resoluciones. De la misma forma, hemos de atender al ATS 10821/2023, de 19 de julio, donde se deniega una extensión de efectos en base a varios motivos, siendo uno de ellos la falta de reconocimiento de situación jurídica individualizada por la sentencia de origen[81].

Como indica el art. 72.1 LJCA, por regla general las sentencias que inadmiten o desestiman los recursos contencioso-administrativos interpuestos solo producen efectos entre las partes. Hasta ahí, ningún problema ni excepción. La cuestión se complica cuando en el apartado tercero de este art. 72 se expone la posibilidad de extensión de efectos con base en lo dispuesto en los arts. 110 y 111 de la LJCA.

Nos encontramos, como ya dijimos, ante unos artículos que conforman una excepción tradicional a la regla procesal de la producción de efectos *inter partes*. Así, es necesario hacer referencia a la tradicional dicotomía entre las pretensiones de mera anulación y las pretensiones de plena jurisdicción que, al final, son el sustento a la hora de entender el requisito de reconocimiento de una

80. *Vid*. AGÚNDEZ FERNÁNDEZ, Antonio (dir.) et al., El proceso Contencioso Administrativo, Comentarios y Jurisprudencia a la Ley 29/1998 de 13 de julio (Actualizada a la Ley 37/2011 de 10 de octubre), Granada, 2013, págs. 895 y ss.

81. En su FJ III *in fine* expone: «Efectivamente, tal como observa el Abogado del Estado, no existe la identidad exigida por el art. 110.1.a) de la LJCA. La sentencia n.º 1332/2021 se refería al Cuerpo de Delineantes de Hacienda en su conjunto, con la finalidad de determinar en qué grupo de los contemplados en el art. 76 del EBEP debe incluirse. La solicitud ahora examinada, en cambio, tiene que ver con un cuerpo de funcionarios diferente, cuya similitud con el Cuerpo de Delineantes de Hacienda habría de ser objeto de la prueba correspondiente. Esta sola consideración determina la inviabilidad de la extensión de efectos solicitada. A ello debe añadirse que en la sentencia n.º 1332/2021, a diferencia de lo que aquí se solicita, no se pretendió el reconocimiento del derecho de una persona determinada, sino una declaración relativa al estatuto de todo un cuerpo de funcionarios».

situación jurídica individualizada que impone el art. 110 LJCA para extender los efectos de una sentencia[82]. De nuevo, la respuesta la encontramos en la LJCA, puesto que el art. 31, junto a la pretensión de declaración de anulación, establece la posibilidad del demandante de pretender el reconocimiento de una situación jurídica individualizada[83].

Siguiendo a BARRACHINA JUAN entendemos que la limitación de reconocimiento de una situación jurídica individualizada (o la adopción de medidas adecuadas para el pleno restablecimiento de la misma) como requisito *sine qua non* para un procedimiento de extensión está totalmente justificado, porque las sentencias que anulan una disposición o un acto general tienen efectos *erga omnes* y las que anulan uno particular, tienen efectos para todas las personas afectadas, por lo que no sería necesario acordar la extensión[84]. Según CUADRADO ZULOAGA[85]: «Se trata del principio de extensión de los efectos de la cosa juzgada a terceros a quienes afectare el acto o disposición anulada. Principio que consiste en el efecto amplificador o expansivo de la nulidad firme de los actos y disposiciones administrativas, que alcanza a los terceros afectados con independencia de que hubieran impugnado o no la actuación declarada nula»[86].

Parece claro que la LJCA considera que, únicamente, son susceptibles de extensión de efectos las sentencias dictadas en procedimientos de plena jurisdicción y así lo ha entendido la jurisprudencia[87], a pesar de que la doctrina espe-

82. Para mayor información sobre el origen y la recepción de esta diferenciación en nuestro ordenamiento: *vid.* GONZÁLEZ CANO, María Isabel, *La protección de los intereses legítimos..., op. cit.*, págs. 29 y ss.
83. Art. 31 LJCA:
    *«1. El demandante podrá pretender la declaración de no ser conformes a Derecho y, en su caso, la anulación de los actos y disposiciones susceptibles de impugnación según el capítulo precedente.*
    *2. También podrá pretender el reconocimiento de una situación jurídica individualizada y la adopción de las medidas adecuadas para el pleno restablecimiento de la misma, entre ellas la indemnización de los daños y perjuicios, cuando proceda».*
84. *Vid.* BARRACHINA JUAN, Eduardo, «Alguna particularidad sobre la extensión de efectos en materia fiscal», en *Consell obert: Recull informatiu del Consell General de Col•legis de Graduats Socials de Catalunya*, núm. 257, 2011, pág. 35.
85. Cfr. CUADRADO ZULOAGA, Diego, «El efecto de cosa juzgada material», en *Actualidad Administrativa,* núm. 18, Tomo 2/2008, pág. 2186.
86. Aunque no se trate expresamente de una extensión de efectos es muy interesante la interpretación que realiza el TS en la STS 2641/2014, de 2 de junio, referente al caso Mercadona, donde considera que esta entidad está afectada por la nulidad de pleno derecho de un acto aunque no lo recurriera y que, por tanto, puede instar la ejecución forzosa.
87. En calidad de ejemplo (y entre muchas otras) traemos aquí la STS 2966/2011, de 11 de abril (FJ III):
    *«(...) En efecto, parece necesario recordar que las sentencias estimatorias tienen eficacia de cosa juzgada y producen efectos directos en el ámbito de las relaciones jurídico-materiales. Si bien, para la determinación de su ámbito subjetivo, resulta necesario distinguir aquellas que acogen pretensiones de anulación de aquellas otras que acogen pretensiones de plena jurisdicción.*

cializada considere ya casi superada esta distinción[88]. Así, el ATS 7742/2018, de 9 de julio (n.º rec. 202/2018) FJ I expone:

> «La cuestión, pues, estriba en determinar si la sentencia dictada por el Juzgado reúne las características que determinan su posible extensión de efectos, para verificar así si es susceptible de recurso de casación. Y no puede sino darse la razón al Juzgado de instancia puesto que la sentencia que se impugna es de signo desestimatorio y, por tanto, no reconoce ninguna situación jurídica individualizada a la recurrente, que sea susceptible de extensión de efectos; y, por esta razón, no se cumple el presupuesto de recurribilidad que exige el art. 89. 2 a) LJCA en relación al ya citado art. 86. 1 *in fine* LJCA».

Esto conlleva, conforme a lo expresado por BLÁZQUEZ LIDOY que, en algunos casos, la posibilidad de extensión de efectos dependa de lo solicitado en

---

*En las primeras, el fallo se limita a declarar no ser conforme a Derecho y, consecuentemente, a anular total o parcialmente el acto o la disposición general impugnada. En las segundas, la parte dispositiva reconoce, además, una situación jurídica individualizada, esto es alguna titularidad básica (derecho subjetivo) o, al menos, subordinada adoptando, en su caso, cuantas medidas sean necesarias para el pleno restablecimiento de la misma (arts. 31.1 y 71.1.b) LJCA).*

*Desde otra perspectiva, debe tenerse en cuenta que a las sentencias estimatorias de pretensiones de anulación resulta incuestionable la aplicación del art. 72.2 LJCA, de manera que producen efectos para las partes y para todas las personas afectadas, sin necesidad de incidente alguno de extensión, y sin resultar, por tanto, aplicable la previsión del artículo 110 LJCA.*

*En este sentido, la jurisprudencia se muestra constante en reconocer la eficacia erga omnes de la sentencia estimatoria del recurso, en cuanto anula el acto impugnado.*

*En definitiva, la eliminación del acto o disposición impugnada en vía jurisdiccional da lugar a la desaparición del presupuesto necesario para la formulación de pretensiones que pudieran ser objeto de ulteriores recursos, de suerte que no resulta viable hacer pronunciamientos sobre aspectos del contenido de un acto o disposicion que ha desaparecido del mundo juridico por virtud de la sentencia anulatoria (STS, 25 abr. 1992). Por consiguiente, para tal clase de sentencia meramente anulatoria no cabe, siquiera, plantearse la aplicación de un cauce procesal, como es el que representa el artículo 110 LJCA, que se justifica en la conveniencia de evitar la reiteración de procesos. Pues para quienes, sin haber sido parte en el correspondiente proceso, estaban afectados por el acto que se anula, se proyecta, ope legis y sin necesidad de actuación procesal alguna, la eficacia de la sentencia anulatoria.*

*Por ello el único problema que razonablemente puede plantearse, en relación con la interpretación y aplicación del artículo 71.2 LJCA es el de las posibles consecuencias o eficacia del fallo anulatorio con respecto a eventuales actos que sean mera reproducción o ejecución del anulado, pero no el de la extensión subjetiva de su eficacia…»*

Igualmente, la STS 3445/2018, de 9 de octubre (FJ I) continúa hablando en estos términos: *«El Abogado del Estado recurre en casación los autos de que se ha hecho mérito en los antecedentes de esta sentencia, por los que la Sala de instancia acuerda a favor de la funcionaria recurrida la extensión de los efectos de la sentencia de 6 de mayo de 2014, dictada en el recurso contencioso administrativo 416/2012, que obra en los autos de instancia y que efectuó un pronunciamiento de plena jurisdicción, reconociendo a la entonces actora su derecho a que las horas de guardia sanitaria le fueran retribuidas al valor de hora ordinaria».*

88. *Vid.* GONZÁLEZ CANO, María Isabel, *La protección de los intereses legítimos…*, *op. cit.*, pág. 39. No obstante, entendemos que para el sistema establecido por la LJCA para la extensión de efectos, traer de nuevo esta distinción simplifica su uso, puesto que puede verse de forma más clara las situaciones en la que es posible llevar a cabo dicha extensión.

el suplico de la sentencia de origen[89]. No obstante, para un sector de la doctrina las sentencias de mera anulación también pueden ser extendidas. Para ALONSO MAS, la eficacia *erga omnes* que plantea el art. 72.2 LJCA está referida únicamente al acto en cuestión y no a los que se produzcan y sean iguales a éste, por lo que es en estos casos donde sí podría caber la extensión[90].

En nuestra opinión, el problema radica en que, en ocasiones, diferenciar las pretensiones es una tarea muy complicada[91]. Esto sucede sobre todo en materia tributaria donde las pretensiones de anulación (donde lo que se ejerce es una función revisora) llevan normalmente implícito el reconocimiento de una situación como puede ser una obligación de reintegro o una exoneración de la obligación de pago[92]. De hecho, el TS se ha visto a veces en esta complicación y ha resuelto en distinto sentido. Por ejemplo, en el ATS 1856/2004, de 17 de febrero, se consideraba que cuando en una misma sentencia se resuelven pretensiones de anulación y de mera jurisdicción sí pueden extenderse los efectos (FJ VIII *in fine*)[93].

89. *Vid.* BLÁZQUEZ LIDOY, Alejandro, «La extensión de efectos de las sentencias en materia tributaria (art. 110 de la LJCA)», en MERINO JARA, Isaac (dir.) *et al.*, *Estudios sobre el proceso contencioso-administrativo en materia tributaria*, Barcelona, 2015, pág. 797.
En nuestra opinión, hacer depender una institución con tanta entidad propia como la extensión de efectos de lo que un letrado pueda poner en el suplico parece que choca con la propia finalidad de la figura, que ha de ser utilizada con una base objetiva. Si esto fuera así, de una forma hipotética podría plantearse que un letrado que no estuviese interesado en que su sentencia pudiese ser extendida *a posteriori* por influir negativamente en los intereses de su cliente, no incluyera en el suplico cuestiones que pudiesen dar lugar al reconocimiento o restablecimiento de situaciones jurídicas individualizadas, claro está siempre que no influyese en su *petitum*. De todas formas, debe decirse que a nosotros, junto con este autor, no nos parece que pueda ser una cuestión probable en la práctica. De todas formas, en la línea de lo expuesto por BLÁZQUEZ LIDOY, encontramos también las manifestaciones de PUEBLA AGRAMUNT, Nuria, «¿Quiere realmente el supremo acabar con la extensión de efectos en materia tributaria?», en *Quincena Fiscal,* 2009, núm. 18, pág. 30.
90. *Vid.* ALONSO MAS, María José, «Reflexiones sobre la nueva regulación de la extensión de los efectos de las sentencias», en *Revista de Administración Pública*, 2004, núm.164, pág. 291. En el mismo sentido, OLEA GODOY, Wenceslao, «Extensión de los efectos de las sentencias en materia tributaria», *op. cit.,* pág. 20. Yendo un poco más allá, para DE MIGUEL CANUTO, Enrique (*Extensión a terceros de los efectos…, op. cit.*, págs. 66 y ss.) en materia tributaria puede ser superado el binomio pretensión de mera anulación/plena jurisdicción, puesto que: «en este ámbito las sentencias estimatorias de la pretensión esgrimida por el sujeto pasivo contra un acto de gravamen, todas ellas son sentencias que, en último análisis, están reconociendo una situación jurídica individualizada: el derecho del sujeto a no ser gravado por razón del acto que es anulado.».
91. En la misma línea, *vid.* GONZÁLEZ-VARAS IBÁÑEZ, Santiago, *Tratado de Derecho Administrativo, op. cit,* págs. 1291 y ss.
92. Como indica RICCI, Jean Claude (Contentieux administratif, Vanves, 2016, pág. 54): «Il existe une réversibilité de la nature du contentieux en cause. Un litige de pleine juridiction se transforme en un litige d'excès de pouvoir et inversement». Es lo que se ha venido conociendo como mutación del carácter.
93. Dicho Auto expone (FJ VII):
*«En el caso de autos, la Sentencia cuyos efectos se pretende hacer extensivos es en principio anulatoria toda vez que la Sala anuló entre otros pronunciamientos el acto de derivación de*

Sin embargo, la STS 7981/2009, de 26 de octubre (FJ 3.º)[94] considera todo lo contrario y deniega la extensión por no ser posible «afirmar que exista igualdad cuando no existen siquiera situaciones jurídicas que comparar porque la sentencia invocada no reconoce situación jurídica alguna»[95]. En sentido parecido, el ATS 12258/2020, de 4 de diciembre, desestima un recurso de queja y entiende en su FJ III que:

> «(...) la estimación parcial de la demanda se reduce a disponer una retroacción de actuaciones administrativas para que la Administración valore unas pruebas (documentos) aportadas por la parte recurrente, y luego adopte la resolución que proceda. Este pronunciamiento, como decimos, no confiere a la parte demandante ninguna situación jurídica individualizada susceptible de ser extendida por el cauce del artículo 110 LJCA. Por tanto, la denegación acordada por el Juzgado es

---

*responsabilidad solidaria por ser subsidiaria, pero además declaró (plena jurisdicción) que tal responsabilidad subsidiaria no alcanzaba las retenciones del I.R.P.F. por rendimientos del trabajo personal.*
*En consecuencia, la sentencia de esta Sala Tercera de 15 de julio de 2000, que resolvió el recurso contencioso-administrativo n.º 2791/1995, es, en principio, susceptible de la extensión regulada en el artículo 110 de la Ley 29/1998, de 13 de julio».*

94. Esta STS hace un repaso por todo el recorrido histórico de la figura de la extensión de efectos y en su FJ IX continúa:
*«Esta misma Sección ha reconocido las dificultades de proyectar la distinción de pretensiones, de anulación y de plena jurisdicción, al ámbito tributario, pudiendo argumentarse que en principio, tanto el pago de una liquidación tributaria como la prestación de una garantía para su suspensión son opciones del contribuyente, y que normalmente las sentencias estimatorias en materia tributaria contra los actos de aplicación de los tributos vienen a reconocer una situación jurídica individualizada, esto es, el derecho del sujeto a no ser gravado por razón del acto que es anulado [...] (SSTS citadas de 19 de julio y 18 de septiembre de 2007), e, incluso, no cabe excluir que en determinados supuestos el reconocimiento de una situación jurídica individualizada esté o aparezca implícito en sentencias que anulan un acto.*
*Ahora bien, la matización expuesta no supone que desaparezca la distinción legalmente impuesta de que se trata, pues, frente a la sentencia que se limita a la anulación de la liquidación tributaria impugnada, cabe identificar el reconocimiento en sentencia de un determinado beneficio fiscal o, incluso, el reconocimiento adicional del derecho a que se practique al recurrente una determinada liquidación tributaria con un concreto importe o sobre la base de unos parámetros precisados en el fallo.*
*Y, sobre la indicada base, ha de entenderse que la sentencia 1290/2001, de fecha 2 de noviembre de 2001, de la Sala del Tribunal Superior de Justicia de la Comunidad Valenciana era meramente anulatoria de una liquidación practicada, que no reconocía una situación jurídica individualizada; no podía servir, en consecuencia, para establecer una eventual identidad con otras situaciones jurídicas, y no era, por tanto, susceptible de extender sus efectos a otros interesados, como bien interpretó la Sala de instancia».*

95. En el mismo sentido, en su STS 5594/2014, de 22 de diciembre (n.º rec. 5832/2010), FJ V expone:
*«(...) Es determinante para la decisión el sentido del apartado 4 del art. 110, indicado en el recurso, cuya contundente expresión de que no podrá reconocerse una situación jurídica distinta a la definida en la sentencia firme de que se trate; unida a la de parigual contundencia de la letra a) del apartado 1: «que los interesados se encuentren en idéntica situación jurídica que los favorecidos por el fallo», evidencia el exceso conceptual en que ha incurrido la parte dispositiva del Auto de 22 de febrero de 2010 recurrido. En efecto, en el Auto se reconoce (por remisión a su fundamento de derecho segundo) el derecho de los solicitantes de la extensión de efectos de la sentencia de 17 de febrero de 2009 «el derecho a percibir la IRE*

correcta, pues es evidente que no se cumple el presupuesto de recurribilidad que exige el artículo 89. 2 a) LJCA en relación al ya citado artículo 86.1 *in fine* LJCA. Por lo demás, la constatación de si una sentencia es, o no, susceptible de extensión de efectos, resulta de forma objetiva de la aplicación de lo previsto en los arts. 110 y 111 LJCA; siendo uniforme la jurisprudencia que ha declarado que, ciertamente, corresponde al Juzgado la apreciación en el caso concreto de la concurrencia de los requisitos objetivos tendentes a determinar si la resolución judicial es susceptible de ser recurrida en casación (sin perjuicio, claro está, de la posibilidad de revisar, en su caso, esa decisión por medio del recurso de queja)».

Continuando con este análisis jurisprudencial podemos ver que en la STS 4451/2010, de 12 de julio, también se produce una situación muy peculiar. El TS considera que sí ha de respetarse el precedente judicial pero que no se puede utilizar el art. 110 LJCA para extender los efectos de una sentencia meramente anulatoria, tal como recogía la sentencia de instancia[96].

Hemos podido comprobar que la postura del TS no es única ni pacífica en lo que a esta materia se refiere. Por ello, entendemos que en la mayoría de los casos de materia tributaria, la anulación lleva un reconocimiento implícito de una situación individualizada que hace posible la extensión, sobre todo teniendo en cuenta la observación de ALONSO MAS que hemos analizado. A nuestro

*en dichas navegaciones en el porcentaje del ochenta por ciento de las dietas enteras, deduciéndose la cantidad percibida en concepto de pluses»; sin embargo el Fallo de la Sentencia, cuyos efectos extiende el Auto, no contiene un explícito reconocimiento de derecho, ni menos en dicho porcentaje, sino que se limita a razonar la justificación del reconocimiento del derecho pretendido, y por ello se decide la anulación del acto recurrido; pero precisamente el porcentaje pretendido se erige en obstáculo para la estimación total de la pretensión, lo que determina que la solución final de la sentencia sea de anulación del acto recurrido, junto con la decisión de que se dicten «nuevas resoluciones en los términos fijados en la presente sentencia», lo que constituye en realidad una retroacción de las actuaciones, pero no un directo reconocimiento en la sentencia de la situación jurídica individualizada que se pretende.*
*Es indudable que se establecen los presupuestos para que en el caso por ella resuelto la Administración deba acabar reconociendo el derecho a la indemnización de residencia eventual; pero también lo es que el fallo de la sentencia no da el paso último de reconocer «una situación jurídica individualizada», pues precisamente es la individualización de la situación jurídica pretendida la que la sentencia no estima, ordenando en su lugar lo que hemos considerado como una retroacción de actuaciones para que la Administración fije en su caso lo que proceda…».*

96. «Dicho en otros términos se ha extendido una sentencia anulatoria a una pretensión de anulación de liquidación con base en la apreciación de la identidad no de situaciones jurídicas sino de los fundamentos del proceso resuelto y el proceso posteriormente suscitado. Y si bien es cierto que, ante el criterio interpretativo del órgano jurisdiccional, una actuación responsable de la Administración hubiera conducido a respetar lo que ya era un precedente judicial reiterado, acomodando sus comprobaciones a la doctrina de la Sala del Tribunal Superior de Justicia, también lo es que dicha Sala no podía utilizar el específico cauce del artículo 110 LCJA para extender los efectos de una sentencia obviando y no considerando las exigencias del propio precepto que aplicaba.
En consecuencia, procede estimar el motivo y anular los Autos recurridos toda vez que la solicitud de extensión de efectos se hizo de una sentencia que no reconocía una situación jurídica individualizada».

juicio, el tenor literal del art. 110 LJCA de exigir para la extensión que en la sentencia de origen se haya reconocido una situación jurídica individualizada parece que se refiere más a las situaciones de personal, donde las pretensiones son más fácilmente diferenciables. Las líneas fronterizas en materia tributaria son mucho más difusas y, al final, debe intentarse ampliar el campo de susceptibilidad de las extensiones de efectos, por lo que no tendría sentido limitarlas en razón de la mera anulación (aunque los tribunales sí lo hagan). Así, consideramos que el art. 110 LJCA, hace referencia a que se reconozca una situación jurídica individualizada como requisito necesario a la hora de extender los efectos, pues da por hecho que la anulación va a producir un efecto *erga omnes* que no necesitaría de una ulterior extensión.

Referente a esta materia, una situación que estaba clara, como exponía ARNALDO ALCUBILLA, era que las sentencias dictadas en un recurso en interés de ley, no podían ser extendidas porque no reconocían ninguna situación jurídica individualizada[97]. Sin embargo, con la Disposición Final Tercera de la LO 7/2015, de 21 de julio, por la que se modificaba la LOPJ, este recurso ha sido eliminado para quedar subsumido dentro de la nueva configuración del recurso de casación, por lo que, actualmente, no podemos afirmar con tanta rotundidad como lo hacía este autor, que las sentencias dictadas en interés de ley no sean extensibles. Si bien como tal no van a serlo porque el recurso ha desaparecido, el recurso de casación que lo ha integrado sí que puede reconocer situaciones jurídicas individualizadas no reconocidas en la instancia[98].

Para finalizar, es interesante introducir el matiz que recoge el reciente ATS 4811/2023, de 20 de abril: que una sentencia reconozca una situación jurídica individualizada no puede ser, en ningún caso, incompatible con que se pueda solicitar una extensión de efectos, habida cuenta que el artículo 110 LJCA no ha distinguido los actos plúrimos de los actos individuales. Así, el mencionado ATS en su FJ II recoge:

> «(...) En el caso que ahora nos ocupa el Juzgado de instancia, en el auto ahora impugnado, deniega la preparación por considerar que el pronunciamiento incorporado a la sentencia que se pretende recurrir en casación no causa daño a los intereses generales; pero tal apreciación sobrepasa el ámbito de su competencia en la fase de preparación de la casación. Fase, esta, en la que, reiteramos, el Juzgado de instancia ha de limitarse a constatar si el recurrente ofrece una justificación suficiente a efectos de tener por preparado el recurso, con indepen-

97. *Vid.* ARNALDO ALCUBILLA, Enrique y FERNÁNDEZ VALVERDE, Rafael, *Jurisdicción contencioso-administrativa..., op. cit.*, pág. 972.

98. Así lo recuerda la STSJ PV 2332/2020, de 7 de diciembre (FJ II *in fine*):
*«(...) Al desaparecer el recurso de casación en interés de la Ley no por ello deja de ser aplicable el apartado n.º 6 del art. 110 LJ ya que el actual recurso de casación, como hemos visto, cumple en este aspecto una función similar, esto es, crear doctrina jurisprudencial respecto de las Sentencias susceptibles de extensión de efectos que puedan perjudicar gravemente los intereses generales (arts. 86.1, 88.2.b) y c) y 93.1 de la LJ), doctrina que como tal, en principio, va a ser vinculante para la resolución de la extensión de efectos».*

dencia de si la comparte o no; justificación, que en el escrito de preparación aquí concernido, existe.

Dice también el juzgador de instancia que en el pleito se ha resuelto sobre una situación jurídica individualizada y particular; pero lo que importa resaltar, en este momento, es que la sentencia de instancia ha sido dictada en un pleito sobre materia tributaria, que es estimatoria, que reconoce una situación jurídica individualizada que pudiera ser, al menos potencialmente, objeto de extensión de efectos en el sentido contemplado en el artículo 110 LJCA, y que no resulta susceptible de apelación (atendida la cuantía del pleito); por lo que en principio, desde el punto de vista formal procedimental, cabe contra ella recurso de casación.

En este sentido, consideramos que el tema suscitado en el escrito de preparación (sobre si las liquidaciones tributarias no impugnadas al tiempo de *dictarse* la sentencia del Tribunal Constitucional, el 26 de octubre de2021, deben ser tenidas por firmes) no parece ser tan singular e individualizado como para descartar una posible extensión de efectos y denegar la preparación por tal razón. Más bien al contrario, tal posibilidad de extensión no parece que pueda descartarse apriorísticamente. Así las cosas, la posibilidad de extensión de efectos de la sentencia da pie a su impugnación casacional».

## 3.2. REQUISITO CLAVE: LA IMPORTANCIA DE LA IDENTIDAD EN LAS SITUACIONES JURÍDICAS A COMPARAR

¿Qué entendemos por identidad? Tras delimitar las materias objeto del sistema de extensión de efectos de sentencias firmes y el carácter estimatorio de la sentencia, surge una de las principales dudas que han rodeado desde siempre a este mecanismo. A nuestro parecer, estamos ante la clave de bóveda de todo el sistema y por la que se articula el mismo, puesto que permite dejar a un lado el procedimiento contencioso-administrativo ordinario (y abreviado) y empezar con un procedimiento «más ágil» en base al principio de igualdad. En palabras de AYALA MUÑOZ[99]: «se trata, sin lugar a dudas, del principal y nuclear requisito de los que condicionan la extensión de efectos». Sin la identidad no tiene sentido la figura de la extensión de efectos de sentencias firmes en su conjunto y, por ende, su inclusión en la LJCA.

En un primer acercamiento podemos afirmar que la identidad es un concepto jurídico indeterminado. Según la RAE, el término identidad deriva del latín tardío *identitas* que a su vez viene de la palabra latina *ídem* que aún hoy en día seguimos usando y que quiere decir «el mismo» o «lo mismo»[100]. En el art. 110 LJCA la identidad viene incluida en su apartado primero a), como requisito específico cualitativo que han de ostentar las situaciones jurídicas de las personas que quieren optar a la extensión de efectos:

99. Cfr. AYALA MUÑOZ, José María et al., Comentarios a la Ley de la Jurisdicción Contencioso-Administrativa, *op. cit.*, págs. 1211 y ss.

100. *Vid.* RAE, Diccionario de la Lengua Española (23 ed., versión *online*), recuperado de: http://dle.rae.es/?id=KtmKMfe.

«Que los interesados se encuentren en idéntica situación jurídica que los favorecidos por el fallo».

Esta primera exigencia que expresa el art. 110 LJCA tras la delimitación material ha sido objeto (y lo sigue siendo) de múltiples interpretaciones, tanto por parte de los Tribunales como por parte de la doctrina. Es cierto que este apartado provoca multitud de interrogantes como, por ejemplo, qué debe entenderse por identidad o cuándo ha de producirse ésta. En los siguientes epígrafes iremos desgranando cada una de las teorías que han rodeado tradicionalmente este requisito intentando dar respuesta a las distintas cuestiones.

Existe además una causa de desestimación que se encuentra absolutamente interconectada con este requisito de identidad. Es la causa que nos introduce el art. 110. 5 c):

«Si para el interesado se hubiere dictado resolución que, habiendo causado estado en vía administrativa, fuere consentida y firme por no haber promovido recurso contencioso-administrativo».

A pesar de su relación, la analizaremos más adelante, dentro de las formas alternativas de resolución de una extensión de efectos, otorgándole prioridad a su condición de causa desestimatoria.

### 3.2.1. El fundamento de la identidad para la extensión de efectos de sentencias firmes y su reflejo en la jurisprudencia

#### *3.2.1.1. Tratamiento constitucional*

La primera de las preguntas a las que debe responderse cuando se trata la cuestión de la identidad es la relativa a su fundamento. ¿Por qué la exigencia de identidad para llevar a cabo una solicitud de extensión de las características del art. 110 LJCA?

El fundamento (o uno de ellos, en función de las distintas interpretaciones[101]) de la extensión de efectos se encuentra en el principio de igualdad del art. 14 CE, puesto que dos situaciones jurídicas estrictamente iguales han de recibir un mismo tratamiento judicial, en concreto en su vertiente de igualdad en la aplicación de la ley[102]. Como ha indicado el TC, el juicio de igualdad exige la identidad de los supuestos fácticos que se pretenden comparar, ya que los supuestos de hecho sustancialmente iguales han de ser tratados de forma idén-

101. Para una información más completa del fundamento de la figura, *vid.* DOMÍNGUEZ BARRAGÁN, María Luisa, «Historia y Fundamentos de la extensión de efectos de sentencias firmes como figura procesal autónoma», *op. cit.*

102. Aunque como indica RUIZ MIGUEL, Alfonso («La igualdad en la jurisprudencia del TC», en *DOXA: Cuadernos de Filosofía del Derecho* n.º 19, Alicante, 1996, pág. 69): «La igualdad en la aplicación de la ley, aunque se dirige no al creador de las normas respecto de su contenido abstracto, sino a su aplicador en su cumplimiento en un caso concreto, no es en su

tica en sus consecuencias jurídicas[103]. El problema está en radicar esta igualdad/identidad, pues como indica RUIZ MIGUEL[104], la igualdad es un concepto muy abierto y de una gran complejidad. Es indudable que la aplicación del art. 14 CE solo será efectiva cuando haya identidad, por lo que estos dos conceptos van a ir siempre unidos[105].

No obstante, la postura más clara es la que toma el TC en la STC 29/2005, de 14 de febrero, FJ VI según la cual, para que pueda considerarse vulnerado el mencionado derecho fundamental son necesarios los siguientes requisitos:

> «a) La acreditación de un tertium comparationis, ya que el juicio de igualdad sólo puede realizarse sobre la comparación entre la Sentencia impugnada y las precedentes resoluciones del mismo órgano judicial que, en casos sustancialmente iguales, hayan sido resueltos de forma contradictoria. Los supuestos de hecho enjuiciados deben ser, así pues, sustancialmente iguales, pues sólo si los casos son iguales entre sí se puede efectivamente pretender que la solución dada para uno deba ser igual a la del otro.
>
> b) La existencia de alteridad en los supuestos contrastados, es decir, de la «referencia a otro» exigible en todo alegato de discriminación en aplicación de la Ley, excluyente de la comparación consigo mismo.
>
> c) La identidad de órgano judicial, entendiendo por tal, no sólo la identidad de la Sala, sino también de la Sección, al considerarse cada una de éstas como órganos jurisdiccionales con entidad diferenciada suficiente para desvirtuar una supuesta desigualdad en aplicación de la Ley.
>
> d) La ausencia de toda motivación que justifique en términos generalizados el cambio de criterio, bien lo sea para separarse de una línea doctrinal previa y con-

---

raíz un principio diferente ni autónomo del de igualdad ante la ley. Su común denominador con la igualdad en la ley está en la misma exigencia: que no se establezcan desigualdades injustificadas en los criterios utilizados por el legislador o por el juez —tomados uno y otro como prototipo respectivo del creador y del aplicador de normas— para atribuir derechos y deberes, bien genéricamente o bien, en su aplicación, individualizadamente».

103. *Vid.* STC 212/1993, de 28 de junio (FJ VI).

104. Cfr. RUIZ MIGUEL, Alfonso, «La igualdad en la jurisprudencia del TC», *op. cit.*, pág. 39.

105. A pesar de que la STSJ M 4607/2015, de 1 de abril, traiga a colación un concepto de igualdad que está muy relacionado con nuestra figura de extensión de efectos citando la STC 1785/90: *«Igualdad ante la Ley significa solo igual trato en condiciones iguales, pues resultaría contrario a ese principio aplicar una misma medida en condiciones diferentes. Pero debe hacerse hincapié en que no toda diferencia constituye causa legítima para establecer un distinto trato, menos aún sin restricción alguna, pues la diferencia puede referirse a aspectos irrelevantes, que no afectan la medular del caso, además de que el quebranto constitucional también podría producirse por exceso, es decir, cuando se adoptan medidas exhorbitadas en relación a las diferencias que pudieran justificar algún distinto trato».*
Hemos de aclarar que esta STC no es perteneciente a nuestro ordenamiento, sino que pertenece a la jurisdicción constitucional de la Corte Suprema de Costa Rica, por lo que, a pesar de su estrecha conexión con nuestro asunto no puede aplicarse a nuestro sistema y, mucho menos, considerarse como opinión del TC español como hace esta STSJ.

solidada, esto es, de un previo criterio aplicativo consolidado, bien lo sea con quiebra de un antecedente inmediato en el tiempo y exactamente igual desde la perspectiva jurídica con la que se enjuició. La razón de esta exigencia estriba en que el derecho a la igualdad en aplicación de la Ley, en conexión con el principio de interdicción de la arbitrariedad (art. 9.3 CE), obliga a que un mismo órgano jurisdiccional no pueda cambiar caprichosamente el sentido de sus decisiones, adoptadas con anterioridad en casos sustancialmente iguales, sin una argumentación razonada de dicha separación, que justifique que la solución dada al caso responde a una interpretación abstracta y general de la norma aplicable y no a un respuesta singularizada *ad personam*».

Como puede comprobarse, el TC no deja lugar a dudas y concluye en su STC 146/2005, de 6 de junio (FJ V) lo siguiente:

> «En suma, lo que invariablemente hemos exigido en tales supuestos es que un mismo órgano no modifique arbitrariamente sus decisiones en casos sustancialmente iguales, pues lo que prohíbe el principio de igualdad en aplicación de la Ley es el cambio irreflexivo o arbitrario, lo cual equivale a mantener que el cambio es legítimo cuando es razonado, razonable y con vocación de futuro; esto es, destinado a ser mantenido con cierta continuidad con fundamento en razones jurídicas objetivas que excluyan todo significado de resolución *ad personam*, siendo ilegítimo si constituye tan sólo una ruptura ocasional en una línea que se viene manteniendo con normal uniformidad antes de la decisión divergente o que se continúa con posterioridad».

La segunda cuestión que ha pacificado el TC es que la valoración de la identidad es un asunto de legalidad ordinaria que no puede resolverse vía recurso de amparo. Así, en la misma STC, pero en su FJ IX, expone:

> «(...) Pues bien, sin entrar en otras consideraciones que podría plantear la pretensión de la actora a la luz de la citada normativa (como pudieran ser las consecuencias de la distinta actuación procesal de las personas involucradas en una y otra decisión) es lo cierto que, en todo caso, la apreciación de la identidad de situación es, según ya se indicó anteriormente, una cuestión de legalidad ordinaria que correspondía realizar en exclusiva a la Sala ante la que se planteó la cuestión, en ejercicio de la función jurisdiccional que le atribuye el art. 117.3 CE».

### *3.2.1.2. Tratamiento de la identidad por el TS y los tribunales inferiores*

En el ámbito contencioso-administrativo han sido innumerables los pronunciamientos jurisprudenciales relativos a la identidad desde la promulgación de la LJCA en 1998. Podemos decir, sin temor a equivocarnos, que se trata del requisito más recurrente al tratar una extensión de efectos de sentencias firmes, pues de él va a depender el futuro éxito o fracaso de la misma. Como indica, por ejemplo, la STS 4529/2016, de 17 de octubre (FJ V):

> «(...) es precisamente dicha identidad la que determina que el órgano jurisdiccional pueda pronunciarse favorable o desfavorablemente respecto de dicha pretensión».

Por ello, la jurisprudencia se ha mostrado clara (o al menos lo ha intentado) a la hora de definir qué ha de considerarse identidad de situaciones. Un caso típico de identidad absoluta es el que se sostiene en el ATSJ M 495/2022, de 14 de noviembre (FJ III y IV):

> «Sobre la base de lo expuesto en los Fundamentos precedentes es necesario tener en cuenta que la Sentencia cuya extensión de efectos se pretende reconoce, a los recurrentes en el proceso en el que la misma se dictó, su derecho a que se considere, en la "prueba de ortografía" que realizaron, como "palabras correctamente escritas" las grafías "*ciberataque*" "*reditar*" "*preminente*" *y* "*LGTBI*" (...).
>
> En la tarea de comprobar si se da la identidad de la situación jurídica exigida lo determinante es que en los casos comparados se trata de opositores/aspirantes a ingreso en la Escuela Nacional de Policía para su acceso a la Escala Básica que realizaron el examen de ortografía previsto en el mismo proceso selectivo en que participaron todos ellos y a los que eran aplicables las mismas previsiones normativas.
>
> En definitiva, la parte hoy accionante, al igual que la beneficiada por la Sentencia cuya extensión de efectos se pretende, eran aspirantes a ingreso en la Escala Básica del Cuerpo Nacional de Policía, realizando todos ellos el mismo ejercicio de ortografía y en el mismo proceso selectivo, el cual se corrigió de manera errónea respecto de los términos indicados en el Antecedente de Hecho Primero.
>
> La comparación de datos expuestos permite afirmar, sin temor al equívoco, la identidad de situaciones jurídicas comparadas, por lo que la extensión de efectos pretendida, en consecuencia, resulta completamente viable, pues la situación jurídica de la parte accionante es, ciertamente, idéntica a la de la parte recurrente que obtuvo el pronunciamiento favorable en la Sentencia cuya extensión de efectos se pretende».

Llama la atención la afirmación de LÓPEZ BENÍTEZ, cuando afirma que establecer la identidad le exige a los jueces y tribunales una ponderada y cautelosa operación hermenéutica para comprobar que tal identidad efectivamente se produce[106]. No obstante, podemos encontrar dos corrientes diferenciadas. De un lado, una jurisprudencia que exige una identidad absoluta tanto sustancial como procesal y, de otro, una jurisprudencia un poco más elástica que aboga por una identidad sustancial. Incluso, en algunas sentencias, los Tribunales se muestran más flexibles llegando a interpretar la identidad de forma más débil. Con los últimos pronunciamientos parece que, por fin, ésta va a ser la posición predominante (desconocemos si en ello habrán influido las nuevas corrientes extrapoladoras de la institución hacia otros órdenes jurisdiccionales). Por ejemplo, la STS 4641/2021, de 2 de diciembre, recuerda que «como forma de acceso

106. Cfr. LÓPEZ BENÍTEZ, Mariano, «Comentarios a la Ley de la Jurisdicción Contencioso-Administrativa de 1998», *op. cit.*, pág. 786.

a la jurisdicción, esos requisitos deben apreciarse de la forma menos lesiva para el derecho a la tutela judicial efectiva, sin que por ello se conculque el derecho de defensa de la Administración». Lo que sí parece claro es que no pueden extenderse los efectos por conexidad, como nos indica el ATSJ CLM 57/2022, de 18 de noviembre en su FJ II:

> «(...) La Sentencia anula una liquidación tributaria girada a la empresa prestadora del servicio por no haber repercutido las cuotas del IVA relativas a 2014, declarando la Sala que no procede la repercusión.
>
> En cambio, el Ayuntamiento no impugna una liquidación girada al mismo, sino que lo que pretende es que anulen unos acuerdos denegatorios de la devolución de ingresos que interesó a la Administración y que estima indebidos. Además, por anualidades diferentes de la examinada en la sentencia cuya extensión de efectos pretende, ya que afectarían a las cuotas soportadas del IVA los años 2015,2016 y 2017.
>
> Las anualidades son distintas, las posiciones de las partes también lo son, y el acto administrativo sobre el que se pronunció la sentencia y aquellos cuya anulación se pretende a través del procedimiento de extensión de efectos también son diferentes. No hay que olvidar que los acuerdos de devolución de ingresos indebidos pueden plantear cuestiones ajenas a las que se plantean con ocasión de una liquidación, circunstancias que deben ser apreciadas a través de las reclamaciones administrativas y los recursos oportunos.
>
> Como señalan tanto el Ayuntamiento de Albacete como la Abogacía del Estado, existe cierta coincidencia en el tema de fondo, sobre que la sentencia cuyos efectos se pretende extender declaró que la subvención no se hallaba vinculada al precio, pero para que proceda la extensión de efectos no basta con que la cuestión de fondo sea similar, sino que la situación resuelta por la sentencia y la situación del ejecutante que insta la extensión sea idéntica (artículo 110.1.a) de la Ley 29/98), y en el presente caso no hay esa identidad, puesto que la Sentencia anula una liquidación girada a una UTE como sujeto pasivo del impuesto, y en el presente caso lo que el Ayuntamiento persigue no es que se anule una liquidación, sino que se le devuelvan unas cantidades que reputa ingresadas de modo indebido».

Si bien, a lo largo de estos 25 años de vigencia, nuestros tribunales no han denominado de forma especial al necesario cotejo de las situaciones entre el asunto de contraste y el asunto susceptible de extensión, sí que es interesante la SAN 2872/2023, de 5 de junio, que, por vez primera, dota de una denominación específica a esa actuación judicial, recibiendo el nombre de «juicio de comparabilidad» o «examen del requisito de la comparabilidad». Aún de forma muy embrionaria, en nuestra opinión esta denominación puede abrir la puerta o ser el primer paso para que ese procedimiento de cognición limitado que lleva a cabo el tribunal encargado de la extensión sea individualizable del resto de actuaciones del órgano judicial.

### 3.2.1.2.1. Identidad esencial: jurisprudencia partidaria de una identidad absoluta

La mencionada STS de 17 de octubre de 2016, en su FJ IV, establecía la necesidad de acudir a la jurisprudencia del antiguo art. 96 de la LJCA (actualmente derogado) para entender qué había de considerarse como identidad de situación jurídica. Aunque es cierto que hace alusión a la triple identidad como base para fundamentar el requisito, no deja claro qué debe considerarse como tal. Por tanto, debemos atender a lo dispuesto en sentencias un poco más anteriores en el tiempo que muestren mejor el contenido de la expresión «identidad en la situación jurídica».

Así, por ejemplo, la STS 2238/2009, de 26 de febrero en su FJ IV, hace un repaso de las sentencias más importantes en esta materia y viene a resumir su contenido en la siguiente frase (que va a ser la más recurrente en la jurisprudencia de la extensión de efectos a lo largo de los años):

> «(...) el artículo 110.1 a) de la Ley 29/98 es terminante a este respecto y exige que sean, no semejantes, ni parecidas, similares o análogas, sino idénticas las situaciones respecto de las que se pretende la extensión de efectos de la sentencia. (...) Es decir, la Ley de la Jurisdicción está pidiendo que sean las mismas las pretensiones jurídicas que sobre ellas se fundamentan en un caso y en el otro, pues lo único que estamos haciendo es cumplir lo que en dicho precepto, concretamente, en su apartado 1 a) se establece: que sólo cabe esa extensión cuando las situaciones jurídicas sean idénticas...».

En el mismo sentido, el ATS 11998/2001, de 21 de diciembre (al que ya nos referimos en el comentario a la condición de sentencias estimatorias) consideraba que dicha identidad debía ser absoluta[107]. Para realizar esta afirmación categórica se basaba en una idea que para nosotros es del todo incorrecta, pues consideraba que nos encontrábamos ante un incidente de ejecución y como tal las cuestiones tenían que ser las mismas[108]. En su FJ V expone:

> «(...) La identidad debe ser absoluta, pues no debe olvidarse que nos hallamos ante un acto de ejecución de la sentencia, de manera que no ha lugar a exponer fundamento jurídico alguno, es decir a llevar a cabo un razonamiento jurídico

107. Esta identidad absoluta tiene su mayor proyección en la introducción de la exclusión del acto consentido que, como veremos en capítulos posteriores de esta obra, se manifiesta como uno de los principales obstáculos a la extensión de efectos de las sentencias firmes. Como indica SOSPEDRA NAVAS Francisco José («La ejecución de sentencias en materia de función pública», en *Cuadernos de Derecho Local*, junio 2011, núm. 26, pág. 130): «el art. 110 no permite considerar que se encuentran en idéntica situación jurídica los funcionarios que han recurrido en tiempo un acto administrativo expreso, que les exigía determinada conducta, y aquellos otros que lo han consentido, al no impugnarlo en tiempo, por lo que no procede otorgar a estos últimos la extensión de los efectos de la sentencia obtenida por quienes lo impugnaron».

108. Aquí un ejemplo de la importancia de la determinación concreta de la naturaleza de la figura procesal.

> declarativo, sino simplemente a sentar la identidad de situaciones jurídicas, para sin más aplicar y ejecutar el fallo de la sentencia. Esto no es posible cuando se plantean situaciones y cuestiones distintas, como ocurre en el caso de autos.
>
> La Sala anticipa que rechaza, por supuesto, el que se pueda extender los efectos de la sentencia referida, separada e independientemente a la cuestión respecto de la que hay identidad, dejando aparte las demás. (...)».

Incluso, la STS 6962/2009, de 12 de noviembre exige, además de una identidad material de situaciones, una «igualdad procesal», llevando la interpretación del concepto de identidad al límite más riguroso:

> «Así las cosas, cuantas consideraciones se realizan en la súplica acerca del principio constitucional de igualdad, no pueden obviar que dicha igualdad ha de serlo en los términos en que este precepto ha sido interpretado por el Tribunal Supremo, y, por tanto, comprensiva no solo de una identidad material de situaciones sino igualmente de una igualdad procesal, que tampoco concurre en los recurrentes, lo que impide extenderle los efectos de la Sentencia 820/99».

No obstante, la jurisprudencia más recurrente es la que encontramos en el ATS 8740/2018, de 12 de junio, que podríamos decir que se encuentra en un punto intermedio entre las exigencias de identidad más drásticas y las más flexibles que veremos a continuación, pues en su FJ III expone[109]:

> «Las Administraciones deben acomodar su actuación, en la medida que les sea posible, a lo que resuelvan los Tribunales en casos en que los interesados se encuentran en idéntica situación fáctica y jurídica y acomodarse a lo resuelto o "juzgado" en supuestos como el que nos ocupa, lo que justifica las normas de los artículos 110, 111 y 37.2 LJCA, dictadas para garantizar el principio constitucional de igualdad en la aplicación de la ley y evitar el coste y el retraso de la repetición de procesos en lo que se han denominado actos en masa en materia tributaria, de personal y de unidad de mercado».

Como podemos comprobar, lo que viene a exigir el TS con este Auto es una identidad en los hechos y también en los aspectos jurídicos[110].

---

109. En igual sentido: AATS 6154/2018, 6155/2018, 6156/2018 y 6594/2018, todos de 12 de junio.

110. Como indica la mencionada STS 4529/2016, de 17 de octubre, en su FJ V:
*«(...) En el supuesto que examinamos deberá contrastarse la situación en que se encontraba el litigante que obtuvo la sentencia favorable con la situación en que se encuentra la que pretende beneficiarse de la extensión de sus efectos; así como la identidad entre los hechos que fundan dicha situación y las pretensiones que se hicieron valer en el proceso y fueron estimadas en la sentencia respecto a la solicitud o reclamación formulada frente a la Administración y los hechos en que igualmente la misma se funda...». En la misma línea, la STS 3540/2020, de 27 de octubre (FJ III):*
*«Independientemente de la coincidencia de la condición funcionarial en distintos Ministerios, del solicitante y de la funcionaria favorecida con la sentencia cuya extensión se pretende, así como de la aducida omisión tanto del Ministerio de Educación y Cultura como del de Justicia de cotizar en su momento a la Seguridad Social por ambos, existe una discordancia fundamental que impide la extensión de efectos. Así en la sentencia de 30 de diciembre de*

### 3.2.1.2.2. Identidad sustancial: jurisprudencia a favor de una identidad relativa

¿Qué significa el término sustancial? Con el término sustancial se hace referencia, según la segunda acepción de la RAE[111], a lo importante o esencial, por lo que, los partidarios de esta teoría jurisprudencial o de interpretación de la norma defienden que las situaciones a comparar entre el recurrente originario y el potencial beneficiado de una extensión de efectos han de ser similares en lo importante, es decir, en los elementos que las definen, y no en su totalidad. Aunque la definición de la identidad en la extensión de efectos más aludida a lo largo de los años sea la que vimos en el epígrafe anterior (el artículo 110.1 a) de la Ley 29/98 es terminante a este respecto y exige que sean, no semejantes, ni parecidas, similares o análogas, sino idénticas las situaciones respecto de las que se pretende la extensión de efectos de la sentencia) podemos encontrar sentencias donde el TS afina aún más y se aparta de la exigencia de la identidad absoluta[112].

Del análisis jurisprudencial actual se extrae que éste está siendo el discurrir actual o más reciente de la jurisprudencia. El primer ejemplo lo tenemos en la STS 2943/2017, de 11 de julio, donde en su FJ V se explica que, a pesar de que el legislador ha buscado una identidad como tal y no un parecido o semejanza, el rasgo principal que ha de tener ésta es su carácter sustancial (separándose, por tanto, de la identidad absoluta)[113]. Lo determinante es la identidad sustancial de la situación jurídica. Sin embargo, a pesar de estas apreciaciones, esta STS se remite a jurisprudencia anterior del TS para definir qué es identidad, ya que

---

*2015 del TSJ de Asturias se parte de que la modificación del informe de vida laboral de la parte allí recurrente, profesora de religión, tiene su origen en un acta de liquidación de cuotas atrasadas expedida por la Inspección de Trabajo y Seguridad Social. Y la STS de 23 de enero de 2019 que rechaza el recurso de casación 359/2016, contra aquella pone de manifiesto la existencia de una sentencia firme del TSJ de Madrid de 12 de marzo de 2009, que confirma en apelación el fallo de la sentencia del Juzgado número 13 de los de lo contencioso administrativo de Madrid que ordena a la administración demandada a solicitar la retroacción de la fecha de alta de varios recurrentes, entre ellos la demandante, a la fecha de su nombramiento como profesora de religión. Aquí no consta la existencia ni de condena al Ministerio de Justicia a solicitar la retroacción de alta alguna en la Seguridad social del funcionario interino reclamante, ni acta de liquidación de cuotas levantada por la Inspección y satisfecha por el Ministerio de Justicia. La certificación expedida por el Jefe de negociado de integración del personal de la Dirección General de Relaciones con la Administración de Justicia en Las Palmas, Gobierno de Canarias, certificando la prestación de servicios como interino en distintos juzgados del aquí reclamante no es equiparable a un acta de liquidación de cuotas. Dada la doctrina sobre la extensión de efectos debemos rechazar la pretensión y aceptar la objeción de la Tesorería General de la Seguridad Social ante la inexistencia de verdadera identidad de situación jurídica».*

111. *Vid.* RAE, Diccionario de la Lengua Española (23 ed., versión *online*), recuperado de: http://dle.rae.es/srv/fetch?id=YpLjVbm.
112. Por ejemplo, en su STS 6946/2005, de 15 de noviembre (FJ V), dispone que la identidad ha de entenderse en sentido sustancial.
113. Extraemos el contenido de la mencionada STS por su claridad:
*«(...) A saber, es verdad que la jurisprudencia ha puesto de manifiesto que el legislador quiere que exista identidad y no parecido o semejanza. Ahora bien, esa misma jurisprudencia ha*

no nos da el significado preciso, sino que utiliza la técnica negativa para decir qué no debemos considerar como identidad.

En la misma línea, la ya mencionada STS 3445/2018, de 9 de octubre (FJ VII) expone:

> «En el presente recurso, los autos impugnados admiten la identidad de supuestos entre el caso de la funcionaria a la que se refería la sentencia objeto de extensión y D.ª Angelina, pues se trata de personal sanitario de Instituciones penitenciarias; además ambas desempeñan funciones de guardia fuera de la jornada de trabajo percibiendo por las mismas una cuantía inferior a la hora ordinaria de trabajo. Por otra parte la Sala ha venido declarando que no hay infracción del ordenamiento jurídico —en este caso, falta de las circunstancias del artículo 110.1 de la LJCA— por el hecho de que el interesado y el empleado público que obtuvo la sentencia favorable cuya extensión de efectos se pretende, presten servicios en distintos centros penitenciarios o que las cantidades reclamadas no coincidan, pues lo determinante es la identidad sustancial de situación jurídica».

En igual sentido (pero de forma más rotunda) se manifiesta el TS en sus SSTS 2846/2018, 2710/2018 y 2824/2018, todas de 18 de julio, donde se muestran las distintas interpretaciones acerca de la identidad que hacen tanto la Administración como el Tribunal. En sus FFJJ III exponen:

> «(...) porque la mera comparación de la situación analizada y resuelta en la sentencia cuyos efectos se extienden y la correspondiente a la persona que promovió esa extensión pone de relieve la necesaria y preceptiva identidad de situaciones. Efectivamente, por mucho que la Administración del Estado quiera resaltar que no es lo mismo, en cuanto al ejercicio total o no de funciones, el desempeño de una Comandancia de Puesto con carácter interino o accidental a la luz de las previsiones de la Orden General número 9, de 22 de noviembre de 2012, lo cierto en ambos casos —sentencia cuyos efectos se extienden y auto de extensión— nos encontramos ante guardias civiles que asumían en régimen de sucesión accidental las funciones de mando de una Comandancia de Puesto. Cuestión diferente es que la sentencia hubiese resuelto las pretensiones que le fueron planteadas en un supuesto de desempeño accidental de funciones de mando aplicando otra

---

*considerado que la identidad se refiere a la posición jurídica, es decir que tiene un carácter sustancial de manera que no se ve excluida por aspectos accidentales como pueden serlo las fechas o los lugares o, en general, aquellos otros factores que no inciden en dicha posición [sentencias de la Sección Séptima de 14 de diciembre de 2015 (casación 2224/2014), 20 de noviembre de 2013 (casación 3161/2012), 20 de julio de 2012 (casación 631/2011), 21 de junio de 2012 (casación 4652/2011 y 4540/2011)].*

*En otras palabras, la identidad requerida por el artículo 110.1 a) no puede significar en supuestos como el que nos ocupa que se trate del mismo centro penitenciario o de los mismos períodos o del mismo número de guardias y la misma cantidad a reclamar si es que de esos extremos no resultan diferencias en el régimen jurídico. Es decir, no suponen variaciones en la cuestión esencial que en este caso era la del derecho a la retribución de las horas de guardia conforme al valor de la hora ordinaria de trabajo. Un entendimiento del tipo que defiende el Abogado del Estado ni ha sido sostenido por esta Sala ni tendría sentido pues desnaturalizaría la institución de la extensión de efectos de sentencias firmes convirtiéndola en inaplicable...)».*

sentencia anterior dictada en un supuesto de desempeño interino de tales funciones. Lo determinante es que la sentencia objeto de la extensión de efectos era firme y la situación jurídica que resolvió es la misma que la planteada en la extensión de efectos que ahora se impugna».

Igual de reveladora es la STS 1821/2017, de 10 de mayo en su FJ V[114]:

«Es verdad que la jurisprudencia ha puesto de manifiesto que el legislador quiere que exista identidad y no parecido o semejanza. Ahora bien, esa misma jurisprudencia ha considerado que la identidad se refiere a la posición jurídica, es decir que tiene un carácter sustancial de manera que no se ve excluida por aspectos accidentales como pueden serlo las fechas o los lugares o, en general, aquellos otros factores que no inciden en dicha posición [sentencias de la Sección Séptima de 14 de diciembre de 2015 (casación 2224/2014), 20 de noviembre de 2013 (casación 3161/2012), 20 de julio de 2012 (casación 631/2011), 21 de junio de 2012 (casación 4652/2011 y 4540/2011)]. En otras palabras, la identidad requerida por el artículo 110.1 a) no puede significar en supuestos como el que nos ocupa que se trate del mismo centro penitenciario o de los mismos períodos o del mismo número de guardias si es que de esos extremos no resultan diferencias en el régimen jurídico. Es decir, no suponen variaciones en la cuestión esencial que en este caso era la del derecho a la retribución de las horas de guardia conforme al valor de la hora ordinaria de trabajo. Un entendimiento de ese tipo ni ha sido sostenido por esta Sala ni tendría sentido pues desnaturalizaría la institución de la extensión de efectos de sentencias firmes convirtiéndola en inaplicable».

El TSJ de la Comunidad Valenciana, incluso ha ido más allá, al entender que la apreciación de la identidad no puede depender de la práctica de la prueba, como podemos observar en su Auto de 18 de octubre de 2010:

«No concurre, en este caso, la identidad requerida para acordar la extensión de efectos solicitada porque la Sentencia dictada cuya extensión se pretende tiene como *ratio decidendi* la falta de acreditación de que los actores pudieran realizar el desplazamiento en vehículo oficial o transporte público, lo cual constituye un elemento de *Litis* sustancial y no susceptible de determinación de concurrencia idéntica en otro supuesto en el que deberá valorarse dicha circunstancia a través de los elementos probatorios que concurran, por lo que partiendo de esta afirmación no se puede afirmar que exista la identidad de situación requerida para poder extender los efectos de dicha Sentencia, al no apreciarse la identidad de situación respecto a la considerada en la misma, que sirvió de término de comparación para estimar el correspondiente recurso».

Sin embargo, en 2012, el TS en su STS 8823/2012, de 19 de diciembre, había asumido otra postura, entendiendo que no nos encontramos ante una extensión automática de los efectos de la sentencia:

«(...) Así, la Ley se preocupa de advertir que, en ningún caso, se podrá reconocer una situación jurídica distinta a la definida en la sentencia firme, pues lo contrario supondría

114. En el mismo sentido: SSTS 4194/2018 (FJ VIII) y 4322/2018 (FJ V), ambas de 19 de diciembre, etc. Línea continuada también por la AN (SAN 493/2021, de 10 de febrero).

desvirtuar la naturaleza de esta forma de entender la ejecución de la sentencia, ya que no se trata de una extensión automática de los efectos de la sentencia, teniendo en cuenta el principio de seguridad jurídica. La identidad de situaciones debe revelarse como evidente, eludiendo la necesidad de realizar un análisis de la prueba que así lo confirme, por tratarse de la actividad propia de un procedimiento ordinario o abreviado, extremo que resulta improcedente en el recurso de casación».

En el mismo sentido se manifiesta la STS 1604/2018, de 26 de abril, en su FJ VI:

«(...) Ya hemos reflejado la jurisprudencia que insiste en que no es el incidente de extensión de efectos de una sentencia el lugar adecuado para interpretar elementos de prueba que permitan acreditar la existencia de esa homogeneidad de situaciones.

Debe limitarse esta Sala de casación a examinar la existencia palmaria de esa plena coincidencia».

Los tribunales inferiores también han seguido la senda actual y entienden que la identidad en la extensión de efectos de una forma sustancial, negando la necesidad de proceder a la identidad absoluta en las situaciones del recurrente originario y del posterior solicitante de extensión de efectos. Un ejemplo de ello lo encontramos en la SAN 1765/2018, de 12 de abril (citando la sentencia de la misma Sala SAN 4912/2016, de 7 de diciembre), demuestra que no es necesario que se produzca una identidad absoluta en materia de personal:

«(...) lo decisivo en el caso que nos ocupa es la identidad de pretensiones que se hacen valer tanto en el recurso que terminó por la sentencia cuyos efectos pretenden extenderse como en la pieza separada de ejecución de que dimana esta apelación, cuya identidad ha de apreciarse en un sentido sustancia, siendo así que en el supuesto enjuiciado los dos interesados formaban parte del personal interino al servicio de la Administración de Justicia (*vid.* a este propósito el artículo 1 del Real Decreto 960/1990) y sus pretensiones pueden calificarse como sustancialmente las mismas pues en ambos casos se solicita el reconocimiento del derecho a ser afiliado y dado de alta en el Régimen General de la Seguridad Social desde el inicio de la respectiva vida laboral y con anterioridad a la entrada en vigor del Real Decreto 960/1990, esto es, de forma retroactiva, siendo esto lo fundamental o sustancial, y deviniendo accidentales a los efectos que ahora interesan las circunstancias de las funciones que como interinos de la Administración de Justicia desempeñaron en uno y otro caso así como los centros de trabajo o los respectivos periodos de tiempo afectados por la afiliación y alta en la Seguridad Social con carácter retroactivo, de tal manera que es de concluir que resulta evidente que concurre en el supuesto enjuiciado la "identidad de situación jurídica" que es puesta en cuestión en el presente recurso de apelación».

Un caso parecido es el resuelto por la SAN 493/2021, de 10 de febrero. En su FJ IV se expone:

«Concluyendo, concurre en este caso la identidad sustancial de las situaciones jurídicas del favorecido por el fallo y de la solicitante, lo que hace procedente la extensión de efectos denegada, dado que el régimen jurídico aplicable en uno y en otro caso es el mismo, al tratarse de funcionarios —enfermeros— de la sanidad de Instituciones Penitenciarias que han realizado guardias retribuidas por el mismo sistema, y las circunstancias que varían atinentes a los periodos temporales, distintos centros penitenciarios o las cantidades reclamadas, no son elementos determinantes de la extensión de efectos, en consonancia con el criterio de esta Sección amparado en el de numerosas sentencias de nuestro Alto Tribunal».

Recientemente, tenemos en el ATS 14670/2022, de 18 de octubre un ejemplo particularmente claro de lo que puede ser considerado una identidad sustancial (FJ I *in fine*):

> «(...) La única circunstancia a la que alude el informe precitado, la posible apreciación como factor diferencial de las situaciones de la solicitante de la extensión y el del recurrente en el proceso en el que se dictó la sentencia cuya extensión de efectos se solicita, sobre la que discurre el informe aludido, queda perfectamente solventada en el propio informe. En este se da cuenta de que ambos se encuentran en idéntica situación, los dos se encuentran sustituyendo en un juzgado e incurren en causa de incapacidad laboral y el CGPJ y el Ministerio de Justicia dan de baja a los mismos en el Régimen General de la Seguridad Social el día que correspondía el cese del llamamiento, sin esperar al término de la IT; la única diferencia, sin trascendencia para la extensión de efectos, es que la solicitante pidió el abono de las prestaciones a la Seguridad Social y se le concedió, pero al haber sido dada de baja no cotizó por el período, a lo que debe extenderse la extensión de efectos solicitada».

### 3.2.1.2.3. A modo de conclusión

Hemos podido comprobar que la jurisprudencia no es pacífica a la hora de interpretar el requisito de la identidad. Tras el análisis realizado, podemos observar que la identidad que predica la jurisprudencia es una identidad en las situaciones [115] y, dependiendo de la interpretación, esta identidad será conside-

115. La STS 5172/2007, de 13 de julio, profundiza un poco más en este aspecto y en su FJ VI expone:
«Las anteriores consideraciones conducen a estimar el primer motivo del recurso de casación formulado por el Abogado del Estado, pues la figura de la extensión de efectos debe entenderse aplicable únicamente respecto de aquellos litigios que se puedan plantear respecto de actos administrativos que afecten a una pluralidad de destinatarios que se encuentren en una situación de hecho y de derecho idéntica, lo que no consta, ya que el artículo 110 de la Ley 29/98 tiene por finalidad evitar la multiplicación de procesos sobre idénticas situaciones jurídicas en materia tributaria y de personal al servicio de la Administración Pública y tiene su aplicación, en cuestiones de personal, cuando un determinado colectivo o grupo de funcionarios se encuentra en idéntica situación respecto a sus retribuciones, encuadramiento en un Grupo de clasificación, niveles que se les asignan, complementos a los que se creen con derecho, igualdad que reclaman respecto a otro grupo o colectivo de funcionarios por la igualdad de sus servicios, u otros supuestos semejantes que pueden presentarse en el desarrollo de la relación estatutaria, circunstancias, en este caso, no concurrentes».

rada de forma más o menos rigurosa. Si bien es cierto que la mayoría se inclinaba por la necesidad de una similitud absoluta entre las situaciones jurídicas del recurrente originario y del posterior solicitante de la extensión de efectos, la tendencia actual es la apertura hacia una identidad entendida en sentido sustancial[116] para permitir que puedan producirse extensiones de efectos de sentencias. Como indica el TS en su ATS 8103/2018, de 16 de julio, lo que importa es la relevancia de la identidad. De hecho, el TS se manifiesta en este Auto de forma distinta a lo que venía expresando hasta ahora (FJ III):

> «El CGPJ aduce aquí la falta de identidad de situaciones únicamente porque la solicitante de extensión de efectos no impugnó en vía jurisdiccional o administrativa un Acuerdo que no alcanza a precisar, lo que es ya bastante para rechazar su alegato. No obstante, puede entender la Sala, por dar valor a su oposición, que se refiere al acuerdo de la Comisión Permanente de 12 de julio de 2017, que es distinto pero correlativo al acuerdo del mismo órgano de 14 de julio de 2016, que fue el único que si impugnó la Magistrada que obtuvo la Sentencia favorable de 5 de octubre de 2017.
>
> Ese elemento diferenciador no es relevante. Del propio tenor literal del artículo 110 LJCA resulta, por lógica, que entre el caso resuelto por la sentencia cuyos efectos se quieren extender y el que se considera a efectos de la extensión "ultra partes" exista la diferencia de que en el primero el recurrente sí haya acudido a la vía jurisdiccional y que no lo haya hecho en el segundo. Exigir que lo hubiera hecho también en ese último caso conduciría a un supuesto del artículo 111 LJCA, y no ante la vía del artículo 110. Ambos supuestos han sido previstos por el legis-

116. *Vid.* por ejemplo: STS 4104/2018, de 5 de diciembre (FJ VII). La STSJ CV 5610/2013, de 12 de noviembre (n.º rec. 683/2011), realiza en su FJ II un recorrido por los hitos principales del TS en lo referente a esta cuestión. Lo reproducimos por su especial interés:
*«Una primera línea jurisprudencial del Tribunal Supremo (SSTS de 12/enero y 9/febrero/2004), consideró que dicha identidad vendría referida a la situación jurídica material de los afectados, y no a la procesal, por lo que resultaba indiferente que los solicitantes se hubiesen aquietado o no frente al acto administrativo desfavorable. En el presente caso, y a juicio de esta Sala, concurre tal identidad material, pues la ratio decidendi de la Sentencia cuyo fallo se extiende no es otra que la directa aplicación de las previsiones contenidas en la Directiva 1999/70/CE, y la interpretación que de su alcance con relación al derecho estatal ha efectuado el TJUE, y esta situación jurídica material es común a la que plantea la solicitante de la extensión y a la del favorecido por el fallo cuya extensión se pide.*
*No obstante, tras la STS de 10/febrero/2004, se modificó el criterio y se pasó a considerar que la identidad no sólo debía ser sustancial (identidad de circunstancias de fondo y pretensiones) sino también procesal considerando que no concurre dicha identidad de situaciones jurídicas cuando el solicitante no promovió el recurso contencioso-administrativo dejando que quedara firme y consentida la resolución administrativa denegatoria. Esta doctrina se reiteró en posteriores SSTS de 24/mayo/2004, 27/diciembre/2005 o 25/enero/2006, y a través de la Disp. Adic. 14.ª de la LO 19/2003, se incorporó al texto legal, modificando el art. 110.5.c) de la LJCA, e imponiendo la obligada desestimación del incidente de extensión de efectos, si para el interesado se hubiere dictado resolución que, habiendo causado estado en vía administrativa, fuere consentida y firme por no haber promovido recurso contencioso-administrativo».*

lador en forma distinta y, extremando esa exigencia, perdería su virtualidad propia el artículo 110 y devendría innecesario»[117].

Evidentemente, nuestro parecer discurre más por las nuevas líneas aperturistas que por la defensa de la identidad esencial, siempre que se prime la economía procesal sobre el fundamento de la igualdad en términos absolutos y se aprecie la extensión de efectos como un mecanismo técnico procesal con una finalidad agilizadora. No obstante, entendemos que la defensa a ultranza de las posturas cercanas a la identidad absoluta también son legítimas en un procedimiento con rasgos o tintes subjetivos como es la extensión de efectos. Es difícil, por tanto, defender únicamente una postura sin entrar a valorar las razones de la contraria. Como recuerda MAGALDI: «es importante no olvidar que relajar en demasía los requisitos para la extensión puede conllevar importantes riesgos (quiebra del derecho fundamental a la tutela judicial efectiva) que no pueden menospreciarse ni sacrificarse al objetivo, loable pero no absoluto, de la agilización y la economía procesal»[118].

De todas formas, da la sensación que el legislador también está siguiendo esta senda, pues con la modificación de la LJCA llevada a cabo por el Real Decreto-ley 5/2023, de 28 de junio, por el que se adoptan y prorrogan determinadas medidas de respuesta a las consecuencias económicas y sociales de la Guerra de Ucrania, de apoyo a la reconstrucción de la isla de La Palma y a otras situaciones de vulnerabilidad; de transposición de Directivas de la Unión Europea en materia de modificaciones estructurales de sociedades mercantiles y conciliación de la vida familiar y la vida profesional de los progenitores y los cuidadores; y de ejecución y cumplimiento del Derecho de la Unión Europea, en sede de pleito-testigo se habla de «controversias sustancialmente análogas»[119]; en relación a los escritos de demanda y contestación, de «identidad

117. En la misma línea aperturista, puede observarse la STS 1930/2020, de 18 de junio, que cambió el criterio anterior y sentó doctrina en lo que a la extensión de efectos de sentencias en materia tributaria se refiere, considerando que no se requiere la solicitud de rectificación de la autoliquidación del tributo ante la Administración tributaria. (Esta STS será estudiada con mayor profundidad en relación con las causas posibles de la desestimación de la extensión de efectos).

118. Cfr. MAGALDI, Nuria, «Artículo 110», en EZQUERRA HUERVA, Antonio (dir.) y OLIVÁN DEL CACHO, Javier (dir.), *Comentarios a la Ley reguladora... op. cit.*, págs. 1881 y 1882.

119. Nueva redacción del artículo 37 LJCA: «1. Interpuestos varios recursos contencioso-administrativos con ocasión de actos, disposiciones o actuaciones en los que concurra alguna de las circunstancias señaladas en el artículo 34, el órgano jurisdiccional podrá en cualquier momento procesal, previa audiencia de las partes por plazo común de cinco días, acordar la acumulación de oficio o a instancia de alguna de ellas. 2. Cuando ante un juez o tribunal estuviera pendiente una pluralidad de recursos con idéntico objeto, el órgano jurisdiccional, si no se hubiesen acumulado, tramitará uno o varios con carácter preferente previa audiencia de las partes por plazo común de cinco días, suspendiendo el curso de los demás, en el estado

jurídica sustancial» [120] y en sede casacional (con la nueva redacción del artículo 94) de «cuestión jurídica sustancialmente igual» [121] apartándose ya del término único de identidad que aún propugna el artículo 110 LJCA.

---

en que se encuentren, hasta que se dicte sentencia en los primeros. En caso de que esa pluralidad de recursos con idéntico objeto pudiera, a su vez, agruparse por categorías o grupos que planteen una controversia sustancialmente análoga, el órgano jurisdiccional, si no se hubieran acumulado, tramitará uno o varios de cada grupo o categoría con carácter preferente, previa audiencia de las partes por plazo común de cinco días, suspendiendo el curso de los demás en el estado en que se encuentren hasta que se dicte sentencia en los tramitados preferentemente para cada grupo o categoría. 3. Una vez firme, el Secretario judicial llevará testimonio de la sentencia a los recursos suspendidos y la notificará a los recurrentes afectados por la suspensión a fin de que en el plazo de cinco días puedan interesar la extensión de sus efectos en los términos previstos en el artículo 111, la continuación del procedimiento o bien desistir del recurso».

120. Introducción de un nuevo apartado en el artículo 56 (apartado 5.º): «Presentados los escritos de demanda y contestación, si un juzgado o tribunal, en cualquier momento anterior a dictar sentencia, tuviese conocimiento, por cualquier medio, de que la Sala de lo Contencioso-administrativo del Tribunal Supremo ha admitido un recurso de casación que presenta una identidad jurídica sustancial con la cuestión debatida en el recurso del que está conociendo, oirá a las partes personadas por el plazo común de diez días sobre su posible suspensión, adjuntándoles copia del referido auto. Una vez presentadas las alegaciones o transcurrido el plazo, si el juzgado o tribunal apreciase una identidad jurídica sustancial y que la resolución que se dicte en casación puede resultar relevante para resolver el procedimiento, acordará la suspensión hasta que se dicte resolución firme en el recurso de casación. Contra el auto que resuelva sobre la suspensión no cabrá recurso alguno. El auto que acuerde la suspensión se remitirá a la Sección de Enjuiciamiento de la Sala de lo Contencioso-administrativo del Tribunal Supremo indicada en el auto de admisión, que, a su vez, remitirá testimonio de la sentencia que recaiga en el recurso de casación al juzgado o tribunal remitente.
Recibido el testimonio de la sentencia del recurso de casación, el juzgado o tribunal alzará la suspensión y dará un nuevo trámite de audiencia a las partes personadas, por plazo común de diez días, a fin de que aleguen sobre la incidencia que dicho pronunciamiento tiene para resolver el recurso. Evacuado el traslado o transcurrido el plazo conferido, se continuará la tramitación del procedimiento en el momento en que se encontrare antes de la suspensión, salvo que las partes desistan del recurso o se allanen, en cuyo caso el juzgado o tribunal resolverá lo procedente».

121. La nueva redacción del artículo 94 dispone: «1. Cuando por la Sección de admisión de la Sala de lo Contencioso-administrativo del Tribunal Supremo se constate la existencia de un gran número de recursos que susciten una cuestión jurídica sustancialmente igual, podrá acordar la admisión de uno o varios de ellos, cuando cumplan las exigencias impuestas en el artículo 89.2 y presenten interés casacional objetivo, para su tramitación y resolución preferente, suspendiendo el trámite de admisión de los demás hasta que se dicte sentencia en el primero o primeros. 2. Una vez dictada sentencia de fondo se llevará testimonio de esta a los recursos suspendidos y se notificará a los interesados afectados por la suspensión, dándoles un plazo de alegaciones de diez días a fin de que puedan interesar la continuación del trámite de su recurso de casación, o bien desistir del mismo. En caso de que interesen la continuación valorarán la incidencia que la sentencia de fondo dictada por el Tribunal Supremo tiene sobre su recurso. 3. Efectuadas dichas alegaciones y cuando no se hubiera producido el desistimiento, si la sentencia impugnada en casación resulta coincidente, en su fallo y razón de decidir, con lo resuelto por la sentencia o sentencias del Tribunal Supremo, se inadmitirán por providencia los recursos de casación pendientes. Por el contrario, si la sentencia

### 3.2.2. Interpretaciones doctrinales[122]

Lo primero a lo que debemos hacer referencia es a la visión doctrinal acerca de la razón teleológica de la identidad. Para DE MIGUEL PAJUELO, el fundamento del requisito se encuentra en el principio de igualdad ante la ley «de tal manera que siendo idénticas las situaciones debe aplicarse a una lo ya resuelto par la otra sin necesidad de instar un nuevo proceso de reconocimiento»[123]. Sin embargo, hay ciertos autores como, por ejemplo, AGÚNDEZ FERNÁNDEZ, para los que la identidad deriva del antiguo art. 1252 CC sobre la cosa juzgada, donde la identidad se determinaba por la correlación de los elementos propios de cosas, causas y calidad de las personas[124].

La cuestión de la identidad se revela como uno de los puntos más conflictivos dentro de la figura de la extensión de efectos. De hecho, la importancia de este requisito ha llevado a algún autor a negar la posibilidad de extensión para los casos que no deriven de un acto administrativo único o no puedan considerarse actos masa o clónicos[125]. A nuestro parecer, aunque esta postura podría ser la solución a los problemas procedentes de la comprobación (que son los más frecuentes en un proceso de estas características) y agilizaría el sistema, no podemos dar crédito a una interpretación tan drástica basándonos en dos razones principales. En primer término porque, en ningún momento, el legislador expone esta condición (salvo, claro está, la referencia en la Exposición de motivos) y, en segundo, porque la jurisprudencia, en ningún caso, ha recogido este extremo, mostrándose favorable a conocer y acordar solicitudes de extensión de efectos derivadas de actos administrativos distintos pero similares en contenido. No obstante, es absurdo negar la mejor comprensión del sistema si se hubiera recogido la extensión únicamente para los actos masa.

impugnada en casación no resulta coincidente, en su fallo y razón de decidir, con lo resuelto por la sentencia o sentencias del Tribunal Supremo, se dictará auto de admisión y se remitirá el conocimiento del asunto a la Sección correspondiente, siempre que el escrito de preparación cumpla las exigencias impuestas en el artículo 89.2 y presente interés casacional objetivo. 4. Remitidas las actuaciones, la Sección resolverá si continua con la tramitación prevista en el artículo 92 o si dicta sentencia sin más trámite, remitiéndose a lo acordado en la sentencia de referencia y adoptando los demás pronunciamientos que considere necesarios».

122. En lo referente a la identidad hemos querido dotarlas de un apartado distinto y diferenciado al jurisprudencial y no contemplarlo en su conjunto. Son tantas las opiniones (diferenciadas solo por matices casi imperceptibles) que hemos optado por esta sistematización por considerarla más adecuada a la comprensión de la identidad por el lector.

123. Cfr. DE MIGUEL PAJUELO, Francisco, «La extensión A Terceros de los Efectos de la Sentencia», en PALOMAR OLMEDA, Alberto (dir.) *et al.*, *Tratado de la Jurisdicción Contencioso-Administrativa*, *op. cit.*, pág. 932.

124. *Vid.* AGÚNDEZ FERNÁNDEZ, Antonio et al., El proceso Contencioso-Administrativo..., *op. cit.*, pág. 896.

125. *Vid.* BENITO SANCHO, Ernesto, en «La extensión de efectos de sentencias en la Ley 29/1998, de 13 de julio...», *op. cit.*, págs. 6 y ss.

¿Dónde ha de radicar, por tanto, la identidad? Es en este punto donde existen más discrepancias. Así, podemos diferenciar autores que son partidarios de exigir una triple identidad y autores que muestran una mayor flexibilidad[126]. Incluso, PUEBLA AGRAMUNT integra las dos posturas y entiende que debe existir una identidad absoluta de situaciones, pero también que bastaría con una sustancial coincidencia entre las dos situaciones[127].

### *3.2.2.1. Posturas doctrinales a favor de un concepto de identidad entendido en sentido rígido*

Con identidad en sentido rígido hacemos referencia al sector doctrinal partidario de exigir la triple identidad para la extensión, a pesar de que ésta, posiblemente, nunca se dará (porque los sujetos serán en la mayoría de los casos, distintos y podría haber cosa juzgada[128]). Se traduce en la exigencia de una identidad tanto sustantiva como procesal, defendiendo la denegación de extensión de efectos de sentencias firmes en casos donde se produzca cosa juzgada, litispendencia o acto consentido y firme en vía administrativa, por no ser idénticas las situaciones procesales.

Así, ROMERO REY entiende que la extensión de efectos solo será aplicable a una pluralidad de destinatarios que se encuentren en una situación de hecho y derecho idénticas, lo que conlleva tácitamente en la mayoría de los casos a entender que la situación debe derivar del mismo acto administrativo, puesto que en otro caso la similitud idéntica considerada de forma estricta es difícil que se produzca[129].

En la misma línea, AGÚNDEZ FERNÁNDEZ[130] predica la identidad tanto en el elemento subjetivo como el objetivo al afirmar que ha de tratarse de personas en la misma situación con pronunciamientos del fallo y pretensiones actoras acordes sustancialmente. No obstante, ya vemos que este autor introduce el término «sustancialmente», ¿ha de considerarse por tanto que se deja una puerta abierta a la interpretación? Entendemos que la respuesta es negativa

126. Así lo ha entendido también ORTEGA ÁLVAREZ cuando manifiesta que puede hacerse una interpretación del concepto de identidad de situaciones desde una visión amplia, basada en la identidad de fundamentos del petitum o una más estricta que requiera la identidad del estatuto definido en el fallo. (Cfr. ORTEGA ÁLVAREZ, Luis, en LEGUINA VILLA, Jesús *et al.*, *Comentarios a la Ley de la Jurisdicción Contencioso-Administrativa*, *op. cit.*, pág. 522).

127. Cfr. PUEBLA AGRAMUNT, Nuria, «¿Quiere realmente el supremo acabar con la extensión de efectos en materia tributaria?», *op. cit.*, pág. 19.

128. Salvo como recuerda DE DIEGO DÍEZ, Luis Alfredo (*Extensión de efectos…*, *op. cit.*, pág. 64) en los casos donde la extensión de efectos puede aplicarse al mismo litigante que ganó el pleito, por ejemplo, en materia tributaria ante un ejercicio diferente del que fue objeto de *litis*.

129. *Vid.* ROMERO REY, Carlos, en QUINTANA CARRETERO, Juan Pedro, (dir.), *Comentarios a la Ley de la Jurisdicción Contencioso-Administrativa*, *op. cit.*, pág. 768.

130. *Vid.* AGÚNDEZ FERNÁNDEZ, Antonio et al., El proceso Contencioso-Administrativo…, *op. cit.*, pág. 896.

porque con esta expresión quiere hacer referencia a la identidad de circunstancias de fondo y pretensiones frente a una posible identidad procesal[131].

Para DE MIGUEL CANUTO la identidad guarda una estrecha conexión con la *causa petendi* de la extensión, ya «que ha de acreditarse que los fundamentos de hecho y los de derecho que configuran la *ratio decidenci* de la sentencia a extender guaran relación de identidad con circunstancias de hecho concurrentes y normas aplicables al caso en cuyo recurso se solicita la extensión»[132].

GIMENO SENDRA consideraba que para la determinación de la identidad era necesario acudir a las identidades del art. 222 LEC, entendiendo que debía existir la más absoluta identidad en la legitimación activa, en la *causa petendi* y también en el bien litigioso o material de la pretensión[133].

Un aspecto a tener en cuenta es el que predica BLÁZQUEZ LIDOY en lo relativo a la distinción material para interpretar el concepto de identidad[134]. Para este autor, en materia tributaria las circunstancias de hecho y las pretensiones jurídicas difícilmente van a ser idénticas, ya que nos encontramos ante procedimientos de carácter individual, de forma distinta a la materia de personal donde, en muchos casos, la solicitud de extensión va a derivar del mismo acto administrativo que impugnó la sentencia de origen.

Por último, MARTÍNEZ MICÓ también es partidario de entender la identidad en sentido estricto y considera que lo que la LJCA pide es que sean las mismas las circunstancias de hecho y las pretensiones jurídicas que sobre ellas se fundamentan[135].

En resumen, como recientemente ha expuesto CHAMORRO GONZÁLEZ: «En el preciso instante que fuere necesaria una valoración de la situación jurídica nueva, desaparece esa identidad, y por tanto no es viable la extensión de efectos. El loable automatismo, con el consiguiente «ahorro» procesal, exige ese requisito de forma absolutamente exquisita. Lo contrario provocaría indefensión a la administración demandada»[136].

131. Con respecto a la exigencia de identidad procesal ni la doctrina ni la jurisprudencia han tenido una postura pacífica, siendo el mayor exponente de esta problemática la excepción de acto consentido y firme que se analizará en capítulos posteriores de esta obra como requisito de procedibilidad de la extensión de efectos de sentencias firmes en la LJCA.

132. Cfr. DE MIGUEL CANUTO, Enrique, *Extensión a terceros de los efectos..., op. cit.*, págs. 110 y ss.

133. *Vid.* GIMENO SENDRA, Vicente, MORENO CATENA, Víctor y SALA SÁNCHEZ, Pedro, *Derecho Procesal Administrativo, op. cit.*, pág. 283.

134. *Vid.* BLÁZQUEZ LIDOY, Alejandro, «La extensión de efectos de las sentencias en materia tributaria (art.110 de la LJCA)», *op. cit.*, pág. 798.

135. *Vid.* MARTÍNEZ MICÓ, Juan Gonzalo, «Extensión de los efectos de una sentencia firme en materia tributaria», *op. cit.*, pág. 14.

136. Cfr. CHAMORRO GONZÁLEZ, Jesús María, «Recientes pronunciamientos judiciales sobre la extensión de efectos de sentencias en materia de función pública», *op. cit.*

### *3.2.2.2. Posturas doctrinales partidarias de un concepto de identidad más flexible*

Poco tiempo después de la promulgación de la LJCA, MENÉNDEZ PÉREZ ya era partidario de esta corriente, pues entendía «que la no coincidencia en datos, elementos o requisitos que el ordenamiento jurídico no tome en consideración para definir o configurar la situación jurídica que en el proceso se ha reconocido, no debe impedir, claro es, que se aprecie, la idéntica situación jurídica entre el favorecido por el fallo y quien pretenda la extensión» [137].

No obstante, SANTAMARÍA PASTOR es quien hace la crítica más férrea de la exigencia de una identidad en sentido estricto, pues considera que: «es absurdo (...) exigir una identidad rigurosa de supuestos, porque tal identidad no existe en el mundo real, donde lo único que hay son diferentes niveles de semejanza...» [138]. Para este autor la interpretación del TS de la identidad es tan estricta que desvirtúa la institución, en el sentido de que la aplica con un rigor tan extremado que la práctica totalidad de las solicitudes de extensión son objeto de denegación: «basta cualquier mínima variante en la posición jurídica de los litigantes para desestimar la extensión de efectos» [139].

Con el mismo sentido crítico se expresa también OLEA GODOY [140], para quien la identidad no puede ser auténtica, sino entenderse como «muy parecida» cuando exista una similitud de condiciones jurídicas y, expresamente: «que la normativa aplicable lo sea de forma similar para el reconocimiento de la situación jurídica pretendida».

En la misma línea, para PÉREZ DEL BLANCO la identidad se producirá cuando existan dos situaciones jurídicas con idéntico objeto [141], no haciendo referencia a ninguna condición subjetiva.

En igual sentido, pero de una forma más clara, existen una serie de autores que apuestan por la rigidez de identidad, pero únicamente en los fundamentos. Así, AYALA MUÑOZ y también MARTÍNEZ ALARCÓN se muestran favorables a la rigidez en la identidad de los fundamentos jurídicos, pero no en la del

137. Cfr. MENÉNDEZ PÉREZ, Segundo, en BAENA DEL ALCÁZAR, Mariano (dir.), *Ley Reguladora de la Jurisdicción Contencioso Administrativa*, *op. cit.*, pág. 703.

138. Cfr. SANTAMARÍA PASTOR, Juan Alfonso, *La Ley reguladora de la Jurisdicción...*, *op. cit.*, pág. 1155.

139. En igual sentido, *vid.* ARNALDO ALCUBILLA, Enrique, y FERNÁNDEZ VALVERDE, Rafael, *Jurisdicción contencioso-administrativa...*, *op. cit.*, pág. 971 *in fine*.

140. Cfr. OLEA GODOY, Wenceslao, «Extensión de los efectos de las sentencias en materia tributaria», *op. cit.*, págs. 27 y 28. De la misma forma, *vid.* BAEZA DÍAZ-PORTALES, Manuel José, «Extensión de los efectos de las Sentencias a terceros (regulación legal, doctrina judicial y examen crítico)», en *Tribuna Fiscal*: Galería del mes, CISS, abril 2011, núm. 246, págs. 9 y ss.

141. *Vid.* PÉREZ DEL BLANCO, Gilberto, «La extensión subjetiva de los efectos de la sentencia administrativa en los supuestos de litigios en masa», *op. cit.*, pág. 85.

acto administrativo ni, por supuesto, en la de los sujetos [142]. De la misma manera, CONTÍN TRILLO-FIGUEROA considera que habrá identidad cuando la pretensión del recurrente originario y del potencial solicitante de extensión de efectos sea coincidente [143].

Postura diferente es la que adoptan SENÉS MOTILLA y CÓRDOBA CASTROVERDE [144], para quienes la identidad se ha de exigir respecto de la situación jurídico-sustantiva y no de la situación procesal. Este último hace una precisión interesante para la determinación de la identidad: «la identidad de situaciones tiene que versar sobre una identidad jurídica en donde no debería ser necesario entrar a practicar pruebas para acreditar el hecho determinante de la pretensión pues si ello es así esta pretensión no debería ser planteada como un incidente de extensión de efectos». Así, parece que para este autor la identidad pasa por una delimitación negativa, en tanto que si no es necesaria su comprobación podría afirmarse que existe identidad. En nuestra opinión, esta afirmación puede afectar a la seguridad jurídica, pues puede haber matices que, a simple vista, no se contemplen y dificulten la hipotética extensión.

No obstante, en la misma línea se muestra GARCÍA BERNALDO DE QUIRÓS que considera que la jurisprudencia es muy rigurosa a la hora de enjuiciar la identidad pero «entiende que existe situación idéntica cuando la pretensión sea la misma, los hechos sean los mismos, aunque el elemento dinámico-procesal no sea el mismo» [145].

Es en este apartado donde las líneas distintivas son menos nítidas, por lo que podemos afirmar que la doctrina favorable a una identidad más flexible se sitúa en distintos niveles, desde autores que consideran absurda la rigidez hasta los que entienden que es necesario una similitud, ya sea en el objeto o en la fundamentación o en ambos. Muy interesante es la precisión de SALA SAN-

142. *Vid.* AYALA MUÑOZ, José María *et al.*, *Comentarios a la Ley de la Jurisdicción Contencioso-Administrativa*, *op. cit.* págs. 1211 y ss., y MARTÍNEZ ALARCÓN, M.ª de la Luz, en MORENO MOLINA, José Antonio (dir.) et al., *Procedimiento y Proceso Administrativo...*, *op. cit.*, pág. 988. También pueden incluirse en este grupo a DE LA VALLINA VELARDE, Juan Luis y DE LA VALLINA MARTÍNEZ DE LA VEGA, Luis («Extensión ultra partem de los efectos de las sentencias del orden Contencioso-Administrativo», *op. cit.*, págs. 1739 y 1740) para los que es suficiente con que la identidad se refiera a la fundamentación jurídica y a los elementos esenciales de la pretensión.

143. *Vid.* CONTÍN TRILLO-FIGUEROA, Eloísa, «Extensión de los efectos de la sentencia...», *op. cit.*, pág. 599.

144. *Vid.* SENÉS MOTILLA, Carmen, «La ejecución de las sentencias en la nueva Ley de la Jurisdicción contencioso-administrativa», *op. cit.*, págs. 2263 y 2264, y CÓRDOBA CASTROVERDE, Diego, en «Dificultades y problemas que plantea en la actualidad la extensión de efectos de las sentencias en el orden contencioso-administrativo», *op. cit.*, consulta en abierto: https://elderecho.com/dificultades-y-problemas-que-plantea-en-la-actualidad-la-extension-de-efectos-de-las-sentencias-en-el-orden-contencioso-administrativo.

145. Cfr. GARCÍA BERNALDO DE QUIRÓS, Joaquín, en «La extensión de efectos como cauce alternativo a la interposición del recurso contencioso-administrativo» Foro Abierto, *op. cit.*, págs. 7 y ss.

CHEZ, XIOL RÍOS Y FERNÁNDEZ MONTALVO cuando indican que cuando la LJCA utiliza la expresión «idéntica situación jurídica» está siguiendo la propuesta formulada por la Sección Especial de la Comisión General de Codificación para mostrar que no es menester que concurra la identidad subjetiva, objetiva y causal que determina la concurrencia de la cosa juzgada, sino que se trata de que la cuestión jurídica someta al tribunal sea idéntica[146].

Sin embargo, es ROSENDE VILLAR quien desmonta de una manera más gráfica la teoría de las tres identidades que fundamentaba la corriente doctrinal partidaria de una identidad entendida en sentido rígido. Reproducimos sus palabras por su claridad: «Los sujetos son necesariamente distintos a los del proceso anterior, el *petitum* es diverso, pues propiamente se pide que se declare extensible lo reconocido en una situación jurídica idéntica y, por último, la *«causa petendi»* es, asimismo diversa, pues la razón jurídica inmediata de pedir será una íntima solicitud de las situaciones, que justifica la extensión del tratamiento jurídico previsto para el supuesto con el que se compara»[147]. Nos mostramos totalmente de acuerdo con esta visión, puesto que es imposible y absurdo exigir la triple identidad en un procedimiento configurado para la agilización de trámites como es la extensión de efectos de sentencias firmes en la LJCA.

## 3.3. APUNTES CONCLUSIVOS

Como hemos afirmado, *la ratio essendi* de la institución es el principio de igualdad ante la ley que se manifiesta en la identidad de las situaciones jurídicas a comparar para la extensión que se convierte para nosotros en un requisito de fondo. La identidad es el requisito clave para proceder a la extensión pero su dificultad es máxima al ser un concepto jurídico indeterminado. Por ello, las teorías acerca de la exigencia de una identidad absoluta o una identidad más flexible producen que la situación no sea pacífica. Las corrientes actuales (en las que nos posicionamos) son partidarias de entender la identidad como una identidad sustancial para hacer más plausible la aplicación de la figura del art. 110 LJCA.

Todo lo analizado nos lleva a concluir que, en este caso, el requisito de identidad llega a confundirse con un límite[148], puesto que el Juzgado o Tribunal tiene que comprobar, por un lado, la situación tanto de los recurrentes originarios como la de los solicitantes de extensión y, por otro, la identidad en las dos pretensiones, provocando así un retraso en su actividad. De hecho, MARTÍN CON-

146. Cfr. SALA SÁNCHEZ, Pascual, XIOL RÍOS Juan Antonio, y FERNÁNDEZ MONTALVO, Rafael, *Práctica Procesal Contencioso Administrativa*, *op. cit.*, pág. 269.
147. Cfr. ROSENDE VILLAR, Cecilia, *La Eficacia Frente a Terceros…*, *op. cit.*, pág. 199.
148. En sentido parecido se ha manifestado REQUERO IBÁÑEZ, José Luis («Ejecución de sentencias en la Ley de la jurisdicción contencioso-administrativa», *op. cit.*, pág. 45) que entiende que la identidad se ha convertido en requisito de procedibilidad lo que en realidad puede ser el fondo del asunto.

TRERAS[149] se cuestiona acerca de si realmente nos encontramos ante un requisito procedimental o estamos ante una exigencia sustancial o de fondo. Concluimos con él que estamos ante un requisito de fondo sin el cual la extensión de efectos no podrá prosperar: «el objeto fundamental del juzgador en este procedimiento se va a limitar a determinar si el solicitante se encuentra o no en idéntica situación jurídica que el reclamante en el procedimiento de referencia, lo que, además de constituir la causa de legitimación del solicitante, se configura como presupuesto fundamental de la propia reclamación...».

La LJCA no menciona que la situación fáctica haya de ser igual, solo habla de la situación jurídica por lo que, en un principio, nosotros abogamos por una identidad sustancial pero no procesal, puesto que, a diferencia de un sector doctrinal[150], entendemos que la situación fáctica de la que suele hablarse está íntimamente relacionada con la condición procesal previa. No obstante, dentro de la identidad sustancial nos posicionamos junto a los autores que afirman que es necesario una identidad en la fundamentación jurídica (a pesar de que, como hemos visto el *petitum* será distinto porque en la extensión de efectos se solicita precisamente dicha extensión) o, al menos, una identidad en el objeto, ya que no debemos olvidar que esta institución no puede desvirtuar el objetivo para la que fue creada en el sentido del respeto al contenido de la sentencia de origen. En nuestra opinión, exigir una identidad estricta hace inefectiva una institución como es la establecida en el art. 110 LJCA, por lo que, en esos casos sería más conveniente su derogación. Es absurdo tener instituciones caducas dentro del *corpus iuris* de un ordenamiento. Así, estamos de acuerdo cuando ALUM LÓPEZ utiliza una expresión que nos parece muy adecuada: hablar de la identidad como común denominador[151]. Como hemos visto *ut supra*, la relevancia del elemento idéntico es la que ha de otorgar la posibilidad de la estimación o no de una extensión de efectos. A lo mejor, sería interesante contemplar el matiz que introduce el artículo 160.5 LRJS cuando, al establecer un sistema parecido a la extensión de efectos en los casos de conflictos colectivos, recoge la necesidad de que se plantee una identidad en el objeto o exista una relación de directa conexidad[152].

De todas formas, en este caso también consideramos muy legítimas las exigencias de identidad absoluta en tanto que la base de la extensión es el principio de igualdad que exige situaciones idénticas. La elección de una u otra postura va a depender del uso que se quiera dar a la figura.

149. *Vid.* MARTÍN CONTRERAS, Luis, *La extensión de efectos..., op. cit.*, págs. 50 y ss.
150. *Vid.* por ejemplo: ROSENDE VILLAR, Cecilia, *La Eficacia Frente a Terceros..., op. cit.*, pág. 199.
151. *Vid.* ALUM LÓPEZ, Cristina, «El proceso contencioso-administrativo en materia tributaria: extensión de efectos de sentencias y problemas de ejecución», *op. cit.*, pág. 477.
152. El problema radicaría, como siempre, en establecer el grado de conexidad y cuando se produciría ésta.

# *Capítulo III*

# Presupuestos procesales



## 1. DE LA PARTE

### 1.1. CAPACIDAD

La cuestión de la capacidad en el ámbito de la extensión de efectos no presenta especiales problemas. En la regulación expresa de esta figura no aparece ninguna mención referente a dicha condición, por lo que habrá que estar a lo dispuesto en el art. 18 de la LJCA. Así, podemos decir que tienen capacidad procesal en un proceso contencioso-administrativo de estas características: las personas físicas o jurídicas que recoge la LEC[1] y los menores de edad sin asistencia del ejerciente de la patria potestad, tutela o curatela cuando se le permita por el ordenamiento jurídico[2].

---

1. *Vid.* Arts. 6 y 7 LEC.
2. Para el caso de la extensión de efectos es importante recordar *rationae materiae* que será muy difícil que un menor pueda solicitar una extensión de efectos en materias de personal o de unidad de mercado, salvo en los casos que se le permite ser funcionario público a partir

Con relación a las entidades sin personalidad, la cuestión se complica, sobre todo si atendemos a la materia de personal donde suelen existir grupos no constituidos como personas jurídicas. En este caso, entendemos que el segundo párrafo que otorga capacidad a los grupos de afectados, a las uniones sin personalidad y a los patrimonios independientes o autónomos no se ha de aplicar a la extensión de efectos porque el único artículo que regula la misma es el art. 110 LJCA que no prevé, en ningún caso, la solicitud de extensión por parte de ellos[3].

Como indica CARBONELL PORRAS[4], el art. 18 LJCA dio un paso más en 1998 y reconoció la superación del criterio de la personalidad jurídica en materia procesal[5]. Sin embargo, cuando acudimos a la regulación expresa de la extensión de efectos comprobamos que no ocurre lo mismo con el art. 110 de la LJCA que, en todo caso, como ya hemos comentado habla de personas: «En materia tributaria, de personal al servicio de la Administración pública y de unidad de mercado, los efectos de una sentencia firme que hubiera reconocido una situación jurídica individualizada a favor de una o varias personas podrán extenderse a otras...».

De todas formas, no debemos considerar que se produzca en este punto una incoherencia en el propio texto legal entre la norma reguladora de la capacidad y la reguladora de la extensión de efectos, pues el art. 18 LJCA deja claro que estas entidades tendrán capacidad siempre y cuando la ley así lo declare de forma expresa.

## 1.2. LEGITIMACIÓN

### 1.2.1. Legitimación activa

#### *1.2.1.1. Interpretación doctrinal*

En lo referente a la legitimación, como norma general hemos de remitirnos a lo dispuesto en el art. 19 de la LJCA. En palabras de MARTÍN CONTRERAS: «la legitimación activa viene dada por la relación directa que exista entre el recurrente o reclamante de la extensión de efectos de una sentencia y la situación enjuiciada en ésta, de forma que esa relación derive en una identidad de

---

de los 16 años. No obstante, no habría inconveniente en la solicitud de una extensión de efectos en materia tributaria.

3. El art. 110 LJCA habla siempre de *«personas»*, en ningún caso hace mención a estas entidades. No obstante, consideramos con FONT I LLOVET, Tomás («la extensión a terceros de los efectos de la sentencia en vía de ejecución», *op. cit.*, pág. 175) que los grupos de afectados pueden tener una gran importancia a la hora de solicitar extensiones de efectos ya que tutelan intereses legítimos individuales, pero de forma colectiva; de todas formas, se imposibilita esta acción por la falta de ley expresa que otorgue capacidad para ello.
4. Cfr. CARBONELL PORRAS, Eloisa (dir.) y CABRERA MERCADO, Rafael (coord.), *Intereses colectivos y legitimación activa*, Cizur Menor (Navarra), 2014, pág. 78.
5. Reconocimiento que se vería materializado dos años después con la entrada en vigor de la nueva LEC.

situaciones entre la del reclamante y la que provocó la reclamación en el recurso contencioso-administrativo de referencia»[6].

Sin embargo, nosotros nos posicionamos en un sentido distinto a lo expuesto por este autor[7]. Entendemos que la legitimación activa en la extensión de efectos es una legitimación extraordinaria que viene determinada por una relación específica entre el recurrente y una determinada situación o hecho idéntico al que ya se ha enjuiciado en el caso de origen, situación que puede o no estar relacionada con la de contraste. La diferencia radica en que para este autor la legitimación viene otorgada por la relación del solicitante de extensión con el asunto ya enjuiciado en un pleito anterior y para nosotros la legitimación la otorga la ley sobre la base de una hipotética identidad de situaciones relacionadas o no. Lo que está fuera de toda duda es que el solicitante, según lo establecido en el art. 19.1 a) de la LJCA, ha de poseer un derecho o interés legítimo[8] frente

6. Cfr. MARTÍN CONTRERAS, Luis, *La extensión de efectos…*, *op. cit.*, pág. 110.

7. AGÚNDEZ FERNÁNDEZ, Antonio, *et al.* (*El proceso Contencioso-Administrativo…*, *op. cit.*, pág. 895) sigue en la línea de MARTÍN CONTRERAS al considerar que: «el derecho a instar el procedimiento de extensión de efectos de sentencia firme lo tienen las personas afectadas por la sentencia en ejecución, que se encuentren en la misma situación jurídica individualizada que las que fueron partes procesales recurrentes en el litigio donde se dictó la sentencia con su pronunciamiento del fallo atinentes a materia tributaria o de personal al servicio de Administración Pública».
En nuestra opinión esta afirmación no sería del todo correcta, pues entendemos que la solicitud de extensión de efectos puede ser instada por personas que se encuentran en la misma situación jurídica individualizada pero que nada tienen que ver con la sentencia en ejecución que sirve de sentencia de contraste. No puede olvidarse que el art. 110 LJCA no legitima a las personas afectadas, sino a todas aquellas que se «se encuentren en idéntica situación jurídica que los favorecidos por el fallo».

8. Por interés legítimo entendemos con GONZÁLEZ CANO, María Isabel (*La protección de los intereses legítimos…*, *op. cit.*, pág. 44), que sigue la doctrina del TS, por ejemplo, en su STS 873/2003, de 11 de febrero que: «la situación jurídica individualizada caracterizada, por un lado, por singularizar la esfera jurídica de una persona respecto de la generalidad de ciudadanos o administrados en sus relaciones con la Administración Pública, y dotada, por otro, de consistencia y lógica jurídicas-administrativas propias, independientes de su conexión o derivación con verdaderos derechos subjetivos. Se trata del interés que tienen aquellas personas que por razón de la situación objetiva en que se encuentran, por una circunstancia de carácter personal, o por ser los destinatarios de una regulación sectorial, son titulares de un interés propio, distinto del de cualquier ciudadano…». Asimismo, podría identificarse con el interés directo del que habla GRANDE SEARA, Pablo (*La extensión subjetiva de la cosa juzgada en el proceso civil*, *op. cit.*, pág. 115): «cuando hablamos de terceros titulares de un interés jurídico directo nos referimos a aquellos sujetos que, no obstante, su condición de terceros en el proceso, se encuentran en una posición jurídica objetiva subjetivamente idéntica a la deducida y juzgada en el proceso seguido inter alios, de modo que su interés en la res iudicata es evidente…».
Además, como indicaba la STS 6837/2008, de 16 de diciembre: «(…) la legitimación activa, que en el orden contencioso-administrativo viene determinada por la invocación en el proceso de la titularidad de un derecho o interés legítimo que suponga una relación material entre el sujeto y el objeto de la pretensión, de manera que la estimación del recurso produzca un beneficio o la eliminación de un perjuicio que no necesariamente ha de revestir un contenido patrimonial».

a una actuación directa o indirecta de la Administración[9]. Como indica GONZÁLEZ PÉREZ, si lo que se pretende es el reconocimiento de una situación jurídica individualizada (como es el caso) el único legitimado es su titular o aquel al que le correspondiera la titularidad[10]. Parece claro que la legitimación vendrá otorgada en todo caso por el requisito de la identidad[11].

De hecho, así lo ha entendido la jurisprudencia que, incluso, ha considerado que la legitimación en estos procedimientos se confunde con el fondo de la cuestión. Como ejemplo, por todas, la STS de 17 de octubre de 2016 (FJ V):

> «La extensión de efectos de una sentencia en su favor puede interponerse por aquellas personas que se hallen en identidad de situación respecto de la resuelta en la sentencia. Con ello, la legitimación se confunde con el fondo de la cuestión planteada, pues es precisamente dicha identidad la que determina que el órgano jurisdiccional pueda pronunciarse favorable o desfavorablemente respecto de dicha pretensión».

No podemos, por tanto, estar de acuerdo con lo que manifiesta OLEA GODOY cuando considera que el interesado se constituye en «parte de la ejecución» y, como tal ha de tener intervención, una vez solicitada la extensión, en todos los incidentes de cualquier otra naturaleza que surjan en la ejecución de la sentencia[12]. Entendemos que esta afirmación no sería del todo exacta si tenemos en cuenta que la extensión de efectos es un procedimiento distinto e independiente que nada tiene que ver con el procedimiento de origen y, por ello, en nada relacionado con otros incidentes que se puedan producir en la ejecución de la sentencia de contraste. Consideramos que en ningún caso nos encontramos ante un interviniente adhesivo, entendido éste como tercero ajeno al litigio que solicita al juez la entrada en un proceso pendiente entre otras personas ni tampoco ante la figura de un coadyuvante. La posición de la parte solicitante de extensión va más allá, puesto que lo que pide es el reconocimiento de la misma situación (y sus efectos) ya concedida a un recurrente anterior pero independiente a él. De hecho, incluso podríamos preguntarnos si se puede hablar de un interés jurisprudencial como legitimador para la extensión de efectos, es decir, no un interés legítimo en el procedimiento sino, más bien, un interés que ha

9. *Vid.* GONZÁLEZ PÉREZ, Jesús, en *Comentarios a la Ley de la Jurisdicción Contencioso-Administrativa (Ley 29/1998, de 13 de julio)*, Cizur Menor (Navarra), 2016, pág. 301. Este autor indica que existe interés cuando el éxito de la acción reporte para el demandante un beneficio.

10. Ibíd., pág. 305.

11. De hecho, así lo afirma un sector de la doctrina, por ejemplo: *vid.* ARNALDO ALCUBILLA, Enrique y FERNÁNDEZ VALVERDE, Rafael, *Jurisdicción contencioso-administrativa..., op. cit.*, pág. 972: «la extensión de efectos la pueden solicitar las personas que se hallen en idéntica situación que la reconocida en sentencia»; RODRÍGUEZ CARBAJO, José Ramón, «la extensión de efectos de las sentencias (I)», en Actualidad Administrativa, 2010, núm. 18, pág. 2263, o XIOL RÍOS, Juan Antonio, en ESPIN TEMPLADO, Eduardo (coord.), *Comentarios de la Ley de la Jurisdicción Contencioso-Administrativa*, *op. cit.*, pág. 768.

12. *Vid.* OLEA GODOY, Wenceslao, «Extensión de los efectos de las sentencias en materia tributaria», *op. cit.*, pág. 27.

venido dado por las condiciones que ha impuesto el TS (con relación a la identidad jurídica, etc.)[13].

En este sentido, es de interés la STS 3614/2005, de 7 de junio, cuando diferencia la consideración de los terceros en la ejecución y los terceros en la extensión de efectos[14]. En su FJ XII expone:

> «(...) el ámbito subjetivo de las "personas afectadas" a las que se refieren aquellos artículos 104.2 y 109.1 de la LJ no se identifica con el de las "otras" personas ni con el de los "recurrentes afectados" a que se refieren, respectivamente, los artículos 110 y 111 de la LJ, pues el primero de estos dos últimos preceptos lo que está específica y singularmente contemplando es la posible extensión de efectos de una sentencia en el punto o extremo en que reconoce una situación jurídica individualizada; y el segundo de ellos lo que contempla es la posible extensión del pronunciamiento alcanzado en un recurso contencioso-administrativo que se tomó como "testigo" o como "modelo" a otros que por tener idéntico objeto y para facilitar la gestión de la oficina judicial vieron suspendida su tramitación a la espera de aquel pronunciamiento».

Por tanto, en nuestra opinión, sería discutible la legitimación para la extensión de efectos de los titulares de un interés jurídico indirecto o reflejo (que no debe confundirse con los efectos reflejos de una sentencia) de los que habla GRANDE SEARA[15]: «aquellos terceros procesales que resultan afectados por la eficacia indirecta o refleja de la sentencia pronunciada inter alios (...) estos terceros no son titulares de la concreta relación o situación jurídica deducida y juzgada, y por tanto, no eran parte necesaria en aquel proceso; pero sí lo son de otra relación o situación conexa, subjetiva y objetivamente, dependiente y compatible con la juzgada». A pesar de que el art. 19 LJCA deja claro que solo están legitimados ante el orden contencioso-administrativo los titulares de un interés legítimo, y que cuando se trata de una extensión de efectos derivada de un acto administrativo común esta circunstancia se da sin lugar a dudas, cuando nos encontramos ante un acto administrativo diferente como título legitimador, sería interpretable la definición de interés del tercero en el acto que dio lugar a la sentencia originaria: ¿estarían, por tanto, legitimados *ope legis* los terceros titulares de un interés jurídico indirecto aunque no ostentasen un interés legítimo *stricto sensu*? De nuevo surge la dicotomía entre la posibilidad de extender los efectos de las sentencias únicamente en actos masa o la apertura del sistema

13. A semejanza del l'intérêt à agir francés. Como indica GOHIN, Olivier (Contentieux administratif, Paris, 2014, pág. 254): «Le plus souvent, l'interet à agir est jurisprudentiel, se résumant alor à l'interet suffisant invoqué par le requérant et apprécié à la fois, à la date du recours ainsi que par rapport à l'objet de ce recours tel qu'il résulte, du moins, des conclusions de la demande...».

14. En el mismo sentido: STS 4642/2017, de 20 de diciembre y STS 1901/2022, de 19 de mayo. Esta interpretación es un ejemplo de la diferencia entre la extensión de efectos de sentencias firmes y la ejecución contencioso-administrativa.

15. Cfr. GRANDE SEARA, Pablo, La extensión subjetiva de la cosa juzgada en el proceso civil, *op. cit.*, pág. 119.

y, sin duda, la cuestión de la naturaleza jurídica como trasfondo de todos los problemas de la institución.

#### *1.2.1.2. Legitimación general*

Siguiendo lo dispuesto en el art. 110 LJCA entendemos que se encuentran legitimados de forma activa las personas (tanto físicas como jurídicas[16]) que se encuentren en una idéntica situación jurídica de la de los favorecidos por el fallo de la sentencia que ha reconocido una situación jurídica individualizada y de la cual se pretende que se reconozcan los efectos. Frente a la posición de algún sector de la doctrina[17], en ningún caso pensamos que nos encontramos ante un litisconsorcio activo voluntario de litisconsortes inactivos, porque defendemos que estamos ante dos procedimientos distintos: por un lado, un procedimiento de origen que va a servir de base a la solicitud de extensión pero que puede ser incluso completamente independiente de ella y, por otro, con el propio procedimiento de extensión de efectos[18].

El problema se traslada ahora a la forma de acreditar la legitimación que tiene el potencial solicitante. Como indicaba MARTÍN CONTRERAS[19], antes de la reforma de supresión de la vía administrativa en el procedimiento de extensión de efectos, la acreditación de la legitimación venía dada por la resolución administrativa. Sin embargo, ya no existe la fase de reclamación previa administrativa, por lo que la acreditación de la legitimación se traslada al momento del análisis de la posible extensión de efectos. Hasta ese momento no puede saberse a ciencia cierta si el reclamante se encuentra revestido de una legitimación activa para la solicitud de extensión. Como indica el art. 110.3 LJCA:

> «La petición al órgano jurisdiccional se formulará en escrito razonado al que deberá acompañarse el documento o documentos que acrediten la identidad de situaciones o la no concurrencia de alguna de las circunstancias del apartado 5 de este artículo».

De hecho, la mencionada Sentencia 4529/2016, de 17 de octubre continúa en su FJ V en estos términos:

16. Las personas jurídicas únicamente se encuentran legitimadas para la materia tributaria y de unidad de mercado.
17. *Vid.* GIMENO SENDRA, Vicente, MORENO CATENA, Víctor y SALA SÁNCHEZ, Pascual, *Derecho Procesal Administrativo*, *op. cit.*, págs. 280 y ss.
18. Recordamos con ROSENDE VILLAR, Cecilia (*La Eficacia Frente a Terceros*..., *op. cit.*, pág. 162) que no nos encontramos ante una extensión ultra partes de la eficacia de la cosa juzgada porque se trata de relaciones jurídicas diversas y autónomas, porque no se produce una eficacia directa de la sentencia y porque la institución de la cosa juzgada no puede estar sujeta a condición.
19. *Vid.* MARTÍN CONTRERAS, Luis, *La extensión de efectos*..., *op. cit.*, pág. 112.

«(...) La LJCA exige sin embargo que esta legitimación se justifique documentalmente con la petición dirigida al tribunal, pues establece que los interesados deberán acompañar a la petición dirigida al órgano judicial "el documento o documentos que acrediten la identidad de situaciones o la no concurrencia de alguna de las circunstancias del apartado 5 de este artículo" (art. 110.3 LJCA). De ello se infiere que la pretensión incidental podrá declararse inadmisible en el caso de que no se acompañe dicha justificación documental o de que la acompañada sea manifiestamente insuficiente para justificar *prima facie* dicha identidad».

Como vemos, la justificación la hace el potencial legitimado en el momento de interponer la solicitud, pero no es hasta el análisis de la situación cuando queda acreditada dicha legitimación, al analizar tanto la identidad como el acto administrativo del que se deriva el asunto.

### *1.2.1.3. Legitimación de las personas jurídicas*

En lo que concierne a las personas jurídicas ha de tenerse en cuenta que para actuar habrán de respetar la disposición contenida en el art. 45.2 d) LJCA, por lo que habrán de acompañar a la solicitud el «documento o documentos que acrediten el cumplimiento de los requisitos exigidos para entablar acciones las personas jurídicas con arreglo a las normas o estatutos que les sean de aplicación, salvo que se hubieran incorporado o insertado en lo pertinente dentro del cuerpo del documento mencionado en la letra a) de este mismo apartado».

Asimismo, se plantea el interrogante de si una Administración Pública puede también instar una extensión de efectos. El tenor literal de la Ley hace referencia expresa al reconocimiento de una situación jurídica individualizada en favor de una o varias personas como punto de partida para solicitar una extensión de efectos. Como puede comprobarse, el art. 110.1 LJCA únicamente habla de personas (sin hacer referencia alguna a la naturaleza jurídica de éstas). Si tenemos en cuenta que, en las materias que la Ley permite la extensión, las Administraciones Públicas juegan un papel relevante, entendemos que, al menos teóricamente, una Administración podría solicitar la extensión de efectos de una sentencia que haya resuelto estimatoriamente las pretensiones de otra Administración y que pueda ser favorable a sus intereses respetando, como no podría ser de otra manera, los requisitos legales establecidos para la extensión[20].

De hecho, así lo entendió el TS en su ATS 11998/2001, de 21 de diciembre donde expuso lo siguiente (FJ III):

«(...) En principio, la extensión de los efectos de una sentencia estimatoria en materia tributaria se referirá principalmente a otros sujetos pasivos, pero no hay que descartar que pueda aplicarse tal posibilidad a otros sujetos activos, como podrá acontecer en el campo de la Hacienda Local en el que otros Ayuntamientos

20. Puede pensarse por ejemplo cuando en materia tributaria una Administración se convierte en sujeto pasivo de cualquier impuesto relacionado con alguno de sus bienes sujetos a la normativa civil.

> podrán acogerse al reconocimiento de una situación individualizada, sentenciada a favor de otro Ayuntamiento».

Podríamos decir, entonces, que nos encontramos ante una extensión de efectos de carácter judicial, aunque de connotación puramente administrativa.

### *1.2.1.4. Legitimación para la defensa de los intereses colectivos*

En cuanto a la posibilidad de extensión de los efectos en defensa de los intereses colectivos entendemos que es muy difícil otorgarles legitimación para la misma. La propia denominación que recibe va en sentido contrario de lo que dispone el art. 110.1 LJCA. La tutela de los intereses colectivos es tendente a la generalidad, por lo que entendemos que no podría solicitarse una extensión de efectos de sentencias tal como está planteado el art. 110 en la actualidad: estamos ante una pluralidad de acciones de las que son titulares una pluralidad de personas. Si bien es cierto que la institución de la extensión de efectos está pensada para los actos masa, éstos han de ser individualizables en sus pretensiones para poder acudir a este mecanismo de defensa. Consideramos que la habilitación no es el problema en este caso, pues está concedido por el art. 19.1 b) LJCA, el obstáculo aquí lo conforma la generalidad de los intereses en conflicto[21].

### *1.2.1.5. El solicitante de extensión de efectos: ¿tercero procesal?*

Ya en capítulos anteriores hemos negado la posibilidad de que la extensión de efectos de sentencias firmes pudiera ser considerada una tercería. Como indica ORTELLS RAMOS, el tercero procesal es aquel que no formula la pretensión procesal o la petición de tutela judicial[22], por lo que no podemos, en ningún caso, afirmar que el solicitante de una extensión de efectos de sentencia firme se configure procesalmente como un tercero.

No obstante, entendemos que la propia denominación que ha recibido la institución por parte de la doctrina como «extensión de efectos de sentencias firmes a terceros» provoca dudas y confusión al respecto. En nuestra opinión, esta alusión a los terceros se produce al contemplar la figura de la extensión desde el punto de vista del recurrente originario y, por ende, desde su procedimiento ordinario (o abreviado) contencioso-administrativo, puesto que es innegable que si la figura se observa desde el lado del solicitante de extensión en ningún caso puede afirmarse que el actor ostente la condición de tercero.

21. No obstante, entendemos con PÉREZ ANDRÉS, Antonio Alfonso (*Los Efectos de las Sentencias…, op. cit.*, págs. 275 y 276) que sería interesante *lege ferenda* que se articularan medidas de creación de grupos de afectados definidos para evitar las avalanchas de extensiones de efectos que van en contra de la simplificación que auspiciaba la introducción de la técnica de la extensión de efectos en la LJCA.
22. Cfr. ORTELLS RAMOS, Manuel (coord.) *et al.*, *Derecho Procesal Civil*, Cizur Menor (Navarra), 2015, págs. 101 y ss.

### 1.2.2. Legitimación pasiva

De acuerdo con lo establecido en el art. 21 LJCA, la legitimación pasiva la va a ostentar siempre en este caso la Administración Pública que es la que ha emitido el acto o realizado la actuación (directa o indirecta) frente la que se recurrió en el origen[23] y cuyo resultado sirve de base para solicitar la extensión de efectos[24]. Siguiendo a RORÍGUEZ CARBAJO, podemos decir que ostenta legitimación pasiva la Administración Pública que hubiese sido condenada en la sentencia cuyos efectos se pretenden extender[25]. Por tanto, en materia de personal y de unidad de mercado la legitimación pasiva la ostentará la Administración que haya emitido el acto o realizado la actuación y en materia tributaria el órgano que haya practicado la liquidación tributaria. De todas formas, entendemos que es una legitimación pasiva *sui generis* porque no se trata de un recurso contencioso-administrativo que busca la condena de la Administración (puesto que la condena ya se ha producido) sino de un procedimiento declarativo basado en la identidad de situaciones que pretende la extensión de unos efectos ya reconocidos anteriormente.

Con respecto a la existencia de codemandados, entendemos que al ser un procedimiento especial donde solo se comprueban los requisitos necesarios para poder extender los efectos de una sentencia anterior no puede hablarse de la existencia de codemandados[26]. El objeto del procedimiento es evitar un nuevo enjuiciamiento de una situación idéntica a la que ya se ha juzgado entre interesado y Administración, por lo que, en todo caso, los codemandados habrían participado en el proceso de origen que da lugar a la extensión. No obstante, sí que consideramos que será necesario llamar al procedimiento a las personas que puedan verse afectadas por la propia extensión de efectos[27].

23. Añaden ARNALDO ALCUBILLA, Enrique, y FERNÁNDEZ VALVERDE, Rafael, *Jurisdicción contencioso-administrativa…*, *op. cit.*, pág. 974 que, si otra Administración ostentara legitimación como parte demandada, sería preciso emplazarla como interesada.
24. En la misma línea BLÁZQUEZ LIDOY, Alejandro, «La extensión de efectos de las sentencias en materia tributaria (art.110 de la LJCA)», *op. cit.*, pág. 794.
25. Cfr. RODRÍGUEZ CARBAJO, José Ramón, «la extensión de efectos de las sentencias (I)», *op. cit.*, pág. 2263. En este mismo texto, este autor plantea una posibilidad que, aunque bastante remota, queremos traer aquí por su relevancia. Se trata del caso en que la competencia sobre la que versaba el asunto, tras haberse dictado la sentencia, haya sido transferida a una Comunidad Autónoma. La solución que plantea (y a la que nos sumamos) pasa por el hecho de que sí sería posible solicitar la extensión de los efectos, pero emplazando junto al Estado originariamente condenado a la correspondiente Comunidad Autónoma a la que se le haya transferido la competencia en cuestión.
26. Así lo ha entendido también la doctrina. Por ejemplo, MARTÍN CONTRERAS, Luis, *La extensión de efectos…*, *op. cit.*, pág. 116.
27. Afectadas en el sentido que manifiesta AGÚNDEZ FERNÁNDEZ, Antonio *et al.*, *El proceso Contencioso-Administrativo...*, *op. cit.*, pág. 895: «Afectadas porque están en condiciones de recibir en su patrimonio los derechos declarados y reconocidos en sentencia cuyo fallo no les nombre expresamente». En este caso, entrarían también los codemandados (en el caso en que fueran necesarios) a los que alude el art. 21.1.c), puesto que siempre son partes codemandadas junto con la Administración a la que aseguren.

### 1.3. POSTULACIÓN

La postulación es una de las exigencias procesales a las que el art. 110 LJCA no hace mención. Por ello, al igual que hemos hecho en las cuestiones de capacidad y legitimación, también para referirnos a la postulación nos remitimos a las normas generales que establece la LJCA. En este caso debemos acudir a lo dispuesto en los arts. 23 y 24 LJCA. El primero de ellos establece los requisitos necesarios para las personas físicas y jurídicas, estando el art. 24 dedicado a la representación y defensa de las Administraciones Públicas.

En virtud de lo dispuesto en el art. 23 LJCA, debemos diferenciar dos situaciones: por un lado, las actuaciones llevadas a cabo ante órganos unipersonales y por otro, las que se realizan ante órganos colegiados. Como un procedimiento de extensión de efectos puede seguirse tanto ante órganos unipersonales como colegiados (dependiendo de la sentencia de contraste) es necesario que atendamos a los dos supuestos.

En el primero de los casos, la defensa ha de estar siempre asumida por un abogado. Sin embargo, en lo que se refiere a la representación, ésta es de carácter potestativo y si se otorga podrá ser conferida tanto al abogado como a un procurador. En cuanto a la actuación ante órganos colegiados la Ley es clara y considera que, de manera obligatoria, la representación habrá de estar conferida a un procurador y la asistencia jurídica a un abogado.

Para terminar, el apartado tercero del art. 23 hace una precisión que, por la materia merece una reflexión especial. Se trata de la posibilidad de que los funcionarios públicos puedan comparecer por sí mismos en defensa de sus derechos estatutarios, cuando se refieran a cuestiones de personal que no impliquen separación de empleados públicos inamovibles. Para los casos de extensión de efectos de sentencias este artículo es de absoluta vigencia, pues como ya sabemos, la materia de personal es la que mueve más volumen de extensión de efectos de sentencias al año. No obstante, si se trata de un acto masa suelen ser los abogados y procuradores sindicales los que asumen tanto la representación como la defensa.

En virtud de lo establecido en el art. 45.3 LJCA, la falta de postulación o la postulación incorrecta son defectos subsanables. De hecho, el TC, por ejemplo, en su STC 207/2015, de 5 de octubre (FJ III *in fine*) en el estudio sobre la apreciación o no de una falta de representación expone:

> «Una vez analizado lo anterior y sólo en el caso de que no prosperara su examen, el segundo plano de nuestro control no se habría de referir ya a la regulación legal ni a la razonabilidad de su aplicación singular, sino a los rasgos caracterizadores de la actuación judicial en el trámite de subsanación, puesto que, conforme a nuestra doctrina, constituye una exigencia constitucional que el órgano judicial favorezca la corrección de los defectos observados y que puedan ser reparados, garantizando, en lo posible, su subsanación (SSTC 65/1993, de 1 de marzo, FJ 3, y 16/1999, de 22 de febrero, FJ 4)».

En el mismo sentido se manifiestan nuestros Tribunales Superiores de Justicia, que son los que, normalmente, han de hacer frente a estas cuestiones a la hora de resolver los recursos de apelación. Así, el TSJ de Madrid en la Sentencia de 18 de enero de 2017 (STSJ M 82/2017) expresa en su FJ II (recogiendo el parecer de la STC 2/2005, de 17 de enero):

> «En efecto, por lo que se refiere a los defectos advertidos en los actos de postulación o representación procesal de las partes, que es la cuestión que nos ocupa, este Tribunal ha mantenido siempre de forma indubitada que la falta de acreditación de la representación procesal es subsanable si el defecto se reduce a esta mera formalidad, y siempre que tal subsanación sea posible, de modo que en tales supuestos debe conferirse a las partes la posibilidad de subsanación antes de impedirles el acceso al proceso o al recurso legalmente previsto (SSTC 67/1999, de 26 de abril, FJ 5; 195/1999, de 25 de octubre, FJ 2; y 285/2000, de 27 de noviembre, FJ 4, por todas)».

Como podemos observar, la representación y defensa en el procedimiento de extensión de efectos (a diferencia de otros presupuestos procesales) no presentan especiales problemas por el hecho de la especialidad procedimental. Habrá que estar, por tanto, únicamente a lo que disponen las reglas generales para el orden contencioso-administrativo a las que ya hemos hecho referencia en este apartado.

## 2. DEL ÓRGANO

### 2.1. COMPETENCIA. PALABRAS PREVIAS

A primera vista, siguiendo las pautas del art. 110 LJCA parece que la competencia para conocer de una solicitud de extensión de efectos no ha de provocar problemas. Sin embargo, ha sido, desde su introducción en la Ley, uno de los puntos más controvertidos. Respecto a la competencia territorial, el art. 110.1 b) dispone:

> «Que el juez o tribunal sentenciador fuera también competente, por razón del territorio, para conocer de sus pretensiones de reconocimiento de dicha situación individualizada».

No obstante, también establece la competencia funcional en el art. 110.2 LJCA del siguiente modo:

> «La solicitud deberá dirigirse directamente al órgano jurisdiccional competente que hubiera dictado la resolución de la que se pretende que se extiendan los efectos».

Puede decirse que la determinación competencial en la extensión de efectos sigue las líneas ya establecidas por la LJCA para establecer la competencia[28]. Sin embargo, llama la atención que, aunque defendamos la postura de que nos

28. *Vid.* Arts. 7.1 y 103.1 LJCA, y también art. 545.1 LEC.

encontramos ante un procedimiento distinto, la gran parte de la doctrina siga considerando que el órgano competente para conocer de la extensión haya de ser obligatoriamente el mismo[29] que ya conoció del asunto en primera instancia introduciendo, pues, el criterio de la competencia territorial. Es cierto que puede tener sentido si se considera que la extensión de efectos es un incidente dentro de la ejecución de sentencias, pero carece de justificación si lo que se quiere es establecer un procedimiento destinado a los actos masa que permita la agilización del sistema de justicia. De todas formas, la doctrina sigue considerando lo que establecía el art. 110.2 LJCA en su versión original cuando entendía que el órgano competente era el juez de la ejecución. No obstante, la única interpretación que consideramos válida en este caso sería la que introduce ALUM LÓPEZ, al entender que la delimitación competencial le corresponde al que hubiera sido competente de haberse interpuesto un proceso ordinario[30].

En 1998 la distribución competencial era totalmente diferente a la que encontramos hoy en día. A pesar de que la competencia territorial del juez sentenciador era también requisito *sine qua non*, el primer órgano que conocía de la extensión de efectos no era un órgano judicial sino uno de carácter administrativo, la Administración demandada. En el caso de que ésta no resolviera en tres meses, se podía acudir al juez o tribunal encargado de la ejecución. Como vemos, se establecía una regla confusa, pues el juez sentenciador podía no coincidir con el encargado de la ejecución.

Por último, ha de recordarse que esta institución no puede servir para alterar las reglas de jurisdicción y competencia, circunstancia que, por ejemplo, se produjo en la SAN 5694/2005, de 5 de octubre en la cual, a través de este mecanismo, se pretendían obtener beneficios profesionales para un grupo de maestros que no estaban unidos por relación funcionarial con la Administración demandada, sino por una relación laboral[31].

29. Incluso sin pasar por las normas de reparto.
30. Cfr. ALUM LÓPEZ, Cristina, «El proceso contencioso-administrativo en materia tributaria...», *op. cit.*, pág. 478. De igual forma, para CORDERO LOZANO, Fernando («La extensión de los efectos de la sentencia a terceros en el artículo 110 de la LJCA, *op. cit.*, pág. 450) también es la interpretación más acertada porque así no se limitaría la opción de la extensión a los que le correspondiese la circunscripción territorial del juez o tribunal que conoció del asunto en primera o única instancia, alejando la posibilidad de emplear este cauce al resto de los justiciables.
31. El FJ III de la mencionada SAN dispone:«(...) Como ya tuvimos ocasión de señalar en sentencia de fecha 25-11-2004 Rec. de apelación 117/04, incidente de extensión de efectos n.º 4/2004 en relación con sentencia dictada el 20-3-2003 en el PA 114/2002 por el Juzgado Central de lo Contencioso Administrativo n.º 3 de los de Madrid: Dicho lo anterior, procede examinar si concurren el resto de los presupuestos que determinarían en su caso una respuesta favorable a las pretensiones ejercitadas, y lo cierto es que no procede estimar el incidente de extensión de efectos pues la recurrente lo que pretende es una utilización

Respecto al examen de oficio de la competencia entendemos, junto a MARTÍN CONTRERAS[32], que ha de aplicarse lo dispuesto en el art. 45.3 LJCA: «El Secretario judicial examinará de oficio la validez de la comparecencia tan pronto como se haya presentado el escrito de interposición. Si estima que es válida, admitirá a trámite el recurso. Si con el escrito de interposición no se acompañan los documentos expresados en el apartado anterior o los presentados son incompletos y, en general, siempre que el Secretario judicial estime que no concurren los requisitos exigidos por esta Ley para la validez de la comparecencia, requerirá inmediatamente la subsanación de los mismos, señalando un plazo de diez días para que el recurrente pueda llevarla a efecto y, si no lo hiciere, el juez o tribunal se pronunciará sobre el archivo de las actuaciones»[33].

Si bien, el Letrado de la Administración de Justicia lo que deberá examinar será la validez del escrito de solicitud de extensión de efectos (puesto que en este procedimiento no existe escrito de interposición).

## 2.2. ANÁLISIS DE LA PROBLEMÁTICA COMPETENCIAL

Cómo ya se ha comentado, son múltiples las aristas que presenta el tema competencial en la institución de la extensión de efectos de sentencias firmes. Por tanto, iremos desgranando poco a poco la compleja y confusa regulación que ha establecido la LJCA.

---

fraudulenta del mismo para eludir las normas de competencia que son de orden público e indisponibles (art. 11 LOPJ) y a tal efecto la sentencia cuya extensión de efectos se pretende resuelve la cuestión retributiva desconociendo la asentada doctrina jurisprudencial acerca del régimen de contratación laboral de los profesores de religión (S. TS 17-12-2001, 4-2-2003, 9-10-2003, 28-10-2003, entre otras y S. AN de 16-5-2000), y que hubiera determinado su inadmisión por falta de jurisdicción, cuestión esta que debió haber sido apreciada incluso de ofició (art. 7 LRJCA) aunque no lo hubieran planteado las partes, y cuya omisión, en la sentencia cuya extensión de efectos se pretende, quizás se debió a que tal cuestión quedó difuminada ante el planteamiento por la parte, estudio y resolución de la pretendida incompetencia a favor de otro órgano del orden jurisdiccional contencioso administrativo —TSJ— siendo esta la única suscitada en el recurso de apelación interpuesto contra la reseñada sentencia.

En resumen, la desestimación vendría impuesta porque doctrina determinante del fallo cuya extensión se postula es contraria a la jurisprudencia del Tribunal Supremo que determina la naturaleza laboral y por tanto la incompetencia, por falta de jurisdicción, de la jurisdicción contencioso-administrativa para resolver la cuestión retributiva de los profesores de religión en centros públicos de enseñanza vinculados, como hemos dicho, por relación laboral con el Ministerio de Educación». A las sentencias entonces citadas, cabría añadir la reciente sentencia del TS de 25-1-2005 (Sala 3.ª, Secc. 7.ª, Rec. 2636/2000) que reincide en la conclusión de que la relación jurídica de los Profesores de Religión no entraña la condición de funcionario interino y en la competencia de la jurisdicción social para decidir las consecuencias jurídico-laborales de tal relación».

32. *Vid.* MARTÍN CONTRERAS, Luis, *La extensión de efectos…*, *op. cit.*, págs. 170 y 171.
33. Nos remitimos a lo ya dispuesto para la expresión «Secretario Judicial».

### 2.2.1. La competencia objetiva

En materia de extensión de efectos la competencia objetiva es la que menos problemas plantea, pues se rige por las normas generales establecidas para la competencia por la LJCA. El límite material ya lo pone el propio art. 110 LJCA a la hora de establecer qué materias son susceptibles de extensión de efectos. Como indica RODRÍGUEZ CARBAJO, la competencia objetiva corresponde al Juzgado que hubiese intervenido en el recurso en el que se dictó la sentencia cuya extensión de efectos se pretende[34].

### 2.2.2. La competencia territorial

El principal obstáculo que plantea la exigencia de la competencia territorial para la resolución de una extensión de efectos lo encontramos en la materia de personal, debido al fuero electivo que plantea el art. 14.1, regla segunda LJCA. En las restantes materias no existe el problema porque el fuero es único en función de lo dispuesto en el art. 14.1 Primero:

> «Con carácter general, será competente el órgano jurisdiccional en cuya circunscripción tenga su sede el órgano que hubiere dictado la disposición o el acto originario impugnado».

Hasta aquí no se plantean dudas, salvo que ha de ser competente el mismo órgano por razón del territorio, con los obstáculos a la utilización del sistema de extensión de efectos que esta situación conlleva[35]. Salvada esta circunstancia, el problema surge, como hemos dicho, cuando nos encontramos ante un asunto en materia de personal. La citada regla segunda del art. 14.1 LJCA establece:

> «Cuando el recurso tenga por objeto actos de las Administraciones públicas en materia de responsabilidad patrimonial, personal, propiedades especiales y sanciones será competente, a elección del demandante, el juzgado o el tribunal en cuya circunscripción tenga aquél su domicilio o se halle la sede del órgano autor del acto originario impugnado».

En este caso, si el demandante hubiera elegido la competencia del órgano jurisdiccional donde se halla la sede del órgano que haya dictado la disposición o acto impugnado estaríamos de nuevo en el supuesto anterior. La duda se plantea cuando el demandante escoge el fuero de su domicilio. Para AGÚNDEZ FERNÁNDEZ el problema ni siquiera se plantea porque en extensión de efectos

34. Cfr. RODRÍGUEZ CARBAJO, José Ramón, en «La extensión de efectos de las sentencias (I)», *op. cit.*, pág. 2261.
35. Como indican SALA, XIOL Y FERNÁNDEZ: «En el supuesto de que el juzgado o tribunal que haya dictado la sentencia cuya extensión se pretende carezca de dicha competencia por razón del territorio, será menester interponer un recurso contencioso-administrativo independiente ante el órgano jurisdiccional competente y no será posible acogerse a este incidente de ejecución de sentencia» (cfr. SALA SÁNCHEZ, Pascual, XIOL RÍOS Juan Antonio y FERNÁNDEZ MONTALVO, Rafael, Práctica Procesal Contencioso Administrativa, *op. cit.*, pág. 263).

tiene preferencia el fuero correspondiente al lugar donde se halle la sede del órgano autor del acto originario impugnado[36]. De hecho, así lo establece el art. 14.3 LJCA.

El problema puede existir, por tanto, cuando no hay una pluralidad de destinatarios (reiteramos que la extensión de efectos está pensada para los actos masa pero en ningún momento impide su utilización aunque no nos encontremos con un acto de estas características). Con esta imposición del art. 14.3 LJCA (para los casos en que no se establezca de oficio la incompetencia del tribunal) se le está estableciendo al recurrente una carga adicional, la de no poder elegir el fuero más adecuado a sus intereses cuando considere que puede haber multitud de destinatarios afectados. Como indica BAEZA DÍAZ-PORTALES, si no se aplicara el apartado tercero, resultaría que otros funcionarios que tuviesen su domicilio en circunscripciones correspondientes a otro tribunal, no podrían pedir la extensión de efectos[37].

### 2.2.3. La competencia funcional

En este apartado, debemos hacer referencia a las dos teorías o corrientes que dan pie a entender los distintos puntos de vista que rodean la competencia. Entendemos que este es el punto de inflexión a partir del cual, según su interpretación, puede comprenderse la atribución competencial de la institución que estamos tratando.

Los dos caminos que pueden entreverse de lo dispuesto por el art. 110 LJCA acerca de la competencia funcional en la extensión de efectos son los siguientes: por un lado, la atribución del conocimiento de la extensión de efectos al juez de primera instancia por el juego del art. 103.1 LJCA en relación con los artículos generales dedicados en la Ley a la competencia y, por otro, la atribución de la competencia funcional que realiza el art. 110.2 LJCA, al expresar que la solicitud debe dirigirse al órgano que dictó la sentencia de origen que es la que se pretende extender. Es evidente que la redacción es confusa y permite observar la importancia que tiene el desvelar su verdadera naturaleza jurídica, pues si se siguen las líneas establecidas por la mayoría de la doctrina y se considera que nos encontramos ante un incidente de ejecución de una sentencia previa es lógico que se siga el primer camino, es decir, que sea el órgano de primera instancia el competente para conocer de la extensión de efectos[38]. Sin embargo, esto plantea la duda a la hora de conjugar y aplicar lo dispuesto en el art.110.2

36. *Vid.* AGÚNDEZ FERNÁNDEZ, Antonio et al., El proceso Contencioso-Administrativo..., *op. cit.*, pág. 896.

37. Cfr. BAEZA DÍAZ-PORTALES, Manuel José, «Extensión de los efectos de las sentencias a terceros...», *op. cit.*, pág. 11.

38. Una de las principales críticas a esta postura la realiza VEGA CASTRO, José Luis, en «*La extensión a terceros de los efectos...*», *op. cit.*, pág. 917 cuando indica: «si se argumenta esta

LJCA. ¿Qué sucede cuando ha sido un órgano en segunda instancia el que ha dictado la resolución que se pretende extender?

El TS no ha seguido la corriente que a nuestro parecer es más lógica y se muestra partidario de que sea el órgano que conoció en primera instancia el competente para tramitar la extensión de efectos, tanto en materia tributaria como de personal o en unidad de mercado. Veamos su exposición con varios ejemplos:

En materia tributaria, ya en el año 2005 el Tribunal Supremo en su ATS 18498/2005, de 30 de diciembre, establecía que el órgano jurisdiccional competente para conocer de la extensión de efectos debía ser el órgano encargado de la primera instancia, incluso habiendo un recurso de casación[39]. De igual modo se expresaba para la materia de personal en el ATS 16505/2009, de 3 de diciem-

---

posición, se está defendiendo la concepción conforme la cual el trámite incidental será el de ejecución de sentencias, con lo cual, tal y como he indicado con anterioridad, se vulneraría la doctrina que estipula la imposibilidad de analizar en el trámite de ejecución cuestiones ajenas a la propia ejecución de sentencias, y que no hubiesen quedado asentadas en el seno del proceso originario». Además, no debemos olvidar que para el orden contencioso-administrativo las normas competenciales territoriales son imperativas.

39. El TS se expresa en los siguientes términos (FJ I):

*«El art. 110 de la Ley de la Jurisdicción, en la redacción que le ha dado la Ley Orgánica 19/2003, de 23 de diciembre, regula el procedimiento que debe seguirse para que adquiera virtualidad la extensión de los efectos de una sentencia a quienes no fueron parte en el proceso principal.*

*La naturaleza jurídica del procedimiento configurado en el art. 110 de la LJCA, según las aportaciones doctrinales más caracterizadas, es la de considerarlo como un procedimiento incidental de carácter declarativo, no sumario, dentro de la fase de ejecución o como un proceso especial, cuya sustanciación se confía al trámite de los incidentes de ejecución.*

*El apartado 2 del art.110 de la LJCA señala que la solicitud de extensión de los efectos de la sentencia firme deberá dirigirse directamente, como aquí se ha hecho, al órgano jurisdiccional competente que hubiere dictado la resolución de la que se pretende que se extiendan los efectos. Y el apartado 4 dice que antes de resolver, el Juez o Tribunal de la ejecución recabará de la Administración los antecedentes que estime oportunos y, en todo caso, un informe detallado sobre la viabilidad de la extensión solicitada, poniendo de manifiesto el resultado de esas actuaciones a las partes para que aleguen lo que estimen conveniente. En su apartado 5, el art. 110 da por sentado que la solicitud de extensión de los efectos de la sentencia se sustanciará por los trámites establecidos para los incidentes, que es lo que decía el precepto en su inicial redacción, aunque entonces se hacía constar que no había lugar a la celebración de vista.*

*Los razonamientos precedentes conducen a la conclusión de que, configurándose el procedimiento como un incidente de ejecución, el órgano jurisdiccional competente para conocer y tramitar la pretensión de extensión de efectos de una sentencia debe ser el órgano que dictó la sentencia en primera o única instancia, aunque hubiese mediado recurso de casación, como en este caso ha ocurrido.*

*Así las cosas, habiendo sido la Sección Sexta de la Sala de lo Contencioso-Administrativo de la Audiencia Nacional la que conoció del asunto en primera o única instancia, es a ella a quien corresponde conocer de la pretensión de reconocimiento de extensión de los efectos de la sentencia firme».*

bre[40]. A lo largo de los años, este Tribunal no ha cambiado su orientación y sigue defendiendo la misma postura[41].

Puede comprobarse que la jurisprudencia no deja lugar a dudas. Sin embargo, entendemos que el precepto legal no es tan claro y sería defendible que el competente siempre fuera el órgano que dictó la resolución que pretende ser extendida, pues realmente eso es lo único que se deriva si seguimos una interpretación literal del art.

---

40. En su FJ II expone:
*«El artículo 110.3 de la Ley Reguladora de la Jurisdicción Contencioso-Administrativa dispone que la solicitud de extensión de efectos deberá dirigirse directamente al órgano jurisdiccional competente que hubiera dictado la resolución de la que se pretende se extiendan sus efectos. A este respecto, esta Sala y Sección tiene reiteradamente declarado que «la extensión de efectos de sentencias se configura por la LJCA como un incidente dentro de la ejecución de sentencias y por ello, la competencia para su conocimiento debe atribuirse al Tribunal que haya conocido del asunto en primera o única instancia» (Autos de 9 de enero, 18 de octubre y 23 de noviembre de 2006, recursos de casación 6327/1999, 5795/2000 y 1982/2000, y 21 de febrero de 2007, recurso de casación n.º 970/2000)».*

41. Así se puede observar por ejemplo en el ATS 4307/2017, de 8 de mayo (n.º rec. 419/2015) donde, en su FJ I, manifiesta:
*«(...) Este precepto limita, por tanto, la extensión de efectos, en el ámbito tributario, a un tipo determinado de sentencias, las que hubieran reconocido una situación jurídica individualizada, no respecto de las sentencias meramente anulatorias, exigiendo, además, siempre que concurra identidad de situaciones jurídicas, que el juez o tribunal sentenciador sea también competente, por razón del territorio, para conocer de sus pretensiones.*
*Por ello, el incidente corresponde al juez o tribunal que conoció del asunto en primera o única instancia, en los casos en que por vía de recurso se anule la sentencia desestimatoria de instancia y se reconozca, por primera vez, una situación jurídica, ya que la ley no diseña la petición de efectos como una reclamación autónoma sino como un incidente en ejecución de sentencia.*
*Así lo viene declarando una reiterada jurisprudencia (Auto de 15 de noviembre de 2012, casación 742/2012, en el que se citan a su vez los de 9 de enero, 18 de octubre y 23 de noviembre de 2006, recursos de casación 6327/1999, 5795/2000, y 1982/2000, de 21 de febrero de 2007, casación 970/2000, de 24 de junio de 2009, casación 10418/2003 y de 3 de diciembre de 2009, casación 76/2009, y más recientemente el de 27 de abril de 2015, casación 2898/2012, 19 de noviembre de 2015, casación 1167/2013, 14 de abril 2015, casación 2362/2013)».*
Y en su FJ II continúa:
«En el presente caso la STS de 18 de marzo de 2016 estimó el recurso de casación 419/2015 interpuesto contra la sentencia de fecha 21 de noviembre de 2014, dictada por la Sala de lo Contencioso-Administrativo del Tribunal Superior de Justicia de Castilla La Mancha en el recurso contencioso administrativo número 439/2011, casando la sentencia de instancia y anulando la actuación administrativa impugnada.
Por consiguiente, es dicha Sala del Tribunal Superior de Justicia de Castilla La Mancha, de conformidad con el artículo 103.1 LJCA, el órgano jurisdiccional competente para la ejecución de sentencias y de sus incidentes, entre los que se encuentra el de una eventual extensión de efectos de la sentencia.
Y es ante ella a quien debe dirigirse la correspondiente solicitud, de conformidad con el artículo 110.2 LJCA y la doctrina de nuestra sentencia de 12 de noviembre de 2009, que nos recuerda que «la extensión de efectos de sentencias se configura por la LJCA como un incidente dentro de la ejecución de sentencias y por ello, la competencia para su conocimiento debe atribuirse al Tribunal que haya conocido del asunto en primera o única instancia».

110[42]. La cuestión no tendría más importancia si no repercutiera de un modo negativo al interesado solicitante pero no debe olvidarse, como indica CÓRDOBA CASTROVERDE[43], que «el problema surge porque el tribunal encargado de extender los efectos no es el que ha dictado la resolución cuya extensión se pretende y dispone como único elemento de juicio la motivación plasmada en la sentencia, en ocasiones contraria al propio criterio del órgano judicial llamado a pronunciarse sobre la extensión de efectos solicitada».

Entendemos con este autor que lo que el TS ha buscado ha sido el evitar tener que conocer de asuntos de menor importancia (como considera a las extensiones de efectos). A mayor abundamiento recuperamos sus palabras cuando indica que este Tribunal «no conoce de las extensiones de efectos que el mismo propicia con sus pronunciamientos y está obligado a conocer por vía casacional de la conformidad a derecho de las extensiones de efectos dictadas por los tribunales inferiores». Coincidimos totalmente con su postura cuando expresa que «la regulación actual resulta bastante extravagante y carente de un criterio rector que es preciso introducir y clarificar por vía legislativa»[44]. No tiene sentido que, por evitar el conocer de una extensión de efectos, impida a otros tribunales inferiores que no sean de primera instancia que conozcan de las extensiones de efectos relacionadas o derivadas de las sentencias que dicten. De hecho, ALONSO MAS considera que si no es así, se vulnera el respeto debido a la independencia judicial del órgano *a quo* que va a verse obligado a adoptar una posición distinta a la suya al extender los efectos de la sentencia del órgano *ad quem*[45].

Para ROSENDE VILLAR[46], una de las posibles soluciones a esta confusión sería la de dotar de una nueva redacción al art. 110.2 LJCA resultando de la siguiente forma: «La solicitud deberá dirigirse directamente al órgano jurisdiccional competente que hubiera dictado la resolución en primera o única instancia de la que se pretende que se extiendan los efectos». A pesar de que nosotros seguimos defendiendo la postura mixta, estamos de acuerdo con esta autora en la aclaración propuesta si este es el sentido que quiere dar el legislador, pues consideramos que aclara a los operadores jurídicos la cuestión competencial que tantos quebraderos de cabeza sigue suscitando.

42. En la misma línea se muestra DE DIEGO DÍEZ, Luis Alfredo, *Extensión de efectos y pleito testigo…*, *op. cit.*, pág. 48.
43. Cfr. CÓRDOBA CASTROVERDE, Diego, en «Dificultades y problemas que plantea en la actualidad la extensión de efectos de las sentencias en el orden contencioso-administrativo», *op. cit.*, consulta en abierto: https://elderecho.com/dificultades-y-problemas-que-plantea-en-la-actualidad-la-extension-de-efectos-de-las-sentencias-en-el-orden-contencioso-administrativo.
44. *Vid. Ibidem*.
45. *Vid.* ALONSO MAS, María Josefa, «Reflexiones sobre la nueva regulación de la extensión de los efectos de las sentencias», *op. cit.*, pág. 298.
46. *Vid.* ROSENDE VILLAR, Cecilia, *La Eficacia Frente a Terceros de las Sentencias Contencioso-Administrativas*, *op. cit.*, pág. 204. Esta autora sigue la línea del Tribunal Supremo y entiende que la extensión de efectos es un incidente de ejecución de sentencias, aunque le introduce el adjetivo «declarativo».

No obstante, lo que sí deja claro el Tribunal Supremo es que el recurso de queja no debe servir para impugnar la competencia funcional tras una desestimación con la finalidad de poder interponer un recurso de casación[47].

### 2.2.4. Reparto

Entendemos junto a DE DIEGO DÍEZ[48] que para el sistema de extensión de efectos no rigen las normas de reparto ordinarias, pues el art. 110.2 LJCA es la norma específica que establece que sea el órgano jurisdiccional competente el mismo que hubiera dictado la resolución de la que se pretende que se extiendan los efectos[49]. Así lo expone también MAGALDI[50]

---

47. Por todos, ATS 7352/2018, de 7 de julio, FJ I:
*«La recurrente sostiene que el órgano judicial que debió conocer de su recurso es la Sala de lo contencioso-administrativo del Tribunal Superior de Justicia de Castilla y León y no el Juzgado de lo Contencioso-administrativo núm. 2 de Burgos. A su entender, la competencia objetiva del Tribunal Superior de Justicia supondría, desde la perspectiva del recurso de casación, la recurribilidad de la sentencia.*
*Sobre esta cuestión ya nos hemos pronunciado en diversos autos —por ejemplo, autos de 21 de diciembre de 2017 (recurso de queja 354/2017), de 6 de marzo de 2018 (recurso de queja 590/2017) o 23 de abril de 2018 (recurso de queja 32/2018)— en los que hemos puesto de manifiesto que la pretendida falta de competencia objetiva del Juzgado para dictar la sentencia de instancia se suscita por vez primera en queja.*
*Se observa de la propia actuación procesal de la recurrente que fue quien presentó su demanda ante el juzgado unipersonal sin cuestionar a lo largo del procedimiento de instancia la competencia de dicho juzgado para conocer del litigio.*
*Tan solo cuando obtuvo una sentencia desestimatoria y con la finalidad de poderla recurrir en casación cuestiona la competencia del Juzgado invocando la competencia del Tribunal Superior de Justicia*
*Sin embargo, el recurso de queja no es el momento adecuado para dirimir la eventual falta de competencia objetiva para conocer de este recurso».*
48. *Vid.* DE DIEGO DÍEZ, Luis Alfredo, Extensión de efectos..., *op. cit.* pág. 52.
49. De hecho, así lo entendió, por ejemplo, el TSJ de Andalucía en su STSJ AND 11026/2003, de 30 de julio (n.º rec. 300/2002), FJ II:
*«(...)Pero tal fundamento debe ser desestimado: no en balde es doctrina de la Sala (sentencias de 18 de marzo, 1 de abril y 13 de mayo de 2.002), la de que "...por encima de las normas de reparto genéricamente establecidas en el art. 167.1 de la L.O. del Poder Judicial, opera el dictado específico del precepto antes referido —art.110 de la Ley de la Jurisdicción—, que sin lugar a dudas atribuye la competencia del caso al Juez o Tribunal"... de la ejecución...», siempre que «...el mismo fuere competente por razón del territorio para conocer de las pretensiones del reconocimiento de la situación jurídica individualizada»; pues tal como se recoge en sentencia de la Sala de 24 de junio de 2.002 «...de lo regulado en el referido art. 110 LJCA se desprende que el órgano competente para conocer de la petición de extensión de efectos de una concreta sentencia es el que la hubiere dictado, porque dicho precepto alude a este órgano como el Juez o Tribunal de la ejecución, siendo uno de los requisitos para que proceda tal solicitud que el Juez o Tribunal sentenciador fuera también competente por razón del territorio, para conocer de las pretensiones de reconocimiento de la situación jurídica individualizada a la que se pretenden extender los efectos de la sentencia ya dictada y firme...».*
50. *Vid.* MAGALDI, Nuria, «Artículo 110», en EZQUERRA HUERVA, Antonio (dir.) y OLIVÁN DEL CACHO, Javier (dir.), *Comentarios a la Ley...op. cit.*, pág. 1856.

## 2.3. OBJETIVOS COMPETENCIALES DEL LEGISLADOR

Para el conjunto de la doctrina es pacífica la intención del legislador en el asunto competencial. Aunque con matices, la mayoría de autores considera que el propósito del establecimiento de estas reglas *a priori* confusas, es el de evitar un recorrido del solicitante por los distintos juzgados buscando el más favorable a sus intereses (lo que se ha venido denominando como *forum shopping)*[51]. Asimismo, se entiende que el tribunal habría fallado en todos los demás casos de modo igual que en el caso ya resuelto[52].

Así, para SENÉS MOTILLA, el establecimiento del requisito de la competencia territorial es una forma implícita de salvaguardar las normas de competencia objetiva «teniendo el sentido de preservar la correlación del pronunciamiento judicial en los mismos términos que si se hubieran sucedido impugnaciones diversas»[53]. De igual forma, para AYALA MUÑOZ, se evita que el juez o tribunal sentenciador prorrogue su ámbito competencial[54] y para LÓPEZ BENÍTEZ se pretende evitar que puedan plantearse ante un juez o tribunal de una Comunidad Autónoma solicitudes de reconocimiento que pasasen por alto la realidad normativa de otra Comunidad Autónoma[55].

De hecho, para el TS la razón es la evitación de la alteración de la competencia territorial y así lo expone en multitud de resoluciones[56].

51. Puede verse, por ejemplo: CÓRDOBA CASTROVERDE, Diego en «Dificultades y problemas que plantea en la actualidad la extensión de efectos de las sentencias...», *op. cit.*, CONTÍN TRILLO-FIGUEROA, Eloísa, «Extensión de los efectos de la sentencia...», *op. cit.*, pág. 609, CORDERO LOZANO, Fernando, «La extensión de los efectos de la sentencia a terceros en el artículo 110 de la LJCA...», *op. cit.*, pág. 449, MARTÍNEZ ALARCÓN, M.ª de la Luz, en MORENO MOLINA, José Antonio (dir.) *et al.*, *Procedimiento y Proceso Administrativo práctico...*, *op. cit.*, pág. 988 o ARNALDO ALCUBILLA Enrique y FERNÁNDEZ VALVERDE, Rafael, *Jurisdicción contencioso-administrativa...*, *op. cit.*, pág. 972.
52. Cfr. FONT I LLOVET, Tomás, en «La extensión a terceros de los efectos de la sentencia...», *op. cit.*, pág. 170.
53. *Vid.* SENÉS MOTILLA, Carmen, «La ejecución de las sentencias en la nueva Ley de la Jurisdicción contencioso-administrativa», *op. cit.*, pág. 2264.
54. *Vid.* AYALA MUÑOZ, José María et al., Comentarios a la Ley de la Jurisdicción Contencioso-Administrativa, *op. cit.*, pág. 1212.
55. Cfr. LÓPEZ BENÍTEZ, Mariano, «Comentarios a la Ley de la Jurisdicción Contencioso-Administrativa de 1998», *op. cit.*, pág. 787.
56. Como ejemplo, exponemos la STS 9056/2007, de 26 de octubre en su FJ VIII:
*«En suma, es cierto que el mecanismo de la extensión de efectos se configura en la Ley 29/1998 como un instrumento procesal dirigido a evitar la reiteración de procesos innecesarios contra los llamados actos masa, aquellos promovidos por quienes se encuentran en idéntica situación jurídica, es decir, que formulan idéntica pretensión. Ahora bien, la apertura de ese cauce la sujeta el legislador a una serie de cautelas, de tal manera que la identidad de situación jurídica es un requisito necesario, pero no suficiente, pues además de este, y de conformidad con el art. 110.1 es preciso acreditar que la solicitud se ha formulado en plazo y que el órgano jurisdiccional al que se solicita la extensión de efectos ostenta competencia para ello.*

## 2.4. CONSECUENCIAS Y CRÍTICAS

Como indicaba GIMENO SENDRA[57], la presentación de la solicitud ante un órgano incompetente ha de motivar una resolución denegatoria con indicación del órgano competente. Entendemos que ésta habrá de seguir lo dispuesto en el art. 7.3 de la LJCA:

> «La declaración de incompetencia adoptará la forma de auto y deberá efectuarse antes de la sentencia, remitiéndose las actuaciones al órgano de la Jurisdicción que se estime competente para que ante él siga el curso del proceso. Si la competencia pudiera corresponder a un Tribunal superior en grado, se acompañará una exposición razonada, estándose a lo que resuelva éste.» (Así lo ha entendido también el Tribunal Supremo, por ejemplo, en su ATS 9341/2009, de 24 de junio[58]).

En el caso de que sea imposible que conozca el tribunal por razón del territorio, se habrá de instar un recurso contencioso-administrativo nuevo ante el órgano jurisdiccional que sea competente (con las consecuencias que de ello se derivan).

---

*Con relación a éste último requisito el legislador ha pretendido evitar que ante una sentencia estimatoria que reconoce una determinada situación jurídica otros interesados, que, a priori, se encuentran en idéntica situación puedan solicitar la extensión de los efectos de dicha sentencia al margen de las reglas de competencia territorial, alterando así la correcta aplicación de las normas que regulan el derecho al Juez natural predeterminado por la Ley y que, en el orden contencioso administrativo se contienen en el art. 14 de la Ley 29/1998, de 13 de julio. A tal efecto, lo que el art. 110.1 b) de la Ley Jurisdiccional señala es que un Tribunal es competente para conocer de la solicitud de extensión de efectos si también lo hubiera sido territorialmente para conocer del recurso contencioso administrativo que dio lugar a la sentencia cuyos efectos se pretenden extender. Se persigue adecuar la extensión de efectos, que no es sino un incidente de ejecución de sentencia a la misma competencia territorial que tiene el Juez que la dicta, a fin de que el órgano judicial no pueda, por el cauce de la extensión de efectos, conocer de asuntos para los que no tendría competencia territorial en un recurso contencioso administrativo».*

En igual sentido (entre otras): STS 8004/2007, de 7 de diciembre, STS 33/2008, de 4 de enero o STS de 12 de noviembre de 2009.

57. Cfr. GIMENO SENDRA, Vicente, MORENO CATENA, Víctor y SALA SÁNCHEZ, Pascual, *Derecho Procesal Administrativo, op. cit.*, pág. 284.

58. En sus Fundamentos Jurídicos expone:
*«PRIMERO.- El artículo 110.3 de la Ley Reguladora de la Jurisdicción Contencioso-Administrativa dispone que la solicitud de extensión de efectos deberá dirigirse directamente al órgano jurisdiccional competente que hubiera dictado la resolución de la que se pretende se extiendan sus efectos. La sentencia, aun rechazada la casación contra la misma, es de la Sala de lo Contencioso del Tribunal Superior de Justicia de la Comunidad Valenciana, y en consecuencia es ahí donde debe el interesado solicitar en su caso la extensión de efectos.*
*SEGUNDO.- En consecuencia, esta Sala carece de competencia para conocer dicha extensión de efectos, y a la vista de lo dispuesto en el artículo 7.3 de la Ley Jurisdiccional citada, procede declarar la incompetencia de la misma, y enviar las actuaciones a la Sala de lo Contencioso-Administrativo del Tribunal Superior de Justicia de la Comunidad Valenciana para que se le de curso a la petición de extensión de efectos solicitada».*

Por otro lado, y atendiendo a los detractores de este sistema, podemos encontrar varias críticas que se suscitan a raíz de la interpretación del precepto que se está analizando. La primera de ellas es la relativa a la vulneración del principio de igualdad. El establecimiento de la regla que evita la alteración de las normas de competencia territorial supone obstaculizar la utilización de la institución de extensión de efectos, conllevando una posible vulneración del principio de igualdad. Sin embargo, es cierto que no se impide al posible recurrente que pueda interponer un proceso contencioso-administrativo de carácter ordinario (o abreviado, en su caso) con lo que, a pesar de que la igualdad puede verse comprometida, no se produce ningún perjuicio para este potencial recurrente al seguir teniendo garantizado su derecho a la tutela judicial efectiva. Cuestión distinta es que la efectividad del proceso de extensión de efectos se vea muy reducida y, por tanto, en entredicho. Así, lo manifiesta PERA VERDAGUER cuando expresa: «Esa limitación mediante el envío a la competencia territorial se puede estimar inadecuada, no ya porque en los asuntos de personal existe la posibilidad de elección entre domicilio del interesado y sede del órgano, sino es fácil comprender que un presupuesto procesal como ése tenga tan considerable alcance a los efectos que nos interesan, al ser en verd*ad intra*nscendente que la emisión del fallo lo haya sido por uno u otro órgano, del mismo rango o jerarquía, radique o no en el mismo territorio»[59].

La segunda crítica que puede establecerse es la referente a la carga en la elección del fuero que se establece al recurrente de origen en materia de personal que debe acogerse al fuero de la sede donde se encuentre el órgano que dictó el órgano impugnado, sin saber si puede haber multitud de destinatarios que, en un futuro, pretendan solicitar una extensión de efectos.

Por último, y como hemos comentado *ut supra*, la confusión que existe en el art. 110 LJCA hace que no se vea claramente el órgano competente que ha de conocer a cada extensión de efectos. Como expresa MAGALDI[60], la doctrina cree de forma general que el precepto establece una doble coincidencia en cuanto al órgano jurisdiccional: «Por un lado, es preciso que el órgano que conozca del incidente sea, al mismo tiempo, el órgano encargado de la ejecución. Por otro lado, es preciso, a su vez, que este órgano tenga competencia territorial para conocer de los hipotéticos recursos ordinarios que hubieran podido presentar los solicitantes de la extensión de efectos».

59. Cfr. PERA VERDAGUER, Francisco, *Comentarios a la Ley…*, *op. cit.*, págs. 763 y ss.
60. Cfr. MAGALDI, Nuria, «La extensión de los efectos de las sentencias» en EZQUERRA HUERVA Antonio (dir.) y OLIVÁN DEL CACHO, José Javier (dir.), *Estudio de la Ley…*, *op. cit.*, pág. 1037.

## 3. FIRMEZA DE LA SENTENCIA DE ORIGEN

Este requisito será analizado con profundidad más adelante, en relación con las cuestiones sobre el plazo establecido para instar un procedimiento de extensión de efectos.

Dejamos dicho ya que se trata de la vertiente formal de la cosa juzgada, esto es, la necesidad de que la sentencia de origen que sirve de base para la solicitud de extensión sea firme. Así, esta firmeza se configura como el primero de los requisitos necesarios de la sentencia a extender y opera junto al reconocimiento de una situación jurídica individualizada que acabamos de analizar[61]. Obviamente, y aunque no se haya mencionado con anterioridad, la sentencia habrá de ser firme (no está prevista la extensión para otro tipo de resoluciones judiciales) y provenir del orden jurisdiccional contencioso-administrativo, pues la extensión de efectos del artículo 110 LJCA no opera con sentencias de otros órdenes jurisdiccionales.

## 4. PLAZO

### 4.1. PALABRAS PREVIAS Y CÓMPUTO DEL PLAZO

Tradicionalmente, el tema de los plazos en el ámbito administrativo y, por ende, en el orden contencioso-administrativo, ha sido uno de los elementos procedimentales más controvertidos, dando lugar a múltiples recursos judiciales[62]. No es por tanto singular que, en la materia de extensión de efectos de sentencias que estamos tratando, el requisito temporal sea un aspecto importante a tener en cuenta[63] constituyendo, por su importancia, un apartado propio dentro de esta obra.

El plazo para la solicitud de la extensión de efectos en nuestra LJCA se encuentra previsto en el primer apartado de su art. 110, concretándose en su letra c) donde dispone que éste será de un año desde la última notificación de la sentencia a quienes fueron parte en el proceso. Además, añade una cláusula especial para el caso de que se interponga recurso en interés de ley (actualmente

61. Así, el TS en su STS 5569/2007, de 20 de julio en su FJ I expone: «(...) En este sentido, el art. 110 contempla la extensión de efectos de sentencias firmes, no pudiendo deducirse la solicitud hasta el momento en que la sentencia devenga firme, de manera que lo lógico es interpretar que el plazo debe empezar a correr a partir de la declaración de firmeza, ya sea por no caber recurso contra la sentencia, ya sea por haberse resuelto el que se pudiera haber interpuesto (apelación o casación)».

62. *Vid.* al respecto: CAPDEVILA FIGOLS, Trinidad, Anotaciones sobre práctica y Jurisprudencia en el Procedimiento Administrativo Local, Barcelona, 2012, pág. 82.

63. Tal como recoge ORTEGA ÁLVAREZ, Luis, en LEGUINA VILLA, Jesús *et al.*, *Comentarios a la Ley de la Jurisdicción...*, *op. cit.*, pág. 522, la introducción de la LJCA en el ordenamiento jurídico abrió un problema de derecho transitorio en lo que al plazo se refiere, ya que la Disposición Transitoria Cuarta establecía que las sentencias dictadas con anterioridad a la entrada en vigor de la Ley de las que no constase en Autos su total ejecución se ejecutarían

derogado y subsumido dentro del recurso de casación) o de revisión, donde el plazo ha de empezar a contar desde la última notificación que finalice éstos. Para RUIZ PIÑEIRO este plazo actúa como requisito procesal de base para obtener la extensión de efectos[64].

De hecho, podemos comprobarlo en el ATSJ CAT 662/2022, de 14 de septiembre, donde se tiene en cuenta la interrupción de plazos provocada por el Real Decreto 463/2020, de 14 de marzo que decretó la suspensión de los plazos procesales y se procede a denegar la extensión de efectos solicitada por incumplimiento del plazo legalmente establecido. Se justifica en su FJ II de la siguiente forma:

> «Consta en las actuaciones y es un hecho no controvertido que se pretende la extensión de efectos de la sentencia n.º 950/20 de esta Sección, dictada en el recurso ordinario n.º 30/2018.
>
> La Sentencia n.º 950/20 de 2 de marzo de 2020 fue notificada a las partes en fecha 5 de marzo de 2020. Por el R.D. 463/20 de 14 de marzo se decretó la suspensión de los plazos procesales y por el R.D. 537/20, de 22 de mayo se alzó dicha suspensión con efectos desde el 4 de junio de 2020. En consecuencia, debemos tener como último día de presentación de las solicitudes de extensión de efectos de la sentencia n.º 950/20, el día 28 de mayo de 2021.

---

en lo pendiente con arreglo a la misma. Así, este autor consideraba que cabía pensar que: «en la medida en que el procedimiento de extensión de efectos es una forma de ejecución de una sentencia, se puede solicitar por esta vía la extensión de sentencias firmes, dictadas con anterioridad a la entrada en vigor de la Ley, a supuestos que reúnan los requisitos exigidos para dicha extensión y respecto de los cuales no haya transcurrido el plazo de un año desde su notificación a las partes».

Sin embargo, como indica MOLTÓ DARNER, Josep María, «Extensión de efectos de sentencias de lo Contencioso-Administrativo: Derecho transitorio», en *Revista Jurídica de Catalunya*, 2008, núm. 1, págs. 231 y 232, no fue este el parecer del TS en la STS 6014/2006, de 3 de octubre cuando el Tribunal consideró que la extensión de efectos no pertenecía a la ejecución propiamente dicha de la sentencia de contraste, por lo que no podía aplicarse la extensión de efectos de una sentencia dictada antes de la entrada en vigor de la LJCA.

En igual sentido, la STS 7128/2006, de 20 de septiembre en su FJ III es rotunda cuando expone: «(...) La sentencia de la Audiencia Nacional de 30 de noviembre de 1998, cuya extensión de efectos se solicita, ha sido dictada con anterioridad a la entrada en vigor de la Ley 29/1998 y, en consecuencia, se ejecuta con arreglo a la anterior regulación legal. Se trata de una situación creada y ejecutada en todo con arreglo al régimen jurídico anterior que no toleraba que el reconocimiento de derechos o situaciones jurídicas que una decisión judicial hiciese en favor de los demandantes se extendiese ultra partes. No procede, pues, la extensión de efectos de la sentencia invocada. A la misma conclusión se llega por la vía de la previsión contenida en el art. 72.3 de la L.J.C.A. (la estimación de pretensiones de reconocimiento o restablecimiento de una situación jurídica individualizada solo producirá efectos entre las partes. No obstante, tales efectos podrán extenderse a terceros en los términos previstos en los arts. 110 y 111) o en la Disposición Transitoria Segunda, apartado primero (Los recursos contencioso administrativos interpuestos con anterioridad a la entrada en vigor de esta Ley —29/1998— continuarán sustanciándose conforme a las normas que regían a la fecha de su iniciación)».

64. Cfr. RUIZ PIÑEIRO, Fernando Luis, «La extensión de efectos de las sentencias y sus plazos», en *Actualidad Administrativa*, núm. 3, marzo, 2018, pág. 2.

> Partiendo de los anteriores datos fácticos es evidente que no se cumple el requisito establecido en el artículo 110.1 c) LJCA, que es el relativo a solicitar la extensión de efectos en el plazo de un año desde la última notificación efectuada a las partes del proceso habida cuenta que el escrito fue presentado en fecha 22/07/2022. Ello hace que se tenga que denegar la presente solicitud de extensión de efectos al no concurrirlos requisitos previstos en la norma de base citada».

Puede observarse que la LJCA establece el plazo[65] de caducidad de un año para la presentación de la solicitud, computándose éste desde la última notificación de la sentencia a extender a las partes en el proceso ejecutorio (entendiendo con MARTÍNEZ MICÓ por última notificación la que efectivamente se haya practicado, ya sea al recurrente o a la Administración[66]). Tal como indica el art. 128.2 LJCA el mes de agosto será inhábil. Además, no podemos perder de vista que como menciona el citado art. 128 LJCA, los plazos son improrrogables y que una vez transcurridos ha de tenerse «por caducado el derecho y por perdido el trámite que hubiere dejado de utilizarse» por lo que, por analogía, entendemos que la extemporaneidad en la presentación de la solicitud de extensión de efectos sería un defecto que produciría la inadmisión al no ser susceptible de subsanación.

En principio, este plazo choca con los dos meses que, de forma general, establece la LJCA para la interposición de los recursos contencioso-administrativos, constituyendo una evidencia más de la especialidad de la extensión de efectos de sentencias firmes. Asimismo, como ya hemos apuntado, hace una matización en el caso de que se hubiese interpuesto recurso de revisión o en interés de la ley pues, en estos supuestos, el plazo empezaría a contarse desde la última notificación de la resolución de los mismos. Sin embargo, nada dice expresamente acerca del momento del cómputo en el caso de que exista un incidente de ejecución relativo a la sentencia a extender. Debemos afirmar que, en nuestra opinión, no influye para nada esta circunstancia a los efectos del cómputo, ya que lo que se pretende es la extensión de los efectos de una determinada sentencia y no la extensión de su ejecución[67].

En lo referente al cumplimiento de este requisito temporal, a simple vista puede parecer que será el órgano competente de la ejecución el encargado de revisar de oficio si la petición cumple o no con las exigencias del art. 110 LJCA. No obstante, el TS ha considerado que la carga probatoria del cumplimiento del plazo ha de recaer en el solicitante de la extensión de efectos junto a las demás obligaciones derivadas del propio artículo, pues el Tribunal de instancia solo realizará una labor de confirmación del respeto a los presupuestos procesales.

65. Plazo procesal que ha de ser entendido como término.
66. *Vid.* MARTÍNEZ MICÓ, Juan Gonzalo, «Extensión de los efectos de una sentencia firme en materia tributaria», *op. cit.*, pág. 16.
67. Art. 110, párrafo 1.º. *Vid.* entre otras las SSTS de 14 de febrero de 2013 (STS 743/2013, FJ VI), 30 de diciembre de 2013 (STS 6373/2013, FJ VII) y 10 de febrero de 2014 (STS 583/2014, FJ VII).

De esta forma, por ejemplo, la STS 7804/2011, de 14 de noviembre expresa en su FJ III lo siguiente:

> «(...) Por otra parte, y en segundo lugar, tampoco puede acogerse la condición de cuestión nueva que la parte recurrida atribuye al segundo de los motivos de casación porque se refiere a un requisito para la viabilidad procesal de la solicitud de extensión de efectos efectuada por el cauce del artículo 110 LJCA; esto es, se refiere a la observancia del plazo, que debió ser alegada y probada por quien solicitaba dicha extensión y comprobada por el Tribunal de instancia, de manera que ha de entenderse como cuestión objeto de debate sobre la que necesariamente se pronunció la Sala del Tribunal Superior de Justicia de la Comunidad Valenciana al adoptar su decisión estimatoria de la pretensión formulada por quien promovió el incidente».

## 4.2. PROBLEMÁTICA EN TORNO AL PLAZO

A pesar de que la regulación del plazo es uno de los aspectos que más claramente expone el art. 110 LJCA, han surgido varias cuestiones que necesitan atención. Procederemos ahora al análisis concreto de los problemas que plantea la citada regulación.

### 4.2.1. La necesidad de firmeza de la sentencia a extender

Como expresábamos anteriormente, la extensión de efectos establece como requisito que la sentencia a extender sea de carácter firme. De acuerdo con AYALA MUÑOZ[68], la exigencia de firmeza de la sentencia de contraste se manifiesta como una circunstancia del todo razonable, estando en conexión directa con lo que dispone el apartado 5.º del art. 110 LJCA.

En primer lugar, y siguiendo a MARTÍN CONTRERAS[69], ha de atenderse a que, a pesar de las modificaciones a las que se ha visto sometido esta figura, se sigue produciendo una contradicción dentro del propio art. 110 LJCA. Esta contradicción está en relación con el cómputo del plazo pues, como venimos anunciando, es requisito básico y primordial para que se pueda proceder a la

68. *Vid.* AYALA MUÑOZ, José María et al., Comentarios a la Ley de la Jurisdicción Contencioso-Administrativa, *op. cit.*, pág. 1210.

69. *Vid.* MARTÍN CONTRERAS, Luis, *La extensión de efectos..., op. cit.*, págs. 58 y ss. Este autor entiende que existe una contradicción sobre el término dentro del cual se podía instar la extensión de los efectos y que consiste en que la exigencia de sentencia firme no casa con lo dispuesto en el artículo 110 LJCA en relación con la última notificación de la sentencia a las partes, ya que ésta podría aún no ser firme en ese momento procesal. *Vid.* también MARTIN CONTRERAS, Luis, «La extensión de efectos de una sentencia a terceros: el artículo 110 de la Ley reguladora de la Jurisdicción Contencioso-administrativa», en CASTILLEJO MANZANARES, R., (dir), *et al., El proceso administrativo (LJCA)...op. cit.*, pág. 256.

extensión, que la sentencia de origen sea firme[70]. En la regulación concreta del plazo, es decir, en la letra c) del apartado primero no se habla en ningún momento de esta firmeza, sino que se dispone como *dies a quo* el día de la última notificación de la sentencia que, por tanto, puede aún no serlo. El TS refiriéndose a esta cuestión ha apreciado que, aunque la Ley no habla expresamente de la firmeza cuando regula este requisito temporal[71]:

> «(...) lo lógico es interpretar que el plazo debe empezar a correr a partir de la declaración de firmeza, ya sea por no haber recurso contra la sentencia, ya sea por haberse resuelto el que pudiera haberse interpuesto, teniendo en cuenta que la firmeza se produce *ipso facto* cuando no quepa ningún recurso»[72].

De esta forma, consideramos que el obstáculo o contradicción sigue presente aunque quede reducido por los límites que establece la propia Ley en sede de recursos.

No obstante, a pesar de que se agote algo del tiempo señalado, nos parece más lógica la opción de aguardar a obtener la declaración de firmeza de la sentencia que se pretende extender para evitar así la inadmisión/desestimación de la solicitud del incidente por incumplimiento de los requisitos objetivos a pesar de que, como hemos podido observar, nada dice el apartado analizado sobre la citada firmeza, pudiendo imaginarse que la voluntad del legislador respecto de

70. *Vid.* Art. 110 párrafo 1.º LJCA.
Como expresa SANTAMARÍA PASTOR, Juan Alfonso, en *La Ley reguladora de la Jurisdicción Contencioso-Administrativa..., op. cit.*, pág. 1153, la preparación o una posible interposición de un recurso de apelación o de casación contra la sentencia a extender, hacen inadmisible la solicitud de extensión, ya que la doctrina de una sentencia puede ser revocada en sede de estos recursos.
71. STS 5569/2007, de 20 de julio.
72. De nuevo, MARTÍN CONTRERAS, Luis (*La extensión de efectos... op. cit.,* pág. 58) expresa que estos casos solo serán en materia de personal, los que no supongan nacimiento o extinción de la relación funcionarial. Asimismo, añadimos que tras la modificación de la LJCA realizada por la Ley 37/2011, de 10 de octubre, de medidas de agilización procesal, los supuestos en materia tributaria en los que no cabe recurso son aquellos cuya cuantía no supera los 30.000 euros.
No obstante, la reforma del recurso de casación llevada a cabo por la LO 7/2015, de 21 de julio, por la que se modifica la LO 6/1985, de 1 de julio, del Poder Judicial ha provocado cambios en este aspecto: en la materia de personal siempre cabrá recurso salvo para las sentencias dictadas en única instancia por los Juzgados de lo Contencioso-administrativo, de las cuales únicamente serán susceptibles de recurso las sentencias que contengan doctrina que se reputa gravemente dañosa para los intereses generales y sean susceptibles de extensión de efectos (*vid.* art. 86.1 LJCA) y las sentencias que, siendo susceptibles de casación, hayan sido dictadas por las Salas de lo Contencioso-administrativo de los Tribunales Superiores de Justicia que sólo serán recurribles ante la Sala de lo Contencioso-administrativo del Tribunal Supremo si el recurso pretende fundarse en infracción de normas de Derecho estatal o de la Unión Europea que sea relevante y determinante del fallo impugnado, siempre que hubieran sido invocadas oportunamente en el proceso o consideradas por la Sala sentenciadora.

este asunto quedaba ya implícita en la primera parte del precepto[73] pues, lo contrario, supondría desvirtuar su naturaleza. En palabras de ROMERO REY[74], el fundamento de la imposición de un límite temporal es la seguridad jurídica «que hace necesaria la consolidación de la situación administrativa de que se trate».

La segunda parte del apartado añade la ya mencionada precisión para el caso de que nos encontremos ante la interposición de un recurso en interés de ley o de casación de la sentencia que se pretende extender. Tras haber examinado la importancia de la firmeza y el papel que juega en el requisito del plazo, vemos aquí que el *dies a quo* queda relegado al momento de la notificación de la resolución de estos recursos extraordinarios. En el caso del recurso en interés de la ley el requisito de la firmeza ya no sería oponible (tal como señaló la Sala Tercera en la STS 5569/2007, de 20 de julio) y la solicitud de extensión quedaría suspendida hasta que éste se resolviera[75], evitando así que se extendiesen los efectos de una sentencia que pudiera resultar contraria a lo dispuesto por el Tribunal de casación[76].

Sucede lo mismo con el recurso de revisión, aunque aquí el requisito de la firmeza venga obligatoriamente dispuesto por el articulado de la Ley[77]. No obs-

Como vemos, aunque desaparecen los motivos tasados para interponer recurso de casación se introduce el requisito conocido como «interés objetivo casacional».

En materia tributaria, los casos en los que no cabría recurso de apelación seguirían siendo los mismos (recursos de cuantía inferior a los 30.000 euros) aunque para la casación se modificarían siguiendo las normas del mencionado art. 86 LJCA.

Uno de los aspectos más cuestionados ha sido sin duda la necesidad o no de concurrencia de los dos requisitos del art. 86.1 párr. 2.º LJCA para que dichas sentencias puedan ser susceptibles de recurso de casación. Recordamos que estos dos requisitos son: sentencias que contengan doctrina que se reputa gravemente dañosa para los intereses generales y que sean susceptibles de extensión de efectos. El TS en su ATS 5315/2017, de 30 de mayo (n.º rec. 265/2017), FJ II ha aclarado estas dudas disponiendo que:

«(...) El nuevo artículo 86.1 LJCA, en su redacción dada por la Ley Orgánica 7/2015, de 21 de julio, establece que las sentencias dictadas en única instancia por los Juzgados de lo Contencioso-administrativo serán recurribles en casación únicamente cuando concurran —de forma cumulativa— los dos presupuestos mencionados en el precepto: que la sentencia que se pretende impugnar contenga doctrina que se reputa gravemente dañosa para los intereses generales y que se trate de una resolución susceptible de extensión de efectos...».

También resulta de interés el ATS 14061/2019, de 19 de diciembre, cuando habla del efecto multiplicador de la extensión de efectos.

73. Cuando dice expresamente que las sentencias a extender han de ser firmes.

74. Cfr. ROMERO REY, Carlos, en QUINTANA CARRETERO, Juan Pedro, (dir.), *Comentarios a la Ley de la Jurisdicción Contencioso-Administrativa*, *op. cit.*, pág. 769.

75. Cfr. Art. 110 apartado 6.º LJCA.

76. Hablamos en condicional porque, como venimos reiterando, los artículos de la LJCA destinados al recurso en interés de ley han sido derogados.

77. *Vid.* Art. 102 apartado 1.º LJCA. Debe tenerse en cuenta además que este artículo ha sido modificado por la Disp. Ad. 3.ª de la LO 7/2015, de 21 de julio, por la que se modifica la LO 6/1985, de 1 de julio, del Poder Judicial, la cual ha incluido un apartado nuevo referente a la

tante, como indicó SANTAMARÍA PASTOR[78], el problema del recurso de revisión respecto de la extensión de efectos viene dado por el plazo de 5 años que el art. 512 LEC concede para interponerlo, que podría dar lugar a que se estimase una revisión de la sentencia susceptible de extensión mucho tiempo después de que la mencionada extensión ya se hubiera producido. A pesar de ser un supuesto hipotético que, como indica este autor, es casi totalmente improbable, entendemos que en este caso, el principio de seguridad jurídica[79] (como principio general e inspirador del ordenamiento jurídico[80]) habría de primar sobre la posibilidad de volver a abrir el procedimiento de extensión para su revocación, más si cabe si atendemos a su condición de procedimiento concebido para actos en masa[81]. De acuerdo con las palabras que ya pronunciara el TS en el año 1985[82], creemos que en algunas situaciones (como es el caso) «hay que compatibilizar el principio constitucional de la tutela judicial efectiva, con el también constitucional de seguridad jurídica».

Dejando a un lado la peculiar situación del recurso de revisión estimado *a posteriori*, parece que el precepto abre dos plazos alternativos dependiendo de que el tercero solicitante de la extensión sepa o no que existe un recurso. Es decir, podemos establecer que pueden existir dos momentos para interponer la solicitud, esto es: un primer momento sería a partir de la resolución que declarase la sentencia firme y, otro secundario, sería el sometido al supuesto de que se hubiera interpuesto un recurso de casación para la unificación de doctrina o un recurso de revisión puesto que, si no fuera así, estos recursos perderían toda su utilidad.

Pese a ello la citada sentencia de 20 de julio de 2007, en busca de la protección del tercero solicitante, considera que:

> «(...) todo ello no impedía que fuese solicitada la extensión en el plazo de un año desde la última notificación de la original sentencia, porque los terceros no tienen por qué conocer la interposición de tales recursos».

Es clara la defensa del tercero que hace aquí el TS. Sería un contrasentido el que, el tercero, aguardando la resolución de los citados recursos perdiera por

posibilidad de interponer un recurso de revisión cuando el Tribunal Europeo de Derechos Humanos haya declarado que dicha resolución ha sido dictada en violación de alguno de los derechos reconocidos en el Convenio Europeo para la Protección de los Derechos Humanos y Libertades Fundamentales y sus Protocolos. Esta modificación del art. 102 LJCA entró en vigor el 1 de octubre de 2015.

78. *Vid.* SANTAMARÍA PASTOR, Juan Alfonso, La Ley reguladora de la Jurisdicción..., *op. cit.*, pág. 1153.
79. Sobre el significado social de la seguridad jurídica se ocupa con precisión LUNA SERRANO, Agustín, *La seguridad jurídica y las verdades oficiales del derecho*, Madrid, 2015.
80. Aunque negando su valor absoluto.
81. Así lo considera para la vía administrativa LUNA SERRANO, Agustín, en *La seguridad jurídica..., op. cit.*, pág. 122.
82. Auto TS de 29 de noviembre de 1985.

extemporánea la posibilidad de acudir a la extensión de efectos en el caso de que el recurrente o recurrentes desistieran del mismo y ya hubiera transcurrido el plazo de un año para la interposición de la solicitud[83].

De este modo, esta herramienta pensada en un primer momento para hacer valer el derecho al recurso como parte integrante del derecho a la tutela judicial efectiva, se convierte en un arma de doble filo en el transcurso del proceso. La posibilidad de dilatar en el tiempo el procedimiento de extensión de efectos a través de la interposición de recursos puede dar lugar a situaciones no deseadas y que no estaban en la génesis de la figura, pues con el objeto de atrasar una posible extensión de efectos, un tercero ajeno tanto a la solicitud como al conjunto del procedimiento puede intervenir eventualmente y demorar así la potencial extensión, provocando la pérdida de la razón de ser de este mecanismo procesal[84].

Otro de los puntos que pueden suscitar problemas al tercero que pretenda instar una extensión de efectos es el conocimiento de que la ejecución de la sentencia que se pretende extender está suspendida en el procedimiento de origen. Este supuesto puede frenar al potencial solicitante a la hora de abordar esta figura y formular su petición. No obstante, se debe afirmar que en nada afecta la suspensión de la ejecución de una sentencia firme al procedimiento de extensión de efectos que la utiliza de base para sus pretensiones, ya que lo que se va a extender en este procedimiento son los efectos de la sentencia y no así la forma de su ejecución.

Por último, de nuevo SANTAMARÍA PASTOR[85] añade un supuesto que, aunque excepcional y subsidiario, podría provocar la suspensión de un procedimiento de extensión en curso hasta su resolución. Se trata de la posible interposición de un incidente de nulidad de actuaciones contra la sentencia de origen. En este caso, los arts. 228 de la LEC y 241 de la LOPJ conceden un plazo de 5 años desde la notificación de la resolución. Si la extensión de efectos estuviera únicamente solicitada y aun no se hubiera decidido nada respecto a ella consideramos, siguiendo a este autor, que ha de producirse la suspensión hasta que se resuelva el incidente de nulidad de actuaciones de la sentencia de origen. No

83. Situación que no es de extrañar si se tiene en cuenta el retraso en la justicia que se viene padeciendo en España.

84. Otra de las posibles cuestiones que pueden presentarse es la relativa a qué sucedería en el caso de que se extendieran los efectos de una sentencia y, *a posteriori*, se planteara un recurso de revisión o de unificación de doctrina sobre la sentencia de origen. En nuestra opinión esto no influiría de ninguna forma en la nueva sentencia obtenida pues la extensión se produjo antes del hipotético recurso y, al ser un proceso independiente, nada tiene que ver con el procedimiento de ejecución de la sentencia que sirvió de base para la aplicación del mecanismo del art. 110 LJCA. No obstante, se observa aquí la importancia de la «imposible» delimitación de la naturaleza jurídica de la figura.

85. *Vid.* SANTAMARÍA PASTOR, Juan Alfonso, La Ley reguladora de la Jurisdicción..., *op. cit.*, pág. 1153.

obstante, al igual que con la interposición del recurso de revisión (que tratamos *ut supra*) entendemos que, cuando ya la extensión de efectos ha sido concedida, ha de primar el principio de seguridad jurídica frente a una posible revocación de la extensión de efectos *a posteriori* puesto que, como ha señalado reiteradamente la jurisprudencia, la seguridad jurídica constituye una «exigencia objetiva del ordenamiento que se impone al funcionamiento de todos los órganos del Estado en el art. 9.3 de la CE»[86]. Asimismo, la jurisprudencia ha señalado en multitud de ocasiones[87] que a pesar de que cuando hablamos de seguridad jurídica no nos encontramos ante un derecho fundamental, sí que es un principio general del ordenamiento jurídico y configura un mandato dirigido a los poderes públicos.

Siguiendo el *íter* que hemos planteado, podría pensarse en un caso hipotético como la concatenación de autos de extensión como base para solicitar nuevas extensiones de efectos, es decir: ¿sería posible sustentar una extensión de efectos en un auto estimatorio de los mismos? Puede considerarse como un medio para evitar el plazo de un año desde la firmeza de la sentencia de origen. Sin embargo, entendemos que esto no es posible por el propio texto del apartado primero del art. 110 LJCA que exige que la extensión se produzca con base en una sentencia que sea firme y que se encuentre en la fase de ejecución (con las salvedades que ya hemos realizado con relación a dicha fase).

### 4.2.2. La peculiar situación del recurso en interés de Ley

Mención aparte merece el tratamiento del recurso en interés de la ley. A partir de la entrada en vigor de la Disposición Final Tercera de la LO 7/2015, de 21 de julio, por la que se modifica la LO 6/1985, de 1 de julio, del Poder Judicial, se llevó a cabo una reforma en profundidad del recurso de casación en el orden contencioso-administrativo, subjetivando la admisión del recurso de casación, ampliando su ámbito objetivo y rechazando de plano el umbral por razón de la cuantía[88].

Dejando a un lado la crítica que nos merece el haber reformado una institución tan importante para este orden jurisdiccional a través de la Disposición Final de una Ley destinada a otro asunto, hemos de decir que esta reforma elimina total-

86. Por todas: STC 16/2008, de 31 de enero (FJ II).
87. Por ejemplo: STC 3/2002, de 14 de enero (FJ II).
88. Es significativo el Preámbulo de esta Ley:
«Con la finalidad de intensificar las garantías en la protección de los derechos de los ciudadanos, la ley opta por reforzar el recurso de casación como instrumento por excelencia para asegurar la uniformidad en la aplicación judicial del derecho. De esta forma, el recurso de casación podrá ser admitido a trámite cuando, invocada una concreta infracción del ordenamiento jurídico, tanto procesal como sustantiva, o de la jurisprudencia, la Sala de lo Contencioso-administrativo del Tribunal Supremo estime que el recurso presenta interés casacional objetivo para la formación de jurisprudencia.». No obstante, esta reforma no ha sido

mente tanto el recurso extraordinario de casación en interés de ley como el extraordinario de casación para la unificación de doctrina[89]. Es por ello que suprime las secciones 4.ª y 5.ª del Capítulo III del Título IV, integradas por los arts. 96 a 101 de la LJCA, al entender que éstos quedan subsumidos dentro del nuevo recurso de casación que ha integrado sus elementos fundamentales[90].

Para comprender el nuevo sentido inspirador de esta norma son muy clarificadoras las palabras de CÓRDOBA CASTROVERDE[91]: «La necesidad de que concurra ese interés casacional objetivo para admitir el recurso de casación conlleva la eliminación de las modalidades hasta ahora existentes de recursos de casación para la unificación de doctrina y de casación en interés de la Ley, La razón de ser es que en el nuevo modelo ya no está limitado el acceso a la casación por razón de la materia ni de la cuantía y los criterios que la norma establece para apreciar el interés casacional objetivo comprenden los presupuestos que daban lugar al recurso de casación para la unificación de doctrina y de interés de ley».

En lo que a la extensión de efectos se refiere y sin entrar en las ventajas e inconvenientes que este nuevo modelo de recurso de casación conlleva (ya que se escapa del objeto de estudio de esta obra y ha sido objeto de múltiple atención por la doctrina), es evidente que el legislador se ha limitado a suprimir artículos sin tener en cuenta la repercusión directa que tienen estos artículos en otros, utilizando una técnica legislativa que se revela totalmente deficitaria. Como es de imaginar, nos estamos refiriendo al caso del art. 110 LJCA. En la nueva Ley

---

del gusto de todos los operadores jurídicos. El Pleno del Tribunal Constitucional, por Providencia de 19 de junio de 2018, acordó admitir a trámite, entre otras, la cuestión de inconstitucionalidad número 2860-2018, en relación con el artículo 86.3, párrafos segundo y tercero, por posible vulneración de los artículos 9.3, 14, 24 y 122.1 de la CE («B.O.E» 26 junio) y por Providencia de 3 de julio de 2018, a las cuestiones de inconstitucionalidad núms. 2861-2018 y 3019-2018, en relación con el artículo 86.3, párrafos segundo y tercero, por posible vulneración de los artículos 122.1, 9.3, 14 y 24 de la CE («B.O.E.» 11 julio). Dichas cuestiones de inconstitucionalidad fueron desestimadas por el Tribunal Constitucional en sus SSTC 128/2018, de 29 de noviembre, 18/2019, de 11 de febrero y 26/2019, de 25 de febrero.

89. Para ampliar información, *Vid.*: JIMÉNEZ SHAW, Concepción y NAVARRO CABALLERO, Teresa, *El nuevo recurso de casación contencioso-administrativo*, Murcia, 2017 o CAZORLA PRIETO, Luis María y CANCIO FERNÁNDEZ, Raúl César (coords.), *Estudios sobre el Nuevo Recurso de Casación Contencioso-Administrativo*, Cizur Menor (Navarra), 2017.

90. De hecho, el TC en su Sentencia 37/2012 de 19 de marzo (FJ III) ya expresaba que: «El recurso de casación en interés de la ley, en el orden jurisdiccional contencioso-administrativo, además de su carácter subsidiario respecto del recurso de casación propiamente dicho, ha tenido siempre naturaleza excepcional, tanto por la limitación normativa de los sujetos legitimados para su interposición, como por los efectos, puesto que las sentencias que se dicten sirven únicamente a la finalidad de la formación de jurisprudencia, con valor vinculante respecto de la doctrina legal en caso de sentencias estimatorias del recurso, dejando intacta la fuerza de cosa juzgada de la resolución judicial objeto de impugnación».

91. Cfr. CÓRDOBA CASTROVERDE, Diego, en «El nuevo recurso de casación contencioso-administrativo», *Revista de Jurisprudencia El Derecho núm.1,* octubre 2015, consulta en abierto: https://elderecho.com/el-nuevo-recurso-de-casacion-contencioso-administrativo.

no se contempla la eliminación de las referencias al recurso de casación en interés de ley que se regulan en los apartados 1c) y 6 del citado artículo. A pesar de la incoherencia, entendemos que este recurso extraordinario deja de existir para el ordenamiento y estas referencias no poseen ningún contenido legal. Otro ejemplo ilustra el caso que estamos tratando. Con respecto a la nueva modificación del recurso de casación, LOZANO CUTANDA[92] expresa lo siguiente: «sorprende que la reforma siga exigiendo, con carácter previo, la interposición del "recurso de súplica", ignorando el cambio de denominación de este recurso por el de "recurso de reposición" tras la Ley 13/2009, de reforma de la legislación procesal para la implantación de la oficina judicial».

Por ello, consideramos que no cuesta ningún esfuerzo sobrehumano llevar a cabo una modificación de los artículos que se ven alterados cuando una nueva norma entra en vigor, evitándose así multitud de confusiones y unas leyes plagadas de incoherencias y, en algunos aspectos, inaplicables[93].

92. *Vid.* LOZANO CUTANDA, Blanca, «La reforma del recurso de casación contencioso-administrativo por la Ley Orgánica 7/2015: análisis de sus novedades», en *Diario la Ley* (Sección Tribuna), septiembre 2015, núm. 8609, pág. 3.

93. Como puede pensarse, el régimen transitorio hacia el nuevo recurso de casación también ha presentado problemas a los que el TS ha tenido que hacer frente, ya que la nueva normativa reguladora del recurso de casación contencioso-administrativo no introducía ninguna disposición relativa al derecho aplicable durante el tránsito de una a otra norma. Así, en sus AATS 353/2017 y 354/2017, de 1 de febrero de 2017 (n.º rec. 3238/2016 y 2989/2016, respectivamente), FJ II y III, manifiesta:
«Los supuestos en los que la resolución impugnada reviste la forma de auto presentan la peculiaridad de que es necesario interponer un recurso de súplica (reposición, en la terminología derivada de la Ley 13/2009, de 3 de noviembre) antes de acudir a la casación. Así se disponía en el art. 87.3 de la Ley Jurisdiccional, antes de la reforma operada por la LO 7/2015, y en los mismos términos se pronuncia el art. 87.2 en la redacción actualmente vigente. Y ello es especialmente importante, a los efectos de determinar la normativa aplicable, cuando, como en el caso que ahora nos ocupa, en la fecha en la que se dictó el primer auto en el que se acordaba la extensión de efectos (el 22 de junio de 2016) aún no había entrado en vigor el nuevo modelo de casación derivado de la Ley Orgánica 7/2015, siendo así que, cuando se dicta el auto resolviendo el recurso de reposición (el 28 de julio de 2016) ya se había producido la vigencia de la nueva normativa. Debe anticiparse que este Tribunal considera que ha de atenerse a la fecha del auto que resuelve el recurso de reposición, cualquiera que sea la decisión —estimatoria, desestimatoria o de inadmisión— que en este segundo auto se adopte. Y ello por las razones que a continuación se exponen. Como es sabido, el recurso de súplica (actual reposición), a diferencia de lo que sucede con la solicitud de aclaración o integración, puede determinar, de acogerse, una modificación de la decisión de fondo adoptada en la resolución impugnada. Consecuentemente, puede que el nuevo auto —al estimar el recurso— suprima, altere, matice o corrija la infracción jurídica que el afectado pretenda recurrir en casación. En estos casos, es indubitado que la resolución relevante para preparar el recurso será, cabalmente, la dictada con ocasión del recurso de reposición, pues es ésta la que fija definitivamente la decisión del órgano de instancia. Además, la parte que pretende recurrir un auto no solo está obligada a interponer el recurso no devolutivo por expresa previsión legal, sino que lo está también a esperar el resultado de la decisión que se adopte para preparar su recurso de casación. Dicho de otro modo, es el segundo auto —sea cual sea su contenido— el que permite acudir al recurso extraordinario, lo que

## 4.3. LA POSIBILIDAD DE ESGRIMIR UNA EXCEPCIÓN PROCESAL DE LITISPENDENCIA

### 4.3.1. Litispendencia *ab initio*

En consecuencia, y siguiendo el hilo que el apartado anterior nos deja, este posible alargamiento del proceso conlleva que nos formulemos la siguiente cuestión: ¿puede interponerse un recurso contencioso-administrativo y también una extensión de efectos sobre el mismo objeto? A lo mejor, es más ágil comenzar un procedimiento nuevo que esperar la resolución de los citados recursos, pudiendo ser la solución el plantear a la vez ambos procedimientos, con el mero desistimiento del que quede pendiente a la resolución de uno de ellos. Si contemplamos esta opción, se hace necesario atender al peligro de que pueda producirse una excepción de litispendencia[94] que, junto a MORÓN PALOMINO, entendemos que se produciría con la admisión de la demanda o,

---

evidencia, a juicio de este Tribunal, que es esta última resolución a que condicionará las infracciones jurídicas relevantes sobre cuya admisibilidad y, eventualmente, sobre cuya viabilidad habrá de pronunciarse el Tribunal Supremo. Consideramos, por tanto, que el recurso que nos ocupa debió de ser preparado conforme a los artículos 86 y siguientes de la Ley Jurisdiccional, en la redacción que le proporcionó la LO 7/2015, de 21 de julio, lo que determina que el escrito de preparación no cumpla las exigencias del actual artículo 89 de la Ley Jurisdiccional, aplicable al caso.
TERCERO.- Ahora bien, ello no puede determinar, sin más, la inadmisión del presente recurso, pues la ausencia de normas de derecho transitorio y de criterios de interpretación fiables que pudieran servir de guía para estos casos, pueden haber impedido a la parte conocer con seguridad, al tiempo de preparar su recurso de casación, cual era el régimen jurídico aplicable, siendo así que de ello dependía no solo el plazo para preparar el recurso, sino los requisitos y el enfoque que debería dar a su escrito de preparación. Ambas opciones eran, desde luego, posibles y razonablemente defendibles, sin que la que ahora hemos considerado acertada se presentara, a falta de previsión legal, como indubitada o evidente, por lo que no puede hacerse recaer sobre el recurrente las consecuencias del desacierto en la opción elegida, máxime cuando el órgano jurisdiccional de instancia, por el plazo concedido para preparar el recurso y por la tramitación dada a su escrito, también contribuyó a que entendiera aplicable el régimen anterior. Por todo ello debe acordarse la retroacción de actuaciones al momento en que se notificó a la parte recurrente el auto que resolvió el recurso de reposición, concediéndole un nuevo plazo de 30 días (artículo 89.1 de la Ley Jurisdiccional) para que pueda presentar, si así lo desea, escrito de preparación conforme a lo establecido en la Ley de esta Jurisdicción tras la modificación operada por la Disposición Final 3.º de la LO 7/2015, y se le dé la tramitación correspondiente con arreglo a dicha norma…». Como hemos podido comprobar, es el propio TS el que, observando la deficiente regulación del nuevo recurso de casación, se hace eco de la problemática y subsana el error.

94. En lo referente a la litispendencia el art. 421 LEC dispone: «1. Cuando el tribunal aprecie la pendencia de otro juicio o la existencia de resolución firme sobre objeto idéntico, conforme a lo dispuesto en los apartados 2 y 3 del artículo 222, dará por finalizada la audiencia y dictará, en el plazo de los siguientes cinco días, auto de sobreseimiento. Sin embargo, no se sobreseerá el proceso en el caso de que, conforme al apartado 4 del artículo 222, el efecto de una sentencia firme anterior haya de ser vinculante para el tribunal que está conociendo del proceso posterior. 2. Si el tribunal considerare inexistente la litispendencia o la cosa

en este caso, con la admisión del escrito de solicitud de extensión de efectos[95].

Es cierto que a simple vista puede parecernos una opción útil, aunque si fuera así, el coste jurisdiccional en esta circunstancia se duplicaría, pues se abrirían dos vías alternativas. Por tanto, cabe preguntarse, como nos indica HUERTA GARICANO[96] si nos encontramos ante dos sendas simultáneas o, por el contrario, incompatibles o simplemente alternativas. Es interesante este aspecto porque el Juzgado de lo Contencioso-Administrativo de Santander habla en numerosas sentencias de la extensión de efectos de sentencias firmes como «otra vía reclamatoria», alusión que no se hace en ningún otro tribunal del territorio español (lo que nos indica, entre otras cosas) el carácter especial del procedimiento[97].

Así, aun teniendo en cuenta esta situación, creemos que en este caso y con la regulación actual que nos proporciona el art. 110 LJCA sí que sería posible plantear ambos procedimientos, pues como recuerda, por ejemplo, ACOSTA ESTÉVEZ[98], la identidad procesal debe venir delimitada por tres circunstancias: igualdad en los sujetos, equivalencia en la *causa petendi* y *petitum* análogo, elementos que no coinciden en su totalidad en los dos casos planteados. La diferencia radica en que, si bien podemos decir que los sujetos y la *causa petendi* en ambos procedimientos son similares, el *petitum* es manifiestamente distinto, por cuanto en un proceso estaríamos buscando la declaración y el reconocimiento de una situación concreta y en el otro, como su propio nombre indica, una sentencia con expresión de la extensión a nuestro propio asunto de unos efectos determinados que ya han sido reconocidos en un momento procesal anterior[99].

juzgada, lo declarará así, motivadamente, en el acto y decidirá que la audiencia prosiga para sus restantes finalidades. 3. No obstante lo dispuesto en los apartados anteriores, cuando la dificultad o complejidad de las cuestiones suscitadas sobre litispendencia o cosa juzgada lo aconsejen, podrá también resolver sobre dichas cuestiones mediante auto, dentro de los cinco días siguientes a la audiencia, que proseguirá en todo caso para sus restantes finalidades. Si fuese necesario resolver sobre alguna cuestión de hecho, las actuaciones oportunas, que ordenará el tribunal, se practicarán dentro del plazo antedicho».

95. *Vid.* MORÓN PALOMINO, Manuel, *Derecho Procesal Civil, Cuestiones Fundamentales*, Madrid, 1993, pág. 243.

96. *Vid.* HUERTA GARICANO, Inés, en «La extensión de efectos como cauce alternativo a la interposición del recurso contencioso-administrativo. Foro Abierto», *op. cit.*, págs. 7 y ss.

97. *Vid.* por todas: SJCA Cantabria 1025/2023, de 17 de febrero.

98. *Vid.* ACOSTA ESTÉVEZ, José Benito, Pretensión procesal administrativa, ejecución de sentencias y construcción jurisprudencial de la litispendencia en lo Contencioso-Administrativo, Barcelona, 1987, pág. 75.

99. Respecto de esta circunstancia se manifestó la Sección Especial para la reforma de la Ley de la Jurisdicción Contencioso-Administrativa de la Comisión General de Codificación en el documento de marzo de 2013 titulado: «Informe explicativo y propuesta de anteproyecto de ley de eficiencia de la Jurisdicción Contencioso-Administrativa». Como propiamente

A pesar de que teóricamente el tenor literal del artículo 110 LJCA no impide expresamente que se abran las dos vías (ya que no considera a la litispendencia como una de las causas de desestimación de la solicitud de extensión) ha sido el TS[100] el que ha considerado reiteradamente que:

---

indicaba, para evitar los abusos que pueden producirse en el seno de la extensión de efectos con esta estrategia procesal proponía lo siguiente: «que se establezca una prohibición expresa de que un mismo sujeto pretenda, simultáneamente, una extensión de efectos y la estimación de un nuevo recurso ante un órgano judicial». Esta objeción que aportaba la Sección de Codificación en un punto tan concreto buscaba la eficiencia económica, pues si no se atiende a ella (momento procesal en el que nos encontramos ahora) el sujeto que utiliza estas vías está duplicando las vías de satisfacción de sus pretensiones aumentando el coste jurisdiccional, ya que la prohibición, bajo nuestro punto de vista, en nada afectaría a la tutela judicial efectiva pues no se estaría coartando la posibilidad de acceso a la justicia. Es por ello que, aunque teóricamente pueda darse el supuesto del doble planteamiento ante el orden judicial, en la práctica se contempla la necesidad de optar por uno u otro.

A este respecto, la citada Sección propuso que se modificara el actual apartado sexto del artículo 110 que pasaría a tener la redacción siguiente: «(...) 6. El interesado no podrá simultanear, respecto de la misma pretensión, la interposición de un recurso contencioso administrativo y la solicitud de extensión de efectos respecto de otra sentencia. Detectada la utilización de ambas vías se le concederá un plazo de cinco días para que opte y, caso de no hacerlo en el plazo concedido. Se entenderá que opta por la extensión de efectos. Se archivará el procedimiento por el que no haya optado (...)».

Como vemos, la Sección considera prioritaria y más útil la extensión de efectos, otorgándole la posición prevalente para el caso en el que el interesado no tome una decisión por sí mismo en el plazo de cinco días.

100. De igual forma se manifestó en la STS 1457/2013, de 3 de abril (FJ II):

«(...) La litispendencia, en el proceso contencioso-administrativo, se produce con la resolución judicial que admite el escrito de interposición del recurso desde el momento de la presentación de éste. A partir de entonces no resulta posible iniciar otro proceso distinto sobre el mismo objeto, aun cuando con la demanda queden fijados los márgenes del debate procesal de acuerdo con la pretensión formulada, siendo ésta, con las excepciones y oposiciones introducidas por las partes demandadas, la que determina el alcance de la sentencia del Juzgado o Tribunal que debe responder a la exigencia de congruencia con el objeto del proceso. Es cierto que el legislador sólo alude a la cosa juzgada como causa de desestimación del incidente, pero dada la naturaleza de la litispendencia, una interpretación sistemática del art. 110 en relación con los artículos 37, 111, 69 d) y 72 obliga a entender que no es posible acceder a la solicitud de extensión cuando la parte instante del incidente mantiene en tramitación otro procedimiento en el que está ejercitando la misma pretensión con la Administración demandada».

Es interesante esta sentencia también porque nos da el momento exacto a partir del cual debemos considerar la posible existencia de litispendencia:

«No es a «día de hoy» cuando hay que decidir sobre la existencia de litispendencia sino el día en que se presenta el incidente. El hecho de que los efectos de la sentencia definitiva recaída se retrotraigan no puede hacer olvidar la «situación jurídica procesal de litispendencia» cuando el procedimiento de extensión de efectos fue iniciado. Las «situaciones jurídicas», en este caso la «litispendencia», no desaparecen por los efectos retroactivos que tengan las sentencias definitivas recaídas en los procesos que, en su día, generaron la litispendencia».

No debe olvidarse que, normalmente (y sobre todo en materia de personal al servicio de las administraciones públicas, que es la que presenta más casuística en extensión de efectos) son los sindicatos los que presentan solicitudes de extensión de efectos. Por ello, en la práctica, para evitar el peligro de la excepción de litispendencia, lo que suelen hacer es «la litispendencia como causa de inadmisión del recurso contencioso-administrativo aparece explícitamente contemplada en el art. 67. d) de la actual Ley de la Jurisdicción Contencioso-Administrativa y su finalidad y naturaleza son coincidentes con los de la cosa juzgada, en cuanto está dirigida a evitar que sobre una misma controversia pueden ser dictadas dos resoluciones jurisdiccionales distintas y contradictorias» [101].

No obstante, también existe jurisprudencia en sentido contrario y un ejemplo de ello es el ATS 1856/2004, de 17 de febrero (FJ IX e):

«(...) El artículo 110 de la Ley 29/1998, de 13 de julio, no dice expresamente que la situación de controversia en vía administrativa o procesal de litispendencia de los interesados sea un requisito para la extensión de los efectos de la sentencia a situaciones jurídicas idénticas que se hallan pendientes de resolución ante la propia Administración o ante los Juzgados o las Salas de lo Contencioso-Administrativo de los Tribunales Superiores de Justicia o de la Audiencia Nacional e incluso del propio Tribunal Supremo. Sin embargo, se deduce "*a sensu contrario*" que no es tal requisito, por el apartado 5 del artículo 110, referido, que dispone: "El incidente se desestimará, en todo caso, cuando existiera cosa juzgada (...)", luego en tanto no se dé tal circunstancia, es decir en tanto exista controversia o "litispendencia" sí es posible la aplicación del artículo 110. La Sala no cree, en consecuencia, que sea necesario para aplicar el artículo 110, desistir previamente de las reclamaciones económico-administrativas o del recurso contencioso-administrativo en tramitación, supuesto de que tales situaciones de pendencia se dieran en este caso, situación que ignora la Sala, porque si, así fuera, los interesados quedarían indefensos, ante la eventualidad de que se les negara la aplicación del artículo 110. Ahora bien, si se les concede, nos hallaremos ante una modalidad de terminación del procedimiento distinto a los tradicionales de desistimiento, allanamiento, satisfacción extraprocesal, caducidad, y el nuevo de conciliación».

---

presentar varias demandas contenciosas de diferentes personas en la misma situación en distintos juzgados, esperar el resultado favorable de alguna de ellas y con esa resolución favorable ya en la mano, desistirse de las demás y pedir en ese juzgado que ha concedido la resolución favorable que se extienda los efectos de la misma a los restantes solicitantes.

101. STS 2080/2008, de 16 de abril (FJ IV). Más adelante esta STS continúa:
*«(...) Es cierto que el legislador solo alude a la cosa juzgada como causa de desestimación del incidente, pero dada la naturaleza de la litispendencia una interpretación sistemática del art. 110 en relación con los artículos 37, 111, 69 d) y 72 obliga a entender que no es posible acceder a la solicitud de extensión cuando la parte instante del incidente mantiene en tramitación otro procedimiento en el que está ejercitando la misma pretensión con la Administración demandada». En igual sentido se expresan multitud de Sentencias del Tribunal Supremo como la STS 1457/2013, de 3 de abril (FJ II), la STS 3010/2012, de 26 de abril (FJ II) o la STS 7053/2007, de 3 de octubre (FJ IV). Esta es la opinión mantenida también por ciertos autores: vid. AYALA MUÑOZ, José María et al., Comentarios a la Ley..., op. cit., pág. 1212. Este autor lamenta la ausencia legislativa de referencias a la litispendencia como efecto obstativo de una potencial extensión.*
*No obstante, existen opiniones contrarias a esta corriente. Vid. por ejemplo BAEZA DÍAZ-PORTALES, Manuel José, «Extensión de los efectos de las sentencias a terceros...», op. cit., pág. 12.*

En el mismo sentido, el TSJ de la Comunidad Valenciana en su STSJ de 12 de noviembre (STSJ CV 5610/2013, n.º rec. 683/2011), plantea la dificultad que tiene el potencial solicitante de ver correspondida su pretensión si entra en juego la institución de la litispendencia, pues solo podrá reclamarla si se desiste del procedimiento ordinario que hubiese instado. Así, en su FJ II dispone:

> «(...) No obstante, este Tribunal entiende que la lógica procesal conduce a posibilitar la extensión de efectos aún en el supuesto de estar en tramitación un procedimiento jurisdiccional con el mismo objeto, pues una vez obtenida la extensión, pierde su objeto la prosecución de este procedimiento, ya que la pretensión en él entablada por el solicitante ha sido plenamente satisfecha con la referida extensión de efectos, por lo que es racionalmente presumible que la consecuencia inmediata será el desistimiento del pleito en curso. Por lo demás, la exigencia de llevar a cabo este desistimiento de forma anticipada o simultánea a la petición de extensión, como requisito procedimental para solicitar ésta, entendiendo que nada impediría —caso de ser rechazada la petición de extensión— plantear de nuevo el proceso desistido, no toma en consideración, amén de los costes procesales que conlleva iniciar de nuevo el recurso jurisdiccional, el hecho de tener que retomar en su fase inicial el procedimiento con pérdida de los trámites más avanzados en que aquel podría ya encontrarse cuando se forzó el desistimiento».

Sin embargo, la mayoría de las interpretaciones, tanto jurisprudenciales como doctrinales, consideran que existe litispendencia y, por tanto, no es posible la iniciación de un procedimiento de extensión de efectos mientras exista un procedimiento ordinario en curso o viceversa. Traemos aquí la visión de DE ANDRÉS CAMAZÓN cuando plantea que el continuar con los dos caminos puede ser una forma de contribuir a preservar el riesgo a evitar con la litispendencia: «la existencia de dos resoluciones distintas y contradictorias»[102].

Por último, otro de los problemas que se nos presenta en esta materia es la posibilidad de que en relación con el asunto objeto de la extensión de efectos

102. Este autor plantea la posibilidad de adoptar la solución prevista en los artículos 37.2 y 111 de la LJCA para los *pleitos testigo* «en los cuales se prevé la posibilidad de suspender la tramitación de los recursos con idéntico objeto y, una vez resuelto el procedimiento preferente, dar la posibilidad de que las partes interesen la extensión de efectos o bien continúen con la tramitación del pleito suspendido. También en estos casos de *pleitos espejo* existe litispendencia y, aun así, el legislador claramente ha optado por posibilitar la vía de extensión de efectos del artículo 110 de la LJCA. Con ello se evitaría, además, el tratamiento desigual en el que se coloca a aquellos administrados que se vieron obligados a acudir a la jurisdicción para evitar la firmeza de las decisiones administrativas, obligándolos a soportar la carga y el coste de la tramitación de un procedimiento judicial completo, así como a esperar a la resolución judicial correspondiente para conseguir satisfacción a su pretensión, y arriesgándose a que, a la postre, la solución de su caso se separe de aquella cuyos efectos se quieren extender. De esta manera, se salva la litispendencia, se simplifica la tramitación procedimental en aras del principio de economía procesal y se combate el riesgo de que procedimientos con pretensiones idénticas puedan concluir con sentencias diferentes». Cfr. DE ANDRÉS CAMAZÓN, Carmelo, «Extensión de efectos de sentencia firme y litispendencia en el ámbito tributario: ¿una cuestión correctamente resuelta?», en *Uría.com*, 11 de mayo de 2023.

exista litispendencia en un órgano superior a aquel que dictó la sentencia a extender. En este caso, y con la vigente regulación, esta circunstancia no impide que se lleve a cabo la petición de extensión de efectos[103].

### 4.3.2. ¿Solicitud de extensión durante un procedimiento en curso?

En relación con los supuestos donde podría esgrimirse una situación de litispendencia ha de plantearse una nueva hipótesis. Se trata de la posibilidad de que dentro de un procedimiento contencioso-administrativo (sea ordinario o abreviado, en su caso) ya en curso, pueda esgrimirse a instancia de parte una solicitud de extensión de efectos, modificando así el cauce normal del procedimiento en sede contenciosa. Pero, ¿sería factible el uso de esta figura fuera de su lugar natural? ¿Conllevaría una situación de litispendencia? ¿Sería compatible con el lugar que ocupa actualmente en la Ley la extensión de efectos?

Como vemos, son numerosos los interrogantes que se plantean y que se suman a los propios de esta institución. Vayamos por partes. Desde el punto de vista teleológico, esta opción tiene mucho sentido. Es absurdo obligar a un juez que termine el procedimiento que se empezó sin tener constancia de una sentencia más favorable a los intereses del administrado cuando es la propia Ley la que instauró un sistema de agilización novedoso y que parece que aún no ha dado los frutos esperados. De hecho, como hemos visto en capítulos anteriores, el art. 37.2 LJCA establece un sistema parecido a esta situación que planteamos, sistema que puede ser instado por las partes o llevarse a cabo de oficio. No obstante, desde un punto de vista técnico el escenario se complica.

El presupuesto es el siguiente: un administrado mantiene un pleito con una Administración Pública (siempre claro está de las materias incluidas en el art. 110.1 LJCA). En el curso del procedimiento este administrado tiene conocimiento de una sentencia que, cumpliendo los requisitos procesales de la extensión de efectos (identidad de situaciones, plazo, competencia, no concurrencia

103. De nuevo la Sección Especial para la reforma de la Ley de la Jurisdicción Contencioso-Administrativa de la Comisión General de Codificación en el documento de marzo de 2013 titulado: «Informe explicativo y propuesta de anteproyecto de ley de eficiencia...», *op. cit.*, pág. 57, llamaba la atención sobre este punto indicando que: «considera necesario impedir la extensión de efectos cuando sobre la cuestión en controversia exista litispendencia en un órgano superior respecto de aquel que dictó la sentencia cuya extensión de efectos se pretende», proponiendo que se incluyera en el art. 110 LJCA una causa de suspensión sobre la petición de solicitud de extensión de efectos cuando, sobre el asunto en cuestión, aunque ya hubiese sentencias firmes, se estuviesen tramitando recursos ante las Salas de lo Contencioso-Administrativo de la AN o del TSJ de la Comunidad Autónoma. Una cuestión en la línea con las modificaciones que ha incluido el Real Decreto-ley 5/2023, de 28 de junio, por el que se adoptan y prorrogan determinadas medidas de respuesta a las consecuencias económicas y sociales de la Guerra de Ucrania, de apoyo a la reconstrucción de la isla de La Palma y a otras situaciones de vulnerabilidad; de transposición de Directivas de la Unión Europea en materia de modificaciones estructurales de sociedades mercantiles y conciliación de la vida familiar y la vida profesional de los progenitores y los cuidadores; y de ejecución y cumplimiento del Derecho de la Unión Europea.

de situaciones desestimatorias etc.) obtiene la situación que él está implorando, ¿podría utilizar la extensión de efectos? Y si es así, ¿en qué momento procesal debe hacerlo?

Lo primero que llama la atención es la paradoja de que, a pesar de ser dos procesos absolutamente diferentes (uno de la fase declarativa y el otro, por su ubicación legal, perteneciente a la fase de ejecución), se pudieran fusionar, al estar ambos destinados a un mismo sujeto/administrado aunque, si bien, el *petitum* de la reclamación en ambos casos es distinto, la solución buscada es la misma. Se produciría una circunstancia muy parecida a la que se origina con el aporte de jurisprudencia en la fase probatoria pero con un detalle clave y diferenciador: con la extensión de efectos se resolvería el procedimiento que debería acabar mediante auto y no con una sentencia. Asimismo, la sentencia de contraste no sería un mero elemento probatorio, sino que serviría de punto de partida al Tribunal para poder hacer la declaración de extensión de efectos. De igual forma, se pudiera pensar que se está produciendo un cambio en el objeto del recurso, cambio que como recuerda el TSJ de Madrid[104] ninguna norma procesal autoriza. Sin embargo, consideramos que este obstáculo ha de ser salvado al entender que se trata del mismo acto el que se impugna pero mediante dos mecanismos distintos («la otra vía reclamatoria» a la que hacía referencia el Juzgado de lo Contencioso-Administrativo de Santander al que aludíamos anteriormente).

Pese a la peculiar situación que se plasma, si atendemos al texto legal, en ningún momento el art. 110 LJCA excluye esta posibilidad. Además, las condiciones temporales solo se circunscriben a la sentencia de contraste. A nuestro parecer el obstáculo principal viene de la posición de esta figura en la Ley, ya que el art. 110.1 expone que:

> «En materia tributaria, de personal al servicio de la Administración pública y de unidad de mercado, los efectos de una sentencia firme que hubiera reconocido una situación jurídica individualizada a favor de una o varias personas podrán extenderse a otras, en ejecución de la sentencia, cuando concurran las siguientes circunstancias...»[105].

En nuestra opinión, a pesar de la referencia expresa al momento ejecutivo, no tiene sentido que el abrir un procedimiento nuevo en el que el demandante de origen ya deja de ser la parte principal y donde hay nueva parte demandante y nuevos trámites, haya de ser obligatoriamente en la fase de ejecución de la sentencia de origen porque, realmente, nada de esta sentencia va a ser ejecutable con este procedimiento, sino que lo que se está haciendo es derivar hacia

104. STSJ Madrid 1760/2006, de 11 de diciembre (FJ I).
105. El subrayado es nuestro.

otro sujeto unos efectos reflejos de esta sentencia de contraste[106]. Así, entendemos que el momento procesal en el que la extensión se solicite ha de ser independiente del curso que lleve la sentencia de origen, siempre que la misma sea firme y reconozca una situación jurídica individualizada. Es en esta hipótesis donde más claramente se observa la complejidad de la figura de extensión de efectos en lo que a requisitos se refiere, puesto que encontramos, como acabamos de decir, requisitos que pertenecen a la sentencia de origen (firmeza y reconocimiento de situación jurídica individualizada); restricciones a nivel material (únicamente materias de personal, tributaria y unidad de mercado); condiciones objetivas del solicitante (o subjetivas según se considere la identidad de situaciones); requisitos puramente procesales (competencia, plazo) y, como no podía ser de otra forma, condiciones procedimentales. Sin embargo, no debemos obviar que la extensión de efectos se ha configurado en la Ley como un procedimiento específico en fase de ejecución de sentencia por lo que consideramos que bastaría con la modificación del lugar que ocupa actualmente el art. 110 LJCA o, simplemente suprimir esa expresión «en ejecución de sentencia» del mencionado artículo. A renglón seguido es el efecto de litispendencia el que puede alterar el planteamiento. Sin embargo, creemos que esta excepción ha de ser superada ya que, a diferencia de lo que ocurre cuando se abre una extensión de efectos y luego se plantea un recurso contencioso-administrativo, aquí verdaderamente no estamos interponiendo un nuevo procedimiento, sino que estamos integrando uno con el otro, con todo el ahorro que ello conllevaría.

No obstante, no hemos encontrado en la jurisprudencia ningún ejemplo de este particular, pues lo que se suele hacer en la práctica es, como hemos mencionado, desistir del procedimiento ordinario en curso y, cerrado éste, solicitar la extensión de efectos como procedimiento diferenciado (o, más bien, al revés, por la complejidad aparejada a la extensión de efectos).

### 4.4. LA DURACIÓN DEL PLAZO

Por último, y respecto a la duración del plazo en sí, la doctrina tampoco ha sido pacífica[107]. Si bien, ha de reconocerse que con el paso de los años se ha ido acercando mayoritariamente a la consideración del plazo de un año como período

106. Respecto a la tesis de los efectos reflejos, *vid.* ROSENDE VILLAR, Cecilia, *La Eficacia Frente a Terceros de las Sentencias Contencioso-Administrativas*, *op. cit.*, págs. 160 y 161 y, también de la misma autora: «Efectos directos y reflejos de la sentencia», en *Revista chilena de derecho*, vol. 28, núm. 3, 2001, págs. 489-507.

107. GONZÁLEZ-VARAS IBÁÑEZ, Santiago, Tratado de Derecho Administrativo, Vol. III: Contencioso-Administrativo (adaptado a las últimas reformas de la Ley de la Jurisdicción Contencioso-Administrativa), Cizur Menor (Navarra), 2012, pág. 901 expone que: «este último presupuesto temporal del plazo de un año, fue valorado negativamente por el Informe al Anteproyecto de Ley reguladora de la jurisdicción c-a del CGPJ, por constituirse en una

razonable[108], frente a los dos meses que establece la Ley para la interposición de los recursos contenciosos administrativos, sobre todo, por la dificultad que entraña para el potencial solicitante tomar conciencia de la sentencia de contraste[109]. Este acercamiento se ha producido principalmente en aras del cada vez más debilitado[110] principio de seguridad jurídica, pero también como exclusión de otros plazos generales que pudieran ser más extensos.

Algunas veces se ha intentado acreditar el cumplimiento del requisito temporal acudiendo a la legislación general administrativa. Este fue el caso que se produjo en la SAN 4508/2017, de 10 de noviembre (n.º rec. 17/2017), donde la recurrente pretendía que se estimara una extensión de efectos que fue desestimada en la instancia por extemporánea, aludiendo a que no podía considerarse de tal forma puesto que se había basado en la aplicación supletoria del art. 16.4 b) de la LPACAP.

Debemos atender a la respuesta del Tribunal que es clara y no deja lugar a dudas. En la misma SAN FJ III establece:

> «(...) En cuanto a la pretendida aplicación supletoria al ámbito jurisdiccional de lo preceptuado en la LPACAP 39/2015 en relación a la presentación de los escritos dirigidos a la Administración, no solo no está dispuesta normativamente (la Disposición Final Primera de la LJCA reserva este carácter a la LECivil) y, además, la supletoriedad solo entra en juego en lo "no previsto" siendo que en la Ley Jurisdiccional, al efecto el art. 110-2 de la LJCA, es terminante en señalar que la solicitud deberá dirigirse directamente al órgano jurisdiccional competente que hubiera dictado la resolución de la que se pretende que se extiendan los efectos

---

excepción frente a los plazos generales para interponer recursos contencioso-administrativos que puede convertirse en un mecanismo para eludir la extemporaneidad de los recursos de todos aquellos que no han manifestado en tiempo debido su intención de acudir a la jurisdicción para hacer valer sus pretensiones».

Sin embargo, AYALA MUÑOZ. José María *et al., Comentarios a la Ley..., op. cit.*, pág. 1213, considera que: «el plazo de un año que se fija para formular la solicitud de la extensión no viene sino a restringir otros de mayor amplitud temporal en que pudiera apoyarse el interesado».

108. En esta posición se sitúan entre otros: PALOMAR OLMEDA, Alberto (dir.), *Tratado de la Jurisdicción Contencioso-Administrativa, Tomo IV: ejecución de sentencias y disposiciones comunes*, Aranzadi, Navarra, 2008 pág. 305; SANTAMARÍA PASTOR, Juan Alfonso, *La Ley reguladora de la Jurisdicción Contencioso-Administrativa, op. cit.*, pág. 1158, etc. También hay que hacer constar aquí lo que recogió MAGALDI, Nuria («La extensión de los efectos de las sentencias» en EZQUERRA HUERVA Antonio [dir.] y OLIVÁN DEL CACHO, José Javier [dir.], *Estudio de la Ley..., op. cit.*, pág. 1050, nota al pie n.º 72): «No obstante, debe indicarse que tanto el Consejo de Estado (en el informe que hizo al Anteproyecto de ley) como el Grupo Parlamentario Coalición Canaria (mediante presentación de enmienda que fue rechazada en trámite de Ponencia), estimaron que el plazo para solicitar la extensión debía ser el general del artículo 46 LJCA, alegando que, de otro modo, podría usarse el incidente como vía para eludir la extemporaneidad».
109. Ibíd., pág. 1049.
110. El análisis a las razones de esta fragilidad puede verse en LUNA SERRANO, Agustín, *La seguridad jurídica..., op. cit.*, págs. 404 y ss.

(no exige ya que previamente se solicite la extensión de efectos a la Administración a diferencia la redacción anterior a la LO 19/2003, de 23 de diciembre, que si lo preceptuaba) (...). Por ello es manifiesto que el escrito solicitando la extensión de efectos no erraba en el órgano al que había de dirigirse, pero debería haberse presentado, directamente, ante el Juzgado Central de lo Contencioso-Administrativo (Servicio Común) con fecha límite 11-1-2017 lo que no ha ocurrido».

Como vemos, la AN es tajante y, por supuesto, nuestra postura es la misma que adopta esta Sala[111].

En nuestra opinión, este plazo de un año respeta la finalidad del procedimiento de extensión que en otras condiciones (por ejemplo, en el caso de que se tomarán como referencia los plazos prescriptivos generales[112]), podría dilatarse en el tiempo llevándole a perder esa función rápida y agilizadora que buscó el legislador de 1998 al introducirlo novedosamente como mecanismo procesal ya que, incluso siendo así, estos procedimientos se eternizan por la dificultad intrínseca de comprobaciones que requieren.

De hecho, esta fue la opinión del TS en su STS 5567/2007, de 19 de julio, FJ III, donde queda claro la independencia del plazo de la extensión de efectos del plazo de prescripción del derecho sustantivo:

> «Procede aceptar el primer motivo de casación, toda vez que la solicitud de extensión ante la Administración debía ser formulada, según la letra c) del art. 110.1 de la Ley Jurisdiccional, antes de la reforma dada por la Ley Orgánica 19/2003, de 23 de diciembre, en el plazo de un año desde la última notificación de la sentencia a extender, plazo que fue inobservado en este caso dado que la notificación de la sentencia tuvo lugar a todas las partes el 4 de febrero de 1999, no iniciándose la vía administrativa de extensión hasta el 14 de abril de 2000.
>
> Podía alegarse que este plazo resulta corto, ya que en ocasiones no será fácil tener un pronto conocimiento de la sentencia favorable a un tercero que permita acudir a este procedimiento, por lo que se ha defendido por un sector doctrinal ampliar el plazo al de prescripción del derecho, como ocurre respecto al procedimiento para la devolución de ingresos indebidos. Sin embargo, nos encontramos ante una opción del legislador, aparte de que expirado ese plazo de un año nada obsta la impugnación autónoma del acto en cuestión con arreglo a las reglas generales, si se está en plazo.

111. De hecho, la mencionada SAN continua en unos términos aún más incisivos: «(...)Una cosa es que los requisitos procesales se deban aplicar en el sentido más favorable a la efectividad del derecho a la tutela judicial, que es lo que propugna la doctrina constitucional y del TEDH, y otra bien distinta es que se quiera soslayar su injustificado incumplimiento con las consecuencias derivadas, cuando además, como en el caso de autos, es insubsanable e imputable exclusivamente a la dejadez del promotor».

112. *Vid.* DE LA VALLINA VELARDE José Luis y DE LA VALLINA MARTÍNEZ DE LA VEGA Luis, «Extensión ultra partem de los efectos de las sentencias del orden Contencioso-Administrativo», *op. cit.*, pág. 1740.

> Tampoco cabe oponer que el *dies a quo* para el cómputo del plazo anual debe ser desde la notificación de la declaración de firmeza de la sentencia, porque el mismo precepto señalaba que si se hubiere interpuesto recurso en interés de la Ley o de revisión, este plazo se contará desde la última notificación de la resolución que ponga fin a éste.
>
> Es cierto que si se interpone recurso de casación en interés de la Ley o el de revisión, el "*dies a quo*" quedaba pospuesto a la notificación de la resolución de estos recursos, pero no lo es menos que todo ello no impedía que fuese solicitada la extensión en el plazo de un año desde la última notificación de la original sentencia, porque los terceros no tienen por qué conocer la interposición de tales recursos, y ello "sin perjuicio de que, una vez acreditada la interposición de aquellos recursos, permanezca en suspenso la tramitación del incidente", como señalaba el segundo apartado del art. 110.5.»[113].

En lo referente a un hipotético aumento del plazo para instar la solicitud, no debemos olvidar lo que venimos reiterando *ut supra*: nos encontramos ante un proceso alternativo a la impugnación contencioso-administrativa normal que permite al administrado recurrir por dos vías diferentes. Nada impide que se interponga un recurso contencioso-administrativo autónomo que se sustancie por los cauces ordinarios. Sería absurdo y repetitivo que ambos procesos durasen el mismo tiempo cuando uno ha de empezar desde el principio y el otro ya comienza en la fase final, siendo precisamente su *ratio legis* la economía procesal. En aras del respeto a las garantías en la ejecución de sentencias, no tendría sentido ninguno, en un sistema basado en la seguridad jurídica, que la fase ejecutoria de la tramitación procesal quedase permanentemente abierta a la espera de una posible solicitud de extensión de efectos de sentencias firmes. No obstante, si entendemos que la extensión de efectos de sentencias firmes no es un mecanismo procesal acotado a la ejecución, a lo mejor podría plantearse, primando los principios de eficacia y eficiencia, que no existiera un límite temporal para la solicitud más allá de la caducidad de la acción.

## 5. REFLEXIONES FINALES

Si bien es cierto que los requisitos para la aplicación de la figura son bastante discutidos en su aplicación, los presupuestos procesales no encierran una gran problemática. En relación con la capacidad, la legitimación (con algunas especialidades) y la postulación concluimos que se aplican las normas generales. Sin embargo, la cuestión se complica respecto a los presupuestos procesales del órgano y el plazo. En este punto se observa de nuevo la importancia de delimitar la naturaleza jurídica de la extensión, pues de ella va a derivar la interpretación del órgano competente para el conocimiento de la misma. De todas formas, entendemos, junto a la doctrina mayoritaria, que la estricta configuración competencial se debe al intento de evitar un recorrido judicial por parte del interesado hasta encontrar el juzgado más favorable a sus pretensiones.

113. Con el mismo contenido, *vid.* STS 5563/2007, de 19 de julio (FJ II).

Si bien han de considerarse verdaderos requisitos procesales las causas desestimatorias que recoge el apartado quinto del artículo 110, hemos optado por analizarlas en capítulos posteriores de esta obra por dos motivos: a nivel formal, por su posición en el articulado y, a nivel de fondo, por su importancia para la institución.

# *Capítulo IV*

# El mecanismo procedimental del artículo 110

SUMARIO: 1. EL PROCEDIMIENTO DE EXTENSIÓN DE EFECTOS DE SENTENCIAS FIRMES. *1.1. Carácter plenamente judicial de la solicitud. 1.2. Primera fase del procedimiento.* 1.2.1. Interposición de la solicitud. Características del escrito de petición. 1.2.1.1. Aspectos generales. 1.2.1.2. La posibilidad de subsanación . 1.2.1.3. La imposibilidad de ampliación del objeto. 1.2.1.4. Documentación necesaria. 1.2.1.5. Posibilidad de publicación de la interposición de la solicitud de extensión de efectos de sentencias firmes. *1.3. Segunda fase del procedimiento.* 1.3.1. Juicio de comparabilidad: la necesidad de probar la identidad. 1.3.1.1. Problemática de origen. 1.3.1.1.1. Carga de la prueba. 1.3.1.2. Remisión de antecedentes/expediente y requerimiento ineludible de informe no vinculante. 1.3.1.3. Alegaciones. 1.3.1.3.1. Plazo. 1.3.1.3.2. Trámite de audiencia. 1.3.1.3.3. ¿Quiénes pueden presentar alegaciones? 1.3.1.3.4. Forma del emplazamiento. 2. INADMISIÓN DE LA EXTENSIÓN DE EFECTOS DE SENTENCIAS FIRMES. *2.1. Posibilidad de inadmisión de la solicitud de extensión de efectos de sentencias firmes. 2.2. Momento procesal y forma de la inadmisión.* 3. ACUMULACIÓN DE SOLICITUDES DE EXTENSIÓN DE EFECTOS DE SENTENCIAS FIRMES POR PARTE DE DISTINTOS RECURRENTES. 4. EXTENSIONES DE EFECTOS DE SENTENCIAS FIRMES «VELADAS». 5. FINALIZACIÓN DEL PROCEDIMIENTO DE EXTENSIÓN DE EFECTOS DE SENTENCIAS FIRMES. 6. PROCEDIMIENTO ORDINARIO CONTENCIOSO-ADMINISTRATIVO VS EXTENSIÓN DE EFECTOS DE SENTENCIAS FIRMES.

## 1. EL PROCEDIMIENTO DE EXTENSIÓN DE EFECTOS DE SENTENCIAS FIRMES

### 1.1. CARÁCTER PLENAMENTE JUDICIAL DE LA SOLICITUD

Desde su inclusión en el sistema de justicia en 1998, con la entrada en vigor de la LJCA, el procedimiento para la solicitud de la extensión de efectos de sentencias firmes contencioso-administrativas ha variado sustancialmente. Puede hacerse esta afirmación si tenemos en cuenta que desapareció la vía previa administrativa[1] (que exigía un acto administrativo precedente) modificándose los apartados segundo y tercero del art. 110 LJCA, puntos clave para el desarrollo de un posible uso de este instrumento[2].

Asimismo, posteriormente, también ha variado el apartado cuarto para adaptarse a la reforma de la legislación procesal que tuvo lugar como consecuencia de la implantación en España de la nueva Oficina judicial[3]. De esta forma, el procedimiento mixto (GONZÁLEZ-VARAS[4] hablaba de «solución intermedia o de equilibrio») que se propugnaba con la entrada en vigor de la LJCA se ha convertido en un procedimiento de carácter exclusivamente judicial[5], como vemos en el apartado segundo del art. 110 LJCA:

> «La solicitud deberá dirigirse directamente al órgano jurisdiccional competente que hubiera dictado la resolución de la que se pretende se extiendan los efectos».

---

1. Que estuvo vigente desde la entrada en vigor de la LJCA (1 de enero de 1999) hasta el 15 de enero de 2004. Artículo 110 redactado por el apartado ocho de la disposición adicional decimocuarta de la LO 19/2003, de 23 de diciembre, de modificación de la LO 6/1985, de 1 de julio, del Poder Judicial. (El silencio administrativo en esta vía previa era de carácter negativo).
2. Desaparece la mención a la regulación por los trámites de los incidentes, estableciéndose un trámite particular y específico en el propio art. 110 LJCA. Anteriormente, eran los arts. de la antigua LEC destinados a los incidentes los aplicables al procedimiento, puesto que el art. 109 LJCA regula la posibilidad de promover incidente en el contencioso-administrativo, pero de una forma sucinta.
3. Número 4 del artículo 110 LJCA redactado por el apartado cuarenta y nueve del artículo decimocuarto de la Ley 13/2009, de 3 de noviembre, de reforma de la legislación procesal para la implantación de la nueva Oficina judicial.
4. Cfr. GÓNZALEZ-VARAS IBÁÑEZ, Santiago, *Tratado de Derecho Administrativo*, *op. cit.*, pág. 902.
5. De nuevo aquí la Sección Especial para la reforma de la LJCA de la Comisión General de Codificación en el: «Informe explicativo y propuesta de anteproyecto de ley de eficiencia...», *op. cit.*, hacía algunas precisiones. Consideraba ineficiente el sistema actual y pretendía volver al sistema anterior recogido en la original redacción del artículo 110 donde se establecía en su apartado segundo que: «La solicitud deberá dirigirse a la Administración demandada. Si transcurrieren tres meses sin que se notifique resolución alguna o cuando la Administración denegare la solicitud de modo expreso, podrá acudirse sin más trámites al Juez o Tribunal de la ejecución en el plazo de dos meses, contados desde el transcurso del plazo antes indicado o desde el día siguiente a la notificación de la resolución denegatoria». En nuestra opinión, el citado Anteproyecto estaba pretendiendo conjugar la vía judicial con la vía administrativa y crear un cuasi sistema judicial de carácter administrativo en aras de lograr una mayor eficiencia. Es cierto que el sistema antiguo poseía rasgos muy positivos como la descarga de trabajo a los Tribunales y la posible corrección de errores en el seno administrativo, pero no se debe olvidar que la vuelta a la redacción original (como pretendía la Sección) debía conllevar asimismo una reforma en el seno de la Ley reguladora del procedimiento administrativo para amoldar ambos sistemas a la situación actual ya que, esta reforma, tendría un marcado carácter administrativo y no propiamente judicial. Implementación que hasta ahora no se ha producido ni siquiera con la entrada en vigor de la Ley de Procedimiento Administrativo (Ley 39/2015, de 1 de octubre, del Procedimiento Administrativo Común de las Administraciones Públicas), que nada dice acerca de esta problemática.

Nos encontramos ante un procedimiento específico dentro de la regulación de la ejecución de sentencias en el orden contencioso-administrativo, caballo de batalla durante muchos años de la Administración de Justicia española, a pesar de que, como hemos visto *ut supra*, el carácter propio del procedimiento en puridad sea el declarativo. En principio (a pesar de encontrarnos en el ámbito contencioso-administrativo), como ha manifestado la doctrina[6] la solicitud de extensión de efectos pertenece al ámbito de la justicia rogada. Todo ello sin excluir la posible intervención de la Administración como medio para salvaguardar su derecho de defensa[7].

No obstante, debemos hacer la precisión siguiente: puede pensarse que, si como venimos expresando este instrumento busca conseguir la ansiada economía procesal, podría darse la situación de que fuera el juez (siempre potestativamente) el que, encontrándose dos casos idénticos pudiera dar a conocer a la nueva parte que acaba de interponer un recurso contencioso-administrativo que existe la posibilidad de pedir una extensión de efectos de una sentencia anterior que es firme y que pertenece a ese Juzgado, por lo que el mismo sería competente y podría llevarse a buen puerto la referida extensión. En un principio puede parecer apropiado desde el punto de vista teórico, aunque no debemos olvidar

---

De todas formas, existen opiniones contrarias a esta modificación como vemos, por ejemplo, en ALONSO MAS, María Josefa, «Reflexiones sobre la nueva regulación de la extensión de los efectos de las sentencias», *op. cit.,* pág. 279 o ARNALDO ALCUBILLA, Enrique, y FERNÁNDEZ VALVERDE, Rafael, *Jurisdicción contencioso-administrativa..., op. cit.*, que en su pág. 974 exponen: «Resulta más acorde con la naturaleza y finalidad del incidente dirigir la solicitud directamente al órgano judicial, eliminando la vía administrativa previa, que solía ser una fase inútil al concluir generalmente con la desestimación presunta de la solicitud». En igual sentido BAEZA DÍAZ-PORTALES, Manuel José, «Extensión de los efectos de las sentencias a terceros...», *op. cit.*, pág. 14, manifiesta: «Entiendo que esta modificación constituye un importante acierto del legislador, pues supone la supresión de un trámite que, a tenor de la práctica administrativa existente con la anterior regulación (en la inmensa mayoría de los casos se denegaba en vía administrativa la extensión), se había revelado como inútil. Con ello se acorta considerablemente la respuesta judicial a las solicitudes de extensión».

Asimismo, voces doctrinales se manifestaban a favor de esta vía administrativa previa: «el acudir a esta vía administrativa previa, aparte de otras razones de índole conceptual, responde a motivos de orden práctico, de economía procedimental, al permitir el reconocimiento de la pretensión por la propia Administración (en trámite que guarda similitud si se quiere con la ejecución voluntaria del fallo), si es que dispone de potestad para revocar el acto anterior, del que han podido derivarse derechos a favor de terceros.» (cfr. DE LA VALLINA VELARDE José Luis y DE LA VALLINA MARTÍNEZ DE LA VEGA Luis, «Extensión ultra partem de los efectos de las sentencias del orden Contencioso-Administrativo», *op. cit.*, págs. 1741 y 1742).

6. Como, por ejemplo, ponen de manifiesto PALOMAR OLMEDA, Alberto (dir.), *Tratado de la Jurisdicción Contencioso-Administrativa, Tomo IV, op. cit.,* pág. 317, AYALA MUÑOZ, José María *et al., Comentarios a la Ley..., op. cit.*, pág. 1216; MARTÍNEZ ALARCÓN, M.ª de la Luz, en MORENO MOLINA, José Antonio, (dir.) *et al., Procedimiento y Proceso Administrativo Práctico, op. cit.,* pág. 989.

7. Cfr. DE MIGUEL PAJUELO, Francisco, «La extensión A Terceros de los Efectos de la Sentencia», en PALOMAR OLMEDA, Alberto (dir.) et al., *Tratado de la Jurisdicción..., op. cit.*, pág. 944.

las normas de protección de datos etc. (problemas referidos a la acreditación del requisito de la identidad, carga de la prueba...) que harían muy improbable en la práctica esta hipotética posibilidad.

Como sabemos, el desarrollo del procedimiento para instar la extensión de efectos de una sentencia firme viene establecido en el citado artículo 110 LJCA. Al medio de llevar a cabo la solicitud y su avance posterior se dedican los apartados segundo, tercero, cuarto y en cierta medida, el punto sexto[8].

Para PÉREZ DEL BLANCO[9] se trata de un procedimiento sencillo, pues consta únicamente de dos trámites: por un lado, la petición y por otro, la audiencia a los interesados. No compartimos la opinión de este autor, ya que entendemos que la mera acreditación de la identidad y de la no concurrencia de los supuestos de desestimación (a los que atenderemos más adelante) ya conforma de por sí una complicación para el solicitante con lo que, obtener la sentencia originaria, estar en plazo y poder presentar la extensión a nivel competencial hacen que el sistema de extensión se dificulte en alto grado. En la misma línea de PÉREZ DEL BLANCO se encuentra SANTAMARÍA PASTOR[10] que considera que la LJCA ha diseñado un esquema procedimental absolutamente sumario, a pesar de que, en su concepción generalista, no posea para la doctrina este carácter[11].

Aunque no tenga una parte muy activa en nuestro estudio, es necesario en estas palabras introductorias hacer una breve referencia al papel del demandante originario en la sentencia que sirve de base para la posterior solicitud de extensión. Con relación a lo que esto supone en el seno del procedimiento ordinario en el que se fundamenta la pretensión, es muy clarificador el AAN

8. La propia sistemática del artículo ha sido criticada por la doctrina. Por ejemplo, AYALA MUÑOZ, José María *et al.*, *Comentarios a la Ley..., op. cit.*, pág. 1210 expone: «(...) conviene destacar que quizá hubiera sido más correcto, desde el punto de vista técnico, regular los presupuestos materiales en sede de efectos de las sentencias, concretamente en el art. 72.3, relegando a este art. 110 únicamente aquellas cuestiones de marcado cariz procesal o adjetivo, tal como, con mejor técnica, hace el art. 111 de esta misma Ley».

9. *Vid.* PÉREZ DEL BLANCO, Gilberto, «La extensión subjetiva de los efectos de la sentencia administrativa en los supuestos de litigios en masa», *op. cit.*, pág. 101.

10. *Vid.* SANTAMARÍA PASTOR, Juan Alfonso, La Ley reguladora de la Jurisdicción Contencioso-Administrativa..., *op. cit.*, pág. 1159.

11. Entendemos que la sumariedad a la que alude este autor es la referida a la previsión de plazos más cortos y a la limitación del objeto procedimental (en relación con la sumariedad: *vid.* FUENTETAJA PASTOR, Jesús Ángel, en BACIGALUPO, Mariano, *et al.*, *Introducción a la Jurisdicción Contencioso-Administrativa, op. cit.*, pág. 191). En nuestra opinión, la sumariedad del procedimiento se encuentra en entredicho cuando el plazo para la interposición de la extensión de efectos es un año en virtud de lo establecido en el art. 110 LJCA y existen tantas trabas a la hora de la concesión de la potencial extensión. De hecho, al comparar el procedimiento establecido en el art. 110 LJCA con el de protección sumaria de los derechos fundamentales del art. 114 LJCA y ss. se comprueba que las características de rapidez y urgencia que ofrece este último son mucho más acusadas que las del primero.

154/2013, de 23 de septiembre (FJ I)[12], puesto que delimita las consecuencias que tiene para el mismo la interposición, por un tercero, de una petición de extensión de efectos, aunque, en principio, nos encontremos en dos procedimientos absolutamente independientes. Además, nos muestra el camino a seguir por los trámites de esta figura, trámites que serán desarrollados en los apartados siguientes.

Dicho Auto expone:

> «Por otro lado, como expresamente señala el artículo 110.1, tal extensión de efectos se producirá "en ejecución de la sentencia", precisando el n.º 2 del precepto que "la solicitud deberá dirigirse directamente al órgano jurisdiccional competente que hubiera dictado la resolución de la que se pretende que se extiendan los efectos", lo que supone: primero, que el proceso se mantiene en su fase declarativa con su configuración procesal inicial sin que se altere el objeto, las partes y decisión del mismo; segundo, que la incorporación en la fase de ejecución, sin que puedan ejercitar otras pretensiones que afecten al objeto y decisión del proceso; tercero, que como consecuencia de lo anterior no pueden solicitar unos efectos distintos de los declarados en el fallo o, como dice el propio artículo 110.4, *in fine*, "no podrá reconocerse una situación jurídica distinta de la definida en la sentencia firme de que se trate"; y cuarto, que los requisitos que se establecen el artículo 110 se proyectan exclusivamente sobre la posibilidad de extensión de los efectos de la sentencia firme recaída en ese concreto proceso y no en otro distinto, por lo que la falta de concurrencia de los mismos determinará la denegación de la solicitud».

## 1.2. PRIMERA FASE DEL PROCEDIMIENTO

### 1.2.1. Interposición de la solicitud. Características del escrito de petición

#### *1.2.1.1. Aspectos generales*

Como ya se ha indicado en el apartado anterior y debido al carácter judicial que implica la norma, el apartado segundo del artículo 110 LJCA obliga a dirigir directamente la solicitud al órgano que hubiere dictado la resolución a extender, con lo que la propia disposición delimita totalmente la competencia de este instrumento procesal.

Respecto a su contenido, el art. 110 en su apartado tercero solo alude a la exigencia procesal de que la petición se haga en «escrito razonado», sin referencia alguna ni al contenido ni a la estructura que ha de tener éste[13].

12. En los mismos términos: AAN 182/2012, de 17 de septiembre y AAN 2015/2012, de 8 de octubre.

13. En lo referente a su contenido y, por analogía, debemos traer aquí lo dispuesto por la STS de 13 de noviembre de 1984, donde se contempla como necesaria la absoluta congruencia entre el escrito inicial de interposición del recurso y el suplico de la demanda, sin que en éste en modo alguno puedan solicitarse pretensiones ajenas a los actos administrativos

Por este motivo y teniendo en cuenta los aspectos que, sin duda, han de aparecer en el mismo (determinación de partes, hechos en los que se basa la petición, referencia al cumplimiento del requisito del plazo, identidad en la situación jurídica, no concurrencia de los presupuestos previstos en el apartado quinto del artículo 110 LJCA etc. [14]), la doctrina ha considerado que este escrito ha de revestir y, de hecho reviste, la forma de una verdadera demanda[15]. Por consiguiente, han de tenerse en cuenta (en un procedimiento de las características del que estamos analizando), las actuales corrientes restrictivas de los escritos procesales[16]. En nuestra opinión, estas limitaciones sí que pueden tener importancia dentro del carácter agilizador de esta figura, pues no tiene sentido que el escrito de solicitud de extensión de efectos sea demasiado

---

respecto a los cuales se interpuso el recurso, siendo unánime la jurisprudencia que declara que en el proceso contencioso-administrativo únicamente puede discutirse sobre el acto citado en el escrito de interposición dado que la función revisora de esta jurisdicción, por un elemental principio de congruencia, ha de contraerse al examen y decisión de las estrictas pretensiones de las partes a tenor, sobre todo, del correspondiente escrito de interposición y de la súplica de la demanda. Así, en el escrito de interposición de extensión de efectos entendemos que solo es posible la pretensión de solicitud de extensión, sin que quepa ninguna otra petición.

14. Para PÉREZ DEL BLANCO, Gilberto («La extensión subjetiva de los efectos de la sentencia administrativa en los supuestos de litigios en masa», *op. cit.*, pág. 101) los elementos necesarios que ha de contener el escrito son: la pretensión procesal consistente en la petición de extender los efectos de una sentencia y el reconocimiento al solicitante de la situación jurídica en ella declarada respecto de un tercero.

15. *Vid.* SANTAMARÍA PASTOR, Juan Alfonso, *La Ley reguladora de la Jurisdicción Contencioso-Administrativa, op. cit.*, pág. 1159; MARTÍN CONTRERAS, Luis, *La extensión de efectos..., op. cit.*, págs. 51 y 153; DE LA VALLINA VELARDE José Luis, y DE LA VALLINA MARTÍNEZ DE LA VEGA Luis, «Extensión ultra partem de los efectos de las sentencias del orden Contencioso-Administrativo», *op. cit.*, pág. 1742. Asimismo, PALOMAR OLMEDA, Alberto (dir.), *Tratado de la Jurisdicción Contencioso-Administrativa*, *op. cit.*, pág. 320, habla de «pequeña demanda».
A pesar de que GONZÁLEZ PÉREZ, Jesús, *Comentarios a la Ley de la Jurisdicción Contencioso-Administrativo..., op. cit.*, no habla específicamente en el cuerpo del texto de este carácter de demanda que reviste el escrito razonado de la petición de extensión de efectos, es significativo que en la pág. 1071, dedicada al procedimiento de la extensión de efectos, el título del epígrafe A se denomine: «A) Iniciación: demanda incidental». Exactamente en el mismo sentido se pronunciaba PÉREZ ANDRÉS, Antonio Alfonso, *Los Efectos de las Sentencias..., op. cit.*, pág. 272.
Por último, SALA SÁNCHEZ, Pascual, XIOL RÍOS Juan Antonio y FERNÁNDEZ MONTALVO, Rafael, *Práctica Procesal Contencioso Administrativa*, *op. cit.*, pág. 273, también hablan de demanda, aunque con el complemento de «incidental». En la misma línea se muestra DE DIEGO DÍEZ, Luis Alfredo (*Extensión de efectos..., op. cit.*, pág. 73) que considera que nos encontramos ante una demanda incidental de ejecución de sentencia. En este punto reiteramos nuestra disconformidad pues, como venimos argumentando, parece que no estamos ante un trámite incidental de ejecución de una sentencia, sino en un procedimiento nuevo y especial a pesar de su carácter híbrido. Los trámites de ejecución de la sentencia que da origen al procedimiento siguen su curso y en nada se relacionan con la extensión de efectos. Para mayor información sobre la demanda en el proceso contencioso-administrativo, *Vid.*: DE VICENTE DOMINGO, Ricardo, *La demanda en el proceso contencioso-administrativo: motivos de impugnación y función jurisdiccional*, Cizur Menor (Navarra), 2017.

16. *Vid.* CÓRDOBA CASTROVERDE, Diego (coord.), «¿Puede el Tribunal devolver a las partes los escritos procesales presentados a fin de que los ajusten a una longitud máxima?» *Foro Abierto, Revista de Jurisprudencia El Derecho*, Octubre, 2015 n.º 2, consulta en abierto: https://elderecho.com/puede-el-tribunal-devolver-a-las-partes-los-escritos-procesales-presentados-a-fin-de-que-los-ajusten-a-una-longitud-maxima.

amplio, ya que los motivos (aunque siempre matizables) se encuentran tasados en el articulado, y la identidad va a ser acreditada con la obligación *ope legis* de acompañar los documentos que así lo atestiguan en ese juicio de comparabilidad al que ya nos hemos referido. De todas formas, actualmente la Ley nada dice de la longitud de la extensión, y no creemos que una limitación de estas características tenga cabida en la interpretación del artículo 138 de la LJCA[17].

De hecho, esta nueva tendencia ya se vio reflejada en la modificación del recurso de casación llevada a cabo por la Disp. Final 3.ª de la LO 7/2015 por la que se modificó la LO 6/1985 del Poder Judicial. El nuevo art. 87 *bis* 3 LJCA establece expresamente la posibilidad de que la Sala de Gobierno del TS pueda determinar la extensión máxima y otras condiciones extrínsecas de los escritos de interposición y de oposición de los recursos de casación. Poco tardó el TS en hacer uso de esta facultad pues, en el BOE de 6 de julio de 2016, ya se publicó el Acuerdo de 19 de mayo de 2016, del CGPJ, por el que se publicaba el Acuerdo de 20 de abril de 2016, de la Sala de Gobierno del TS, sobre la extensión máxima y otras condiciones extrínsecas de los escritos procesales referidos al recurso de casación ante la Sala Tercera del TS. Se deduce por tanto que, con el tiempo, la tendencia del TS va a ser la ya prevista por la UE en cuanto a la limitación de los escritos procesales. De todas formas, debemos dejar constancia (aunque éste no sea el lugar más apropiado para ello) que las exigencias que en este Acuerdo establece el TS, en nuestra opinión, son demasiado restrictivas y que pueden, incluso, dar lugar a situaciones de indefensión.

Por todo esto, consideramos que atendiendo a la operatividad y el desarrollo de esta institución como mecanismo en búsqueda de la eficacia, la eficiencia y la economía procesal en el sistema de Justicia, sí que debería plantearse en términos prácticos que estos escritos sean, en la medida de lo posible, concisos y claros[18], ayudando de esta forma a evitar una de las críticas a las que principalmente se ve sometida la extensión de efectos, esto es, el ser una nueva instancia paralela al recurso contencioso-administrativo con igual duración que éste.

Otro de los problemas que pueden plantearse en lo relativo al escrito de interposición de una extensión de efectos es el caso de que las circunstancias del solicitante se vean modificadas con respecto al momento de la petición y, por ese motivo, pueda o deba cambiarse el *petitum*. En cuanto a esta circuns-

17. Sin embargo, en el ámbito de la Unión Europea, la limitación de la longitud de los escritos procesales es ya una realidad, recogida expresamente (para el procedimiento ordinario) en el art. 75 del Reglamento de Procedimiento del Tribunal General que entró en vigor el 1 de julio de 2015. Este artículo establece que: «1. El Tribunal General determinará, con arreglo al artículo 224, la longitud máxima para los escritos de alegaciones que se presenten en el marco del presente título. 2.Únicamente en los asuntos particularmente complejos desde un punto de vista jurídico o fáctico podrá autorizar el Presidente que se sobrepase la longitud máxima de los escritos de alegaciones».

18. Estas recomendaciones en nada impiden el acceso a la justicia y, en cambio, agilizan el sistema.

tancia, el TS ha considerado que esto no es posible y que ha de atenderse a lo expresado en el escrito de solicitud que es el que va a fijar las condiciones. En relación con este supuesto es muy clarificadora la STS 6617/2010, de 12 de noviembre (FJ II):

> «(...) La cuestión a dilucidar no radica en si es posible cambiar o adaptar la pretensión articulada o el objeto de la solicitud en la extensión de efectos en función de los pronunciamientos administrativos que se producen. En definitiva, si el examen de identidad, art. 110.1.a) "que los interesados se encuentren en idéntica situación jurídica que los favorecidos por el fallo", ha de hacerse en exclusividad atendiendo a la situación jurídica del interesado al tiempo de la solicitud de la extensión en relación con la sentencia cuya extensión de efectos pretende, o bien cabe modificar o adaptar la pretensión u objeto en atención a la decisión administrativa adoptada. A este respecto el que con posterioridad a la solicitud de extensión de efectos, haya cambiado la situación jurídica del interesado, como sucede en este caso que ha recibido satisfacción respecto de la pretensión referente al IVA en vía económico administrativa, resulta a todas luces irrelevante a los efectos pretendidos. Como hemos dicho en ocasiones precedentes, cuando el peticionario solicita la extensión de efectos de la resolución dictada en otro proceso está designando de modo indudable e irrevocable la situación jurídica a comparar en relación con la resolución que pretende le sea aplicable, y ello porque es en dicho momento en el que debe reunir los requisitos materiales y formales legalmente exigibles. De este modo, los elementos de referencia quedan desde su inicio fijados, determinados y cerrados. El que posteriormente coincidan el objeto de la solicitud y el de la sentencia cuyos efectos se pretende extender, y coincida la situación jurídica con el grado de intensidad exigido, podrá promover otro incidente en el que pretenda la extensión de efectos de dicha sentencia. Pero en el incidente ya iniciado, la situación jurídica ha quedado ya fijada, sin posibilidad de modificación. La resolución que se dicta ha de decidir sobre la específica extensión solicitada, y no sobre otra. La razón de ello es que lo extendido no es la doctrina contenida en la sentencia invocada, sino el fallo que en ella se dicta y atendiendo a la específica situación jurídica contemplada, lo que impide que la extensión de efectos pueda fundarse en una situación jurídica que se ve modificada durante la sustanciación del incidente de extensión de efectos, más aún cuando existe una resolución al respecto, y que es distinta de la invocada en el escrito inicial. (...)».

#### *1.2.1.2. La posibilidad de subsanación*

Sin duda, la facultad de subsanación es otra circunstancia a la que debe atenderse en el análisis de la primera parte de este artículo 110 LJCA. La posibilidad o no de subsanar una petición de efectos determinará el avance de dicho procedimiento. Así, aunque nada dice el articulado dedicado a la extensión acerca de una posible subsanación, el TS sí se ha pronunciado al respecto en la STS 583/2014, de 10 de febrero, señalando que, tras un cambio de parecer acerca de un asunto de extemporaneidad de una solicitud de extensión, sus razones «descansan en una distinta y más amplia concepción jurídica de los requisitos formales de admisibilidad de la pretensión, que se consideran susceptibles de subsanación, en todo caso, con fundamento en una consciente interpretación de la norma más acorde con el principio de tutela judicial efectiva, frente al criterio mantenido en los pronunciamientos precedentes, de un mayor rigor formal en la exigencia de esos presupuestos procesales», por lo que en nuestra opinión sí sería procedente un trámite de subsanación a semejanza de lo que ocurre en el procedimiento ordinario[19]. Afirmación que se encuentra reforzada más si cabe, cuando se considera (como se ha mencionado *ut supra*) que este escrito es en realidad, una demanda, aunque se halle ubicado en la ejecución de sentencias pues no debemos olvidar que, para el solicitante, esta petición supone la entrada a un procedimiento nuevo que nada tiene que ver con la ejecución propiamente dicha de la sentencia a extender ni tampoco con el procedimiento anterior.

Empero, considerando el objetivo de agilización judicial que pretende este instrumento procesal (que ya se manifestó con la modificación introducida Ley Orgánica 19/2003, de 23 de diciembre, acortando los plazos[20]) y para no dilatarlo en demasía, parece que lo más adecuado sea establecer un período de subsanación de cinco días y no de diez (que sería el régimen determinado si seguimos lo dispuesto en los arts. 52 y 138 de la LJCA). De todas formas, reiteramos el hecho de que el legislador no ha incluido nada sobre una posible subsanación de la petición en la norma, ya sea por olvido o por remisión implícita y tácita a los trámites ordinarios. Como es evidente, la no subsanación dará lugar al archivo de las actuaciones (o, en su caso, la inadmisión de la extensión con fundamento en tal defecto).

### *1.2.1.3. La imposibilidad de ampliación del objeto*

En este punto debemos recordar que, a nuestro parecer el objeto de la extensión de efectos es, como su propio nombre indica, solicitar que se reconozcan los efectos de una sentencia anterior a unos terceros que no fueron parte de un procedimiento ordinario o abreviado anterior contencioso-administrativo. En ningún caso, el art. 110 LJCA plantea la posibilidad de ampliar este objeto que ya de por sí choca con las normas procesales tradicionales, por lo que podemos concluir, junto a FONT I LLOVET[21], que la incorporación de nuevas pretensiones no estaría permitida al no encontrarnos ante un juicio plenario[22]. De

19. *Vid.* Art. 45 apartado 3.º y art. 56 apartado 2.º de la LJCA.
20. Cfr. ARNALDO ALCUBILLA, Enrique y FERNÁNDEZ VALVERDE, Rafael, *Jurisdicción contencioso-administrativa…, op. cit.,* pág. 974.
21. *Vid.* FONT I LLOVET, Tomás, en «la extensión a terceros de los efectos de la sentencia en vía de ejecución», *op. cit.,* pág. 176.
22. En la misma postura se sitúa MARTÍN CONTRERAS, Luis (*La extensión de efectos…, op. cit.*, págs. 195 y 196 o en MARTÍN CONTRERAS, Luis, «La extensión de efectos de una sentencia a terceros: el artículo 110 de la Ley reguladora de la Jurisdicción Contencioso-administrativa», en CASTILLEJO MANZANARES, R., (dir), *et al., El proceso administrativo (LJCA)… op. cit.*, pág. 371). Este autor también niega la posibilidad de que un mismo solicitante presente varias peticiones de efectos de una misma sentencia; negación a la que nos sumamos.

hecho, el art. 110.4 LJCA *in fine* recuerda, como veremos en capítulos posteriores, que en el auto que ponga fin a la extensión de efectos (obviamente siempre que sea estimatorio) no podrá reconocerse una situación jurídica distinta a la definida en la sentencia firme que sirvió de sentencia de contraste y de la que se pretendía que se extendieran los efectos.

#### *1.2.1.4. Documentación necesaria*

Cerrando el apartado tercero del art. 110 LJCA se indica que al escrito deberá acompañarse: «el documento o documentos que acrediten la identidad de situaciones o la no concurrencia de alguna de las circunstancias del apartado 5 de este artículo»[23].

A pesar de la concreción del artículo, esta frase encierra una de las dificultades más importantes en el seno de esta institución procesal como es el tema de la prueba en el juicio de comparabilidad. En su redacción original el apartado tercero establecía que la tramitación se haría conforme a lo dispuesto para los incidentes pero excluyendo el trámite de la vista[24]. Sin embargo, actualmente el artículo no hace ninguna referencia a este acto de la vista, con lo que deja abierta la posibilidad de que ésta se celebre.

Asimismo, como recuerdan SALA SÁNCHEZ, XIOL RÍOS y FERNÁDEZ MONTALVO, no será necesario presentar copia o testimonio de la sentencia originaria de la que se pretenden que se extiendan los efectos, ya que bastará con su mera identificación al ser el juzgado o tribunal al que se dirige la solicitud

23. En este punto es interesante hacer constar la precisión realizada por ESPINAL MANZANARES, Jesús, «La extensión de efectos de las sentencias...», *op. cit.,* págs. 123 y ss., cuando manifiesta que: «Pese a que se señala que deberá aportarse el documento que acredite la identidad de situaciones o el documento o documentos que acrediten la no concurrencia de las circunstancias del apartado 5 del artículo 110, entendemos con ROSENDE VILLAR que la presentación de estos documentos no tiene carácter alternativo como parece desprenderse del texto legal, esto es no se podrá presentar uno u otro, sino que deberán presentarse juntamente con la solicitud al órgano judicial, ambos documentos, de un lado los que acrediten la identidad de situaciones y de otro los que acrediten la no concurrencia de las circunstancias del apartado 5, a las que luego nos referiremos al contemplar las causas de desestimación de la petición de extensión».
Como vemos, aunque parece que la regulación legal establece que la acreditación es alternativa, consideramos que nada más lejos de la realidad, pues deben aportarse simultáneamente la documentación que atestigua la identidad y la que excluye las causas desestimatorias. Asimismo, entendemos que también habrán de aportarse los documentos procesales necesarios para la admisión del procedimiento de extensión, como, por ejemplo, en su caso, el documento válido de representación del procurador.

24. Apartado 3.º, redacción original de 1998, art. 110 LJCA: «La petición al órgano jurisdiccional se formulará en escrito razonado al que deberá acompañarse el documento o documentos que acrediten la identidad de situaciones, sustanciándose por los trámites establecidos para los incidentes, pero sin que haya lugar a la celebración de vista».

de extensión el mismo que la ha dictado[25]. No obstante, en este punto debe hacerse referencia a la precisión que realiza SANTAMARÍA PASTOR cuando entiende incompleto este artículo al no referirse a la acreditación del plazo que debería de hacerse con testimonio de la sentencia originaria[26]. En nuestra opinión, exigir esta documentación es innecesaria si seguimos la teoría de SALA SÁNCHEZ, XIOL RÍOS y FERNÁDEZ MONTALVO.

Por último, PÉREZ DEL BLANCO[27] entiende que la aportación de documentación es preclusiva, por lo que sería imposible aportar la documentación con posterioridad. Nos mostramos en desacuerdo con este autor, puesto que entendemos (como hemos comentado *ut supra*) que sería posible la subsanación dentro de un procedimiento de extensión de efectos de sentencias firmes.

#### *1.2.1.5. Posibilidad de publicación de la interposición de la solicitud de extensión de efectos de sentencias firmes*

ROSENDE VILLAR[28] plantea la posibilidad de que pueda publicarse la interposición del recurso a la luz de lo dispuesto en el art. 47.1 LJCA:

> «Una vez cumplido lo dispuesto en el artículo 45.3, el Secretario judicial[29] en el siguiente día hábil acordará, si lo solicita el recurrente, que se anuncie la interposición del recurso y remitirá el oficio para su publicación por el órgano competente, sin perjuicio de que sea costeada por el recurrente, en el periódico oficial que proceda atendiendo al ámbito territorial de competencia del órgano autor de

25. *Vid.* SALA SÁNCHEZ, Pascual, XIOL RÍOS Juan Antonio y FERNÁNDEZ MONTALVO, Rafael, *Práctica Procesal Contencioso Administrativa, op. cit.*, pág. 273. En el mismo sentido: *vid.* OLEA GODOY, Wenceslao, «Extensión de los efectos de las sentencias en materia tributaria», *op. cit.*, pág. 34 y también ROSENDE VILLAR, Cecilia, *La Eficacia Frente a Terceros…, op. cit.*, pág. 218.
    Sin embargo, existen opiniones contrarias como la de GIMENO SENDRA que entiende que al escrito razonado debe acompañarle el testimonio de la sentencia de contraste y del acto administrativo impugnado como medio para acreditar la identidad (Cfr. GIMENO SENDRA, Vicente, MORENO CATENA, Víctor y SALA SÁNCHEZ, Pedro, *Derecho Procesal Administrativo, op. cit.*, pág. 281) o la de MARTÍN CONTRERAS, Luis (*La extensión de efectos…, op. cit.*, pág. 159) que considera que ha de ser una documentación imprescindible. Si bien, como hemos dicho no lo creemos estrictamente necesario al ser el mismo tribunal el competente para emitir la extensión de efectos, consideramos que no estaría de más adjuntar la sentencia a efectos de aclaración, rapidez del procedimiento y facilitación al máximo del trabajo judicial. De todas formas, no entendemos que sea un requisito *sine quan non* para la solicitud de extensión.
26. *Vid.* SANTAMARÍA PASTOR, Juan Alfonso, La Ley reguladora de la Jurisdicción Contencioso-Administrativa, *op. cit.*, pág. 1159.
27. Cfr. PÉREZ DEL BLANCO, Gilberto, «La extensión subjetiva de los efectos de la sentencia administrativa en los supuestos de litigios en masa», *op. cit.*, pág. 101. Esta opinión es también mantenida por DE DIEGO DÍEZ, Luis Alfredo, *Extensión de efectos…, op. cit.*, pág. 74.
28. *Vid.* ROSENDE VILLAR, Cecilia, La Eficacia Frente a Terceros…, *op. cit.*, pág. 221.
29. De nuevo vemos la alusión a «Secretario Judicial» cuando debería mencionar «Letrado de la Administración de Justicia». Ya se ha expuesto en esta obra la crítica hacia la falta de armonización de la normativa en nuestro ordenamiento, por lo que aquí nos limitamos, simplemente, a destacar estos apartados.

> la actividad administrativa recurrida. El Secretario judicial podrá también acordar de oficio la publicación, si lo estima conveniente».

A pesar de no haber sido una cuestión muy tratada por la doctrina, entendemos que es de una gran aplicación para una institución como la extensión de efectos. Entendemos con esta autora que es una posibilidad viable y facultativa para el solicitante (en la era de la digitalización) que lo verá positivo siempre que pretenda hacer frente a la Administración, pero que también podrá considerarlo negativo cuando la extensión sea factible para su posición pero se vea perjudicada si existen más interesados que puedan ocupar su lugar. No obstante, MARTÍN CONTRERAS[30] se muestra contrario a la publicación al entender que ha de ser el recurso originario el publicitado si afecta a una multitud de administrados y que, la propia extensión de efectos, al centrarse en situaciones jurídicas individualizadas, excluye la posibilidad comprendida en el art. 72.2 LJCA. A pesar de que consideramos que también esta opción tiene sentido, no aprobamos que se imposibilite la posibilidad de publicación a instancia de parte, ya que el propio art. 110 LJCA no prohíbe esta circunstancia (si bien entran en juego conflictos de protección de datos, etc.).

## 1.3. SEGUNDA FASE DEL PROCEDIMIENTO

### 1.3.1. Juicio de comparabilidad: la necesidad de probar la identidad

El escrito de solicitud de extensión de efectos ha de venir acompañado de la documentación que acredite la identidad de situaciones y la ausencia de las circunstancias determinantes de una posible desestimación. Esta afirmación es la más lógica cuando se atiende a lo dispuesto en el art. 110.3 LJCA:

> «La petición al órgano jurisdiccional se formulará en escrito razonado al que deberá acompañarse el documento o documentos que acrediten la identidad de situaciones o la no concurrencia de alguna de las circunstancias del apartado 5 de este artículo».

Sin embargo, podemos ver que, realmente, no es esto lo que expresa este apartado. El legislador ha introducido una conjunción disyuntiva «o» en vez de una copulativa «y» que sería lo más acertado. Esta circunstancia produce, de primeras, una situación temeraria para el solicitante y para el propio procedimiento, pues puede entenderse que es posible interponer una solicitud de extensión de efectos uniendo al escrito de solicitud únicamente la acreditación de la no concurrencia de alguna de las circunstancias del art. 110.5 LJCA. Entendemos, como dijimos anteriormente, absurda esta posibilidad y señalamos la necesaria modificación de este apartado para su comprensión[31]. Cuestión dis-

30. *Vid.* MARTÍN CONTRERAS, Luis, *La extensión de efectos..., op. cit.*, pág. 174.
31. Sería más plausible, por tanto, que el art. 110.3 LJCA expresara: «La petición al órgano jurisdiccional se formulará en escrito razonado al que deberá acompañarse el documento o documentos que acrediten la identidad de situaciones y la no concurrencia de alguna de las circunstancias del apartado 5 de este artículo».

tinta será la carga de la prueba a la que, por su importancia, atenderemos en apartados posteriores.

Independientemente del asunto sobre el que verse la extensión, habrán de aportarse los documentos exigidos por el art. 45.2 LJCA, a los que habrá que sumar la documentación referida a la materia de la que se trate[32]. Como vemos, el medio de prueba que consagra el art. 110 LJCA es únicamente el documental, lo que va a determinar el desarrollo procedimental.

#### *1.3.1.1. Problemática de origen*

Es cierto que, en gran medida, que progrese o no una petición de extensión de efectos se debe al grado de acreditación de la identidad de las situaciones. Aunque a primera vista esto pueda parecer un trámite simple, el principal escollo lo encontramos en un momento anterior. Este obstáculo es la dificultad que tiene el potencial solicitante de la extensión, en la mayoría de las veces, para tomar conocimiento de la sentencia que le sea favorable a sus intereses, pues ni es parte del procedimiento para que pueda notificársele la sentencia ni lo va a ser en un futuro porque, a pesar de las dudas en lo referente a su naturaleza, en su funcionamiento, el mecanismo que establece el art. 110 LJCA es un mecanismo totalmente distinto al del procedimiento de origen y a la ejecución de la sentencia a extender. Ha de quedar muy claro que la extensión se refiere únicamente a los efectos de una sentencia concreta y no al procedimiento de ejecución en la que ésta se ve inmersa.

Así, surgen dos problemas fundamentales: por un lado, el conocer la sentencia favorable a sus intereses y por el otro el acceso a la misma[33]. Como ha indicado MARTÍN CONTRERAS, en este procedimiento peculiar del art. 110 LJCA el principio de aportación de parte está muy acentuado[34].

Las únicas respuestas que parecen surgir a la pregunta del cómo puede conocer el tercero la sentencia, nos llevan a plantearnos a que sea debido a un cúmulo de coincidencias que nada tienen que ver con la esfera jurídica y que, por tanto, quedan apartadas de la regulación del precepto. Por ejemplo, se podría dar la situación de que la parte notificada y el tercero compartiesen la misma representación y/o asistencia letrada o que, por cualquier otra razón tuviese conocimiento del caso puesto que, en principio, al no ser parte, no puede diri-

32. Ibíd., pág. 154. Este autor considera que la aportación será más necesaria si la extensión versa sobre materia tributaria (a lo que hay que añadirle la nueva materia susceptible de extensión, la unidad de mercado) que si se trata de una cuestión de personal.

33. Como indica la Disposición Adicional Tercera de la LJCA, la obligación de remitir las sentencias no se extiende a los Juzgados de lo contencioso-administrativo, por lo que los interesados no van a conocer a través del CENDOJ del contenido de este tipo de sentencias.

34. *Ibidem.*

girse al órgano jurisdiccional y solicitar que se le facilite la sentencia en cuestión[35].

A los ya bastantes requisitos procedimentales que articula la LJCA para que pueda operar una solicitud de extensión de efectos, se une la gran dificultad que tiene el tercero de acceder, por tanto, a la referida sentencia, punto base para poder instar la extensión[36]. No obstante, habría una posibilidad que allanaría este arduo camino. Esta situación deviene de la condición que ostenta en el procedimiento el tercero que opta a la extensión de efectos. Esto es, si al tercero que pretende instar la extensión se le otorgase la condición de interesado, conforme al segundo apartado del art. 4.1. b) de la LPACAP[37] *(«*los que, sin haber iniciado el procedimiento, tengan derechos que puedan resultar afectados por la decisión que en el mismo se adopte»*),* éste podría acogerse a lo dispuesto en el artículo 212 de la LEC[38] que posee carácter supletorio para la LJCA[39].

La duda se halla ahora en estimar si la decisión que se ha tomado en el procedimiento en el que se basa la extensión puede afectar o no a los derechos del tercero solicitante como para considerarlo un interesado[40]. Como regla general y desde nuestra visión (con base en una interpretación literal) podrá afirmarse que esto no sería viable, pues la situación que se reconoce en la sentencia a extender está jurídicamente individualizada, por lo que no perturba el goce de los derechos del potencial solicitante. Sin embargo, hay ciertos casos en los que es evidente que la situación que ha generado la sentencia de contraste afecta a los potenciales solicitantes, sobre todo en los procedimientos denomi-

35. A esto habría que añadirle el problema de la identificación de la sentencia, el juzgado de referencia etc., ya que pueden ser circunstancias que el futuro solicitante de la extensión o, en su caso su defensa, desconozca. Asimismo, el tratamiento de los datos con relación a su protección y la aplicación de la LOPD dificultan mucho el acceso a las distintas resoluciones.
36. Se produce una situación parecida a la que se denuncia en el recuadro «La Lupa» de la Revista Actualidad Jurídica Aranzadi, Año, XXIV, núm. 903, pág. 10, aunque en este caso se busque al que podemos denominar «demandante originario perdido».
37. Antiguo art. 31.1 de la LRJPAC.
38. Número 2 del art. 212 redactado por el apartado nueve de la disposición final cuarta de la LO 7/2015, de 21 de julio, por la que se modifica la LO 6/1985, de 1 de julio, del Poder Judicial que expresa lo siguiente: «Sin perjuicio de lo establecido en el párrafo segundo del apartado 1 del artículo 236 *quinquies* de la Ley Orgánica 6/1985, de 1 de julio, del Poder Judicial, se permitirá a cualquier interesado el acceso al texto de las sentencias o a determinados extremos de las mismas. Este acceso sólo podrá llevarse a cabo previa disociación de los datos de carácter personal que los mismos contuvieran y con pleno respeto al derecho a la intimidad, a los derechos de las personas que requieran un especial deber de tutela, a la garantía del anonimato de los perjudicados, cuando proceda, así como, con carácter general, para evitar que las sentencias puedan ser usadas con fines contrarios a las leyes».
39. Disposición Final Primera de la LJCA.
40. «Interesado» entendido como titular del derecho o del interés legítimo que nos indica GONZÁLEZ CANO, María Isabel, *La protección de los intereses legítimos*..., *op. cit.,* pág. 55.

nados «masivos», donde todas las pretensiones se deducen en relación con un mismo acto, disposición o actuación[41].

Pero ¿la condición de interesado para el Derecho administrativo es distinta a la que ostenta en el orden contencioso-administrativo? Claro está que no considerar y, por tanto, negar esta perspectiva complica aún más si cabe el ya infrecuente uso de la figura de la extensión de efectos, por lo que somos partidarios de entender que no se puede desconocer en vía contenciosa la personalidad reconocida en vía administrativa[42], fundamentada en el concepto de interés.

Por todo lo anterior, entendemos que el concepto clave para resolver estas dudas es el que se ha venido denominando como interés legítimo. Podemos decir, en palabras del TC, que para que tal interés exista, la actuación impugnada debe repercutir de manera clara y suficiente en la esfera jurídica de quien acude al proceso[43]. Así, debemos observar aquí lo dispuesto en el artículo 141 de la LEC que expresa que:

41. Principalmente las cuestiones de personal.

42. Siguiendo la exposición realizada por GONZÁLEZ CANO, María Isabel, *La protección de los intereses legítimos…, op. cit.*, pág. 56. No obstante, aún existen autores en contra de esta posición, como por ejemplo CARBONELL PORRAS (*Vid.* CARBONELL PORRAS, Eloisa [dir.], y CABRERA MERCADO, Rafael [coord.], *Intereses colectivos y legitimación activa, op. cit.*, págs. 51 y ss.), basándose en que la participación en el procedimiento administrativo y la legitimación procesal responden a fines diversos. Nos mostramos de acuerdo con esta teoría, pero defendemos que en la extensión de efectos la condición de interesados va a ser la misma en el ámbito administrativo que en el judicial porque al ser un acto único unas veces y repetitivo otras, el interés que se genera es directo y porque en palabras de CARBONELL PORRAS (Ibíd., pág. 52): «la situación jurídico-activa que permite que un sujeto sea considerado como interesado en el procedimiento, también legitima para recurrir». De hecho, esta idea conecta con la extensión de efectos entendida como litisconsorcio que ya estableció GIMENO SENDRA y que analizamos en capítulos anteriores de esta obra. Para mayor información sobre el concepto de interesados vid, por ejemplo: CARRILLO DONAIRE, Juan Antonio, «Actuación de los ciudadanos» y PÉREZ ANDRÉS, Antonio Alfonso, «Los interesados en el procedimiento administrativo», ambos en GAMERO CASADO, Eduardo (dir.) *et al.*, *Tratado de procedimiento administrativo común y régimen jurídico básico del sector público (Tomo* I), Valencia 2017, págs. 581-592 y 1381-1400, respectivamente.

43. El TC en su Sentencia 173/2004, de 18 de octubre (FJ III) hace una recapitulación acerca de lo que ha considerado interés legítimo para el proceso contencioso-administrativo. En su letra a) lo manifiesta de la siguiente forma:

*«(…) El interés legítimo en el proceso contencioso-administrativo ha sido caracterizado como una relación material unívoca entre el sujeto y el objeto de la pretensión (en este amparo, la resolución administrativa impugnada) de tal forma que su anulación produzca automáticamente un efecto positivo (beneficio) o negativo (perjuicio), actual o futuro, pero cierto (SSTC 65/1994, de 28 de febrero, FJ 3; 105/1995, de 3 de julio, FJ 2; 122/1998, de 15 de junio, FJ 4; 1/2000, de 17 de enero, FJ 4), debiendo entenderse tal relación referida a un interés en sentido propio, cualificado y específico, actual y real (no potencial o hipotético). Más sencillamente, se trata de la titularidad potencial de una ventaja o de una utilidad jurídica, no necesariamente de contenido patrimonial, por parte de quien ejercita la pretensión, y que se materializaría de prosperar ésta. Luego, para que exista interés legítimo, la actuación impugnada debe repercutir de manera clara y suficiente en la esfera jurídica de quien acude al proceso (STC 45/2004, de 23 de marzo, FJ1)».*

«Las personas que acrediten un interés legítimo podrán acceder a los libros, archivos y registros judiciales que no tengan carácter reservado y obtener, a su costa, testimonio o certificación de los extremos que indiquen».

Parece que en este punto sí que se facilita el camino, ya que es evidente que el tercero solicitante sí puede acreditar un interés legítimo en el asunto, aunque nos encontramos en la delgada línea que separa los procedimientos de ejecución de una sentencia firme y la extensión de los efectos de esa determinada sentencia. No debemos olvidar que, como indica CARBONELL PORRAS[44]: «para que exista interés legítimo en la jurisdicción contencioso-administrativa, la resolución impugnada debe repercutir de manera clara y suficiente en la esfera jurídica de quien acude al proceso, siendo por ello inconstitucionales las decisiones jurisdiccionales de inadmisión de recursos en los que se pueda cabalmente apreciar tal interés».

#### 1.3.1.1.1. Carga de la prueba

Superado el obstáculo anterior, resultaría evidente afirmar sin género de dudas que la carga de la prueba identitaria ha de recaer sobre el individuo que pretende que le sean reconocidos los efectos de una sentencia firme[45]. Así lo ha entendido el TS. Por ejemplo, en su ATS 9704/2015, de 12 de noviembre (FJ III *in fine*) expresa que:

«(...)Toda vez que en el caso examinado no consta en modo alguno que la promotora del incidente (sobre quien indudablemente recae la carga de probar que concurren los requisitos para acceder a la extensión que interesa) recurriera los referidos nombramientos y ceses, la necesaria aplicación del artículo 110.5 c) de la Ley Jurisdiccional obliga a desestimar la extensión de efectos solicitada, porque esa misma circunstancia pone de manifiesto que la solicitante no se encuentra en la misma situación jurídica que el favorecido por la sentencia. (FJ 3.º)».

Los Tribunales Superiores de Justicia también han seguido esta postura[46]. Especialmente llamativa es la argumentación que realiza el TSJ del País Vasco en su ATSJ de 25 de mayo de 2018 (ATSJ PV 146/2018, n.º rec. 42/2018), donde en su FJ II manifiesta:

«Se está con lo que acaba de resumirse ante un planteamiento deficiente que parece atribuir un trivial automatismo al incidente de Extensión de Efectos y traslada a la Administración ejecutada la carga de justificar la improcedencia del

44. Cfr. CARBONELL PORRAS, Eloisa, en CARBONELL PORRAS, Eloisa (dir.), y CABRERA MERCADO, Rafael (coord.), *Intereses colectivos y legitimación activa, op. cit.*, pág. 41.
45. Y más cuando, como se ha dicho, el instituto de la extensión de efectos se basa en el principio de justicia rogada. Este punto sigue al derecho contencioso-administrativo francés que se muestra absolutamente claro en esta cuestión. Así, GAUDEMET, Yves, *Droit administratif*, Paris, 2015, pág. 99 establece: «(...) Il apparaît que c'est le titulaire du droit contesté qui doit prendre l'initative de l'action en justice; il est demandeur et doit ainsi supporter la charge de la prevue, son adversaire étant défendeur».
46. *Vid.* ATSJ de Madrid de 17 de junio de 2008 (ATSJ M 442/2008, n.º rec. 10/2007).

mismo. Muy al contrario, la carga de acreditar documentalmente la identidad de situaciones entre el solicitante y el beneficiado por el reconocimiento de la situación jurídica individualizada producido por Sentencia firme, corresponde a aquel y no a la Administración ejecutada, —artículo 110.3 LJCA—, y la circunstancia de que en un informe de contenido aleatorio ofrezca ésta detalles generales sobre la retribución del interesado que resulten interpretativamente compatibles con el sentido y directriz de esa necesaria justificación documental, no puede llevar a dar por acreditada esa identidad, que es el núcleo esencial de la institución, ni descargar a la parte promotora de todo deber justificativo respecto de conceptos y ejercicios afectados, de suyo nunca abarcados completamente por esa información del órgano administrativo (se refiere ésta, a lo sumo, a los años 2014 a 2016, y solo a no haberse abonado los turnos rotarios en el mes de diciembre respectivo). De este modo, el órgano judicial solo podría hacer deducciones más o menos conjeturales sobre la incidencia de supuestos y situaciones idénticas, —y nunca en plenitud de detalle—, basadas en lo que el informe opone, dice o deja de decir, y no en lo que el solicitante alega y justifica.»[47].

El propio TS[48] nos indica que la carga de la Administración ha de ser la de desvirtuar la prueba identitaria presentada por el solicitante de extensión. Un ejemplo de ello lo vemos en la STS 725/2016, de 24 de febrero cuando en su FJ II expone:

> «La recurrente alega como primer motivo de casación la vulneración del artículo 110.1.a) de la ley jurisdiccional al considerar que los interesados no se encuentran en situación idéntica a la sentencia cuyos efectos se extienden, sin haberse realizado un mínimo de prueba que acredite que las condiciones de intensidad en el trabajo son idénticas, por lo que habrá que estarse a lo resuelto caso por caso. Sin embargo al solicitante de la extensión solo se le exige la aportación de documento o documentos que acrediten la identidad de situaciones o la no concurrencia de las circunstancias del apartado 5 del artículo 110 (artículo 110.3), y es la Administración la que en el informe detallado sobre la extensión solicitada debe acreditar la existencia de circunstancias que rompan la identidad alegada por la recurrente. Pues bien, aparte de que la recurrente debería haber denunciado la valoración arbitraria de la prueba, lo que no hace, por lo que según reiterada jurisprudencia ha de estarse a lo probado por la resolución recurrida, no pudiendo en casación discutirse esa valoración, es a aquella a quien corresponde la carga de probar las diferencias existentes entre el reclamante de la extensión y el beneficio por la sentencia cuya extensión se pretende».

Así, la opinión de un sector mayoritario de la doctrina es entender que el solicitante debe aportar la documentación que acredite la identidad pero que no está obligado a aportar la documentación en la que niega las causas desestima-

---

47. Como podemos observar, de nuevo es la naturaleza jurídica del procedimiento de extensión de efectos lo que sale a la luz, puesto que en este procedimiento se critica la consideración de procedimiento automático que, en muchos casos, se otorga a la extensión de efectos.

48. Igualmente, *vid.* SSTS 727/2016, de 24 de febrero (n.º rec. 20/2015) y 562/2016, de 16 de febrero (n.º rec. 4127/2014).

torias del art. 110.5 LJCA[49]. Por tanto, podemos afirmar que existen dos teorías relativas a la carga de la prueba identitaria. Por un lado, el sector mayoritario que entiende que le corresponde a la Administración el probar que existen causas que desvirtúan la posible extensión de efectos, tanto la inexistencia de identidad como el juego de causas desestimatorias. DE DIEGO DÍEZ considera que esta postura se basa en el art. 217.3 LEC[50], puesto que de lo contrario se convertiría en una prueba diabólica para el solicitante de la extensión. Por otro, la interpretación literal del precepto que defiende que es el solicitante de la extensión quien debe probar tanto la identidad como la no concurrencia en causas de inadmisión/desestimación.

En nuestra opinión, a pesar de la aparente contradicción, debe quedar claro que, de lo dispuesto en el artículo es el solicitante de extensión el que tiene la carga de la prueba pudiendo (y debiendo), no obstante, la Administración desvirtuar esta prueba a través del informe detallado que ha de enviar con base en lo dispuesto en el art. 110 LJCA y a sus alegaciones. De todas formas, el apartado tercero induce a confusión cuando considera que es el solicitante el que debe acreditar la no concurrencia de las causas del art. 110.5 LJCA, puesto que está configurando una prueba diabólica. En nuestra opinión, sería más acertado que el artículo modificara el verbo usado «acreditar» por «alegar», ya que la acreditación de la concurrencia deberá ser llevada a cabo por la Administración.

Realmente, la carga de la prueba en la persona del solicitante es lo que se desprende de la regulación general sobre la carga de la prueba que se establece en el art. 217.2 y 3 LEC[51] y que, a falta de concreción por el art. 110 LJCA, creemos aplicable a este asunto. De hecho, a pesar de lo manifestado por el sector mayoritario de la doctrina esto es lo que indican las SSTS que no niegan que tenga el solicitante que aportar la documentación pero que será la Administración la encargada de desvirtuarla. Ciertamente, podemos afirmar que se

49. Por ejemplo, *vid.* BAEZA DÍAZ-PORTALES, Manuel José, «Extensión de los efectos de las sentencias a terceros...», *op. cit.*, pág. 15. Este autor incluso llega a considerar que la carga de la prueba en estos casos se convierte en una *probatio diabolica*. En el mismo sentido, se expresa RODRÍGUEZ CARBAJO que considera que la presentación del documento que acredite la no concurrencia de alguna de las circunstancias del apartado 5 es potestativa, pues «se trata de alegaciones de oposición que deberá efectuar la Administración, bien en el informe que habrá de emitir o bien en el trámite de puesta de manifiesto al letrado de la misma.» (cfr. RODRÍGUEZ CARBAJO, José Ramón, en «La extensión de efectos de las sentencias» (y II), *op. cit.*, págs. 2515 y 2516). En la misma línea, *vid.* también: OLEA GODOY, Wenceslao, «Extensión de los efectos de las sentencias en materia tributaria», *op. cit.*, pág. 34.

50. *Vid.* DE DIEGO DÍEZ, Luis Alfredo, *Extensión de efectos y pleito testigo..., op. cit.*, pág. 73 (nota al pie n.º 5).

51. Estos apartados disponen: «2. Corresponde al actor y al demandado reconviniente la carga de probar la certeza de los hechos de los que ordinariamente se desprenda, según las normas jurídicas a ellos aplicables, el efecto jurídico correspondiente a las pretensiones de la demanda y de la reconvención.3. Incumbe al demandado y al actor reconvenido la carga de probar los hechos que, conforme a las normas que les sean aplicables, impidan, extingan o enerven la eficacia jurídica de los hechos a que se refiere el apartado anterior».

trata de una carga de la prueba mixta[52], pues la acreditación es obligación del solicitante pero su virtualidad es obligación de la Administración. Incluso, MARTÍN CONTRERAS llega a hablar de un desplazamiento de la carga de la prueba negativa[53].

De esta forma, el solicitante de la extensión, para facilitar el trabajo judicial debe, como hemos mencionado *ut supra*, acompañar a su escrito razonado testimonio de la sentencia firme que se invoca (la cual fundamenta sus pretensiones) y de la que pretende que se le extiendan los efectos. Si ésta no obrase en su poder y no pudiese disponer de ella, siguiendo lo dispuesto en el apartado segundo del artículo 265 de la LEC[54] puede designar el archivo, protocolo o lugar en que se encuentre, o el registro, libro registro, actuaciones o expediente del que pretenda obtener una certificación. Asimismo, debe acompañar el acto administrativo del que deriva la solicitud y el documento en el que alegue que no puede haber lugar a una desestimación de la petición[55]. En cuanto a este punto ROSENDE VILLAR[56] entiende que ha de aportarse además la documentación que acredite la interposición de los posibles recursos administrativos que enerven, en su caso, una hipotética desestimación basada en la teoría del acto consentido.

Como vemos, a pesar de que *a priori* pudiera parecer una discordancia en el tema de la carga de la prueba, con este argumento queda claro la necesaria participación de ambas partes en el desarrollo del procedimiento de extensión de efectos. No obstante, hemos tratado el tema de la prueba aquí (en un momento anterior a las alegaciones, etc). porque, en ningún momento, se dice nada en el

52. En este sentido, el ATSJ del País Vasco de 20 de octubre de 2004 (ATSJ PV 240/2004, n.º rec. 76/2003) en su FJ II dispone: «Tiene reiteradamente declarado este Tribunal en numerosos autos por los que ha resuelto solicitudes de funcionarios del Cuerpo Superior de Policía semejantes a ésta, que la exigencia de documentación contenida en el art. 110.1.a) LJCA cede en su más absoluta literalidad cuando la Administración misma, en el seno del expediente administrativo, documente o reconozca la identidad de supuestos. Así ocurre también en este caso, en que no se advierte diferencia con el funcionario favorecido por la sentencia cuyos efectos se pretende ahora extender. Circunstancias como el empleo, categoría, escala o tiempo de servicio, carecen de toda significación definitoria de una disparidad de situaciones entre los interesados dentro de la catalogación de los puestos de trabajo y su régimen retributivo, como elemento o razón decisoria de la sentencia de cuya extensión se trata».
53. Cfr. MARTÍN CONTRERAS, Luis, *La extensión de efectos…*, *op. cit.*, pág. 160.
54. El citado artículo hace referencia a la demanda y a la contestación a la misma, pero como se ha dicho *ut supra*, la mayor parte de la doctrina ha considerado al escrito de solicitud de extensión de efectos como una demanda por lo que sería posible aplicarle supletoriamente dicho artículo 265 LEC.
55. SANTAMARÍA PASTOR, Juan Alfonso, *La Ley reguladora de la Jurisdicción Contencioso-Administrativa…*, *op. cit.*, pág. 1159 advierte del hecho de que el precepto (art. 110.3 LJCA) ha olvidado incluir como cuestión a acreditar la relativa al plazo que habrá de hacerse solicitando al órgano judicial testimonio de la sentencia a extender.
56. *Vid.* ROSENDE VILLAR, Cecilia, «La nueva regulación de la extensión de los efectos de la sentencia a terceros…», *op. cit.*, págs. 1 y ss.

articulado de la posibilidad de recibimiento del «pleito» a prueba. Aunque un sector de la doctrina[57] considere que es viable esta posibilidad, entendemos que, no tiene sentido celebrar vista en un procedimiento como es la extensión de efectos, pues éste está basado únicamente en pruebas documentales[58] dedicadas más a la comprobación de la identidad de las situaciones y la no concurrencia de motivos desestimatorios (no debe olvidarse que realmente estamos solo en un procedimiento de extensión de efectos de una sentencia que se ha producido en un proceso ordinario[59] contencioso-administrativo) y responde a unas pautas de agilidad que se verían alteradas con un plazo de 30 días para llevar a cabo estos trámites. Este ha sido el parecer del TS en la STS 705/2016, de 22 de febrero (n.º rec. 314/2015), FJ III, donde podemos observar que es el propio TS el que diferencia la extensión de efectos de un procedimiento ordinario o abreviado corriente:

> «(...) Se recalca que la LJCA está demandando que se trate de las mismas pretensiones jurídicas las que fundamenten un caso y otro, a tenor de lo establecido en el apartado 1. a) del indicado precepto, a saber: que sólo cabe esa extensión cuando las situaciones jurídicas sean idénticas, resultando así que la identidad de situaciones debe revelarse como evidente eludiendo la necesidad de realizar un análisis de la prueba que así lo confirme, por tratarse esta última de la actividad propia de un procedimiento ordinario o abreviado».

#### *1.3.1.2. Remisión de antecedentes/expediente y requerimiento ineludible de informe no vinculante*

A continuación, es el apartado cuarto el que nos guía a la hora de proseguir con el procedimiento[60]. Se trata de un proceso aparentemente sencillo que sigue

57. *Vid.* XIOL RIOS, Juan Antonio, en ESPIN TEMPLADO, Eduardo (coord.), *Comentarios de la Ley de la Jurisdicción Contencioso-Administrativa*, *op. cit.*, pág. 771. En la misma línea se sitúa SANTAMARÍA PASTOR, Juan Alfonso, *La Ley reguladora de la Jurisdicción Contencioso-Administrativa...*, *op. cit.*, pág. 1160 o ALONSO MAS, María Josefa, «Reflexiones sobre la nueva regulación...», *op. cit.*, pág. 299. También era de esta opinión, pero para la redacción originaria DE MIGUEL CANUTO, Enrique, *Extensión a terceros de los efectos...*, *op. cit.*, pág. 116. ROSENDE VILLAR (también respecto al procedimiento originario) entendía que era posible la práctica de la prueba pero que, prácticamente no existía actividad probatoria al ser la prueba meramente documental. (Cfr. ROSENDE VILLAR, Cecilia, *La Eficacia Frente a Terceros...*, *op. cit.*, pág. 218).
58. Esta es también la opinión mantenida por DE DIEGO DÍEZ, Luis Alfredo, *Extensión de efectos...*, *op. cit.*, pág. 76.
59. Ordinario en el sentido de corriente, es decir, comprendiendo también y, por supuesto, al procedimiento abreviado (debe tenerse en cuenta que, en virtud del art. 78 LJCA las cuestiones de personal se tramitan por este procedimiento).
60. Es curiosa la STS 4465/2016, de 27 de septiembre (n.º rec. 2976/2014) donde se estima un recurso de casación por no haberse seguido los trámites establecidos en el art. 110.4 LJCA para una extensión de efectos, pues ésta se resolvió sin motivación y a través de una providencia y no de un auto como establece el mencionado artículo. Así, en su FJ V dispone: «(...) En efecto, se advierte fácilmente que la solicitud de extensión de efectos cumplía los requisitos exigidos por el artículo 110 para incoar el correspondiente incidente. Invocaba

los cauces del procedimiento ordinario, pero con un régimen especial (de hecho, el expediente se remite tras la presentación del escrito de interposición de la solicitud de efectos, a diferencia de lo que ocurre en el proceso ordinario). Este apartado en su primera parte dispone:

> «Antes de resolver, en los veinte días siguientes, el Secretario judicial recabará de la Administración los antecedentes que estime oportunos y, en todo caso, un informe detallado sobre la viabilidad de la extensión solicitada, poniendo de manifiesto el resultado de esas actuaciones a las partes para que aleguen por plazo común de cinco días, con emplazamiento en su caso de los interesados directamente afectados por los efectos de la extensión».

En su versión originaria era el juez o tribunal de la ejecución el que debía de recabar las actuaciones del incidente planteado[61], sin embargo, con la entrada en vigor de la Ley 13/2009, de 3 de noviembre, de Reforma de la Legislación

---

una sentencia firme dictada en una cuestión de personal, por quien, dentro del plazo y ante el tribunal competente, sostuvo, aportando los documentos acreditativos de esa circunstancia, encontrarse en una situación jurídica idéntica a la de quien se vio favorecido por el fallo y que no se daba ninguna de las circunstancias del apartado 5 de ese precepto. O sea que hubiera cosa juzgada, que la doctrina determinante del fallo fuera contraria a la jurisprudencia del Tribunal Supremo o a la sentada por los Tribunales Superiores en sentencias dictadas en el recurso de casación para la unificación de doctrina previsto en el artículo 99 de la Ley de la Jurisdicción, o que mediara acto firme y consentido por el interesado.

Tan claro era ese cumplimiento de los requisitos legales que en ningún momento se ha negado. Y, desde luego, tanto la providencia de 17 de diciembre de 2013 cuanto el auto de 7 de febrero de 2014 son conscientes de que tenían ante sí una solicitud de extensión de efectos de sentencia y no le reprochan ningún defecto que impida su tramitación. Sin embargo, anticipan una decisión de fondo sin haber sustanciado el procedimiento previsto por el legislador.

Así, pues, efectivamente la actuación seguida en la instancia ha privado a la Sra. Trinidad del procedimiento al que, cumplidos los requisitos para promoverlo, tenía derecho: el previsto en el apartado 4 del artículo 110, el cual debía resolverse conforme a lo previsto en él y en los apartados siguientes de ese precepto. Como no se hizo así, se produjo su infracción con indefensión para la recurrente. Es bien significativo que, como alega, posteriormente la misma Sección Octava de la Sala de Madrid tramitara la pieza de extensión de efectos n.º 294/2014 de la sentencia n.º 656/2011…».

61. Con relación a la antigua redacción es muy interesante la STS 2970/2007, de 12 de abril (n.º rec.1696/2005) que consideraba que no era requisito condicionante para proceder a la extensión de efectos que la Administración no cumpliera con la remisión de los antecedentes y el expediente. Así, en su FJ II exponía: «El apartado 4 del art. 110 de la Ley Jurisdiccional fue objeto de modificación por la Ley Orgánica 19/2003, estableciéndose, ahora, que una vez presentada la petición directamente al órgano judicial, el Juez o Tribunal de la ejecución, antes de resolver, en los veinte días siguientes, recabará de la Administración los antecedentes que estime oportunos y, en todo caso, un informe detallado sobre la viabilidad de la extensión solicitada, debiendo poner de manifiesto el resultado de esas actuaciones a las partes para que aleguen por plazo común de tres días, con emplazamiento, en su caso, de los interesados directamente afectados por los efectos de la extensión. Luego, evacuado el trámite, ha de resolver el incidente, por medio de auto, en el que no podrá reconocerse una situación jurídica distinta a la definida en la sentencia firme de que se trate.
La petición de extensión de efectos se presentó ante la Sala de instancia, en este caso, el 23 de enero de 2004.

Procesal para la Implantación de la Nueva Oficina Judicial, se le atribuyó al Letrado de la Administración de Justicia esta función[62].

En lo referente a los antecedentes de los que habla el artículo entendemos que el legislador se está refiriendo al expediente administrativo y a cualquier otra documentación que el Letrado de la Administración de Justicia entienda necesaria para completar el procedimiento[63]. De hecho, consideramos que con este envío se produce la personación de la Administración en el procedimiento de extensión de efectos. Tras muchos años donde nada se disponía en la normativa específica sobre qué debe considerarse un expediente y los elementos que ha de contener, el art. 70.1 de la LPACAP ha establecido claramente qué extremos conforman el expediente administrativo:

> «1. Se entiende por expediente administrativo el conjunto ordenado de documentos y actuaciones que sirven de antecedente y fundamento a la resolución administrativa, así como las diligencias encaminadas a ejecutarla».

Además, este artículo ya introduce los expedientes electrónicos, sustitutorios del formato papel[64].

---

En todo caso, el antiguo apartado cuarto no puede ser interpretado en el sentido de que el Tribunal venía obligado a reconocer automáticamente la petición, en sentido favorable, si la Administración no remitía el expediente en el plazo establecido, pues, como señala con acierto la Sala de instancia en el Auto resolutorio de la súplica, el efecto de no remitir las actuaciones a la Administración no era el de estimar la extensión de efectos instada sin más sino el de resolver sin la aportación de las actuaciones administrativas. Por otra parte, la falta de remisión del expediente tramitado ante la oficina gestora, que asimismo se alega, donde tenían que figurar las reclamaciones formuladas, según el recurrente, no puede ser determinante de infracción procedimental alguna, toda vez que era el solicitante el que estaba obligado a aportar os documentos acreditativos de la identidad y la ausencia de las circunstancias determinantes de la desestimación, aparte de que también pudo aportar la documentación que según él faltaba con motivo del recurso de súplica al comprobar la *ratio decidendi* de la resolución inicialmente adoptada».

En nuestra opinión, la Sala confunde el plazo que posee el juez para solicitar el expediente, puesto que considera que este plazo es el que tiene la Administración para enviar la documentación. Es cierto que la redacción en este punto es confusa.

62. A nivel de volumen jurisprudencial debemos decir que la tramitación procedimental de la extensión de efectos (sin entrar en las causas de inadmisión/desestimación) es la que menos problemas produce en comparación con otros aspectos del art. 110 LJCA como puede ser el ámbito material, la competencia o, sin duda, la identidad en las situaciones como base de la extensión.

63. En lo referente a este asunto MARTÍN CONTRERAS, Luis, *La extensión de efectos..., op. cit.*, pág. 168 expone una teoría frente a la que mostramos nuestro desacuerdo. En su opinión, es la Administración demandada la que ha de decidir que antecedentes enviar. Bajo nuestra perspectiva, la situación que defiende este autor provocaría una desigualdad de partes puesto que, además, ya posee la Administración un período de alegaciones donde hacer valer su postura.

64. El mencionado art. 70 de la LPACAP continúa en los siguientes términos: «2. Los expedientes tendrán formato electrónico y se formarán mediante la agregación ordenada de cuantos documentos, pruebas, dictámenes, informes, acuerdos, notificaciones y demás diligencias deban integrarlos, así como un índice numerado de todos los documentos que

En lo referente a la forma que ha de tener el expediente remitido entendemos que se deberá acudir a lo dispuesto en el art. 48.4 LJCA (que sigue la línea de lo dispuesto en el art. 70 LPACAP)[65]:

> «El expediente, original o copiado, se enviará completo, foliado y, en su caso, autentificado, acompañado de un índice, asimismo autentificado, de los documentos que contenga. La Administración conservará siempre el original o una copia autentificada de los expedientes que envíe. Si el expediente fuera reclamado por diversos Juzgados o Tribunales, la Administración enviará copias autentificadas del original o de la copia que conserve».

Así, como paso previo a la resolución, la Ley exige que en un plazo de veinte días[66] el Letrado de la Administración de Justicia solicite los antecedentes a la entidad administrativa (que, normalmente, será el órgano que fue parte demandada en el procedimiento que dio lugar a la sentencia que se pretende extender) y también un informe minucioso sobre la petición de la extensión[67]. Este punto aparentemente pacífico se revela como un nuevo ejemplo de la distinta condición de partes que históricamente han ostentado la Administración y el administrado ante la justicia. Se vuelve a poner de manifiesto (como se ha dicho anteriormente) el debate actual acerca de si la extensión de efectos ha de constituir más bien un procedimiento de carácter únicamente administrativo (que verdaderamente descargue a los tribunales de justicia) que un proceso exclusivamente judicial como es en este momento. En este caso, la balanza se inclina (como no podía ser de otra forma) hacia la Administración, pues la LJCA le está otorgando una *potestas* que se muestra como uno de sus privilegios. Este bene-

contenga cuando se remita. Asimismo, deberá constar en el expediente copia electrónica certificada de la resolución adoptada. 3. Cuando en virtud de una norma sea preciso remitir el expediente electrónico, se hará de acuerdo con lo previsto en el Esquema Nacional de Interoperabilidad y en las correspondientes Normas Técnicas de Interoperabilidad, y se enviará completo, foliado, autentificado y acompañado de un índice, asimismo autentificado, de los documentos que contenga. La autenticación del citado índice garantizará la integridad e inmutabilidad del expediente electrónico generado desde el momento de su firma y permitirá su recuperación siempre que sea preciso, siendo admisible que un mismo documento forme parte de distintos expedientes electrónicos. 4. No formará parte del expediente administrativo la información que tenga carácter auxiliar o de apoyo, como la contenida en aplicaciones, ficheros y bases de datos informáticas, notas, borradores, opiniones, resúmenes, comunicaciones e informes internos o entre órganos o entidades administrativas, así como los juicios de valor emitidos por las Administraciones Públicas, salvo que se trate de informes, preceptivos y facultativos, solicitados antes de la resolución administrativa que ponga fin al procedimiento».

65. Para mayor información acerca de la forma que ha de revestir el expediente *vid.* MARTÍN CONTRERAS, Luis, *La extensión de efectos..., op. cit.,* págs. 186 y ss.
66. Veinte días que entendemos con MARTÍN FERNÁNDEZ, Javier, «Incidencia de la nueva Ley de la Jurisdicción Contencioso-administrativa en materia tributaria...», *op. cit.*, pág. 39, que han de ser hábiles, en función de lo establecido en el art. 130.1 LEC.
67. ROSENDE VILLAR, Cecilia (*La Eficacia Frente a Terceros..., op. cit.*, pág. 220) entiende que el límite máximo para reenviar el expediente junto al informe ha de ser «antes de resolver», pero que por la ausencia de éstos no se puede dictar resolución definitiva sin la Administración.

ficio produce un choque con el principio de igualdad ante la Ley que, a nuestro parecer, todavía podría ser entendible en vía administrativa pero no así en vía judicial.

De hecho, para PÉREZ DEL BLANCO la remisión de un informe es una forma de compensar la eliminación de la reclamación administrativa previa[68]. Ahora bien, es cierto que este informe no es en ningún caso vinculante pero sí preceptivo y que se le da trámite de alegaciones a las partes para que expresen lo que considere conveniente a sus intereses[69]. Por tanto, entendemos con SANTAMARÍA PASTOR que la remisión de un informe es absolutamente innecesaria cuando existe un plazo de alegaciones posterior para ambas partes[70].

Como pone de manifiesto GONZÁLEZ PÉREZ[71], parece que el artículo no establece el plazo del que ha de hacer uso la Administración de que se trate para la remisión de los antecedentes. Llegados a este punto cabe plantearse si esto es debido a un olvido del legislador o si es que éste ha considerado aplicable el régimen general de 20 días improrrogables que establece el artículo 48 de la LJCA para recabar el expediente[72] en sede de interposición del recurso aunque nos encontremos en una regulación especial. Plazo que, en la práctica, muy

68. Cfr. PÉREZ DEL BLANCO, Gilberto, «La extensión subjetiva de los efectos de la sentencia administrativa en los supuestos de litigios en masa», *op. cit.,* pág. 102. Enlazando con esta idea consideramos que no tiene mucho sentido solicitar un informe a la Administración cuando, posteriormente va a ser emplazada para un trámite de alegaciones. Más allá de la desigualdad de partes que esto conlleva perjudica también a la agilidad como finalidad de una institución de estas características.

69. Así, el Real Decreto 520/2005, de 13 de mayo, por el que se aprueba el Reglamento general de desarrollo de la Ley 58/2003, de 17 de diciembre, General Tributaria, en materia de revisión en vía administrativa en su art. 71 denominado «Extensión de los efectos de las sentencias de la jurisdicción contencioso-administrativa», establece: «1. La Administración tributaria atenderá los requerimientos que se le formulen de conformidad con el artículo 110 de la Ley 29/1998, de 13 de julio, reguladora de la Jurisdicción Contencioso-administrativa. 2. Los tribunales económico-administrativos serán únicamente competentes para atender dichos requerimientos cuando la sentencia firme cuya extensión se pretenda haya anulado el acuerdo o la resolución dictada por razones de defecto en la tramitación del procedimiento económico-administrativo.». Es peculiar que este artículo se enmarque dentro de la sección tercera del capítulo primero denominada «normas especiales para la ejecución de resoluciones judiciales», pues alude de nuevo a la poco definida naturaleza jurídica del mecanismo de extensión de efectos, al que el legislador considerando un método de ejecución de sentencias o, al menos, un procedimiento insertado en esta fase del proceso.

70. *Vid.* SANTAMARÍA PASTOR, Juan Alfonso, La Ley reguladora de la Jurisdicción Contencioso-Administrativa..., *op. cit.*, pág. 1160.

71. *Vid.* GONZÁLEZ PÉREZ, Jesús, Comentarios a la Ley de la Jurisdicción Contencioso-Administrativo..., *op. cit.*, pág. 1071.

72. En relación con el requerimiento judicial del expediente de la Administración, DE LA VALLINA VELARDE José Luis y DE LA VALLINA MARTÍNEZ DE LA VEGA, Luis, «Extensión ultra partem de los efectos de las sentencias del orden Contencioso-Administrativo», *op. cit.*, pág. 1742 (siguiendo a SENÉS MOTILLA, María del Carmen, «La ejecución de las sentencias en la nueva Ley de la Jurisdicción contencioso-administrativa», *op. cit.*,

pocas veces se cumple[73] y que empezará a contar desde que la Administración reciba el oficio de reclamación del expediente. De todas formas, la regulación aquí es un poco ambigua en el sentido de que pueden considerarse esos 20 días que dispone el apartado como el plazo que tiene el Letrado de la Administración de Justicia y asimismo la Administración para el envío de los antecedentes aunque no se especifique expresamente[74]. No obstante, parece aceptable y aplicable

pág. 7) han entendido que nos encontramos ante un trámite que posee unas características muy parecidas al de las antiguas diligencias para mejor proveer del art. 340 de la LEC de 1881, sobre todo por el momento procesal en el que se efectúa. No obstante, consideramos que, tal como se regulan actualmente las diligencias finales en la LEC (art. 435), ya no poseen el mencionado parecido, puesto que el expediente es una prueba que puede interponerse en tiempo y forma por parte de la Administración y que, normalmente, no contendrá hechos de nueva noticia.

73. *Vid.* por ejemplo, ALUM LÓPEZ, Cristina, «El proceso contencioso-administrativo en materia tributaria...», *op. cit.*, págs. 451 y ss. No obstante, RODRÍGUEZ CARBAJO, José Ramón, en «La extensión de efectos de las sentencias (y II)», *op. cit.*, pág. 2516, menciona que, en la práctica, suelen ser 10 días los que se le conceden a la Administración para que remita los antecedentes y el informe.

74. La redacción primitiva establecía que: «antes de resolver, el Juez o Tribunal de la ejecución recabará de la Administración las actuaciones referentes al incidente planteado y, si se recibieran en los veinte días siguientes, ordenará que se pongan de manifiesto a las partes por plazo común de tres días. En otro caso, resolverá sin más por medio de auto, en el que no podrá reconocerse una situación jurídica distinta a la definida en la sentencia firme de que se trate». Como vemos, hasta la entrada en vigor de la mencionada Ley, el plazo de 20 días tenía carácter obligatorio e improrrogable si se quería dar traslado a las partes. (Cfr. DE MIGUEL PAJUELO, Francisco, «La extensión A Terceros de los Efectos de la Sentencia», en PALOMAR OLMEDA, Alberto [dir.] et *al.*, *Tratado de la Jurisdicción Contencioso-Administrativa, op. cit*, págs. 947 y ss.). Asimismo este autor incluye en su exposición la STS 2970/2007, de 12 de abril que en su FJ II expone: «(...) En todo caso, el antiguo apartado cuarto no puede ser interpretado en el sentido de que el Tribunal venía obligado a reconocer automáticamente la petición, en sentido favorable, si la Administración no remitía el expediente en el plazo establecido, pues, como señala con acierto la Sala de instancia en el Auto resolutorio de la súplica, el efecto de no remitir las actuaciones a la Administración no era el de estimar la extensión de efectos instada sin más sino el de resolver sin la aportación de las actuaciones administrativas».
Podemos observar que la situación era diferente a la que plantea el artículo actual, pues en este momento el traslado a las partes se lleva a cabo en todo caso. En este punto sí puede decirse que la regulación vigente es más beneficiosa para el ciudadano que la anterior. No obstante, el plazo improrrogable que establecía la versión originaria favorecía en mayor medida al ciudadano solicitante de la extensión de efectos, en cuanto que el Tribunal de ejecución solo tenía la sentencia de contraste como documento para conceder o no la extensión. Para MARTÍN CONTRERAS, Luis (*La extensión de efectos..., op. cit.*, págs. 180 y 181) el plazo con el que cuenta el Letrado de la Administración de Justicia para recabar el informe es de un día a tenor de lo dispuesto en los arts. 47.1 y 48.1 LJCA. Sin haber sido mencionado este plazo por el art. 110 LJCA hacer esta afirmación nos parece demasiado riguroso. ROSENDE VILLAR, Cecilia, «La nueva regulación de la extensión de los efectos de la sentencia a terceros...», *op. cit.*, págs. 1 y ss., ha entendido que este plazo de los 20 días debería incluir todos los trámites, esto es: remisión del expediente administrativo por parte

a la extensión de efectos el aviso que realizan los arts. 48.7 y 48.10 LJCA[75], pues no debemos olvidar que esta Ley (tal como indica en su Exposición de Motivos) ha hecho un gran esfuerzo por incrementar las garantías en la ejecución de sentencias[76]. De todas formas, el artículo no dice nada acerca de lo que sucede si transcurre el plazo y la Administración no remite ni los antecedentes ni el informe, por lo que entendemos que la autoridad judicial resolverá sin más a pesar de que no puedan realizarse alegaciones por las partes relativas al citado expediente[77].

---

de la Administración, presentación del informe detallado y emplazamiento de los posibles interesados directamente afectados por los efectos de la extensión. Sin embargo, se ha comprobado en la práctica que estos plazos no son respetados en ningún caso por la Administración, que ni siquiera comparte esta interpretación.

75. Este artículo dispone: Art. 48.7: «Transcurrido el plazo de remisión del expediente sin haberse recibido completo, se reiterará la reclamación y, si no se enviara en el término de diez días contados como dispone el apartado 3, tras constatarse su responsabilidad, previo apercibimiento del Secretario judicial notificado personalmente para formulación de alegaciones, el Juez o Tribunal impondrá una multa coercitiva de trescientos a mil doscientos euros a la autoridad o empleado responsable. La multa será reiterada cada veinte días, hasta el cumplimiento de lo requerido. De darse la causa de imposibilidad de determinación individualizada de la autoridad o empleado responsable, la Administración será la responsable del pago de la multa sin perjuicio de que se repercuta contra el responsable.» Art. 48.10: «Impuestas las tres primeras multas coercitivas sin lograr que se remita el expediente completo, el Juez o Tribunal pondrá los hechos en conocimiento del Ministerio Fiscal, sin perjuicio de seguir imponiendo nuevas multas. El requerimiento cuya desatención pueda dar lugar a la tercera multa coercitiva contendrá el oportuno apercibimiento.». No obstante, existen opiniones contrarias como la de ALONSO MAS, María Josefa, («Reflexiones sobre la nueva regulación...», *op. cit.*, págs. 282 y 298) que entiende que esto produciría dilaciones en el procedimiento o, que, al menos se trata de una cuestión problemática.

76. Aunque pueda parecer lo contrario, no siempre la Administración en su informe se muestra discrepante con la solicitud de extensión. Esto fue lo que sucedió en el asunto de que trae causa la STSJ de Castilla La Mancha de 17 de febrero de 2014 (STSJ CLM 437/2014, n.º rec. 268/2013) que en su FJ I expone: «Las alegaciones del recurso de apelación procede acogerlas; desde luego hubiera sido mucho más convincente si la parte apelante, además de dicha argumentación hubiera aportado certificación de empadronamiento en Albacete; en todo caso, y por el juego procesal, llegamos a la misma conclusión; la parte dice que su domicilio está en Albacete, C/ DIRECCION000 n.º NUM000 —NUM00— NUM002.CP. 02001; la resolución apelada le atribuye un domicilio distinto pero sólo por el hecho de que ha trabajado como interina en Toledo; pero el informe de viabilidad (art. 110.4 de la LJ) de la Jefa de Servicio de Régimen Jurídico de la Consejería de Educación, de 28-6-2013, previo al Auto apelado, donde la Administración examina los requisitos sobre la procedencia o no de extensión de efectos, y entre ellos la competencia territorial del Juzgado de Albacete, concluye en sentido positivo a la extensión de efectos, por lo que el recurso de apelación ha de estimarse.». Llama la atención, de nuevo, el papel tan relevante que ostenta el informe de la Administración que, a pesar de que ya hemos dicho que es preceptivo y no vinculante, como podemos observar en este caso es el argumento que considera la Sala necesario para conceder la extensión de efectos. Otra vez podemos ver las diferencias entre ambas partes.

77. En lo referente a esta cuestión, es de sumo interés la reflexión que recoge MARTÍN CONTRERAS. *Vid.* MARTÍN CONTRERAS, Luis, «La extensión de efectos de una sentencia a terceros: el artículo 110 de la Ley reguladora de la Jurisdicción Contencioso-administrativa», en CASTILLEJO MANZANARES, R., (dir), *et al., El proceso administrativo (LJCA)... op. cit.*, págs. 369 y 370.

### *1.3.1.3. Alegaciones*

#### 1.3.1.3.1. Plazo

El plazo para alegar también se ha visto modificado a lo largo de la vigencia de esta figura. En un primer momento, esto es, en la redacción original y hasta la modificación introducida por la Ley 13/2009, de 3 de noviembre, este plazo era de tres días. Con los cambios introducidos por esta Ley, el plazo fue ampliado a cinco días. Si bien es cierto que la extensión es un mecanismo pensado para agilizar los trámites, en lo que se refiere al plazo de los cinco días que establece el artículo para el emplazamiento de las partes (a pesar de ser el previsto también para las alegaciones en el procedimiento ordinario) entendemos que es un plazo muy corto y ajustado[78] (aunque como indica BAEZA DÍAZ-PORTALES[79], normalmente se suele prescindir de este trámite). En comparación, si atendemos a la vía administrativa, el plazo establecido por defecto para alegar está comprendido entre los diez y los quince días[80].

Además, como hemos visto *ut supra* el artículo dispone:

> «Antes de resolver, en los veinte días siguientes, el Secretario judicial recabará de la Administración los antecedentes que estime oportunos y, en todo caso, un informe detallado sobre la viabilidad de la extensión solicitada, poniendo de manifiesto el resultado de esas actuaciones a las partes para que aleguen por plazo común de cinco días, con emplazamiento en su caso de los interesados directamente afectados por los efectos de la extensión».

Es esta última expresión la que causa más confusión, pues puede ser interpretada de dos maneras absolutamente distintas. Por un lado, puede entenderse como expresa MARTÍNEZ ALARCÓN[81] que el emplazamiento solo se producirá si ha habido remisión de las actuaciones por parte de la Administración, y, por otro, que el emplazamiento debe tener lugar siempre cuando puedan existir interesados que resulten afectados por la extensión. Sin duda, entendemos que es la segunda postura la única válida a tenor de la redacción del artículo[82]. Lo que sí puede suceder, como indica OLEA GODOY, es que se aporten más prue-

---

78. De esta misma opinión es también SANTAMARÍA PASTOR, Juan Alfonso, *La Ley reguladora de la Jurisdicción Contencioso-Administrativa…*, *op. cit.*, pág. 1160.
79. *Vid.* BAEZA DÍAZ-PORTALES, Manuel José, «Extensión de los efectos de las sentencias a terceros…», *op. cit.*, pág. 15.
80. *Vid.* Antiguo art. 84.2 LRJPAC y art. 82.2 LPACAP.
81. *Vid.* MARTÍNEZ ALARCÓN, M.ª de la Luz, en MORENO MOLINA, José Antonio (dir.) *et al.*, *Procedimiento y Proceso Administrativo…*, *op. cit.*, pág. 989. En igual sentido, ORTEGA ÁLVAREZ, Luis, «La ejecución de sentencias», en *Justicia Administrativa: Revista de Derecho Administrativo*, n.º extraordinario de 1999, pág. 163 o DE MIGUEL CANUTO, Enrique, *Extensión a terceros de los efectos…*, *op. cit.*, pág. 113.
82. Sea como fuere lo que sí será necesario es que al emplazamiento de partes que no lo hayan sido en el proceso originario habrá de adjuntarles copia de la sentencia a extender (*vid.* SALA SÁNCHEZ, Pascual, XIOL RÍOS Juan Antonio y FERNÁNDEZ MONTALVO, Rafael, *Práctica Procesal Contencioso Administrativa*, *op. cit.*, pág. 273).

bas en este período de alegaciones porque se consideren de relevancia[83]. No obstante, entendemos con DE DIEGO DÍEZ que dejar en manos del Letrado de la Administración de Justicia la consideración sobre qué antecedentes han de considerarse oportunos es ir muy lejos en la atribución de funciones a este cuerpo judicial[84]. De todas formas, indica MARTÍN CONTRERAS que no es previsible que la extensión de efectos pueda haber alguna otra persona interesada que no sea el propio recurrente, pues, en todo caso, el interés debe focalizarse en el procedimiento de referencia[85].

#### 1.3.1.3.2. Trámite de audiencia

En lo referente al trámite de audiencia, éste no se contempla *de facto* en el texto normativo. Como ya observamos *ut supra*, actualmente el artículo no prohíbe (como lo hacía en su redacción originaria), el trámite de la vista. La STSJ M 19826/2006, de 22 de diciembre, puede servir como ejemplo para entender la interpretación acerca de este trámite, ya que contempla en su fundamentación jurídica la complejidad de este apartado cuarto del art. 110 LJCA. Se trata de una sentencia en materia tributaria donde se resuelve el recurso de apelación de una Administración pública frente a un Auto de extensión de efectos[86]. En ella podemos observar que se ha considerado que, si bien el trámite de audiencia es pertinente en este procedimiento, su ausencia no ha de invalidar todo lo demás. Sin embargo, el TS ha considerado que el trámite de audiencia es imprescindi-

83. *Vid.* OLEA GODOY, Wenceslao, «Extensión de los efectos de las sentencias en materia tributaria», *op. cit.*, pág. 36.
84. *Vid.* DE DIEGO DÍEZ, Luis Alfredo, *Extensión de efectos...*, *op. cit.*, pág. 74.
85. *Vid.* MARTÍN CONTRERAS, Luis, «La extensión de efectos de una sentencia a terceros: el artículo 110 de la Ley reguladora de la Jurisdicción Contencioso-administrativa», en CASTILLEJO MANZANARES, R., (dir), *et al.*, *El proceso administrativo (LJCA)... op. cit.*, pág. 368. Entendemos que adoptar esta postura evita las confusiones que la vacua redacción del precepto genera.
86. En su FJ III expone: «TERCERO.— La recurrente funda su recurso de apelación en los motivos de Nulidad de la resolución judicial impugnada por defecto en la tramitación procesal del incidente de Extensión de efectos de una sentencia firme por vulneración del artículo 110.4 de la LJCA, por cuanto que el juez a quo no ha cumplido con el trámite de audiencia que dicho precepto establece, y dictar el Auto de 7 de julio de 2005 estimando en su integridad las peticiones formuladas por los recurrentes, lo cual supone una flagrante vulneración del derecho a la tutela judicial efectiva, por ser el único momento procesal que ostenta la Administración Pública demandada a fin de poder efectuar cualquier manifestación al respecto de la petición de extensión de efectos formulada. La anterior alegación en puridad procesal, y puesta esta en relación con el derecho a la tutela efectiva, que como es sabido comprende el derecho al acceso a la actividad jurisdiccional a obtener de los jueces y Tribunales una resolución razonada y fundada en derecho sobre el fondo de las pretensiones deducidas por las partes en el proceso (STC 55/87 y 57/88), al tratarse de un derecho prestacional de configuración legal, su ejercicio y prestación están supeditados a la concurrencia de los presupuestos y requisitos procesales que, en cada caso haya establecido el legislador, que no puede sin embargo fijar obstáculos o trabas arbitrarias o caprichosas que

ble. En este sentido se manifiesta en el ATS 3139/2018, de 21 de marzo (n.º rec. 569/2018) donde se admitió la interposición de un recurso de casación por haberse prescindido del trámite de audiencia a las partes[87]. En su FJ III expresa:

> «(...) Además, este trámite de audiencia resulta esencial, pues la petición podía desestimarse si concurría alguna de las circunstancias previstas en el apartado 5, esto es, la existencia de cosa juzgada, que la doctrina determinante del fallo cuya extensión se pretende sea contraria a la jurisprudencia del Tribunal Supremo, o a la doctrina sentada por los Tribunales Superiores de Justicia en el recurso a que se refiere el art. 99, o la existencia de acto firme y consentido para el interesado, y de ahí la trascendencia de la intervención de la parte demandada».

### 1.3.1.3.3. ¿Quiénes pueden presentar alegaciones?

La última parte de este apartado cuarto del art. 110 (antes de aludir a la finalización del mecanismo) llama también poderosamente la atención, pues el precepto diferencia entre partes e interesados directamente afectados por los efectos de la extensión. Así, entendemos que se trata del punto más conflictivo dentro del procedimiento de extensión de efectos.

---

obstaculicen la tutela efectiva garantizada constitucionalmente (STC 185/87). Asimismo, los órganos judiciales están constitucionalmente obligados a aplicar las normas que contienen los requisitos procesales, teniendo siempre presente el fin perseguido por el legislador al establecerlas, evitando cualquier exceso formalista que los conviertan en meros obstáculos procesales impeditivos de la tutela judicial efectiva, (STC 17/85 y 157/89), pero sin que tampoco, el criterio antiformalista conduzca a prescindir de los requisitos procesales establecidos por las leyes que ordenan el proceso y los recursos en garantía de los derechos de todas las partes (STC 64/92).

No obstante, la invocación de tal indefensión, como consecuencia de la falta de oportunidad de audiencia, hubiera debido completarse, para que pueda tener la pretendida trascendencia invalidante, con una referencia a los medios de defensa, pero tal omisión es inapreciable dado que a la luz del expediente, se advierte que el interesado fue oído en un primer momento pues el juez a quo responde a la alegación de «que la falta de presupuesto o tesorería para llevar a cabo la devolución es extremo que no se acredita, el Ayuntamiento hace referencia a la totalidad de los 55.742 contribuyentes sometidos a la tasa, sin centrarse en el número real de los solicitantes, que tendrá, como el mismo reconoce, una vez finalizado el plazo de extensión de efectos acudir a medidas extraordinarias para satisfacer las devoluciones».

Por otro lado el mismo recurrente pudo y debió de advertir al juez a quo de dicha infracción, que no hizo, con el fin, de alegar en defensa de sus derechos e intereses legítimos pues como manifiesta la STC 94/1993 de 22 de marzo. La Constitución no protege las situaciones de simple indefensión formal, que —por otra parte— no resultan acreditadas en este supuesto. Las situaciones de indefensión han de valorarse siempre según las circunstancias de cada caso teniendo en cuenta que el concepto de indefensión con relevancia jurídico-constitucional no coincide con el concepto de indefensión meramente jurídico-procesal. Sólo existe indefensión con relevancia constitucional cuando la vulneración de las normas procesales lleva consigo la privación del derecho a la defensa con el consiguiente perjuicio real efectivo para los intereses del afectado.

Por todo lo cual el motivo ha de ser desestimado».

87. Además, debe quedar claro que, en nuestra opinión, el Letrado de la Administración de Justicia no puede saltarse el paso de solicitar la documentación a la Administración. Éste es el fundamento de la admisión del recurso de casación que se plantea en este Auto.

Como ya apuntaba CONTÍN TRILLO-FIGUEROA, esta distinción es difícil de entender[88], puesto que a diferencia de la opinión de autores como PÉREZ DEL BLANCO[89], consideramos que la Administración también se considera parte y tiene, por tanto, derecho a presentar alegaciones.

Así, bajo nuestro punto de vista, la complicación deviene de la diferenciación en este procedimiento entre las partes y los interesados afectados por los efectos de la extensión[90], pues en teoría éstos afectados constituyen las partes en este procedimiento. Si no se entiende así, lo único que se puede pensar es que parece que el tribunal está obligado a convocar a todos los administrados que, hipotéticamente, puedan verse afectados por el acto impugnado. Esta situación sería relativamente fácil ante un acto administrativo de los que son considerados «de masa» o plúrimos pues, normalmente, tendrá unos destinatarios jurídicamente identificables. Sin embargo, puede ocurrir que estos destinatarios no puedan ser individualizados o que el acto administrativo no responda a las características de un acto masa como tal. De hecho, consideramos que aunque el art. 110 LJCA no hable de procedimiento concebido para actos masa, éste es uno de los puntos en los que la doctrina se ha basado para determinar que este procedimiento fue planteado para hacer frente a los actos masa. Esta teoría se refuerza cuando se comprueba que, en 2003, se modificó este artículo y se incluyó a los interesados, a diferencia de lo que ocurría en la versión original que reservaba este trámite únicamente a las partes. No obstante, existen voces contrarias pues, por ejemplo, MAGALDI (siguiendo a SANTAMARÍA PASTOR) entiende que el emplazamiento no ha de hacerse a quienes pudieran solicitar idéntica extensión de efectos, sino que está destinado únicamente a quienes puedan resultar interesados por la extensión solicitada[91].

Otra interpretación conllevaría a entender que deberían ser los beneficiarios de la sentencia de origen los que habrían de acudir a este procedimiento. Nos parece que no tiene mucho interés emplazar a estos sujetos[92] ya que, como venimos reiterando, este procedimiento nada tiene que ver con el de origen y,

88. *Vid.* CONTÍN TRILLO-FIGUEROA, Eloísa, «Extensión de los efectos de la sentencia...», *op. cit.*, pág. 613.

89. *Vid.* PÉREZ DEL BLANCO, Gilberto, «La extensión subjetiva de los efectos de la sentencia administrativa en los supuestos de litigios en masa», *op. cit.*, pág. 102. Este autor sostiene que el trámite de alegaciones ya se ve satisfecho para la Administración cuando ha remitido los informes. En relación con este asunto entendemos que, si fuera así, se estaría mezclando la vía administrativa con la judicial, pues el informe es remitido por un órgano administrativo y no por la representación y defensa de la parte demandada, que en estos casos de extensión de efectos es una Administración pública (en sus distintas versiones).

90. Como ejemplo de la variada casuística en la interpretación de la condición de afectados, puede verse el ATS 4177/2016, de 11 de mayo.

91. *Vid.* MAGALDI, Nuria, «La extensión de los efectos de las sentencias», en EZQUERRA HUERVA Antonio (dir.) y OLIVÁN DEL CACHO, José Javier (dir.), *Estudio de la Ley..., op. cit.*, pág. 1048.

92. Esta es la opinión que mantiene CONTÍN TRILLO-FIGUEROA, Eloísa, «Extensión de los efectos de la sentencia...», *op. cit.*, pág. 613.

además, ellos ya obtuvieron su sentencia estimatoria (a mayor abundamiento, el propio artículo introduce la expresión «en su caso»). Lo único que sí puede ser objeto de controversia es el derecho que éstos interesados puedan ostentar a mostrarse en contra de la posible extensión, pues ésta afecte a sus intereses particulares. En este caso, entendemos que este procedimiento no está planteado como un contencioso entre partes más o menos interesadas, sino que se trata de un procedimiento meramente declarativo de situaciones jurídicas reconocidas por la Administración y basadas en el principio de igualdad en aplicación de la ley[93]. No debemos olvidar que el articulado no contempla estas situaciones y no las contempla porque nos encontramos en vía contencioso-administrativa y porque el legislador (aunque en materias limitadas) ha querido que sea posible *ope legis* extender los efectos de una sentencia a otras sujetos. Esta es la opinión que defienden SALA SÁNCHEZ, XIOL RÍOS y FERNÁNDEZ MONTALVO (y a la que nos sumamos) cuando consideran que los recurrentes originarios no ostentan la condición de interesados salvo que por las particulares circunstancias del caso se advierta que la decisión que se pronuncie pueda tener algún efecto indirecto en su situación[94]. De hecho, ALONSO MAS aboga por la posibilidad de considerar inviable la extensión en los casos donde existan terceros afectados, beneficiados por el acto y que se opongan a la extensión de efectos, por las limitaciones del propio procedimiento a la hora de entrar a valorar cuestiones distintas a la identidad o a las causas de desestimación[95].

Por último, se plantea la cuestión acerca de si lo que el legislador ha querido con ese emplazamiento ha sido hacer partícipe en la extensión a los terceros ajenos por completo al procedimiento que se pudiesen ver afectados por la misma. En esta circunstancia si tuviera sentido la expresión «en su caso» que introduce el apartado, pues puede darse el hecho de que no exista ningún afectado por la extensión. No obstante, entendemos que el emplazamiento de este tercero afectado en este momento procesal de poco puede servir en un procedimiento de estas características ya que, si efectivamente se cumplen los requisitos del art. 110 LJCA, la extensión de efectos ha de llevarse a cabo. De todas formas, sí consideramos junto a RODRÍGUEZ CARBAJO, que sería necesario su emplazamiento (aunque introducimos la salvedad de que sean, como indica el artículo una afectación directa)[96]. Además, esto no es óbice para que este tercero pueda impugnar el auto resolutorio de la extensión o plantear en su

93. Sin embargo, existen opiniones contrarias a esta teoría como por ejemplo la que establece FONT I LLOVET, Tomás («la extensión a terceros de los efectos de la sentencia en vía de ejecución», *op. cit.*, pág. 176) que entiende que este es el momento adecuado donde los recurrentes iniciales tendrán la ocasión de hacer valer su diligencia y oponerse a la extensión de efectos que pueda beneficiar a otros.
94. Cfr. SALA SÁNCHEZ, Pascual, XIOL RÍOS Juan Antonio y FERNÁNDEZ MONTALVO, Rafael, *Práctica Procesal Contencioso Administrativa*, *op. cit.*, pág. 265.
95. Cfr. ALONSO MAS, María Josefa, «Reflexiones sobre la nueva regulación...», *op. cit.*, pág. 284.
96. *Vid.* RODRÍGUEZ CARBAJO, José Ramón, en «La extensión de efectos de las sentencias (y II)», *op. cit*, pág. 2517.

momento un recurso contencioso-administrativo propio contra el acto de la Administración.

En resumen, podemos encontrar cuatro teorías o perspectivas diferenciadas:

- Consideración de las partes como interesados en la extensión.
- Interesados como terceros que pueden verse afectados por el acto impugnado y/o los efectos de la extensión de la sentencia que lo impugna, es decir, afectados por la propia extensión o porque, por sus características, también pudieran plantear una extensión en el futuro (lo que OLEA GODOY[97] entiende como «terceros interesados en la extensión de efectos o que de alguna manera se viesen afectados con ella»)[98].
- Interesados considerados como los beneficiarios de la sentencia de origen que, en su caso, pueden verse afectados por una hipotética extensión[99].
- Otros terceros ajenos absolutamente al procedimiento y al acto que pudiesen verse afectados.

Como hemos podido comprobar, la opción que ostenta una mayor aceptación doctrinal es la que entiende que los interesados son aquellos directamente afectados por el acto impugnado o por la extensión de efectos propiamente dicha por poseer características comunes con el solicitante o los solicitantes de extensión[100].

#### 1.3.1.3.4. Forma del emplazamiento

El art. 110.4 LJCA no expone ni la forma ni los encargados de llevar a cabo el emplazamiento. Así, entendemos con SANTAMARÍA PASTOR[101] que se trata de un trámite cuya realización material escapa del conocimiento del tribunal, por lo que será la Administración quien lo deberá llevar a cabo. Sin embargo, consideramos que como parte demandada puede interpretar de forma muy res-

97. Cfr. OLEA GODOY, Wenceslao, «Extensión de los efectos de las sentencias en materia tributaria», *op. cit.*, pág. 36.
98. Esta es la opinión de ALONSO MAS, María Josefa, «Reflexiones sobre la nueva regulación...», *op. cit.*, pág. 298.
99. También los contempla ALONSO MAS. *Ibidem*.
100. Esta postura se encuentra en la misma línea que lo dispuesto en el art. 8 LPACAP que establece: «Si durante la instrucción de un procedimiento que no haya tenido publicidad, se advierte la existencia de personas que sean titulares de derechos o intereses legítimos y directos cuya identificación resulte del expediente y que puedan resultar afectados por la resolución que se dicte, se comunicará a dichas personas la tramitación del procedimiento».
101. *Vid.* SANTAMARÍA PASTOR, Juan Alfonso, La Ley reguladora de la Jurisdicción contencioso-administrativa..., *op. cit.*, pág. 1160.

trictiva las distintas opciones que hemos visto en el apartado anterior y, por tanto, emplazar a los menos interesados posibles. No obstante, le corresponde al Letrado de la Administración de Justicia la labor de control. Para MARTÍN CONTRERAS, la Administración debe quedar relegada de esta obligación en tanto que no habrá otros interesados al tratarse de una pretensión personal[102]. Nos mostramos parcialmente en desacuerdo con esta opinión (aunque como hemos visto facilita la tramitación) por dos motivos: el primero por la cantidad de interesados que pueden existir en un procedimiento de estas características (como hemos comentado en el apartado anterior) y, en segundo lugar, porque no debe olvidarse la finalidad de la extensión de efectos, la cual pretende evitar una multitud de litigios innecesarios[103].

De todas formas, entendemos aplicable supletoriamente lo dispuesto en el art. 50 LJCA, en virtud del cual el emplazamiento de la Administración se entenderá realizado por la reclamación del expediente y éstas se habrán personado cuando lo remitan.

## 2. INADMISIÓN DE LA EXTENSIÓN DE EFECTOS DE SENTENCIAS FIRMES

### 2.1. POSIBILIDAD DE INADMISIÓN DE LA SOLICITUD DE EXTENSIÓN DE EFECTOS DE SENTENCIAS FIRMES

A diferencia de lo que ocurre en la fase declarativa, la regulación configuradora de la extensión de efectos no contempla causas de inadmisión para el escrito de petición de extensión de efectos, centrándose únicamente en las causas que pueden desestimar el mismo (también denominadas por la doctrina como requisitos negativos o límites a la extensión de efectos). Por ello, puede parecer por la regulación legal, que en sede de extensión de efectos nunca se inadmite un escrito de solicitud de la misma. Sin embargo, en la mayoría de ocasiones la jurisprudencia no hace distinción entre la inadmisión y la desestimación[104].

De hecho, el TS ya aplica las causas de inadmisión generales de la LJCA, puesto que en numerosas sentencias ha rechazado incidentes de extensión de efectos por la concurrencia de litispendencia. A mayor abundamiento, incluso, al auto desestimatorio de la extensión lo llega a denominar «Auto de inadmisión del incidente de extensión de efectos». Por ello, a pesar de la ausencia de referencia legal en sede de extensión de efectos a las causas de inadmisión generales

102. *Vid.* MARTÍN CONTRERAS, Luis, *La extensión de efectos…*, *op. cit.*, pág. 183.
103. Podríamos llegar a decir que, en algunos casos, la Administración podría verse obligada en aras del interés general.
104. Por ejemplo, en las SSTSJ de Castilla y León de 2 de julio de 2007 (STSJ CL 2434/2007, n.º rec. 95/2006) y de 22 de mayo de 2007 (STSJ CL 989/2007, n.º rec. 83/2006) se puede ver esta interpretación de la inadmisión y la desestimación integradas que hacen los tribunales.

para el orden contencioso-administrativo, consideramos que han de ser aplicables junto a las causas desestimatorias. Es más, el apartado quinto del art. 110 LJCA, aunque *a priori* pareciera una lista *numerus clausus*, habla de desestimación en «todo caso», por lo que no cierra la puerta a otros motivos como pueden ser las mencionadas causas de inadmisión[105]. Circunstancias procesales que, de hecho, frecuentemente pueden darse a la hora de plantear cualquier procedimiento (falta de jurisdicción, falta de legitimación del solicitante, extemporaneidad etc.).

De igual forma entendemos, junto a BLÁZQUEZ LIDOY[106], que las causas que el art. 110.5 LJCA denomina «de desestimación» son en realidad causas de inadmisión, salvo el apartado de la letra b): «Cuando la doctrina determinante del fallo cuya extensión se postule fuere contraria a la jurisprudencia del Tribunal Supremo o a la doctrina sentada por los Tribunales Superiores de Justicia en el recurso a que se refiere el artículo 99».

Sin embargo, ha de hacerse constar que posiblemente el legislador haya establecido esta delimitación nominal basándose en la consideración de la identidad en las situaciones jurídicas como única causa primaria de inadmisión, superada la cual la desestimación del incidente podría producirse por los motivos tasados en el apartado quinto del art. 110 LJCA. Como ya sabemos, estas causas han de ser estimadas en el ámbito ordinario. Así, nos lo recuerda el ATS 7742/2018, de 9 de julio (n.º rec. 202/2018) FJ II:

> «(...) Por lo que concierne a la pretendida vulneración del derecho a la tutela judicial efectiva (artículo 24 CE) que se invoca, no es posible obviar, en este sentido, la consolidada doctrina constitucional que configura el derecho a la revisión de las resoluciones judiciales (dejando a salvo el ámbito del orden jurisdiccional penal en que se garantiza el derecho a la doble instancia) como un derecho de configuración legal, en el que no resulta aplicable con la misma intensidad el principio *pro actione*. —doctrina fijada, entre otras muchas, en las sentencias 105/2006, de 3 de abril, 265/2006, de 11 de septiembre, 22/2007, de 12 de febrero, 246/2007, de 10 de diciembre y 27/2009 de 26 de enero y que se reitera en la sentencia STC 90/2015, de 11 de mayo—. Por ello, la inadmisión de los recursos de forma motivada, con base en la aplicación de una causa legal y en la interpretación de las normas procesales que las regulan, constituye una función jurisdiccional de exclusiva competencia de los jueces y tribunales, que sólo transciende

105. No obstante, algunos autores entienden que sí nos encontramos ante un *numerus clausus* de carácter jurisprudencial tácito. *Vid.* ORÓN MORATAL, Germán, «Recursos extraordinarios de revisión y extensión de efectos de las sentencias en materia tributaria», en ALMUDÍ CID, José Manuel y MARTÍNEZ LAGO, Miguel Ángel (dirs.), *Litigación tributaria...op. cit.*, pág. 188.

106. *Vid.* BLÁZQUEZ LIDOY, Alejandro, «La extensión de efectos de las sentencias en materia tributaria (art.110 de la LJCA)», *op. cit.*, pág. 802. De la misma opinión es PÉREZ ANDRÉS, Antonio Alfonso (*Los Efectos de las Sentencias..., op. cit.* págs. 276 y ss.) que considera, por ejemplo, que la cosa juzgada es más bien una causa de inadmisión que una causa de desestimación propiamente dicha.

al plano constitucional cuando el órgano jurisdiccional incurra en error patente, arbitrariedad o en manifiesta irracionalidad».

De hecho, la STSJ de Madrid de 9 de mayo de 2008 (STSJ M 7044/2008, n.º rec. 152/2008) en su FJ III considera que la inadmisión solo es aplicable a ciertos aspectos:

> «(...) El control de la admisibilidad de la extensión de efectos por el órgano judicial de que se trate, se limita a verificar que el solicitante presenta escrito razonado al que debe acompañar el documento o documentos que acrediten la identidad de situaciones o la no concurrencia de las circunstancias del apartado 5 del artículo 110, a que el órgano judicial al que se solicita la extensión de efectos es el mismo que dictó previamente la resolución respecto de la que se pretende la extensión de efectos y además es competente por razón del territorio, y a que no haya transcurrido el plazo del año referido en la letra c) del artículo 110.1.
>
> Si el solicitante no presenta el escrito razonado y los documentos que deben acompañarlo, el Juzgado podrá requerirle de subsanación y archivar en caso contrario, e igualmente podrá inadmitir la extensión de efectos si no es competente o si ha transcurrido el plazo de un año mencionado; fuera de estos supuestos, en ningún otro caso cabe la inadmisión de la extensión de efectos, y por tanto lo que procede es que el órgano judicial resuelva —estimándola o desestimándola— sobre la extensión de efectos solicitada, debiendo desestimarla si no concurre la identidad de situaciones, o bien si existe cosa juzgada, el fallo cuya extensión se pretende es contrario a la jurisprudencia del Tribunal Supremo o, en su caso, de los Tribunales Superiores de Justicia, o finalmente si para el interesado se ha dictado una resolución que, habiendo puesto fin a la vía administrativa, ha sido consentida por éste».

Además, tal como recoge PALOMAR OLMEDA[107], existe otro motivo de inadmisión que no aparece recogido en la LJCA. Por lógica procesal el art. 110 LJCA ha de carecer de virtualidad cuando se ha promulgado una norma superior y especial sobre el litigio en cuestión para el solicitante de la extensión de efectos y que, obligatoriamente, le ha de ser aplicable.

No obstante, no puede obviarse que la AN, en algún caso ha considerado la imposibilidad de inadmisibilidad en una extensión de efectos al considerarla parte de una acción de ejecución y no de un procedimiento normal contencioso-administrativo. Por lo singular de la resolución, traemos aquí parte del FJ 2.º de la SAN 5468/2000, de 15 de septiembre (FJ II.3):

> «Igualmente, la jurisprudencia establece que la declaración de inadmisibilidad del recurso contencioso-administrativo exige de modo inequívoco y manifiesto se acredite el supuesto en el que se fundamente y es de tener presente que la inadmisibilidad, al poder producirse dentro del proceso o, más bien, en su inicio, en este supuesto el que se recoge el artículo 51.2 de la LJCA., no permite su apli-

107. *Vid.* PALOMAR OLMEDA, Alberto (dir.) et al., Tratado de la Jurisdicción Contencioso-Administrativa, Tomo II: ejecución de sentencias y disposiciones comunes, *op. cit.*, pág. 327.

cación a la acción de ejecución de sentencias a que se refiere la ejercitada por el actor, al amparo del artículo 110 de la misma Ley, siendo de señalar los diferentes resultados de uno y otro *iter* procesal».

A pesar de esta SAN (que es excepcional y atrasada en el tiempo), podemos concluir que la tendencia actual es, como hemos dicho, la de aceptar la posibilidad de inadmisión en las extensiones de efectos de sentencias firmes[108].

Por último, hemos de hacer referencia a las sentencias que inadmiten el recurso contencioso-administrativo sin entrar en el fondo del asunto sobre la base del artículo 51.1 de la LJCA. ¿Qué sucede con estas pretensiones? ¿Pueden esgrimirse de nuevo solicitando una extensión de efectos? La doctrina ha entendido que sí[109], ya que la cuestión de fondo no fue juzgada, salvo para los casos en que los defectos determinantes de la inadmisión no aparecen subsanados en el nuevo proceso.

## 2.2. MOMENTO PROCESAL Y FORMA DE LA INADMISIÓN

Entendemos que la inadmisión se deberá llevar a cabo tras el análisis de la documentación presentada (siguiendo lo dispuesto en el art. 51 LJCA[110]), puesto

108. También los TSJ se muestran partidarios de la inadmisión. *Vid.* STSJ de Madrid de 9 de mayo de 2008 (STSJ M 7044/2008, n.º rec. 152/2008).

109. *Vid. como* ejemplo: ROJÍ BUQUERAS, José María, «La extensión de los efectos de sentencias en materia tributaria (un análisis del art. 110 de la Ley 29/1998, de 13 de julio reguladora de la Jurisdicción Contencioso-Administrativa)», *op. cit.*, pág. 282, o ALONSO MAS, María Josefa, «Reflexiones sobre la nueva regulación...», *op. cit.*, pág. 306.

110. Art. 51 LJCA: «El Juzgado o Sala, previa reclamación y examen del expediente administrativo, si lo considera necesario, declarará no haber lugar a la admisión del recurso cuando constare de modo inequívoco y manifiesto:

a) La falta de jurisdicción o la incompetencia del Juzgado o Tribunal.
b) La falta de legitimación del recurrente.
c) Haberse interpuesto el recurso contra actividad no susceptible de impugnación.
d) Haber caducado el plazo de interposición del recurso.

2. El Juzgado o Sala podrá inadmitir el recurso cuando se hubieran desestimado en el fondo otros recursos sustancialmente iguales por sentencia firme, mencionando, en este último caso, la resolución o resoluciones desestimatorias. 3. Cuando se impugne una actuación material constitutiva de vía de hecho, el Juzgado o Sala podrá también inadmitir el recurso si fuera evidente que la actuación administrativa se ha producido dentro de la competencia y en conformidad con las reglas del procedimiento legalmente establecido. Asimismo, cuando se impugne la no realización por la Administración de las obligaciones a que se refiere el artículo 29, el recurso se inadmitirá si fuera evidente la ausencia de obligación concreta de la Administración respecto de los recurrentes. 4. El Juzgado o la Sala, antes de pronunciarse sobre la inadmisión del recurso, hará saber a las partes el motivo en que pudiera fundarse para que, en el plazo común de diez días, aleguen lo que estimen procedente y acompañen los documentos a que hubiera lugar. 5. Contra el auto que declare la inadmisión podrán interponerse los recursos previstos en esta Ley. El auto de admisión no será recurrible pero no impedirá oponer cualquier motivo de inadmisibilidad en momento procesal posterior. 6. Declarada la inadmisión al amparo de lo establecido en el párrafo a) del apartado 1 de este artículo, se estará a lo que determinan los artículos 5.3 y 7.3».

que, la extensión de efectos no requiere un escrito de interposición previo, pudiendo afirmar que comienza directamente con la demanda (a semejanza de lo dispuesto en el art. 45.5 LJCA)[111]. La inadmisión se realizará por medio de auto.

## 3. ACUMULACIÓN DE SOLICITUDES DE EXTENSIÓN DE EFECTOS DE SENTENCIAS FIRMES POR PARTE DE DISTINTOS RECURRENTES

Tras el análisis del procedimiento para instar la extensión de efectos, cabe plantearse la posibilidad de una hipotética acumulación de las solicitudes de extensión en el seno de un procedimiento de estas características, siempre y cuando nos encontremos ante uno de los llamados actos en masa (porque serían los únicos que presentarían pretensiones deducibles en relación con un mismo acto, disposición o actuación[112]). Los actos en masa conllevan una conexión suficiente para justificar una tramitación unitaria de los procedimientos de extensión de efectos por razones de economía procesal, en aras de una mayor celeridad en la tramitación procedimental y como medio para evitar pronunciamientos contradictorios. Según la clasificación de ARMENTA DEU[113] en este caso nos encontramos ante unos intereses que tienen la condición de intereses pluriindividuales, ya que conforman una multitud de derechos e intereses individuales y homogéneos que fueron lesionados por el mismo acto o actividad antijurídica (acto administrativo contra el que se entabla el recurso contencioso-administrativo que da lugar a la sentencia sobre la que se basa la posterior extensión de efectos).

En principio, el art. 110 LJCA nada dice acerca de esta eventualidad, mas si su finalidad es la agilización de trámites y la descarga de trabajo a los tribunales, la acumulación de peticiones de extensión puede ser un supuesto digno de mención. Por razones obvias (extensión de los efectos de una sentencia entendida como una pretensión única), la acumulación de pretensiones que regulan los arts. 34-36 LJCA no pueden llevarse a cabo cuando lo que estamos analizando son procedimientos de extensión de efectos. Dicho esto, no parece que haya nada en el art. 110 LJCA que contradiga la posibilidad de aplicación del art. 37. De hecho, cumple la función que la Exposición de Motivos de la LJCA encarga al instituto de la extensión de efectos, esto es: «ahorrar la reiteración de la reiteración de múltiples procesos innecesarios contra los llamados actos en masa».

111. De hecho, MARTÍN CONTRERAS, Luis (*La extensión de efectos…*, *op. cit.*, pág. 172) incluso entiende que habrá que esperar a la remisión del expediente para poder examinar la competencia.

112. Art. 34.1 LJCA.

113. *Vid.* ARMENTA DEU, Teresa, Acciones colectivas: reconocimiento, cosa juzgada y ejecución, Madrid, 2013, pág. 32.

Es por ello por lo que entendemos que, en lo que se refiere a la acumulación, solo podría ser aplicable lo dispuesto en el apartado primero del art. 37 LJCA en cuanto expresa que:

> «Interpuestos varios recursos contencioso-administrativos con ocasión de actos, disposiciones o actuaciones en los que concurra alguna de las circunstancias señaladas en el artículo 34, el órgano jurisdiccional podrá en cualquier momento procesal, previa audiencia de las partes por plazo común de cinco días, acordar la acumulación de oficio o a instancia de alguna de ellas».

En el caso de que la acumulación anteriormente planteada no se llevase a cabo, llegados a este punto la cuestión que se suscita sería la posible acumulación de autos que establece el apartado segundo del citado artículo 37 LJCA, siempre teniendo en cuenta distintas solicitudes de extensión de efectos basadas en actos en masa[114]. ¿Debería tramitar el juez una petición con carácter preferente y posteriormente extender lo resuelto a los demás? Sin duda, es una opción peculiar y que puede parecer poco probable pero ha de tenerse en cuenta su eficacia y, por tanto, considerarla como factible, siempre y cuando se respeten las peculiaridades procesales del artículo 37 LJCA: audiencia previa de las partes por plazo común de cinco días y suspensión del curso de las demás solicitudes hasta que se dicte auto resolviendo la primera. Como puede observarse, estaríamos aplicando la tramitación del pleito testigo en los cauces de las solicitudes de extensión de efectos de sentencias firmes. No obstante, debemos recordar que estamos acumulando procedimientos que son de fase ejecutiva a través de artículos que se encuentran en fase declarativa, por lo que debemos decir que no hemos encontrado ningún ejemplo de este fenómeno en la jurisprudencia. Sí existen muchos de extensiones de efectos presentadas por varias personas que poseen mismo el interés legitimador[115].

## 4. EXTENSIONES DE EFECTOS DE SENTENCIAS FIRMES «VELADAS»

De la misma forma, hemos de hacer referencia a situaciones que, en principio, no revisten la condición de extensiones de efectos pero que, por su objeto, el tribunal reconduce por los cauces del art. 110 LJCA.

Como sabemos, uno de los principales obstáculos para la solicitud de extensión de efectos lo encontramos en la reserva material del citado art. 110 LJCA. Ello produce que, a veces, se planteen recursos contencioso-administrativos de

114. GIMENO SENDRA Vicente, en GARBERÍ LLOBREGAT, José (dir.) *et al.*, *La Nueva Ley de la Jurisdicción Contencioso-Administrativa. Estudio y Aplicación Práctica de la Ley 29/1998*, Madrid, 1999, pág. 389, otorgaba una terminología diferente y hablaba de «sentencias-masa».

115. Como ejemplo, *vid.* STS 1153/2016, de 17 de marzo (n.º rec. 904/2015). De todas formas, hay veces que las defensas de los solicitantes de extensión prefieren plantear una multitud de solicitudes de extensión de efectos individuales, principalmente con el objetivo de colapsar al órgano judicial competente.

carácter ordinario que, realmente, solicitan la extensión de efectos de una sentencia anterior pero que están en los límites de poder considerarse verdaderas extensiones de efectos y que, otras veces, por el poco uso o conocimiento que poseen los operadores jurídicos de la figura en cuestión, se planteen recursos ordinarios cuando se tenían o se podían haber planteado extensiones de efectos de sentencias[116].

Esto es lo que sucedió en la STSJ de Murcia de 31 de mayo de 2018 (STSJ MU 1100/2018, n.º rec. 337/2017), donde se observa que, de fondo, el *petitum* de la demanda pretende una extensión de efectos de sentencia. En este asunto, la Sala se muestra clara negando la posibilidad de conseguir, vía recurso contencioso-administrativo ordinario, la extensión de unos efectos reconocidos en una sentencia previa, demostrando que se había utilizado el procedimiento clásico porque los demandantes sabían que no se producía el requisito de la identidad en las situaciones necesario para proceder a la extensión[117].

## 5. FINALIZACIÓN DEL PROCEDIMIENTO DE EXTENSIÓN DE EFECTOS DE SENTENCIAS FIRMES

Como indica la última parte del apartado cuarto del art. 110, el juez o tribunal resolverá sin más por medio de auto, en el que no podrá reconocerse una situación jurídica distinta a la definida en la sentencia firme de que se trate. Por su importancia, tanto dicha finalización por auto como las posibles causas de desestimación ocupan capítulos independientes en esta obra.

## 6. PROCEDIMIENTO ORDINARIO CONTENCIOSO-ADMINISTRATIVO VS EXTENSIÓN DE EFECTOS DE SENTENCIAS FIRMES

Por todo lo expresado, a nuestro juicio se evidencia que nos encontramos ante un mecanismo procesal de apariencia sencilla pero que encierra un gran número de dificultades. La primera, a la hora de establecer la carga de la prueba. En este punto consideramos que se trata de una carga mixta, en el sentido de

116. Efectivamente lo que el Tribunal en cuestión lleva a cabo en estos casos es una táctica similar a la del levantamiento del velo de la personalidad en materia societaria. Así, entendemos que se trata de un levantamiento del velo de carácter procesal.

117. Así, la mencionada STSJ de Murcia dispone: «(...) Uno de los quid de la cuestión es considerar que un error en la manera de corrección de un ejercicio sería un acto anulable pero no nulo y, además, lo que se pretende y también ha sido percibido por el Consejo Jurídico es utilizar el instituto de la revisión de oficio para lograr una extensión de efectos *de la* Sentencia del Cuerpo Superior de Administradores que con la regulación y condicionamientos de la LJCA no sería posible en ningún caso. Así, de hecho, aplicando como se hace en la Orden recurrida el instituto de la extensión de efectos de Sentencia que marca la Ley de la Jurisdicción CA, sería evidente que no están en la misma situación porque hubo un aquietamiento de los interesados en las resoluciones que ahora ponen en entredicho.» En el mismo sentido, *vid.* STSJ de Murcia de 25 de mayo de 2018 (STSJ MU 1089/2018, n.º rec. 350/2017).

que la carga es del solicitante, siendo la Administración quien debe de desvirtuarla (evitando así la *probatio diabólica*). En segundo lugar, la cuestión de las alegaciones, donde se plantea la duda de quienes son los interesados por la extensión que para nosotros serán los afectados directamente por el acto impugnado (a través de un interés legítimo directo o indirecto según los casos).

Hemos tenido ocasión de comprobar en este capítulo que la LJCA establece un procedimiento muy específico para la tramitación de la extensión de efectos de sentencias firmes. Procedimiento que, desde la entrada en vigor de la LJCA en 1998, se ha modificado para pasar de la regulación incidental que establecía en su redacción originaria a un verdadero procedimiento especial regulado de forma distinta a los procedimientos ordinario y abreviado en primera o única instancia. Por este motivo, en este apartado queremos hacer una semblanza sucinta de los aspectos más relevantes entre el procedimiento contencioso-administrativo que podríamos denominar «común» y que englobaría tanto al procedimiento ordinario como al procedimiento abreviado y el procedimiento establecido en el art. 110 LJCA y así poner de manifiesto que la extensión de efectos no es un mero incidente de ejecución de sentencia ni, tampoco, un procedimiento especial autónomo en el sentido de los establecidos a partir del art. 114 LJCA:

1. Iniciación por demanda directa: El art. 45.5 LJCA plantea la posibilidad de comenzar un recurso contencioso-administrativo sin necesidad de escrito de interposición. En opinión de MARTÍN CONTRERAS[118] esto es lo que sucede en la extensión de efectos, donde no se precisa dicho escrito de interposición. Salvando la circunstancia de que no es necesario este escrito, puesto que en ambos procedimientos se busca una agilización procedimental, en nuestra opinión el inicio de la extensión de efectos nada tiene que ver con lo dispuesto en el art. 45.5 LJCA[119]. Mientras que este artículo surge cuando no haya «terceros interesados», la extensión de efectos surge cuando existan éstos, por lo que no puede establecerse una conexión teleológica ni relacional entre ambos artículos. A pesar de que como hemos mencionado *ut supra* la mayoría de la doctrina (entre la que nos encontramos) se posiciona por entender que el escrito razonado del que habla el art. 110 LJCA es realmente una demanda, no podemos obviar, si mantenemos una interpretación literal que, en ningún momento, el art. 110 habla en estos términos, usando simplemente el citado término de «escrito razonado» ni tampoco exige ninguno de los puntos que establece el art. 56.1 LJCA.

118. *Vid.* MARTÍN CONTRERAS, Luis, *La extensión de efectos..., op. cit.*, pág. 153.
119. Quede claro que hacemos la comparación con el art. 45.5 LJCA porque la extensión de efectos no responde a los cánones de un procedimiento contencioso-administrativo de los que hemos llamado «comunes» en tanto que no se requiere escrito de interposición previo. La acción y la pretensión se ejercitan con el mero escrito de solicitud de extensión de efectos.

2. Diferencias en el plazo para iniciar la acción. El plazo de un año que dispone el art. 110 LJCA para solicitar una extensión de efectos no se corresponde a ningún otro plazo que establece la propia LJCA. Entendemos que esta situación le otorga un carácter especial al procedimiento de extensión de efectos, diferenciándolo tanto de los procedimientos comunes como de los trámites para la ejecución de sentencias.

3. Frente al trámite de vista oral que plantea el procedimiento contencioso-administrativo común, la extensión de efectos (a pesar de que ya no excluye un trámite de vista como hacía en su redacción originaria) presenta un trámite de alegaciones escritas por plazo común de 5 días.

4. Por supuesto, una de las principales diferencias la constituye el llamamiento que realiza el art. 110.4 LJCA a otros interesados si tenemos en cuenta los distintos tipos de éstos que mencionamos *ut supra*. Es cierto que el art. 49.1 LJCA menciona el llamamiento a los interesados directos pero creemos que es una mención mucho más reducida que la que efectúa el mencionado art. 110 LJCA.

5. La regulación de la prueba no queda clara en el procedimiento de extensión de efectos. Existen numerosos autores partidarios de un período probatorio semejante al del proceso común contencioso-administrativo, pero a la nula previsión del art. 110 LJCA la jurisprudencia se ha encargado de sumar la poca actividad probatoria que ha de poseer un procedimiento de estas características.

6. El procedimiento de extensión de efectos presenta, al igual que un procedimiento común una fase de alegaciones, una fase probatoria y una fase decisoria. Sin embargo, entendemos que es esta última la que lo diferencia de un procedimiento común en el sentido de que la prueba solo tiene una finalidad que es demostrar la concurrencia de identidad en las situaciones del solicitante con las del recurrente originario, por lo que la fase decisoria (a diferencia de lo que ocurre en los procedimientos comunes contencioso-administrativos) no es de carácter plenario.

7. El mecanismo de extensión de efectos de sentencias firmes regula una serie de cuestiones desestimatorias concretas y específicas para el propio procedimiento y que, en algunos casos, no son aplicables al procedimiento común contencioso-administrativo (como veremos en capítulos posteriores).

8. El mecanismo de extensión de efectos termina por auto y no por sentencia como ocurre en el procedimiento común. Además, el propio art. 110 LJCA establece el régimen de impugnación de dichos autos.

Por tanto, en lo referente a su análisis procedimental, podemos concluir que la extensión de efectos de sentencias firmes en el orden jurisdiccional contencioso-administrativo responde a los patrones híbridos de figura procesal que ya analizamos en el primer capítulo de esta obra al referirnos a su naturaleza jurídica. No obstante, aún nos queda profundizar en algunos de sus rasgos identificatorios principales como son las causas de desestimación específicas, la finalización por medio de auto en vez de sentencia y las impugnaciones a éste. Estos temas serán objeto de estudio de los capítulos siguientes. Sin embargo, la reseña aquí efectuada sirve para situar al lector, tras el análisis de gran parte de su procedimiento, dentro de las especificidades de la extensión de efectos, con el objetivo de facilitar la comprensión de los rasgos más identificadores de este procedimiento que serán a los que aludamos a continuación.

*Capítulo V*

# Posibles alternativas a la finalización del auto de extensión de efectos: causas de desestimación y causas de suspensión



## 1. CAUSAS DE DESESTIMACIÓN DE LA EXTENSIÓN DE EFECTOS DE SENTENCIAS FIRMES

### 1.1. CONSIDERACIONES GENERALES

En el capítulo anterior hemos tratado la posibilidad de inadmisión de un procedimiento de extensión de efectos (susceptibles de recurso *per se*) realizando las precisiones para su diferenciación con las causas de desestimación específicas que plantea el art. 110 LJCA. Debido a la importancia que estas causas poseen en este mecanismo hemos considerado necesario separarlas del capítulo destinado al procedimiento y, por su entidad, establecerlas en un capítulo propio[1] a pesar de que, como venimos reiterando, la línea que diferencia las causas de inadmisión respecto de las de desestimación es, a veces, muy difusa[2]. De hecho, FONT I LLOVET considera, a nuestro juicio quizás de forma acertada, que más que causas de desestimación lo dispuesto en el art. 110.5 LJCA son límites para que opere una posible extensión de efectos[3].

No obstante, los tres motivos desestimatorios expresos que establece el art. 110.5 LJCA se añaden a la causa principal denegatoria de la extensión de efectos que, como ya mencionamos *ut supra*, no es otra que la falta de acreditación de la identidad[4], aunque no se localice expresamente en el art. 110.5 LJCA y se haya sistematizado como requisito esencial para que proceda la extensión. No obstante, entendemos con ALONSO MAS[5] que estamos ante un verdadero requisito de fondo, porque no sería posible objetivamente una subsanación de esta exigencia que permitiese volver a plantear una extensión de efectos.

Por tanto, las causas desestimatorias expresamente establecidas por el legislador se encuentran recogidas en el apartado quinto del art. 110 LJCA. En el mismo se establece lo siguiente:

> «El incidente se desestimará, en todo caso, cuando concurra alguna de las siguientes circunstancias:
>
> a) Si existiera cosa juzgada.
>
> b) Cuando la doctrina determinante del fallo cuya extensión se postule fuere contraria a la jurisprudencia del Tribunal Supremo o a la doctrina sentada por los Tribunales Superiores de Justicia en el recurso a que se refiere el artículo 99.

1. Estos motivos ya aparecían por ejemplo en el ATS 322/1991, de 31 de julio (FJ II).
2. Por ejemplo, ya dijimos que BLÁZQUEZ LIDOY, Alejandro («La extensión de efectos de las sentencias en materia tributaria (art.110 de la LJCA)», *op. cit.*, pág. 802) entiende que las causas de desestimación que establece el art. 110.5 LJCA son en realidad causas de inadmisión salvo el apartado b).
3. Cfr. FONT I LLOVET, Tomás, en «La extensión a terceros de los efectos de la sentencia en vía de ejecución», *op. cit.*, págs. 179 y ss. También alude a esta expresión VEGA CASTRO, José Luis en «La extensión a terceros de los efectos...», *op. cit.*, pág. 925.
4. No obstante, como pone de manifiesto MARTÍN CONTRERAS, Luis (*La extensión de efectos..., op. cit.*, págs. 50 y ss.), con respecto al requisito de identidad ha de tenerse en cuenta que presenta dificultades a la hora de determinar su naturaleza jurídica pues, a primera vista, puede ser considerado un requisito procedimental, pero cuando se procede a su análisis ha de contemplarse como un requisito de fondo o sustantivo. Se constituye como el título legitimador para el solicitante y es, además, elemento base para poder llevar a cabo la extensión. Las mismas dudas, aunque en sentido contrario le surgen a GARCIA GIL, Francisco Javier, *El proceso contencioso-administrativo conforme a la Ley 29/1998, de 13 de julio, reguladora de la jurisdicción contencioso-administrativa*, Madrid, 1998, pág. 992, que lo considera un requisito de procedibilidad, por lo que se debería inadmitir y no desestimar.
5. *Vid.* ALONSO MAS Maria Josefa, «Reflexiones sobre la nueva regulación...», *op. cit.*, pág. 279.

c) Si para el interesado se hubiere dictado resolución que, habiendo causado estado en vía administrativa, fuere consentida y firme por no haber promovido recurso contencioso-administrativo».

## 1.2. TRAMITACIÓN PROCEDIMENTAL PARA LA DESESTIMACIÓN

Nada dice el art. 110 LJCA sobre los trámites que conlleva la desestimación de la petición de extensión de efectos. Es por ello que debemos contemplar dos caminos alternativos.

Por un lado, parece que del articulado de la Ley se desprende que la inadmisión/desestimación de la solicitud de extensión de efectos haya de venir recogida directamente por el auto que resuelve el mismo y que podrá ser recurrido en el momento procesal oportuno.

Si no fuera así, también sería posible atender a lo regulado por la LJCA para el procedimiento común, pues sería lógico que la inadmisión de la solicitud de extensión de efectos fuera recurrible *per se* como sucede en éste. Así el apartado cuarto del art. 51 LJCA a este respecto expresa lo siguiente:

> «El Juzgado o la Sala, antes de pronunciarse sobre la inadmisión del recurso, hará saber a las partes el motivo en que pudiera fundarse para que, en el plazo común de diez días, aleguen lo que estimen procedente y acompañen los documentos a que hubiera lugar».

En este caso, como ya dijimos en el capítulo anterior, entendemos que debería ser aplicable supletoriamente este artículo aunque se retrase el procedimiento, debido a que las causas de desestimación del art. 110.5 LJCA planteadas son muy genéricas, pudiendo en algunos casos ser subsanadas con la aportación de nuevos documentos, circunstancia que evitaría el comenzar todo un procedimiento desde el principio a través de la interposición de un recurso contencioso-administrativo (desvirtuando la finalidad del instituto de la extensión de efectos). A esto hemos de añadirle lo mencionado *ut supra* acerca de la supletoriedad de las causas de inadmisión del recurso contencioso-administrativo ordinario para la figura de la extensión de efectos. Asimismo, el apartado quinto del citado art. 51 LJCA dispone que:

> «Contra el auto que declare la inadmisión podrán interponerse los recursos previstos en esta Ley. El auto de admisión no será recurrible pero no impedirá oponer cualquier motivo de inadmisibilidad en momento procesal posterior».

En lo referente a la inadmisión podría aplicarse este precepto. No tiene la misma virtualidad, sin embargo, lo dispuesto para el auto de admisión pues, al ser la extensión de efectos un procedimiento diseñado para agilizar el sistema de justicia, no se ha planteado por el legislador una fase de admisión de la solicitud de extensión. Además, al ser un procedimiento de justicia rogada no creemos que vaya a presentarse mucha oposición al hecho concreto de su admisión. No obstante, estimamos que de darse alguna oposición ésta vendría ya en un momento posterior y normalmente por parte de la Administración que va a verse perjudicada si se lograse la pretendida extensión (aunque el recurrente de origen pueda verse en ocasiones afectado por una hipotética extensión de los efectos de su sentencia).

Así, siguiendo con el hilo argumental anterior, surge irremediablemente la pregunta sobre las condiciones del auto desestimatorio. La cuestión que se plantea es la siguiente: ¿el auto desestimatorio de la extensión de efectos que se basa en cualquiera de las causas del apartado quinto del art. 110 LJCA, ha de poseer la cualidad de cosa juzgada? Esta cuestión ha sido objeto de debate por la doctrina y se tratará con mayor profundidad más adelante.

Inciso aparte, a continuación, iremos analizando pormenorizadamente cada una de las causas que conllevan la desestimación y que expresamente se encuentran recogidas en la Ley.

## 1.3. MOTIVOS TASADOS DE DESESTIMACIÓN (ART. 110.5 LJCA)

### 1.3.1. **La cosa juzgada**

#### *1.3.1.1. Concepto y finalidad*

El primero de los motivos excluyentes que enuncia el apartado quinto del art. 110 LJCA se refiere a que exista cosa juzgada (en su sentido material[6]), en garantía de la seguridad en el tráfico jurídico. En palabras de PALOMAR OLMEDA, la cosa juzgada quiere decir que: «lo pretendido por el reclamante ya ha sido objeto de consideración y decisión judicial en una sentencia, bien en un recurso contencioso-administrativo precedente, bien en otro incidente de extensión»[7]. Así, entendemos con ALONSO MAS que habrá cosa juzgada cuando ya se haya desestimado la pretensión del actor en otro proceso[8]. Como,

6. Para la distinción entre cosa juzgada formal y material *vid.* por ejemplo: DE LA OLIVA SANTOS, Andrés, *Sobre la cosa juzgada: civil, contencioso-administrativa y penal..., op. cit.*, págs. 19 y ss.; ORTELLS RAMOS, Manuel (coord.) *et al.*, *Derecho Procesal Civil, op. cit.*, págs. 489 y ss.; CORTÉS DOMÍNGUEZ, Valentín y MORENO CATENA, Víctor, *Derecho Procesal Civil, op. cit.*, págs. 309 y ss., o CUADRADO ZULOAGA, Diego, «El efecto de cosa juzgada material», *op. cit.*, págs. 2181 y ss.

7. *Vid.* PALOMAR OLMEDA, Alberto (dir.), *Tratado de la Jurisdicción Contencioso-Administrativa, Tomo IV: ejecución de sentencias y disposiciones comunes, op. cit.*, pág. 320. Asimismo, El TS en su Auto 14207/2010 de 4 de noviembre (FJ único) expone claramente el significado de la excepción de cosa juzgada en el seno de un procedimiento de extensión de efectos: «Habrá cosa juzgada cuando la pretensión relativa a la situación concreta de quienes pretendan la extensión de efectos de una sentencia haya sido resuelta por una sentencia distinta, cuyos efectos han de prevalecer. La apreciación de que existe cosa juzgada requiere que entre el caso resuelto por la sentencia y aquél en que ésta sea invocada concurra la más perfecta identidad entre las cosas, las causas, las personas de los litigantes y la calidad con que lo fueron (artículo 1252 del Código Civil)».

8. *Vid.* ALONSO MAS, Maria Josefa, «Reflexiones sobre la nueva regulación...», *op. cit.*, pág. 289.

con acierto, indica NIEVA FENOLL[9]: «si la cosa juzgada no existiera habría que inventarla», en aras de evitar la inseguridad jurídica derivada de su inapreciación.

La finalidad de esta causa de desestimación es clara. Se trata de evitar que, por medio de esta figura, se deje sin efecto una sentencia anterior invocando que se extiendan los efectos de una sentencia más favorable a los intereses del solicitante, utilizando la extensión como medio para enervar lo ya decidido en una sentencia firme y garantizando así la coherencia en el ordenamiento. Como ya antaño expresaba GONZÁLEZ PÉREZ, la cosa juzgada es una institución enclavada dentro de los efectos jurídicos-procesales del proceso[10]. De hecho, para CÓRDOBA CASTROVERDE, la existencia de esta causa de desestimación evita la multiplicación de procedimientos al imposibilitar el reexamen de pronunciamientos judiciales firmes[11] y para PUEBLA AGRAMUNT da virtualidad al principio de seguridad jurídica «que debe presidir la materia referida a los efectos de las sentencias»[12].

Debemos tener presente que el principio de seguridad jurídica es un postulado constitucional (artículo 9.3 CE), que impone zanjar definitivamente en un momento determinado las controversias judiciales e impedir que se vuelvan a replantear. Y la autoridad de la cosa juzgada, efecto inherente a las sentencias firmes (artículos 207 y 222 LEC), está dirigida precisamente a realizar aquel principio constitucional[13].

### *1.3.1.2. Apreciación*

En el procedimiento de extensión de efectos de sentencias firmes, la cosa juzgada deberá ser normalmente apreciada de oficio por el tribunal, pues al encontrarnos, como ya se ha dicho, ante un procedimiento que se inspira en el principio de justicia rogada, no tendría sentido que el solicitante alegare dicha causa en su escrito de petición (al revés, ha de alegar que no existe tal causa). De hecho, ROSENDE VILLAR[14] ha entendido que ésta ha de deducirse de los documentos que acrediten la no concurrencia de acto consentido y firme. Otra posibilidad es que lo haga constar la Administración durante el período de ale-

9. Cfr. NIEVA FENOLL, Jordi, *La cosa juzgada*, *op. cit.*, pág. 82.
10. *Vid.* GONZÁLEZ PÉREZ, Jesús, «La cosa juzgada en lo contencioso-administrativo», en *Revista de Administración Pública, Centro de Estudios Políticos y Constitucionales*, 1952, núm. 8, pág. 68.
11. *Vid.* CÓRDOBA CASTROVERDE, Diego, «Réquiem por la extensión de efectos de las sentencias en el orden contencioso-administrativo», *op. cit.*, pág. 2.
12. Cfr. PUEBLA AGRAMUNT, Nuria, «¿Quiere realmente el supremo acabar con la extensión de efectos en materia tributaria?», *op. cit.*, pág. 20.
13. *Vid.* STS 4613/2021, de 15 de diciembre (FJ I).
14. *Vid.* ROSENDE VILLAR, Cecilia, «La nueva regulación de la extensión de los efectos de la sentencia a terceros...», *op. cit.*, págs. 1-7.

gaciones. Para MARTÍN CONTRERAS[15] esta causa de desestimación por la interpretación literal del precepto no podrá ser apreciada en una fase de alegaciones previas, sino hasta el análisis posterior de la prueba. SANTAMARÍA PASTOR[16] añade que la desestimación por cosa juzgada se producirá también cuando ya haya habido una previa desestimación de la solicitud en un proceso ordinario, a pesar de que se produjera un cambio en la doctrina del tribunal[17].

### *1.3.1.3. Tratamiento jurisprudencial*

Es el propio TS el que nos define la cosa juzgada para un procedimiento de extensión de efectos. Como ejemplo, en su STS 4529/2016, de 17 de octubre (n.º rec. 3984/2015, FJ V) expone:

> «(...) Es preciso que no exista cosa juzgada. En este supuesto el incidente se desestimará "en todo caso" [art. 110.5. a) LJCA]. Existirá cosa juzgada cuando la pretensión relativa a la situación concreta de quienes pretendan la ejecución de la sentencia haya sido resuelta por una sentencia distinta, cuyos efectos prevalecerán en todo caso en virtud del principio de cosa juzgada que se plasma en este requisito. La apreciación de que existe cosa juzgada está sujeta a la concurrencia de la triple identidad "entre las cosas, las causas, las personas de los litigantes y la calidad con que lo fueron", con el alcance que precisa ahora el art. 222 LEC sobre la cosa juzgada material, Esta excepción, claro está, es aplicable también al caso de que concurra litispendencia...».

Como es sabido, la teoría sobre la cosa juzgada exige que para que ésta pueda apreciarse se produzca una triple identidad: una concurrencia subjetiva, objetiva y de causa o razón de pedir, puesto que la extensión de efectos no puede servir como mecanismo de revisión de sentencias previas ya dictadas en instancia. A consecuencia de ello, el TS ha considerado que tampoco pueden extenderse los efectos de una sentencia similar pero ajena cuando ya en un recurso contencioso-administrativo se ha conseguido la propia pretensión que se buscaba, y ha resuelto esta «cuasi cosa juzgada» desestimando el recurso de casación por pérdida de objeto del recurso. Como ejemplo podemos ver la STS 2080/2008, de 16 de abril que, en un recurso de casación contra un Auto de la AN establecía, en su FJ V, lo siguiente:

> «(...) Sentada la premisa anterior y la de que la sentencia de referencia, no susceptible de casación por razón de cuantía, concedía a la recurrente exactamente

15. *Vid.* MARTÍN CONTRERAS, Luis, La extensión de efectos..., *op. cit.*, pág. 213.
16. Cfr. SANTAMARÍA PASTOR, Juan Alfonso, La Ley reguladora de la Jurisdicción contencioso-administrativa, *op. cit.*, pág. 1157 in fine.
17. Si bien es cierto que esta postura nos parece acorde a la eficacia de la cosa juzgada, entendemos que podría ser posible presentar una nueva solicitud de extensión de efectos (si se cumplen los requisitos) relativa a la nueva sentencia al ser éstas independientes. ALONSO MAS, María Josefa («Reflexiones sobre la nueva regulación...», *op. cit.*, pág. 288) entiende que la cosa juzgada produciría sus efectos en el caso de que un solicitante plantease una primera solicitud y le fuese desestimada y quisiera plantear una segunda ante el mismo tribunal, aunque fuese a partir de otra sentencia distinta pero de igual contenido.

lo mismo que pretende con la extensión de efectos, no se comprende la razón por la que se ha preparado e interpuesto un recurso de casación que carece manifiestamente de objeto».

De igual forma podemos comprobarlo en el ATS 14962/2009, de 5 de noviembre, donde se acordaba oír a las partes sobre la posible concurrencia de la excepción de cosa juzgada o, en su caso, la pérdida sobrevenida de objeto del recurso de casación (de conformidad con lo dispuesto en el artículo 22 de la LEC) teniendo en cuenta que se había dictado por la misma Sala una sentencia por la que se declaraba haber lugar al recurso de casación interpuesto por los mismos recurrentes cuya pretensión era coincidente con la formulada en la extensión de efectos[18].

La consecuencia de la cosa juzgada es expresada en el punto cuarto del art. 222 de la LEC, donde se expone la vinculación del tribunal de un proceso posterior[19]. En cuanto a los requisitos para su operatividad como motivo de desestimación es bastante clarificadora de su significado y funcionamiento la STS 7890/2012, de 21 de noviembre, a la hora de exponer las exigencias que se requieren, expresando que, para que pueda apreciarse la excepción de cosa juzgada, ha de tratarse de la misma pretensión que la del proceso anterior. Reproducimos aquí parte de su FJ II donde la solicitante de extensión de efectos alega que no debe aplicarse esta causa de desestimación con base en los siguientes motivos:

«(...) La parte entiende que no cabe la aplicación del art. 110.5.a) de la Ley reguladora de la Jurisdicción Contencioso-Administrativa, en tanto que, la apreciación de la excepción de cosa juzgada exige:

a) Que se trate no sólo del mismo acto, disposición o actuación material sino también de la misma pretensión u otra sustancialmente idéntica a la que fue objeto del proceso anterior (STS, Sala 4.ª, de 22 de mayo 1980).

b) En el presente caso, sostiene, no se está interponiendo nuevo recurso con la misma o distinta pretensión, sino lo que se pretende es únicamente favorecerse del fallo de la sentencia y, por lo tanto, que se extiendan sus efectos a la solicitante,

18. Los FJ II y III disponen que: «SEGUNDO.- En el caso examinado, lo procedente es ejecutar la Sentencia de la Sala de lo Contencioso-Administrativo del Tribunal Superior de Justicia de Madrid de fecha 9 de mayo de 2006, confirmada en casación por esta Sala y Sección por Sentencia de 13 de julio de 2009, ejecución que satisface la pretensión de los demandantes, coincidente, por lo demás, con la formulada por los mismos en el presente incidente de extensión de efectos. TERCERO.- Los razonamientos expuestos conducen a declarar la pérdida de objeto del presente recurso contencioso-administrativo, ordenando el archivo de las actuaciones y en virtud de lo dispuesto en el artículo 139.2 de la Ley Jurisdiccional, no ha lugar a la imposición de costas procesales».

19. Art. 222 LEC: «Lo resuelto con fuerza de cosa juzgada en la sentencia firme que haya puesto fin a un proceso vinculará al tribunal de un proceso posterior cuando en éste aparezca como antecedente lógico de lo que sea su objeto, siempre que los litigantes de ambos procesos sean los mismos o la cosa juzgada se extienda a ellos por disposición legal».

en su condición de funcionaria que se encuentra en idéntica situación a la de los recurrentes».

De la misma forma, esta sentencia trae a colación la teoría de la cosa juzgada que ya expuso el TS en la STS 4801/2006, de 27 de abril[20] de donde resulta interesante destacar la apreciación sobre los matices específicos de la cosa juzgada en el proceso contencioso-administrativo[21].

En la misma línea, la jurisprudencia establece en su STS 2707/2018, de 11 de julio FJ VI (citando SSTS anteriores) que se necesita la concurrencia de las tres identidades para que pueda ser apreciado este motivo de desestimación:

> «Se sostiene que concurre cosa juzgada, porque la parte ahora recurrida solicitó la extensión de efectos en 2005, y mediante Auto de 21 de marzo de 2007, recaído en el recurso contencioso-administrativo n.º 137/2003, fue denegada dicha pretensión a los solicitantes, entre los que se encontraba la recurrente. El contenido de este motivo es una cuestión nueva y, por tanto, no abordada por la resolución recurrida, toda vez que no fue invocada en el escrito de contestación a la demanda deducido en el recurso contencioso-administrativo. De modo que no puede servir de fundamento al recurso, ya que la casación, por su propia naturaleza, fundamento y finalidad, únicamente puede sustentarse sobre infracciones de normas que hayan sido oportunamente invocadas en el proceso o consideradas por la resolución impugnada. Pero es que, además, entre el citado Auto de 21 de marzo de 2007 y el ahora impugnado no concurren las identidades propias de la cosa juzgada material. Esto es, la triple identidad de sujetos, fundamentos y pretensiones. Téngase en cuenta que el auto que se recurre extiende los efectos de la sentencia que reconoce el derecho a las diferencias retributivas entre la hora trabajada en la jornada ordinaria y la correspondiente a las guardias. Mientras que el Auto de 2007 que se trae a colación, además de tratarse de la denegación de efectos de otra sentencia, otro período temporal y otro marco jurídico de aplicación, lo cierto es que la misma se refiere al derecho a la duración media del trabajo que no exceda de 48 horas semanales, incluidos los tiempos de guardia de presencia física».

20. STS de 27 de abril de 2006, Sala 3.ª, Sección 2.ª, FJ III.
21. Ibíd.: «El principio o eficacia de cosa juzgada material (...) se produce, según la jurisprudencia de esta Sala, cuando la cuestión o asunto suscitado en un proceso ha sido definitivamente enjuiciado y resuelto en otro anterior por la resolución judicial en él recaída. (...) Así esta Sala ha señalado: «la cosa juzgada tiene matices muy específicos en el proceso Contencioso-Administrativo, donde basta que el acto impugnado sea histórica y formalmente distinto que el revisado en el proceso anterior para que deba desecharse la existencia de la cosa juzgada, pues en el segundo proceso se trata de revisar la legalidad o ilegalidad de un acto administrativo nunca examinado antes, sin perjuicio de que entrando en el fondo del asunto, es decir, ya no por razones de cosa juzgada, se haya de llegar a la misma solución antecedente» (STS de 10 nov. 1982; cfr., asimismo, SSTS de 28 ene. 1985, 30 oct. 1985 y 23 mar. 1987 ,15 de marzo de 1991, 5 de febrero y 17 de diciembre de 2001 y 23 de septiembre de 2002, entre otras)».

El objetivo de la cosa juzgada es claro como evidencia la STS 2207/2016, de 20 de mayo, en su FJ 5V donde, expresamente, expone que la cosa juzgada desempeña una doble función:

> «En primer lugar, si se promueve un proceso, cuyo objeto es jurídicamente idéntico al decidido por la sentencia dictada en un proceso anterior, obliga al juzgador del segundo proceso a ponerle fin apreciando la correspondiente causa de inadmisión. Esta es la función negativa o excluyente que impide una segunda sentencia sobre el fondo. En segundo lugar, comporta una vinculación positiva o prejudicial, según la cual si se promueve un segundo proceso que es sólo parcialmente idéntico a la cosa juzgada producida en el primer proceso, el Tribunal en el segundo proceso, en el caso de que formen parte de su *thema decidendi* cuestiones decididas en sentencia firme anterior deberá atenerse al contenido de dicha sentencia, sin contradecir lo dispuesto en ella, sino tomándola como indiscutible punto de partida». En este sentido la STC 77/1983 resume las aludidas funciones en los siguientes términos: "la cosa juzgada despliega un efecto positivo, de manera que lo declarado por sentencia firme constituye la verdad jurídica y un efecto negativo, que determina la imposibilidad de que se produzca un nuevo pronunciamiento sobre el tema..."».

Tras el análisis de la jurisprudencia, se observa que la cosa juzgada es uno de los motivos desestimatorios que más concurren en los procedimientos de extensión de efectos.

#### *1.3.1.4. La excepción de litispendencia*

Puede comprobarse que la jurisprudencia toma en consideración para el procedimiento de extensión de efectos preceptos que regulan el procedimiento ordinario, por lo que en lo referente a los trámites que regulan las causas de admisión no está de más advertir sobre lo dispuesto en los artículos que disponen dichos trámites. Teniendo en cuenta esta circunstancia, y como ya puntualizamos *ut supra*, a diferencia del art. 69.d), en el art. 110 LJCA la cosa juzgada y la litispendencia no van de la mano. El apartado quinto del art. 110 LJCA no establece la litispendencia como una causa directa de desestimación del incidente de extensión de efectos, pero la mayor parte de la doctrina así lo ha entendido[22].

#### *1.3.1.5. Cosa juzgada que produce la pérdida sobrevenida del objeto de la extensión de efectos*

No obstante, una de las aportaciones más llamativas del TS a la cosa juzgada de una manera implícita (y también, en cierta medida, a la litispendencia) es la que se produjo en el ATS 6595/2018, de 16 de mayo (n.º rec. 3723/2015) donde

22. Cfr. MARTÍNEZ ALARCÓN, M.ª de la Luz, en MORENO MOLINA, Jose Antonio, (dir.) *et al., Procedimiento y Proceso Administrativo Práctico..., op. cit.*, pág. 990. De igual modo se pronuncia MARTÍNEZ MICÓ, Juan Gonzalo, «Extensión de los efectos de una sentencia firme en materia tributaria», *op. cit.*, pág. 17.

se resolvió un recurso de reposición contra un auto de archivo de una extensión de efectos. Veamos qué indica su antecedente primero:

> «El citado recurrente utilizó de un lado la vía de la extensión de efectos de una sentencia previa, y de otro, inició un procedimiento impugnativo ordinario ante la Comisión de la Sala de Gobierno del Tribunal Superior de Justicia de la Comunidad Valenciana y ulteriormente, en vía repositiva ante el CGPJ, siendo la pretensión idéntica, por lo que reconocida ulteriormente por la Comisión Permanente del CGPJ, en sesión de 15 de septiembre de 2016, la preferencia para ser nombrado Juez Sustituto en el ámbito territorial del Tribunal Superior de Justicia de la Comunidad Valenciana para el año judicial 2015/2016, para las plazas correspondientes a la provincia de Alicante, es evidente que el presente incidente de extensión de efectos carece de objeto, y de conformidad con lo solicitado por la abogacía del estado, procede decretar su archivo».

Se produce aquí una situación de cuasi cosa juzgada a la que el recurrente se opone al considerar que son distintas y singulares las pretensiones en uno y otro procedimiento, por lo que, en su opinión, por la resolución administrativa no se produce una pérdida sobrevenida del objeto de la extensión de efectos. Sin embargo, el TS no estima la reposición, pues considera que:

> «Ahora bien, esa ausencia de identidad absoluta entre las pretensiones articuladas en vía administrativa y jurisdiccional no es argumento suficiente para estimar la reposición planteada. Y no lo es por la umbilical vinculación existente entre el reconocimiento de preferencia a los efectos de ser nombrado juez sustituto en un ámbito territorial determinado y el reconocimiento asimismo de los derechos económicos derivados precisamente de aquel nombramiento no efectuado. Conexidad en tal grado que justifica el archivo de unas actuaciones cuya pretensión casacional es, en esencia, la misma reivindicación ya saldada estimatoriamente en vía administrativa. Cauce, por cierto, en el cual el recurrente debería haber interesado el reconocimiento de esa indemnización que ahora pretende que se le sea extendida en vía contencioso administrativa».

Esta situación (aunque, no se produce de manera muy recurrente en la práctica) genera cierto grado de indefensión en el recurrente, pues la propia Sala le reconoce la diferenciación de pretensiones. Bajo nuestro punto de vista, nada debería impedir que, si la sentencia de origen reconociera la indemnización, la solicitud de extensión de efectos se llevase a cabo (siempre y cuando se cumplieran todos los requisitos que establece el art. 110 LJCA).

### 1.3.2. Doctrina determinante del fallo cuya extensión se solicite fuere contraria a la jurisprudencia del TS o a la doctrina sentada por los TSJ en aplicación del art. 99 LJCA

#### *1.3.2.1. Palabras previas*

El segundo de los motivos que enuncia el apartado quinto del art. 110 LJCA como causa de desestimación de la figura de la extensión de efectos de sentencias firmes es el referente a la existencia de contradicción del fallo de la sentencia de contraste con la jurisprudencia del Tribunal Supremo[23] o con la doctrina de los Tribunales Superiores de Justicia de las respectivas Comunidades Autónomas en las resoluciones de los recursos de casación para la unificación de doctrina que establece el art. 99 de la LJCA. De esta forma, no bastaba con que la sentencia en la que se fundamentaba la pretensión de extensión de los efectos fuese contraria a lo dispuesto en los pronunciamientos de los TSJ, sino que tenía que ser contraria a la doctrina que éstos hubiesen sentado al amparo del art. 99 LJCA, es decir, que el fallo contradijese al de las sentencias que hubiesen resuelto los recursos de casación para la unificación de doctrina[24]. En puridad, esta es la única causa que podría ser considerada como una verdadera desestimación, ya que como indica PÉREZ DEL BLANCO[25]: «con este presupuesto se otorga cierto margen de discrecionalidad al órgano jurisdiccional competente para desestimar la ampliación de efectos por una cuestión relacionada con el fondo del asunto, lo que, en general, le está limitado por la cognición limitada a la pura apreciación de la identidad de situaciones y el cumplimiento de las formalidades.» Así, por ejemplo, la STS 6344/2007, de 2 de octubre (n.º rec. 1009/2005) deniega la extensión de efectos y en su FJ IV expone:

> «Con independencia de lo anterior, y en cuanto al tema de fondo, esta Sala ha declarado la naturaleza regular de las rentas discutidas en sentencia de 10 de mayo de 2006. Procede, también por esta razón estimar el recurso, pues la doctrina sentada por la sentencia impugnada no es ajustada a derecho».

Tras la modificación de la LJCA llevada a cabo por la LO 7/2015, actualmente entendemos que esta causa desestimatoria solo opera para la primera parte del artículo, es decir, para los casos en los que la doctrina determinante del fallo cuya extensión se solicitare fuese contraria a la jurisprudencia del TS[26], puesto que los recursos de casación para la unificación de doctrina han quedado sub-

23. Entendemos con DE MIGUEL CANUTO, Enrique (*Extensión a terceros de los efectos..., op. cit.*, pág. 81) que han de quedar comprendidos tanto la jurisprudencia ordinaria como la de los procesos de «única instancia» seguidos ante el TS.
24. Hablamos en pasado porque esta causa de desestimación dejó de ser un obstáculo para los administrados en el procedimiento de solicitud de una extensión de efectos a partir de la entrada en vigor de la Disposición Final Tercera de la LO 7/2015 por la que se ha modificado el sistema de casación en la jurisdicción contencioso-administrativa en nuestro país. No obstante, entendemos que lo establecido jurisprudencialmente a través de estos recursos sigue teniendo validez, por lo que no podría extenderse una sentencia que fuese contraria a la doctrina establecida en estos recursos de unificación de doctrina. Lo que queremos decir, por tanto, es que a partir de la entrada en vigor de la nueva formulación de la casación ya no habrá más resoluciones de recursos en unificación de doctrina, por lo que este artículo solo operará con relación a la doctrina establecida por el TS u otros tribunales (como veremos a continuación).
25. Cfr. PÉREZ DEL BLANCO, Gilberto, «La extensión subjetiva de los efectos de la sentencia administrativa en los supuestos de litigios en masa», *op. cit.*, pág. 99.
26. El TC en Pleno, en su Sentencia 37/2012 de 19 de marzo (FJ IV), expresó lo siguiente: «La independencia del poder judicial, que se predica de todos y cada uno de los Jueces y Magistrados en cuanto ejercen la función jurisdiccional, implica que, en el ejercicio de esta función,

sumidos dentro de la nueva configuración del recurso de casación contencioso-administrativo. Sin entrar a valorar el contenido de la reforma, hemos de decir que, nuevamente, vemos la táctica pobre que viene utilizando el legislador de nuestros días, modificando una serie de artículos legales sin tomar en consideración los artículos conectados con ellos. Esta situación da lugar, evidentemente, a numerosas confusiones.

No obstante, sigamos con el análisis de este motivo de desestimación.

### *1.3.2.2. Contenido*

La regulación del art. 110.5 letra b) LJCA en cierta medida es escasa, ya que no contempla la contradicción con las sentencias de la Audiencia Nacional o de los Tribunales Superiores de Justicia, favoreciendo así que se entablen peticiones de extensión de efectos para evitar pronunciamientos firmes y confirmados por el tribunal de apelación que resultan contrarios a una sentencia que les resulta favorable y que presentan como sentencia de contraste[27]. Además, como

---

están sujetos única y exclusivamente al imperio de la ley, lo que significa que no están ligados a órdenes, instrucciones o indicaciones de ningún otro poder público, singularmente del legislativo y del ejecutivo. E incluso que los órganos judiciales de grado inferior no están necesariamente vinculados por la doctrina de los Tribunales superiores en grado, ni aun siquiera por la jurisprudencia del Tribunal Supremo, con la excepción, de la que seguidamente nos ocuparemos, de la doctrina sentada en los recursos de casación en interés de ley», incidiendo en el fundamento jurídico séptimo que «Conforme a lo expuesto, la independencia judicial (art. 117.1 CE) permite que los órganos judiciales inferiores en grado discrepen, mediante un razonamiento fundado en Derecho, del criterio sostenido por Tribunales superiores e incluso de la jurisprudencia sentada por el Tribunal Supremo (art. 1.6 del Código civil), si fuere el caso, sin que con ello se vulnere el principio de igualdad en aplicación de la Ley, al tratarse de órganos judiciales diferentes (SSTC 160/1993, de 17 de mayo, FJ 2; 165/1999, de 27 de septiembre, FJ 6; y 87/2008, de 21 de julio, FJ 5, por todas), y tampoco el derecho a la tutela judicial efectiva, con la excepción, justamente, del supuesto de la doctrina legal que establezca el Tribunal Supremo al resolver el recurso de casación en interés de ley, precisamente por los efectos vinculantes que tiene para los órganos judiciales inferiores en grado, supuesto excepcional en que estos órganos judiciales quedan vinculados a la «doctrina legal correctora» que fije el Tribunal Supremo (STC 111/1992, FJ 4), so pena de incurrir incluso, como ya se dijo, en infracción del art. 24.1 CE por inaplicar el precepto legal con el contenido determinado por esa doctrina legal que les vincula por imperativo de lo dispuesto en el art. 100.7 LJCA (SSTC 308/2006, FJ 7, y 82/2009, FJ 8)». Por lo tanto, consideramos que el respeto expreso que establece esta causa de desestimación se basa en el imperio de la ley, en este caso contenida en la letra b) del apartado 5.º del art. 110 LJCA.

27. Así, lo ha expresado CÓRDOBA CASTROVERDE, Diego, en «Dificultades y problemas que plantea en la actualidad la extensión de efectos de las sentencias...», *op. cit.*, consulta en abierto: https://elderecho.com/dificultades-y-problemas-que-plantea-en-la-actualidad-la-extension-de-efectos-de-las-sentencias-en-el-orden-contencioso-administrativo. Además, ALUM LÓPEZ, Cristina («El proceso contencioso-administrativo en materia tributaria: extensión de efectos de sentencias y problemas de ejecución», *op. cit.*, pág. 478) recuerda los problemas que se pueden plantear por el acceso por cuantía al recurso de

ya criticaba ALONSO MAS[28], no recoge la posible contradicción con la doctrina de los recursos de casación en interés de ley[29].

Con respecto a lo que hemos aludido más arriba, con la reforma se ha suprimido directamente el art. 99 LJCA por lo que, al no eliminar esta causa desestimatoria, esta regla queda vacía de contenido. Cierto es que se planteaba la posibilidad de que se considerara que no se podría llevar a cabo una extensión de efectos cuando la doctrina determinante del fallo cuya extensión se solicitase fuere contraria a la jurisprudencia del TS o a la doctrina sentada por los TSJ en general[30], pero como ya hemos visto, el TC no lo entendía de esa manera y, por si fuera poco, a nuestro juicio la Ley era clara en este aspecto estableciendo como requisito el sometimiento al art. 99 LJCA, con lo que, si éste desaparecía (como es el caso) no tendría sentido ampliar esta causa desestimatoria, ya que impediría más si cabe la posible extensión de efectos de una sentencia. Sin embargo, desde 2021 el TS viene dando un vuelco a esta cuestión. Así, en la STS 1881/2021, de 10 de mayo[31] se plantea como primera cuestión procesal a resolver la siguiente:

> «(...) Si además de las causas que permiten desestimar el incidente de extensión de efectos que relaciona el artículo 110.5 de la LJCA, el órgano judicial al que se le plantea tal incidente puede rechazar la extensión pretendida si aprecia que la sentencia objeto de extensión es contraria a Derecho».

La Sala entiende en su FJ III que:

> «1. El incidente de extensión de efectos regulado en el artículo 110 de la LJCA evita tramitar por entero múltiples y repetitivos procedimientos cuando, concurriendo las exigencias materiales y procedimentales que prevé, un asunto esté ya resuelto por sentencia firme en la que se reconoce una situación jurídica individualizada. De darse esas circunstancias, el pronunciamiento precedente puede extenderse a otros administrados que lo soliciten y estén en idéntica situación. 2. Para que este incidente cumpla tal finalidad es preciso que la sentencia objeto de extensión sea conforme a Derecho. No se trata de erigir el incidente en una suerte de recurso de revisión contra una sentencia firme, inatacable e inmodificable, sino de evitar que un pronunciamiento contrario a Derecho se expanda. Ahora bien, conforme al artículo 110.5.b) de la LJCA, ese juicio de conformidad a Derecho no se hace replanteando la cuestión controvertida que resolvió en su día

casación de algunas sentencias y su imposibilidad en otras. No obstante, creemos que esta situación ya está superada con la reforma e implantación del nuevo sistema en el recurso de casación que suprime los requisitos de acceso por cuantía en deferencia de los criterios de interés casacional.

28. *Vid.* ALONSO MAS, María Josefa, «Reflexiones sobre la nueva regulación...», *op. cit.*, pág. 301.
29. Sin embargo, no debe olvidarse que la sentencia que se pretende extender mantendrá sus efectos entre las partes originarias en virtud de la cosa juzgada.
30. Así, lo entendió en su día DE MIGUEL CANUTO, Enrique, *Extensión a terceros de los efectos..., op. cit.*, pág. 81.
31. En idéntico sentido: SSTS 2333/2021, de 10 de junio y 3474/2021, de 15 de septiembre.

> la sentencia objeto de extensión, sino contrastándola con la jurisprudencia, ya de este Tribunal Supremo o de los Tribunales Superiores de Justicia de ventilarse normas de Derecho autonómico. 3. Cabe añadir que esa mención a la jurisprudencia puede entenderse hoy día en su entera dimensión, más allá del concepto de jurisprudencia deducible del artículo 1.6 del Código Civil redactado en 1974, ampliación que confirma el mismo artículo 110.5.b) de la LJCA al referirse a los pronunciamientos de los Tribunales Superiores de Justicia. Ahora, por su fuerza vinculante y por concurrir la misma prevención que inspira al artículo 110.5.b) de la LJCA, cabe extender su previsión a la doctrina que proceda del TJUE o del Tribunal Constitucional si es que la extensión de efectos interesada infringe su interpretación del Derecho de la Unión Europea o de la Constitución».

Siguiendo esta línea, podemos afirmar que la STS 112/2022, de 17 de enero, ha afinado y perfeccionado este argumento, sirviendo de faro a multitud de resoluciones posteriores[32]. Así, vemos que la manera de formular la cuestión sobre la que el auto de admisión apreciaba interés casacional objetivo para la formación de jurisprudencia introduce nuevos matices, procediendo a incorporar nociones jurídicas clásicas como la condición del apartado 5.º del artículo 110 como una clasificación abierta o cerrada:

> «Determinar si el listado de circunstancias que motivan la desestimación del incidente de extensión de efectos, conforme al artículo 110.5 LJCA, se debe reputar como un *numerus clausus* o como un *numerus apertus*, que permitiría al órgano jurisdiccional contencioso-administrativo competente desestimar el incidente cuando aprecie la disconformidad a Derecho de la sentencia cuya extensión de efectos se pretende, particularmente en cuanto a la decisión que haya adoptado sobre la cuestión de fondo [aquí, el reconocimiento de los derechos administrativos y económicos correspondientes a los meses de julio, agosto y parte proporcional de septiembre, del personal docente interino que ha prestado sus servicios durante todo el curso escolar».

El TS estima el recurso de casación planteado y entiende, en su FJ IV, que:

> «(...) El incidente regulado en este precepto quiere evitar la tramitación de múltiples y repetitivos procedimientos mediante la extensión de los efectos de sentencias firmes estimatorias en materia tributaria, de personal o de unidad de mercado a quienes lo soliciten y se encuentren en situación idéntica a la del favorecido por su fallo, siempre que se den los requisitos que prevé. Entre ellos está el de que la sentencia objeto de extensión sea conforme a Derecho. Con esta exigencia no se trata de erigir el incidente en una suerte de recurso de revisión contra una sentencia firme —por tanto, inatacable e inmodificable— sino de evitar que un pronunciamiento contrario a Derecho se expanda. Para ello el artículo 110.5 b) de la Ley de la Jurisdicción quiere —no que se replantee la cuestión controvertida resuelta en su día por la sentencia objeto de extensión— sino que se contraste con la jurisprudencia, ya de este Tribunal Supremo o de los Tribunales Superiores de Justicia de ventilarse normas de Derecho autonómico. Por jurisprudencia este precepto no entiende solamente la del artículo 1.6 del Código

32. En igual sentido hay casi dos centenares de SSTS hasta julio de 2023.

Civil sino también los pronunciamientos de los Tribunales Superiores de Justicia. Y también se debe considerar incluida en él la doctrina que proceda del Tribunal de Justicia de la Unión Europea y la del Tribunal Constitucional si es que la extensión de efectos interesada pudiera infringir su interpretación del Derecho de la Unión Europea o la Constitución».

Como vemos, a partir de 2021 (y, sobre todo, desde 2022) el TS da un paso muy importante en la configuración del sistema de extensión de efectos, apostando por la seguridad jurídica y por la coherencia del ordenamiento. De esta forma, colma las dudas o lagunas que, como hemos comprobado, se planteaban a la hora de interpretar esta causa desestimatoria, estableciendo qué ha de entenderse la doctrina en sentido amplio, comprendiendo la establecida no solo por el TS, sino también por el TJUE o por el TC. De hecho, parece que con este viraje descarta la posibilidad de considerar la extensión de efectos como un mecanismo puramente automático sin ningún grado de cognición, dotando al juicio de comparabilidad de un estatus superior y estableciendo la singularidad del procedimiento de una forma rotunda. Podemos afirmar que se trata de una herramienta que reconoce una extensión de efectos por comparación. Como indica la mencionada STS 1881/2021, de 10 de mayo en su FJ III *in fine*:

> «(...) la eficacia y utilidad del instituto procesal de la extensión de efectos, aparte de la rigurosa constatación de identidades y demás requisitos formales exigibles, exige que el pronunciamiento de fondo ya firme e inatacable cuya extensión se pretende, sea jurídicamente seguro, consolidado, luego que no se expanda si es que en otros casos ha sido desautorizado jurisprudencialmente o esté pendiente de confirmación. Se exige, por tanto, que el efecto cuya extensión que se pretende no sea contrario a la jurisprudencia, entendida en sentido amplio, jurisprudencia que tiene así carácter determinante y vinculante como garantía que es de seguridad jurídica y unidad de criterio».

Lo que resulta indudable es que la motivación de esta causa desestimatoria es el punto clave para poderla llevar a cabo. Así, entendemos con DE MIGUEL CANUTO[33] que no puede considerarse doctrina contraria si el TS ha planteado frente a un asunto dos corrientes enfrentadas y la sentencia a extender sigue a una de ellas. Igualmente, nos posicionamos con MENÉNDEZ PÉREZ cuando expresa que, con base en el principio de igualdad, en caso de duda en la precisión de la contradicción se debe proceder a la extensión de efectos si las situaciones son idénticas y concurren los demás requisitos[34].

Llegados a este punto se plantea el verdadero problema a la hora de valorar y, por tanto, apreciar el supuesto de fallo contradictorio. El órgano competente para la tramitación de una petición de extensión de efectos es, como dispone el art. 110.2 LJCA, el órgano de primera instancia jurisdiccionalmente competente que hubiera dictado la resolución de la que se pretende que se extiendan los

33. Cfr. DE MIGUEL CANUTO, Enrique, *Extensión a terceros de los efectos…*, *op. cit.*, pág. 86.
34. *Vid.* MENÉNDEZ PÉREZ, Segundo, en BAENA DEL ALCÁZAR, Mariano (dir.), *Ley Reguladora de la Jurisdicción Contencioso Administrativa*, *op. cit.*, pág. 702.

efectos. Si éste en su resolución no tuvo en cuenta la jurisprudencia del TS (o la doctrina de los TSJ en su caso) ¿Cómo va (en la mayoría de los casos) a apreciarla de oficio en los trámites para determinar la extensión solicitada? Entendemos que esta apreciación solo podría ser realizada por la Administración o, en su caso, un tercero interesado que está en contra de la citada extensión pues no tendría sentido que el demandante originario se lo hiciera constar al Tribunal, aunque su sentencia ya sea firme[35]. De hecho, ROSENDE VILLAR que la virtualidad de esta cláusula desestimatoria será bastante reducida[36].

### *1.3.2.3. Finalidad*

No puede dudarse de que la finalidad de esta causa de desestimación responde a los patrones de jerarquía entre tribunales[37] y al anhelo de un ordenamiento jurídico coherente. No obstante, la doctrina ha encontrado matices a esta afirmación e, incluso, SANTAMARÍA PASTOR opone la importancia de la independencia judicial a esta causa desestimatoria[38].

Para AYALA MUÑOZ es el principio de igualdad el que late en la base misma de la institución, ya que si el fallo cuya extensión se pretende contraviene abiertamente una jurisprudencia reiterada no debe accederse a dicha extensión, cuestionando, por tanto, su condición de incidente[39]. Por su parte, VEGA CASTRO manifiesta que la finalidad de esta causa desestimatoria es la de querer prevenir la posible utilización abusiva por parte de los litigantes de los continuos cambios que en ocasiones presenta la jurisprudencia[40]. Sin embargo, MAGALDI[41] considera que se trata de una cláusula de cierre con la que el legis-

35. También puede suceder que cambie el titular del órgano competente y estime un nuevo criterio.
36. Cfr. ROSENDE VILLAR, Cecilia, *La Eficacia Frente a Terceros*..., *op. cit*., pág. 227.
37. Así lo ha entendido también BAEZA DÍAZ-PORTALES, Manuel José («Extensión de los efectos de las sentencias a terceros...», *op. cit.*, pág. 12): «tiene su causa en el superior rango el órgano jurisdiccional cuya doctrina es contraria a la establecida en la Sentencia que se pretende extender y, por tanto, en la considerada prevalencia de la doctrina del superior sobre la del inferior...».
38. *Vid.* SANTAMARÍA PASTOR, Juan Alfonso, La Ley reguladora de la Jurisdicción Contencioso-Administrativa..., *op. cit.*, pág. 1154.
39. Cfr. AYALA MUÑOZ, José María *et al.*, *Comentarios a la Ley*..., *op. cit.*, págs. 1212 y 1213. Además, este autor se cuestiona sobre la importancia de este requisito para la extensión de efectos al no ser considerada la jurisprudencia como una fuente del derecho. Asimismo, recuerda que el Juez o Tribunal que haya dictado una determinada sentencia no estará muy a favor de denegarla con base en su contradicción con la jurisprudencia del TS, ya que la circunstancia que produce dicha contradicción, en algunos casos, podría haber sido ya tomada en consideración.
40. Cfr. VEGA CASTRO, José Luis, en «La extensión a terceros de los efectos...», *op. cit.*, pág. 925.
41. Cfr. MAGALDI, Nuria, «La extensión de los efectos de las sentencias» en EZQUERRA HUERVA Antonio (dir.) y OLIVÁN DEL CACHO, José Javier (dir.), *Estudio de la Ley*..., *op. cit.*, pág. 1033. En el mismo sentido: OLEA GODOY, Wenceslao, «Extensión de los efectos

lador ha pretendido que una sentencia puntual que se dicte y quede firme no pueda derivar «en un multitudinario trámite de extensión de efectos, cuando la doctrina determinante de la misma sea contraria a consolidada jurisprudencia del TS».

### *1.3.2.4. Interpretación jurisprudencial*

El principal problema que, a nivel jurisprudencial, ha planteado esta causa desestimatoria ha sido la debatida cuestión acerca de si el TS puede cambiar el sentido de la extensión de efectos, es decir, entrar a conocer del fondo del asunto. Lo primero que el TS ha intentado dejar claro (a pesar de que exista cierta jurisprudencia en sentido contrario[42]) es que por sí mismo y a través de los recursos de casación no puede cambiar lo contenido en el auto resolutorio de extensión de efectos, por lo que su labor se limitará únicamente a comprobar la identidad y la inexistencia de causas de desestimación, con especial atención a la jurisprudencia existente sobre el tema en cuestión. Así, la STS 8501/2006, de 4 de diciembre (n.º rec. 6267/2003), FJ IV, expone:

> «El apartado 5 del artículo 110 LJCA, aplicable por remisión del artículo 111 LJCA, no permite un control pleno de la sentencia cuya extensión de efectos se cuestiona. Pues, con independencia de la suspensión de la decisión, si se encuentra pendiente un recurso de casación en interés de la ley, se limita a establecer la desestimación cuando exista cosa juzgada, o cuando la doctrina determinante del fallo sea contraria a la jurisprudencia del Tribunal Supremo o a la doctrina sentada por los Tribunales Superiores de Justicia en el recurso a que se refiere el artículo 99 LJCA. Así, pues, los estrictos términos que configuran el recurso de casación en relación con los Autos dictados en aplicación del art. 37.2 LJCA no permiten considerar la disconformidad plena al ordenamiento jurídico de la sentencia de origen, salvo, en su caso, la existencia de cosa juzgada o la contradicción con la jurisprudencia.

de las sentencias en materia tributaria», *op. cit.*, pág. 24. Sin embargo, para este autor la extensión es un efecto más de la propia sentencia, por lo que excluir a los terceros es ponerlos en una situación más perjudicial. Para nosotros esta afirmación es incorrecta, ya que no entendemos que la extensión de efectos sea un efecto de la propia sentencia a extender, puesto que no tiene por qué existir una conexión entre ellas.

42. Como ejemplo, *vid.* STS 2407/2008, de 9 de mayo, que en su FJ V dispone: «Siendo todo ello así, y dejando a un lado la discutida naturaleza de este incidente, no cabe acoger la inadmisibilidad que postula la parte recurrida basada en la imposibilidad de revisar en casación los hechos ya probados y, por tanto, de discutir la valoración de la prueba realizada por el órgano judicial que dictó la resolución impugnada, ya que el objeto de la casación en estos casos es revisar si el Tribunal «a quo» efectuó en relación con estos Autos el debido control sobre la concurrencia de los requisitos establecidos, entre ellos, el requisito de identidad de las situaciones jurídicas, que es el ahora controvertido, lo que exige que esta Sala pueda examinar los hechos que se deducen de las actuaciones, sin que, por tanto, quede vinculada a la valoración de la prueba realizada en la instancia. En definitiva, en el incidente de extensión de efectos hay que entender que se concede al Tribunal *ad quem* la plenitud de competencia para revisar y decidir todas las cuestiones planteadas en la instancia, a fin de determinar si se aprecia o no la errónea aplicación de la normativa establecida».

Efectivamente, el control que esta Sala puede realizar respecto de los citados autos se limita a verificar la concurrencia de los requisitos establecidos en el propio artículo 37.2 y en los apartados 3, 4 y 5. Presupuesto necesario por ello es la firmeza de la sentencia cuya corrección jurídica esta Sala no puede ya revisar, salvo que, como se ha señalado, se invoque que la doctrina determinante del fallo cuya extensión se postula fuere contrario a la jurisprudencia del Tribunal Supremo (Cfr. STS de 15 de noviembre de 2006, rec. cas. núm. 11020/2004)».

Esta postura ha sido reiterada por el TS[43]. En su STS 7567/2011, de 24 de octubre (n.º rec. 4894/2010), FJ VI, establece:

«Pues bien, de la doctrina establecida a partir de la sentencia de 13 de septiembre de 2007, no cabe deducir que se atribuya al Tribunal Supremo la posibilidad de enjuiciar en casación el contenido de la sentencia cuyos efectos pretendan extenderse, pues los asuntos examinados se referían a un cambio de criterio del propio órgano judicial competente para resolver el incidente de extensión de efectos, posterior a la sentencia base, y en base a las circunstancias concretas que concurrían, debiendo reiterarse que, fuera de los supuestos excepcionales contemplados en el apartado 5 del artículo 110 de la Ley de la Jurisdicción, el órgano judicial carece de facultades para pronunciarse sobre la corrección de lo resuelto en la sentencia, por lo que debe limitarse a examinar si la situación es idéntica y si concurren los restantes requisitos exigidos».

Sin embargo, no ha sido pacífica, pues esta STS posee un voto particular en el que el Magistrado GONZÁLEZ GONZÁLEZ entiende que el TS no puede simplificarse a un mero órgano comprobador[44]. Lo expresa en los siguientes términos:

43. *Vid.* también en el mismo sentido STS 7299/2012, de 5 de noviembre (n.º rec. 4231/2011). En esta STS se imposibilita el conocimiento del TS a través del recurso de casación por la condición no plenaria del procedimiento de extensión de efectos.

44. Esta es la postura que defiende DE MIGUEL CANUTO, Enrique (*Extensión a terceros de los efectos..., op. cit.*, pág. 88) que entiende que: «la revisión casacional de este requisito permite al Tribunal Supremo anular todo auto de extensión cuando la tesis de la sentencia a extender no pueda ser suscrita o acogida a la vista de la jurisprudencia que le había precedido en el tiempo». No obstante, consideramos que esta defensa plantea el problema de jurisprudencia novedosa que no pueda acogerse a una jurisprudencia anterior, no porque sea contraria, sino por su carácter nuevo. En ese caso, nos mostraríamos favorables a la extensión. En el mismo sentido, encontramos el voto particular de la STS 7139/2011, de 21 de septiembre emitido por el Magistrado D. Oscar GONZÁLEZ GONZÁLEZ donde se establece que: «(...) se ha minimizado la función que es propia de esta Sala, en aras de un criterio excesivamente formalista, cuya consecuencia es que pueda pervivir una sentencia errónea, con plena conciencia de ello». Esta opinión es también mantenida por CÓRDOBA CASTROVERDE que entiende que «debería propiciarse un cambio, al menos jurisprudencial, que permitiese al Tribunal Supremo corregir la decisión que considere contraria a derecho, incluso, por vía de extensión de efectos, creando así una jurisprudencia que evitase seguir extendiendo los efectos de una sentencia que se considera errónea» (cfr. CÓRDOBA CASTROVERDE, Diego, en «Dificultades y problemas que plantea en la actualidad la extensión de efectos de las sentencias en el orden contencioso-administrativo», *op. cit.,* consulta en abierto: https://elderecho.com/dificultades-y-problemas-que-plantea-en-la-actualidad-la-extension-de-efectos-de-las-sentencias-en-el-orden-contencioso-administrativo. Entendemos que con la nueva interpretación jurisprudencial del año 2022 esta situación ya queda resuelta.

«Disiento respetuosamente del voto mayoritario, y creo que la solución que se adopta en la sentencia reduce a esta Sala a la posición de un mero órgano de comprobación de la concurrencia de los requisitos del artículo 110 de la Ley Jurisdiccional, sin permitirle en absoluto entrar a examinar lo que constituye el aspecto material o sustantivo de la cuestión objeto del proceso.

Ello no es baladí, si se tiene en cuenta que esa comprobación es meramente mecánica, pues a nadie se oculta que determinar si se produce identidad de circunstancias entre los supuestos contemplados, si se ha cumplido el requisito temporal, si se ha producido o no cosa juzgada, o si el Juez sentenciador es competente, es una labor que no exige mayores esfuerzos intelectuales de interpretación, que la mera comparación de situaciones, o el cómputo de los días en el calendario, o si se dan las circunstancias de la cosa juzgada o competenciales del órgano judicial.

Es obvio que no es esa la misión que la Constitución Española atribuye al Tribunal Supremo, como supremo órgano del Poder Judicial. Cuando la Ley permite el acceso a la casación en este tipo de cuestiones, está pensando, sin duda, que la problemática que late en su fondo debe ser abordada por la Sala 3.ª. Resultaría paradójico que, en casos, en los que la totalidad de los miembros de la Sala fueran conscientes del tremendo error que se había cometido en la sentencia base, un prurito meramente formalista e instrumental, no permitiera su corrección, y dejara viva una doctrina a todas luces contraria a Derecho.

Creo que la propia redacción del artículo 110.3 de la Ley Jurisdiccional no lo tolera. En él se contiene una enumeración no exhaustiva de supuestos en que en todo caso debe desestimarse la extensión de efectos, pero no impide que fuera de ellos también se desestime cuando la sentencia es errónea. El hecho de que el legislador haya previsto en el art. 87.2 de la Ley Jurisdiccional que contra estos autos dictados en éste incidente cabe siempre el recurso de casación cualquiera que fuera la cuantía y materia, demuestra su preocupación por las enormes consecuencias perjudiciales que pudieran derivar de una sentencia contraria a Derecho...».

En nuestra opinión, ambas posturas poseen su razón de ser, por lo que habrá que estar a la espera de nuevas resoluciones judiciales que vayan solucionando la cuestión caso por caso.

### *1.3.2.5. El cambio de doctrina: ¿una posibilidad factible?*

Por último, atenderemos a una circunstancia conectada con esta causa desestimatoria y también con el apartado anterior. El cambio de doctrina, aunque no se encuentra regulado expresamente como causa desestimatoria de la extensión de efectos constituye un aspecto que, en la práctica, ha producido un gran debate. Debido a ello y a pesar de que esta problemática se aparta un poco de la causa desestimatoria del art. 110.5 b) LJCA, entendemos que, a nivel organizativo, ha de configurar un apartado propio dentro de la misma por su proximidad.

Hablamos de cambio de doctrina para referirnos a la situación que se produce cuando el propio Tribunal sentenciador ha cambiado de criterio en sentencias posteriores y, por tanto, la posibilidad que se abre de que se estime que es errónea la doctrina que estableció la sentencia a extender procediendo a la denegación de la solicitud de extensión de efectos. Debemos separar, por tanto, la doctrina que es contraria a lo dispuesto por el TS que llevará al órgano judicial competente a ejercer autocrítica y revisar su resolución con respecto a lo dispuesto por el TS (situación de los apartados anteriores) y el cambio de doctrina por parte del propio tribunal que ha de llevar a cabo o denegar la extensión de efectos.

Para un sector de la doctrina esta última circunstancia no impide la extensión, puesto que la extensión de efectos se basa en el principio de igualdad y en este procedimiento el órgano jurisdiccional carece de facultades para pronunciarse sobre la corrección de la sentencia de origen que, además, ya es firme[45].

La interpretación jurisprudencial ha sido la contraria, permitiendo que el Tribunal deniegue la extensión en base a un nuevo criterio[46]. El sector doctrinal

45. *Vid.* por ejemplo, MARTÍN FERNÁNDEZ, Javier, «Incidencia de la nueva Ley de la Jurisdicción Contencioso-administrativa en materia tributaria...», *op. cit.*, pág. 36 o PÉREZ ANDRÉS, Antonio Alfonso, *Los Efectos de las Sentencias...*, *op. cit.*, págs. 276 y ss. Para MARTÍNEZ MICÓ, Juan Gonzalo («Extensión de los efectos de una sentencia firme en materia tributaria», *op. cit.*, págs. 17 y 18) la situación es mucho más clara cuando es la propia Sala la que ha variado la doctrina.

46. Así, la STS 6342/2007, de 25 de septiembre (n.º rec. 6969/2005) en su FJ III manifiesta: «(...) La Ley, desde luego, no prevé el supuesto de que el juez competente para extender los efectos de la sentencia estime que es errónea la doctrina de la sentencia firme cuya extensión de efectos se pretende, pues sólo permite que sea desestimado el incidente cuando la doctrina determinante del fallo cuya extensión se pretende fuera contraria a la doctrina del Tribunal Supremo o a la doctrina sentada por los Tribunales Superiores de Justicia en el recurso de casación para unificar doctrina a que se refiere el art. 99.
Sin embargo, no cabe mantener una interpretación tan estricta del precepto que, de admitirse, llevaría a impedir que incluso un Tribunal Superior de Justicia, al resolver un recurso de apelación contra un Auto dictado en un incidente de esta clase, posible según el art. 80.2 de la Ley Jurisdiccional, pudiese revocar un fallo estimatorio de extensión dictado, aunque el criterio de la sentencia extendida fuese contrario a la doctrina del propio Tribunal Superior fijada con anterioridad.
Si se admite que, aun existiendo doctrina jurisprudencia en un sentido, pueda una sentencia, al decidir un nuevo proceso, apartarse de la doctrina anterior razonando debidamente el cambio de criterio —y así lo ha admitido el Tribunal Constitucional—, parece lógico que también deba admitirse la posibilidad de que el órgano jurisdiccional llegue al convencimiento de que es errónea la doctrina que sentó la sentencia cuya extensión de efectos se pretende al plantearse este incidente de ejecución, que es el procedimiento para extender los efectos de una sentencia, y que pueda apartarse de la doctrina que mantuvo.» En igual sentido, *vid.* STS 8337/2007, de 11 de diciembre (n.º rec. 7694/2005), donde se exige motivación concreta acerca de esta circunstancia y se basa la posibilidad de modificación en que no nos encontramos ante un simple incidente de ejecución de sentencia. (Vuelve a salir a la luz el carácter híbrido de la extensión de efectos incluso para la jurisprudencia).

mayoritario[47] ha entendido que ésta es la postura correcta y es al que nos sumamos, pues no tiene sentido extender los efectos de una sentencia que ha perdido su vigencia si bien, en estos casos, entendemos que el requisito de la motivación es imprescindible. Vuelve a entrar la duda aquí sobre si la extensión de efectos constituye solo un mero incidente de comprobación. No obstante, la negación de esta afirmación hace tambalear la condición no plenaria de la extensión de efectos, por lo que la asumimos con cierta cautela, siempre con base en la condición especialísima que ostenta el procedimiento de extensión de efectos y a la posición privilegiada de causa desestimatoria única que ostenta este apartado del art. 110.5 LJCA. De hecho el TSJ de Madrid ya planteó esta cuestión en estos términos. Traemos aquí el ATSJ de Madrid de 11 de diciembre de 2001 (ATSJ M 203/2001 n.º rec. 751/1997) por su importancia. En su FJ III expone:

> «(...) Pues bien, es aquí donde surge la cuestión esencial que el presente incidente plantea: ¿puede el Tribunal cambiar de criterio después de dictada la Sentencia pero antes de la extensión de efectos de esta?
>
> En este planteamiento resurge la diferencia entre el fenómeno ejecutivo y el extensivo: el primero impide todo cambio y toda otra actuación que no sea la efectividad de la Sentencia en sus propios términos y en el caso singular resuelto por ella. Pero ¿y en los no sentenciados?
>
> Que un Tribunal puede cambiar de criterio es algo definitivamente adquirido por la jurisprudencia, sin que ello suponga quebranto del principio de igualdad, siempre que tal cambio esté justificado por razones que en todo caso han de expresarse al resolver. Ahora bien, pudiendo un Tribunal, como regla general, cambiar de criterio en procesos singulares separados, ¿le está vedado ese mismo cambio cuando se trata de pretensión o grupo de pretensiones extensivas? Parece evidente que si la respuesta fuese afirmativa, vendríamos a desplazar, entre otros, los fundamentos de justicia, perfeccionamiento y progreso del Derecho, que el cambio está llamado a realizar. La economía procesal cumpliría entonces una finalidad contraria al fin esencial del proceso y privaría al Tribunal de la posibilidad que los procesos separados le permiten. Ad absurdum: si no fuese posible el cambio de criterio con ocasión del incidente de extensión, sucedería que con una primera y sola Sentencia, el Tribunal quedaría para siempre vinculado a ella no sólo en el caso por ella resuelto sino también y de un modo mecánico en todos los actuales pendientes y futuros que versaran sobre una situación jurídica idéntica.
>
> La lógica jurídica nos lleva a ubicar la economía procesal en sus propios límites y a la conclusión de que, así corno el Tribunal no pierde su íntegra potestad juzgadora y resolutoria (la plenitud e integridad de su Jurisdicción) en los casos de procesos separados, tampoco puede perderla ni verla cercenada en los de pre-

47. Por ejemplo: *vid.* ROJÍ BUQUERAS, José María, «La extensión de los efectos de sentencias en materia tributaria...», *op. cit.*, págs. 283 y 284; ESPINAL MANZANARES, Javier, «La extensión de efectos de las sentencias...», *op. cit.*, págs. 123 y ss.; BENITO SANCHO, Ernesto, «La extensión de efectos de sentencias en la Ley 29/1998, de 13 de julio, de la Jurisdicción Contencioso-Administrativa», *op. cit.*, pág. 13 o DE DIEGO DÍEZ, Luis Alfredo, *Extensión de efectos...*, *op. cit.*, pág. 98.

tensiones extensivas. Con otras palabras, el incidente extensivo, con su finalidad puramente económica, no puede llegar hasta la amputación de la potestad de juzgar en todos los casos singulares no resueltos por Sentencia...».

### 1.3.3. Resolución que, para el interesado se hubiera dictado habiendo causado estado en vía administrativa y que fuere consentida y firme por no haber promovido recurso contencioso-administrativo: doctrina del acto consentido

Por último, nos encontramos ante la causa tasada que más quebraderos de cabeza ha causado (y sigue causando) tanto al legislador como a los tribunales y a los solicitantes de extensión de efectos, revelándose como el verdadero obstáculo a la hora de obtener un resultado favorable a la petición. Nos referimos al apartado 110.5 c) LJCA, la tercera causa desestimatoria que expresamente menciona el artículo; esto es:

> «Si para el interesado se hubiere dictado resolución que, habiendo causado estado en vía administrativa, fuere consentida y firme por no haber promovido recurso contencioso-administrativo».

Se trata quizás del punto más conflictivo que ha presentado el sistema de extensión de efectos de sentencias desde su creación en 1998, puesto que en él confluyen los elementos más relevantes de la institución como son la identidad de las situaciones o el momento procesal en el que se plantee la cuestión. En nuestra opinión, esta causa de desestimación es lícita pero dificulta mucho la aplicación de la extensión, pudiendo ser superada a través de la interpretación flexible del concepto de identidad. Habría que valorar, por tanto, si el objetivo es la lucha contra la masificación o la aplicación de una figura en circunstancias especialísimas.

#### *1.3.3.1. Evolución del precepto*

Ya a finales del siglo XIX, la novedosa Ley reguladora del ejercicio de la Jurisdicción Contencioso-Administrativa establecía la expresión «causar estado», entendiendo que causaban estado las resoluciones de la Administración cuando no fueran susceptible de recurso por la vía gubernativa, ya fuesen definitivas o de trámite, si estas últimas decidían directa o indirectamente el fondo del asunto, de tal modo que se pusiese término a aquella o hiciesen imposible su continuación[48]. Asimismo, en su artículo cuarto establecía que:

> «No corresponderán al conocimiento de los tribunales contenciosos-administrativos, las resoluciones que sean reproducción de otras anteriores que hayan causado estado y no hayan sido reclamadas y las confirmatorias de acuerdos consentidos por no haber sido apelados en tiempo y forma».

48. Art. 2.º Ley reguladora del ejercicio de la Jurisdicción Contencioso-Administrativa de 1888, publicada en la Gaceta de Madrid n.º 258, pág. 773, el viernes 14 de septiembre de 1888.

Sin duda, nos encontramos ante un antecedente histórico directo del actual apartado 5 c) del art. 110 que estamos analizando. Como indica ROSENDE VILLAR[49], la doctrina del acto consentido «persigue evitar que el administrado pueda impugnar actos, a los que ha dejado ganar firmeza por no haber interpuesto los correspondientes recursos, a través de la impugnación de otros que no gozan de autonomía respecto a los primeros, por ser reproducción o confirmación del anterior».

Siguiendo esta línea, el art. 40 de la Ley reguladora de la Jurisdicción contencioso-administrativa de 1956[50] volvía a insistir en este aspecto cuando establecía que:

> «No se admitirá recurso contencioso-administrativo respecto de: a) los actos que sean reproducción de otros anteriores que sean definitivos y firmes y los confirmatorios de acuerdos consentidos por no haber sido recurridos en tiempo y forma».

De esta forma, puede comprobarse que, en el ámbito contencioso-administrativo, la exclusión del recurso de los actos consentidos ha sido una constante desde las primeras regulaciones en aras de la economía procedimental. De hecho, el art. 28 de la LJCA casi copia estas antiguas disposiciones, puesto que dispone que:

> «No es admisible el recurso contencioso-administrativo respecto de los actos que sean reproducción de otros anteriores definitivos y firmes y los confirmatorios de actos consentidos por no haber sido recurridos en tiempo y forma».

No obstante, en lo que a la extensión de efectos se refiere, esta cláusula que, a todas luces parece indiscutible, no ha sido pacífica.

Para poder entender esta causa de desestimación en toda su dimensión, hemos de atender a la evolución histórica del art. 110.5 de la LJCA, precepto que ya provocaba divergencias antes de la entrada en vigor de la LJCA actual. El Proyecto de Ley, en su redacción original, introducía en la configuración del art. 110 (originalmente art. 105[51]) esta causa de desestimación consistente en la inaplicabilidad de la extensión de efectos cuando hubiere actos consentidos y firmes, respondiendo así a la discusión doctrinal y judicial que se planteaba sobre la pertinencia de exigirla. Sin embargo, durante la tramitación parlamentaria, el Grupo Parlamentario Izquierda Unida propuso su supresión para «evitar posibles supuestos de indefensión y evidentes agravios comparativos injustificables, todos deben beneficiarse de la situación más favorable»[52].

---

49. Cfr. ROSENDE VILLAR, Cecilia, «La nueva regulación de la extensión de los efectos de la sentencia a terceros...», *op. cit.*, págs. 1 y ss.
50. Ley de 27 de diciembre de 1956, reguladora de la Jurisdicción contencioso-administrativa.
51. *Vid.* BOCG. Congreso de los Diputados, serie A, núm. 70-1, de 18/06/1997.
52. *Vid.* Enmienda n.º 138. BOCG. Congreso de los Diputados, serie A, núm. 70-8, de 24/11/1997. No obstante, hay otros grupos como, por ejemplo, Coalición Canaria que

La enmienda fue tomada en consideración y, en la aprobación definitiva del texto legal, esta causa de desestimación fue suprimida[53]. El legislador daba prioridad al principio de igualdad sobre el principio de seguridad jurídica, entendiendo que la existencia de acto consentido no era un impedimento para la extensión de efectos[54].

Así, los Tribunales entendieron que el requisito había sido suprimido en base a unos presupuestos lógicos y, por lo general, frente a la defensa de la Administración que entendía que al consentir los actos se producían situaciones que no eran idénticas (es decir, basaban los recursos en la infracción del apartado primero) llevaban a cabo las extensiones de efectos[55].

Como puede preverse, en ese momento, ciertas voces de la doctrina se alzaron en contra de esta solución, pues consideraban que el principio de acto consentido y firme es básico en el ordenamiento jurídico administrativo. Ade-

pretenden reforzar esta causa de desestimación pues, en su enmienda n.º 31 propone añadir una nueva letra d) al art. 105 en la que se indique que «el interesado haya manifestado su disconformidad con el acto que le afecta dentro del plazo general de interposición del recurso contencioso-administrativo», con el objetivo de «evitar que este procedimiento se convierta en una vía para eludir en algunos casos la extemporaneidad».

53. *Vid.* BOCG. Congreso de los Diputados, serie A, núm. 70-14, de 13/07/1998.
54. De hecho, en opinión de ROSENDE VILLAR, Cecilia (*La Eficacia Frente a Terceros..., op. cit.*, págs. 174 y 175), la flexibilización del TC en la doctrina del acto consentido cuando estaba en juego un derecho fundamental fue decisiva para la supresión del requisito en el texto inicial de la LJCA en 1998. *Vid.* SSTC 10/1998, de 13 de enero, 28/1998, de 27 de enero, 85/1998, de 20 de abril y 97/1998, de 4 de mayo.
55. A este respecto es bastante interesante la STSJ de Andalucía (STSJ AND 18344/2001 y otras de igual fecha como por ejemplo la STSJ AND 18328/2001) de 27 de diciembre de 2001 que, en su FJ III, expone:

   *«(...) en la génesis legislativa del art. 110 de la LJCA, Ley 2971998, que arranca del Anteproyecto de 1995, se introdujo en esta materia, contra los informes del Consejo General del Poder Judicial y del Consejo de Estado, el requisito de que no se hubiese dictado una resolución administrativa, que habiendo causado estado, hubiese sido consentida por los interesados por no haberse interpuesto contra ella recurso contencioso-administrativo en tiempo y forma (art. 105.1.c del Proyecto enviado a las Cortes). Se pedía, para extender los efectos de la sentencia, que no existiera acto consentido. Que es el razonamiento mantenido por la Administración en estos autos.*

   *Sin embargo, en la tramitación parlamentaria en el Congreso de los Diputados se aprobó la enmienda 138 en la que se proponía la supresión de dicho requisito.*

   *Por tanto, no es indiferente esta supresión del requisito, ni se debe a una obviedad, como parece deducirse del escrito de apelación, sino que la introducción del mismo, en contra de dos informes muy cualificados, y la posterior retirada tras un debate parlamentario, nos indican, bien claramente, que el legislador finalmente quiere extender los efectos de la sentencia incluso a supuestos de acto consentido en vía administrativa.*

   *Esta solución, es, además, lógica desde el punto de vista procesal y administrativo.*

   *En efecto, si llevamos a su consecuencia procesal la postura de la Administración, es decir la necesaria impugnación jurisdiccional del acto administrativo denegatorio de una petición para que pueda verse beneficiado el peticionario de una sentencia, la única extensión de efectos de sentencia posible sería la regulada en el art. 111 en relación con el 37.2 de la LJCA. Es decir, la producida cuando tras la suspensión de tramitación de uno o más recursos,*

más, como indicamos *ut supra*, está reconocido en el art. 28 de la LJCA, que no plantea ninguna excepción[56]. Por este motivo, se abrió un debate intenso acerca de este requisito que terminó con la introducción de la cláusula c) del art. 110.5 a través de la Disposición adicional decimocuarta de la LO 19/2003.

El TS interpretó que había de entenderse como una causa de desestimación del incidente de extensión de efectos la falta de identidad de las situaciones, basando esta falta de identidad en el aquietamiento, frente al acto administrativo, del solicitante, incluso aplicando esta interpretación a extensiones de efectos previas a la entrada en vigor de la modificación de 2003[57]. De nuevo, queda reflejada la importancia que el elemento configurador de la identidad ha poseído siempre para la figura de la extensión de efectos.

---

> *recaiga sentencia en los primeros. Pero esta medida procesal regulada en el art. 111 pretende evitar las acumulaciones, y responde a esa finalidad. No es una extensión de efectos de sentencia como remedio oportuno para evitar procesos, que es la finalidad del art. 110 de la LJCA. Si asumiéramos la interpretación dada por la Administración lo único que se conseguiría es multiplicar los procesos contencioso-administrativos para acabar resolviendo sobre lo ya estudiado y fallado, eso sí, tras un largo trámite costoso, en tiempo y en recurso económicos. Y es que desde el punto de vista administrativo podría plantearse la posibilidad de instar un recurso extraordinario de revisión de acuerdo con el motivo establecido en el art. 118.1.2.ª de la Ley 30/1992 en redacción dada por la Ley 4/1999, pues una sentencia posterior al acto firme en vía administrativa podemos entender que, al menos, es uno de esos «documentos de valor esencial para la resolución del asunto que, aunque sean posteriores, evidencien el error de la resolución recurrida». Y si el ciudadano puede en vía administrativa recurrir por esta vía contra un acto firme, por haberlo consentido, invocando una sentencia posterior, con mayor razón puede hacerlo por la vía administrativa específica y más corta regulada en el art. 110 de la Ley 29/1998, que es anterior a la redacción actual del art. 118 de la Ley de Régimen Jurídico. Pues la Administración en la fase administrativa regulada en el art. 110.2 no debe exigir que el acto administrativo revisable por esta vía esté inconsentido, y la misma Administración, en cambio, pueda revisar un acto administrativo consentido, por la vía del recurso extraordinario regulado en el art. 118 de la LRJ. Máxime cuando el plazo para entender desestimada la petición es de tres meses en ambos casos. (ex art. 119.3 de la LRJ-PAC y art. 110.2 de la LJCA).*
>
> *Por tanto, si la Administración en vía administrativa puede revisar un acto firme, no parece razonable que esta característica del acto pueda impedir a la Jurisdicción revisarlo también cuando exista la identidad exigida por el art. 110».*

En este mismo sentido podemos encontrar numerosas SSTSJ. A título ejemplificativo: STSJ de Baleares de 1 de febrero de 2000 (STSJ BAL 106/2000, FJ III), STSJ de Madrid de 14 de febrero de 2002 (STSJ M 2066/2002, FJ V), STSJ de Madrid de 17 de abril de 2002 (STSJ M 5014/2002, FJ V), STSJ de Madrid de 8 de noviembre de 2002 (STSJ M 15339/2002, FJ II) o STSJ de Extremadura de 17 de octubre de 2003 (STSJ EXT 1908/2003, FJ I).

56. Las críticas a la supresión de esta causa desestimatoria han sido muy rotundas. *Vid.* por ejemplo: DE LA VALLINA VELARDE, Juan Luis y DE LA VALLINA MARTÍNEZ DE LA VEGA, Luis, «Extensión ultra partem de los efectos de las sentencias del orden Contencioso-Administrativo», *op. cit.*, pág. 1739, o AYALA MUÑOZ, Jose María *et al.*, *Comentarios a la Ley..., op. cit.*, pág. 1215.

57. *Vid.* por todas, STS 8383/2006, de 21 de diciembre (Sección 2.ª). No obstante, el tema aún no era pacífico pues estas sentencias del TS incluían votos particulares en el sentido de no aplicar la exigencia de acto consentido y firme: voto particular SSTS de 8 de marzo de 2005 (STS 1424/2005) o de 25 de enero de 2006 (STS 212/2006).

Tras este alborotado recorrido, parece que la cuestión se ha resuelto pacíficamente gracias a la doctrina del TS y, en la actualidad, la exigencia de acto consentido es absolutamente respetada[58]. De hecho, ha sido respaldada por el TC en varias sentencias[59]. Esto no es óbice para que durante estos años haya habido posturas enfrentadas[60]. Sin embargo, parece que existen nuevas corrientes jurisprudenciales que vuelven a discutir el impacto negativo de esta cláusula sobre el sistema de extensión de efectos de sentencias firmes.

#### *1.3.3.2. Análisis del precepto*

A pesar de lo anterior, entendemos necesario reflexionar sobre ciertas cuestiones. En nuestra opinión, la base del problema radicaba en la ponderación

58. SSTS 2278/2015, de 11 de mayo (FJ V); STS 2390/2015, de 1 de junio (FJ III); ATS 9704/2015, de 12 de noviembre, (FJ III). Asimismo, *vid.* también: MESTRE DELGADO, Juan Francisco, «Crónica de Jurisprudencia sobre el contencioso-administrativo. Cuarto Trimestre de 2004», *Iustel.com,* RGDA, núm. 9, julio, 2005, apartado IV.
59. *Vid.* STC 87/2008 de 21 de julio y STC 138/2008 de 27 de octubre.
60. Entre las opiniones a favor de mantener la teoría del acto consentido podemos destacar, por su claridad, la de ESPINAL MANZANARES, Javier, «La extensión de efectos de las sentencias...», *op. cit.,* págs. 123 y ss. Este autor considera que merece un juicio muy favorable el que la LO 19/2003 haya introducido de nuevo esta cláusula de desestimación, puesto que: «la situación anterior daba lugar a resultados que comprometían seriamente el principio de seguridad jurídica al permitir vía la extensión de efectos, el desconocer u obviar la existencia de actos administrativos que habían devenidos firmes en relación con una persona, a la que se le procuraba acudiendo a la vía del art. 110, el prescindir de lo resuelto en dichos actos, a los que por otro lado había prestado conformidad al no recurrirlos oportunamente.». Respecto de las opiniones en contra, podemos citar a ALONSO MAS, Maria Josefa, «Reflexiones sobre la nueva regulación...», *op. cit.,* pág. 308: «(...) resulta evidente que la aplicación en este campo de la doctrina del acto consentido impide a los órganos jurisdiccionales reparar la desigualdad de tratamiento que se causa en los casos en que unos afectados hayan recurrido el acto con éxito y otros no; lo que resulta, a mi juicio, contrario a la doctrina constitucional citada, que considero aplicable no sólo a los casos de actos formalmente únicos pero dirigidos a diversos interesados, sino también a todos los casos en que se trate de actos administrativos sustancialmente iguales.» En igual sentido, ROSENDE VILLAR, Cecilia, «La nueva regulación de la extensión de los efectos de la sentencia a terceros...», *op. cit.*, págs. 1-7 considera que: «Desde nuestro punto de vista, tal requisito priva, en gran parte, de sentido al mecanismo de extensión, convirtiéndolo en una simplificación o —atajo— para obtener una respuesta judicial idéntica a otra obtenida en un supuesto similar, para los casos en los que esté pendiente recurso administrativo o contencioso-administrativo, que además se verá limitada por los criterios temporal y de competencia establecidos en los apartados 2 y 3. Por ello tal reforma supone, a nuestro juicio, tanto una involución en la interpretación restrictiva de la doctrina del acto consentido que se venía propugnando en los últimos tiempos, como una limitación innecesaria y carente de sentido en la aplicación del mecanismo de extensión de efectos en ejecución de sentencia.». De la misma manera RODRÍGUEZ CARBAJO, José Ramón, «Análisis de la STS de 31 de enero de 2006», en *Actualidad Administrativa n.º 8,* La Ley, 2006 pág. 990 entiende que «el principio de acto consentido, fundado en el principio de seguridad jurídica, constituye una limitación al derecho a la tutela judicial y, por consiguiente, debe ser interpretado restrictivamente y no es aplicable más que en los supuestos que establezca la ley. En este caso, la Ley lo aplica a la admisión del recurso contencioso-administrativo (art.28 LJCA) pero no a la extensión de los efectos de la sentencia (art. 110 LJCA)».

entre el principio de igualdad y el de seguridad jurídica, a lo que había que sumar la condición de procedimiento *sui generis* que presentaba (y sigue presentando) la extensión de efectos. Es cierto que la aplicación de la doctrina del acto consentido imposibilita aún más la ya controvertida posibilidad de acudir al procedimiento de extensión de efectos. En ocasiones, se ha intentado salvar el obstáculo del art. 28 de la LJCA aduciendo que nos encontramos ante un procedimiento en vía ejecutiva (incidente de ejecución) y no en el procedimiento normal de los recursos contenciosos-administrativos. A pesar de que este criterio podría ser válido (con las salvedades que venimos haciendo), no tiene sentido que la Ley no haya hecho excepción de este principio para el caso de la extensión y, por ello, consideramos que el *quid* de la cuestión se encuentra en un momento procesal anterior.

En este punto seguimos la línea abierta por BAEZA DÍAZ-PORTALES[61] que considera que fundamentar la no identidad de las situaciones jurídicas en el hecho del acto consentido puede no ser correcto, porque lo que ha de producirse es una identidad material de situaciones y no la denominada igualdad procesal[62]. De hecho, ROJÍ BUQUERAS[63] cuestiona el momento preciso donde ha de producirse la igualdad y propone otro mecanismo para salvar el inconveniente de los actos consentidos y firmes. Se trata de saber dónde radica la identidad de situación que justifica la llamada al principio de igualdad. Este autor alega que la idéntica situación jurídica ha de predicarse respecto de la actuación de la Administración sin considerar, por tanto, los actos realizados por los interesados, superponiendo el principio de igualdad al de seguridad jurídica. Como ejemplo de lo dicho ponemos un supuesto real. Si tomamos en consideración este aspecto, la resolución del ATS 6691/2016, de 15 de julio, que desestima una pretensión de extensión de efectos en un caso concreto de función pública al no haber presentado las recurrentes impugnación ni en vía administrativa ni contencioso-administrativa sería absolutamente diferente porque el propio TS expone que las situaciones jurídicas a comparar son idénticas[64]. Incluso, GRAU

61. *Vid.* BAEZA DÍAZ-PORTALES, Manuel José, «Extensión de los efectos de las sentencias a terceros..., *op. cit.*, págs. 13 y 14.
62. De hecho, LOZANO CUTANDA, Blanca, en «La reforma del recurso de casación contencioso-administrativo...», *op. cit.*, pág. 1, ya expone que en la modificación del recurso de casación llevada a cabo por la LO 7/2015, el término «idéntico» se ha sustituido por «sustancialmente iguales». Si se aplicara la misma circunstancia a la extensión de efectos se abrirían mucho más las posibilidades de uso de esta figura de la LJCA.
63. Cfr. ROJÍ BUQUERAS, José María, «La extensión de los efectos de sentencias en materia tributaria...», *op. cit.*, págs. 275 y ss.
64. Reproducimos por su interés los FJ III y IV de este Auto: «TERCERO. La situación de los opositores que optaron por la Carrera Judicial en las promociones 64.ª y 65.ª era, ciertamente, idéntica, tanto en lo que hace a las bases de la convocatoria que regían el correspondiente proceso selectivo, como respecto de la interpretación que el Consejo General del Poder Judicial efectuó de las respectivas bases G.2.13 y G.2.14: en ambos casos, la puntuación obtenida en la Escuela Judicial se proyectó sobre la puntuación real obtenida por cada

RUIZ [65] critica la acción del legislador al entender que, al haber introducido esta causa de desestimación «parece haber olvidado que el objetivo de la extensión, declarado en la Exposición de Motivos de la Ley, era ahorrar la apertura de procesos innecesarios contra los llamados actos masa».

Así, podemos afirmar que, a pesar de haber surgido numerosos sistemas como medios para esquivar los actos firmes y consentidos, ninguno ha llegado a buen término por la importancia para el contencioso-administrativo del valor de los actos propios y el aquietamiento de los interesados.

Además, debe atenderse a las cuestiones que plantea el propio apartado 5 c) del artículo. Lo primero que salta a la vista es la expresión «causar estado en vía administrativa». El acto que causa estado en vía administrativa es aquel que ha agotado dicha vía y no es susceptible de ser recurrido salvo en el orden judicial (excepto a través del recurso de revisión). Si se atiende a lo dispuesto por BAEZA DÍAZ PORTALES, un interesado que recurriera un acto de la Administración y agotara la vía administrativa (es decir, hubiera interpuesto recurso administrativo y éste no hubiera sido objeto de resolución o, habiéndolo sido estuviera dentro del pazo de dos meses de interposición de recurso contencioso) se encontraría en la misma situación para poder solicitar una potencial extensión de efectos que otro interesado que se aquieta ante la resolución administrativa (o directamente no utiliza la vía administrativa) y que, si no aplicásemos esta teoría, no podría solicitar la extensión al haberla consentido. No obstante, el obstáculo del art. 28 LJCA sigue ahí y es insalvable, a menos que se entienda que la naturaleza jurídica del procedimiento de extensión de efectos es distinta a la de un recurso contencioso-administrativo «normal» (en el sentido de común) y se permita, por tanto, la extensión. De todas formas, entendemos que,

---

opositor en su Tribunal y no sobre la puntuación adecuada, corregida u homogeneizada para ajustar las puntuaciones a los puestos obtenidos en cada uno de los Tribunales. Es esa identidad la que ha llevado a las cuatro integrantes de la promoción 65.ª a interesar la extensión de efectos de la sentencia.

CUARTO. Sin embargo, el examen de los antecedentes y circunstancias del caso obliga a concluir que, en el que nos ocupa, no concurren las condiciones exigidas por el artículo 110 de la Ley de la Jurisdicción para que proceda la extensión de efectos de aquella sentencia. Y es que, en efecto, en el presente supuesto las interesadas no han impugnado en vía administrativa, ni contencioso-administrativa, el acuerdo de la Comisión Permanente del Consejo General del Poder Judicial adoptado en su reunión de 9 de julio de 2015 (BOE de 14 de julio de 2015) en el que se nombra a los integrantes de la 65.ª promoción —entre los que se encuentran aquellas cuatro interesadas— jueces o juezas en expectativa de destino ' por el orden y con expresión del número con que figuran en la propuesta de la Dirección de la Escuela Judicial».

Ello implica que ese acuerdo (que fue publicado en el BOE con expresa indicación de los recursos que podían interponerse frente al mismo, plazo y órgano competente) ha devenido firme porque las interesadas lo consintieron, siendo de aplicación lo dispuesto en el apartado 5 c) del artículo 110 de la Ley de la Jurisdicción (...)».

65. Cfr. GRAU RUIZ, Maria Amparo, «Cuestiones suscitadas en la extensión de los efectos de las sentencias en materia tributaria» en MONTOYA MELGAR, Alfredo (coord.), *Cuestiones actuales de la jurisdicción en España, op. cit.*, pág. 1044.

al ser un principio tan arraigado en el ámbito contencioso, hubiera sido necesario para clarificar el asunto exceptuarlo expresamente en el caso de la extensión de efectos.

En este punto surge la duda sobre qué sucedería si se agotase el plazo para interponer recurso contencioso-administrativo y el interesado que hubiese agotado la vía administrativa no lo hubiese interpuesto. ¿Puede solicitar la extensión de efectos o ya se considera que ha consentido el acto originario? Del texto legal se desprende que en ese caso el interesado ha consentido el acto con lo que no puede solicitar la extensión de efectos porque va a encontrarse con la traba del apartado 5 c). Ha de afirmarse, por tanto, que con este requisito la posibilidad de solicitar una extensión de efectos queda muy reducida, aunque también es cierto que son respetados los derechos adquiridos por un tercero al que le afecte la resolución[66].

Otra cuestión que se plantea es la posibilidad de solicitar una extensión de efectos si ya se ha promovido un recurso contencioso-administrativo. Si bien es cierto que mediante una interpretación literal de la norma no nos encontraríamos con el impedimento del apartado 5 c), sí lo tendríamos en este caso (como ya hemos comentado *ut supra*) con la litispendencia que es considerada por la casi totalidad de la doctrina como una institución tutelar de la cosa juzgada[67]. Si no, cómo bien ha expresado RODRÍGUEZ CARBAJO, la extensión sólo podría

66. ¿Es necesario, por tanto, agotar la vía administrativa para interponer la extensión de efectos? En nuestra opinión no es necesario puesto que con la redacción actual del precepto son dos vías independientes. En este sentido se ha manifestado el TS en sus STS 1641/2008, de 8 de abril (n.º rec. 1863/2007) que en su FJ III expone: «(...) La tesis de la parte recurrente de exigir el agotamiento de la vía administrativa, bien mediante resolución del TEAR o del transcurso del plazo de un año desde la interposición de la reclamación económico-administrativa obligaría necesariamente a interponer recurso contencioso administrativo contra dicha resolución expresa o presunta, pues en otro caso, resultaría aplicable la excepción de acto firme y consentido que ha introducido la L.O. 19/2003 de 23 de diciembre, en la nueva redacción dada al art. 110.5 de la Ley Jurisdiccional, lo que haría inoperativo el mecanismo procesal del art. 110, reduciendo su aplicación en materia tributaria al del art. 111 de dicha Ley, planteamiento que, por absurdo, debemos rechazar.
En realidad, la Ley de la Jurisdicción, en el artículo 110, incluye las sentencias en materia tributaria como susceptibles de ser extendidas en sus efectos a otros interesados que presenten idéntica situación jurídica individualizada que la reconocida en la sentencia, estableciendo para ello unos requisitos y un procedimiento específico, entre los que no se encuentra el agotamiento de la vía económico-administrativa. Es, por lo demás, la interpretación teleológica del artículo 110 de la Ley de la Jurisdicción —evitar la reiteración de múltiples procesos innecesarios contra los llamados actos en masa—, la que conduce a sostener que los requisitos a tener en cuenta son los contenidos en este precepto, propios del incidente de ejecución, y no la exigencia de agotamiento previo de la vía administrativa que debe concurrir en un procedimiento contencioso administrativo ordinario».
67. En relación con esta cuestión es muy significativa la crítica que realiza SANTAMARÍA PASTOR, Juan Alfonso, en *La Ley reguladora de la Jurisdicción Contencioso-Administrativa..., op. cit.*, pág. 1157, que considera que la litispendencia a través de este requisito de

conseguirse mediante la suspensión del proceso ya iniciado a través de los arts. 37 y 111 de la LJCA[68].

En los casos de silencio por parte de la Administración, al no haber acto que pudiera quedar firme y ser consentido, ha de entenderse que siempre puede solicitarse la extensión de efectos.

En resumen, si el legislador hubiera considerado que la identidad jurídica no se alcanza de ningún modo cuando un interesado se aquietó ante un acto administrativo expreso y otro no, no hubiese sido necesario la inclusión de este apartado 5 c (ya que la situación está implícita en la propia necesidad de igualdad) por lo que parece que, con la reforma, el legislador buscaba dejar claro que ambas situaciones no pueden ni deben asimilarse.

#### *1.3.3.3. Interpretación jurisprudencial*

##### 1.3.3.3.1. Ámbito constitucional

Ya en el ámbito constitucional, otra de las cuestiones que pueden plantearse a la hora de tomar en consideración el acto firme y consentido es la posibilidad de que el no haber interpuesto una solicitud de extensión de efectos sea causa para considerar que no se ha agotado la vía judicial a la hora de recurrir en amparo.

Si bien es cierto que la jurisprudencia constitucional en lo referente a extensiones de efectos es bastante escasa, sí que nuestro TC ha entrado a analizar este asunto; así, la STC 13/2011, de 28 de febrero (FJ II) expone:

> «En segundo lugar el Abogado del Estado opone la causa de inadmisibilidad de no haberse agotado adecuadamente la vía judicial previa conforme a lo exigido por el art. 44.1 a) LOTC, pues considera que previamente a la denuncia de su derecho a la igualdad en la aplicación de la Ley el recurrente hubiera debido instar la extensión a su caso de la Sentencia anterior, conforme al art. 110 Ley reguladora de la jurisdicción contencioso-administrativa. Tal objeción ha de ser rechazada de plano pues de la simple lectura del precepto indicado se desprende que la extensión de efectos de sentencias firmes que hubieran reconocido una situación jurídica individualizada en materia tributaria no se configura en la Ley reguladora de la jurisdicción contencioso-administrativa como un remedio procesal frente a Sentencias lesivas de la igualdad sino como un procedimiento preventivo y simplificador del procedimiento judicial, que no puede configurarse como una

la extensión de efectos es un factor provocado a ciencia cierta por el legislador para que «el número de asuntos que ingresen en los órganos judiciales se multiplique por dos en los casos de los recursos repetitivos: un proceso ordinario que ha de seguirse para el cumplimiento de este requisito, y un incidente con la misma fundamentación, para intentar la extensión de efectos (...) en base a intereses puramente económicos».

68. Cfr. RODRÍGUEZ CARBAJO, José Ramón, «Análisis de la STS de 31 de enero de 2006», en *Actualidad Administrativa* núm. 8, La Ley, 2006, pág. 991.

obligación del ciudadano, ni mucho menos entenderse su omisión como una renuncia al derecho a la igualdad en la aplicación judicial de la ley».

Como vemos, el TC contradice el argumento por el cual el no interponer una extensión de efectos es no agotar la vía judicial[69]. Nos mostramos de acuerdo con esta posición al entender que la extensión de efectos no puede considerarse en la línea del recurso contencioso-administrativo común, sino que se trata de un procedimiento que establece la Ley como atajo o solución a los problemas de masificación; pero, en ningún caso como procedimiento único sobre el que basar el derecho fundamental a la tutela judicial efectiva.

#### 1.3.3.3.2. Ámbito ordinario

Como comentamos *ut supra*, los nuevos aires jurisprudenciales se distancian de la corriente anterior y critican la exigencia de que no exista acto firme y consentido. Así, el ATS 8740/2018, de 12 de junio[70] se muestra claro cuando en su FJ IV expone:

> «(...) La excepción de acto consentido opone las exigencias de seguridad jurídica a las de igualdad en la aplicación de la Ley. Si se aceptase en forma genérica la tesis restrictiva que propone el informe del CGPJ, y que comparte el Abogado del Estado, esta última exigencia adquiriría una dimensión tal que también haría escasamente operativa la aplicación de la extensión "ultra partes" de los efectos de una sentencia que reconozca una situación jurídica individualizada.
>
> La respuesta debe ser sin duda matizada caso por caso, pero en materia de personal, equiparable a la de la solicitante en cuanto se discuten aquí sus emolumentos como empleada pública y no su posición como juez la hemos adoptado en las resoluciones más recientes en la materia como, entre otras, en las Sentencias de 17 de marzo de 2016 y en los precedentes a que se remite (Sentencias de 16 de febrero de 2016 y de 3 de mayo y 5 de abril del mismo año). Para ello basta atender al tenor literal de la norma que, como reza el precepto, refiere su exigencia a los casos en los que "para el interesado se hubiera dictado resolución que". Por ello entendemos que cuando, como aquí acontece, no existe una resolución dictada, precisamente para la interesada, por tratarse de actos administrativos con destinatario plural, incluso si se aceptase que uno de dichos actos tiene alcance de disposición general (Acuerdos de la Comisión Permanente de 12 de julio de 2017 aprobando los listados de retribuciones variable y Acuerdo de 19 de abril de 2017 por el que se aprueba la norma para la elaboración de dichos listados) no es necesaria una interpretación amplia, que es aquí la procedente en la medida en la que se aduce en forma fundada la necesidad de evitar una discriminación indirecta por razón de sexo contra la solicitante (STC 3/2007, de 15 de enero FJ 3.º y Fallo) para entender que no concurre a excepción del artículo 110.5 c) LJCA.
>
> Los acuerdos que afectan a la solicitante no eran actos expresos que exijan una determinada conducta a los interesados (Autos de 20 de diciembre de 2017,15 de

69. En el mismo sentido: STC 146/2005, de 6 de junio.
70. En igual sentido: ATS 8103/2018, de 16 de julio.

junio de 2016, 6 de mayo de 2016 o 12 de noviembre de 2015). Las resoluciones ya citadas no han sido notificadas en forma personal a D.ª Bárbara. Acreditada por ella la identidad de supuestos correspondía al CGPJ la carga procesal de probar lo contrario, lo que no ha cumplido. En consecuencia, por la naturaleza de dichos actos, no pueden constituir obstáculo que, por el sólo efecto del art. 110.5. c) LJCA, impida que prospere la extensión de efectos que se nos solicita».

En este sentido, es también muy interesante el ATSJ CL 182/2022, de 28 de noviembre, cuando en su FJ III expresa:

«La cuestión debatida plantea la procedencia o improcedencia de la extensión de efectos derivada única y exclusivamente del hecho de que el actor dejó, en la tesis de la demandada, de impugnar en vía económico-administrativa y judicial la denegación que se le hizo de la pretensión de acoger su pretensión de que se modificase su declaración del Impuesto sobre la Renta de las Personas Físicas por la causa que fue estimada a su hermano en el P.O. 898/2021. Siendo ello, la falta de tales impugnaciones en dichas vías cierto, no lo es menos que en autos consta que el obligado tributario impugnó en reposición la denegación que la Administración Estatal de Administración Tributaria le hizo de tener en cuenta tal pretensión, según documentación sellada aportada a los autos y no consta que la administración resolviese expresamente como debe hacer, según el artículo 103 de la Ley 8/2003, de 17 de diciembre, General Tributaria.

Ante esta situación, el artículo 225.5 de la citada Ley General Tributaria, faculta, que no obliga, pues el legislador utiliza el término "podrá", a entender desestimado su recurso no devolutivo e impugnarlo en la vía que estime pertinente. Siendo ello así, es lo cierto que, como repetidamente ha señalado la jurisprudencia constitucional —SSTC 14/2006, de 16 enero, 186/2006, de 19 junio, 32/2007, de 12 febrero, 64/2007, de 27 de marzo, 3/2008,de 21 de enero, 106/2008, de 15 de septiembre y 59/2009, de 9 de marzo—, en aplicación del artículo 46 dela Ley 29/1998, de 13 de julio, Reguladora de la Jurisdicción Contencioso-Administrativa, pero sentando una doctrina que debe entenderse aplicable con carácter general, según la cual, ... que el silencio administrativo negativo es simplemente una ficción legal que responde a la finalidad de que el administrado pueda acceder a la vía judicial superando los efectos de inactividad de la Administración, hemos declarado que, frente a las desestimaciones por silencio, el ciudadano no puede estar obligado a recurrir siempre y en todo caso, so pretexto de convertir su inactividad en consentimiento del acto presunto, imponiéndole un deber de diligencia que sin embargo no le es exigible a la Administración en el cumplimiento de su deber legal de dictar resolución expresa en todos los procedimientos. Bajo estas premisas hemos concluido que deducir de ese comportamiento pasivo del interesado su consentimiento con el contenido de un acto administrativo presunto, en realidad nunca producido, negando al propio tiempo la posibilidad de reactivar el plazo de impugnación mediante la reiteración de la solicitud desatendida por la Administración, supone una interpretación que no puede calificarse de razonable —y menos aún, con arreglo al principio *pro actione*, de más favorable a la efectividad del derecho fundamental del art. 24.1 CE—, al primar injustificadamente la inactividad de la Administración, colocándola en mejor situación que si hubiera cumplido con su deber de dictar y notificar con todos los requisitos legales la correspondiente resolución expresa».

Por ello, el TSJ entiende que el solicitante no se aquietó y que, al no existir contestación administrativa expresa, no podía imponérsele al actor la carga de impugnar la estimación presunta «por lo que no puede seguirse de no interponerse reclamación económico-administrativa contra tal supuesta desestimación que la misma existiese a los efectos que hoy se consideran...». Por este motivo, admite la solicitud de extensión de efectos y considera que otra conclusión supondría perjudicar al interesado por un no hacer de la Administración, desconociendo la obligación de resolver y de impedir beneficiarse de su silencio.

## 2. SUSPENSIÓN DE LA EXTENSIÓN DE EFECTOS POR EXISTENCIA DE RECURSOS A LA ESPERA DE RESOLUCIÓN

### 2.1. ANÁLISIS DEL PRECEPTO

El apartado sexto del art. 110 LJCA, establece un caso al que, por su conexión, ya hemos referencia en el tema dedicado expresamente al plazo en el procedimiento de extensión de efectos de sentencias firmes. Ahora nos centraremos en su contenido. El texto actual es el siguiente:

> «Si se encuentra pendiente un recurso de revisión o un recurso de casación en interés de la ley, quedará en suspenso la decisión del incidente hasta que se resuelva el citado recurso».

Es interesante apreciar la modificación que se produjo en este apartado con la LO 19/2003, de 23 de diciembre que, como hemos venido diciendo, modificó sustancialmente la figura de la extensión de efectos. En este caso, se creó este nuevo apartado que incluye literalmente el último punto del antiguo apartado quinto[71].

La pregunta que surge tras este análisis es la siguiente: ¿por qué decidió el legislador separar estos dos apartados? En opinión de ALONSO MAS, este precepto se basa en el hecho de evitar dilaciones indebidas[72]. No obstante, MARTÍN CONTRERAS[73] ha entendido que con el cambio de lugar del precepto se

71. Antiguo apartado 5.°, antes de la reforma de la LO 19/2003, de 23 de diciembre: «El incidente se desestimará, en todo caso, cuando existiera cosa juzgada, o cuando la doctrina determinante del fallo cuya extensión se postule fuere contraria a la jurisprudencia del Tribunal Supremo o a la doctrina sentada por los Tribunales Superiores de Justicia en el recurso a que se refiere el artículo 99. Si se encuentra pendiente un recurso de revisión o un recurso de casación en interés de la ley, quedará en suspenso la decisión del incidente hasta que se resuelva el citado recurso».

72. Cfr. ALONSO MAS, María Josefa, «Reflexiones sobre la nueva regulación...», *op. cit.*, pág. 282. Esta autora consideraba que: «en cuanto a la suspensión, que se mantiene en caso de pendencia de un recurso de casación en interés de ley o de un juicio de revisión, lo que en estos casos se suspende es la resolución del incidente, no su tramitación, seguramente en aras de evitar dilaciones indebidas».

73. Cfr. MARTÍN CONTRERAS, Luis, *La extensión de efectos..., op. cit.*, pág. 72. No obstante, *vid.* bíd., págs. 251 y 252, donde se analiza la suspensión de la resolución definitiva planteada desde otro punto de vista.

ha querido modificar el sentido del mismo, considerando que de él se deduce claramente que la suspensión no es del pronunciamiento, sino que ha de producirse en la tramitación de todo el incidente. En realidad, esta interpretación nos parece más acorde con la *ratio* de la figura de la extensión de efectos de sentencias firmes, ya que consideramos que el suspender el procedimiento de extensión hasta la resolución del recurso en cuestión posee más interés desde el punto de vista de la eficacia, pues permite ahorrar trabajo y esfuerzo, ya que la decisión judicial afecta directamente a la solución de la extensión. Sin embargo, en este caso entendemos que el precepto es claro y no ofrece lugar a interpretaciones más o menos abiertas. Lo que ha de suspenderse es el pronunciamiento judicial y no toda la tramitación procedimental. El legislador no ha movido ninguna palabra de su redacción original y se ha limitado a otorgarle una posición más específica y prevalente dentro del articulado, configurándose como un apartado autónomo dentro del art. 110 LJCA[74]. Además, aunque parezca obvio, ha de decirse que el recurso interpuesto ha de ser relativo a la sentencia cuyos efectos pretenden extenderse y no referente a cualquier otro pronunciamiento que pudiera ser relevante en la resolución del pleito en cuestión[75]. Como indican SALA SÁNCHEZ, XIOL RIOS Y FERNÁNDEZ MONTALVO, la finalidad de esta cláusula es clara: «la razón estriba en que el recurso de revisión puede comportar la anulación de la sentencia firme y con ello la invalidación de la doctrina sentada en ella...» [76].

74. De hecho, los Tribunales hablan de suspensión del pronunciamiento y nunca de suspensión incidental. *Vid.* por ejemplo, Autos del TSJ del País Vasco de 7 de julio (ATSJ PV 753/2011, ATSJ PV 716/2011). Por todos, ATSJ PV 694/2011, FJ II:

*«(...) Antes bien, como señala el artículo 110.5 b), solo si la doctrina determinante del fallo resulta contraria a la jurisprudencia del Tribunal Supremo, o a la doctrina unificada de la propia Sala fijada de conformidad con el articulo 99 LJCA, decae la acción incidental. De no ser así, o en tanto no se justifique por la Administración que pende Recurso de Revisión o de Casación en Interés de Ley, (supuesto en que el pronunciamiento habría de suspenderse —art. 110.6—), no existe razón legal válida para que el Tribunal, requerido de extensión de sus propios pronunciamientos firmes, pueda denegarla».*

75. Con relación a este asunto se pronunció el TSJ de Cataluña (STSJ CAT 2212/2011, de 11 de febrero, FJ II) de la siguiente manera:

«Como pone de relieve el Auto impugnado, la existencia de otros recursos en interés de la ley, en especial uno contra el plan de ordenación de recursos humanos aprobado por el ICS en 2004, en modo alguno puede justificar la suspensión que se solicita en aplicación del art. 110.6 de la LJCA. Este precepto nos dice que «Si se encuentra pendiente un recurso de revisión o un recurso de casación en interés de la ley, quedará en suspenso la decisión del incidente hasta que se resuelva el citado recurso». En este caso, el recurso de casación en interés de la ley que sirve de argumento no es un recurso interpuesto contra la Sentencia que reconoció la situación jurídica individualizada sino la que se anuló el plan de recursos humanos de 2004, por lo que de seguirse la doctrina de la Administración, el incidente de extensión de efectos no solo quedaría descontextualizado sino que perdería su finalidad, pues no podemos olvidar que estamos ante un incidente de extensión de efectos de una Sentencia concreta por lo que el recurso de revisión o de casación en interés de la ley al que se refiere el precepto ha de relacionarse con la Sentencia cuya ejecución se pretende extender.».

## 2.2. NUEVAS CORRIENTES JURISPRUDENCIALES

Como ya dijimos a comienzos de este capítulo, el legislador olvidó retocar este apartado en la nueva modificación de la LJCA llevada a cabo por la Disposición Final Tercera de la LO 7/2015, de 21 de julio. A través de esta modificación hizo desaparecer del mundo jurídico el recurso de casación en interés de ley por quedar subsumido dentro del nuevo recurso de casación, surgiendo la siguiente cuestión: ¿Debía considerarse, por tanto, que la interposición de un mero recurso de casación de los que establece la modificación debía provocar la suspensión de la decisión de la extensión de efectos por quedar incorporado el antiguo recurso en interés de ley en el nuevo sistema casacional?

Si bien es cierto que el interés del legislador fue el de integrar los elementos de este recurso de interés de ley[77] (y claro está, también el de unificación de doctrina y entender el recurso como un todo unitario) dentro de la nueva configuración del recurso de casación, surgía la duda sobre interpretar que la opción del legislador hubiera sido la de establecer la suspensión de la decisión del incidente por el mero hecho de la interposición del recurso de casación pues, en ningún caso había hecho referencia a este supuesto, ni en la redacción originaria ni con la modificación. Además, se corría el riesgo de pérdida de la finalidad de la figura, puesto que la interposición de un recurso de casación es bastante frecuente (y más ahora que desaparecen los motivos tasados) y podría entenderse que tomar esta decisión paralizaba el sistema de extensión.

Así, no es hasta 2021 cuando el TS se plantea si conforme a la nueva regulación del recurso de casación el apartado sexto debe ser interpretado en el sentido de que obliga a suspender la decisión del incidente cuando no exista un pronunciamiento de la Sala de lo Contencioso-administrativo del Tribunal Supremo sobre la misma cuestión de fondo que la sentencia cuyos efectos pretenden extenderse y haya sido admitido un recurso de casación contra otra sentencia con idéntico pronunciamiento sobre dicha cuestión de fondo (recordemos que el apartado 6.º no ha sido modificado con la LO 7/2015 y alude expresamente al recurso de casación en interés de ley).

76. Cfr. SALA SÁNCHEZ, Pascual, XIOL RÍOS Juan Antonio y FERNÁNDEZ MONTALVO, Rafael, *Práctica Procesal Contencioso Administrativa, op. cit.*, pág. 268. Estos autores siguen comentando la finalidad de la suspensión con relación al recurso en interés de ley que no reproducimos al estar derogado por la Disposición Final Tercera de la LO 7/2015, de 21 de julio, por la que se modifica la LO 6/1985, de 1 de julio, del Poder Judicial.

77. Como indicaba VEGA CASTRO (siguiendo a FONT I LLOVET) el recurso de casación planteado en interés de ley se utilizaba por parte de las distintas Administraciones Públicas, con el fin preventivo y al mismo tiempo perverso de detener las posibles avalanchas de incidentes de ejecución para la extensión de sentencias (Cfr. VEGA CASTRO, José Luis, en «La extensión a terceros de los efectos…», *op. cit.*, pág. 925).

En la ya mencionada STS 1881/2021, de 10 de mayo, la Sala opta por destacar la coherencia del ordenamiento jurídico y resuelve este asunto considerando en su FJ III que:

> «(…) En segundo lugar el auto de admisión plantea otra situación: que interesada la extensión de efectos de una sentencia firme, penda un recurso de casación contra otras sentencias idénticas. En este caso el artículo 110.6 de la LJCA contiene una previsión prudencial: debe suspenderse la resolución del incidente de extensión de efectos hasta que esta Sala se pronuncie pues se está ante una situación de incertidumbre en la interpretación de la norma en que se basa la sentencia objeto de extensión. 5. Debe advertirse que el artículo 110.6 de la LJCA responde a una redacción desfasada pues la referencia que hace al recurso de casación en interés de la ley carece ya de aplicación tras suprimirse por la Ley Orgánica 7/2015, de 21 de julio, por lo que la referencia a ese antiguo recurso debe entenderse sustituida por la única modalidad de casación regulada hoy en la LJCA.Y por lo antes expuesto, cuando la bondad jurídica de lo resuelto en firme por la sentencia objeto de extensión penda de un pronunciamiento del TJUE o del Tribunal Constitucional, la misma prudencia antes citada aconseja estar a lo previsto en el artículo 110.6 de la LJCA» [78].

Recogiendo lo expresado en esta STS, la STS 71/2022, de 12 de enero [79] establece la siguiente conclusión (FJ IV):

> «Respecto de la cuestión de interés casacional, declaramos que a los efectos del artículo 110.5.b) de la LJCA, cabe extender sus previsiones a la doctrina que proceda del TJUE o del Tribunal Constitucional; y que a los efectos del artículo 110.6 de la LJCA, la referencia que hace al recurso de casación en interés de la ley debe entenderse hoy referida al vigente recurso de casación y, además, que la pendencia de algún recurso de casación sobre la cuestión determinante de la extensión de efectos basta para acordar la suspensión que prevé dicho precepto».

Puede comprobarse, por ejemplo, en la STS 3135/2022, de 20 de julio, que ya es doctrina consolidada de la Sala entender que ha de suspenderse la resolución de la extensión de efectos cuando pende un recurso de casación. La Sala estima el recurso de casación planteado al considerar que el TSJ de Madrid no tuvo en cuenta que la Administración apelante le advirtió de que pendían diversos recursos de casación sobre la cuestión litigiosa y tampoco lo comprobó. Entiende, por tanto, que dichas circunstancias aconsejaban que se esperase a que el TS se pronunciase en firme para así evitar que, extensión de efectos mediante, se propagase un criterio al menos cuestionado y, en todo caso, necesitado de confirmación (que, en este caso, era el reconocimiento de los derechos administrativos y económicos correspondientes a los meses de julio, agosto y parte proporcional de septiembre, del personal docente interino que presta sus

78. En idéntico sentido: SSTS 2333/2021, de 10 de junio, 3474/2021, de 15 de septiembre, 71/2022 y 116/2022, ambas de 12 de enero, 72/2022, 114/2022, 115/2022 y 117/2022, de 13 de enero y 236/2022 y 237/2022, de 17 de enero.
79. También lo hacen las siguientes SSTS: 114/2022, 115/2022 y 117/2022, de 13 de enero y 236/2022 y 237/2022, de 17 de enero.

servicios durante todo el curso escolar). De ahí que no hubiera razones para denegar la suspensión[80]. No obstante, es interesante el escrito de oposición al recurso de casación que realizó la solicitante de extensión, ya que alegaba que, si la modificación jurisprudencial se producía con posterioridad al auto que estimaba la extensión de efectos de una sentencia, no procedía en virtud del principio de seguridad jurídica que el citado auto acogiese el cambio jurisprudencial: «Y ello debido a que, si el auto que admite la extensión de efectos de una sentencia firme fuera posterior a la modificación de la jurisprudencia no se debiera haber dictado aquél y se hubiera tenido que desestimar la pretensión de extensión de efectos, tras, en su caso, el correspondiente proceso de suspensión».

De todo lo expuesto se extrae, por tanto, que la suspensión es un requisito procesal establecido por el art. 110.6 cuando esté pendiente un recurso de casación, requisito capaz de invalidar la extensión concedida si no se ha llevado a cabo por el órgano judicial. Sin embargo, a nuestro juicio, es un requisito que, aun coherente, vuelve a demostrar las fuertes desigualdades entre las partes en el contencioso-administrativo, puesto que le causa al solicitante de la extensión un agravio no imputable a su actuación (sobre todo si se tiene en cuenta el requisito de la firmeza de la sentencia de origen).

Como indicaba LÓPEZ FUERTES[81], esta interpretación judicial responde, de manera inevitable, a que con la reforma del recurso de casación no se realizaron los ajustes necesarios entre la regulación de la extensión, dando lugar a dicha laguna. Este autor se mostraba crítico con la modificación al entender que el simple hecho de no haber previsto, como causa de suspensión de los incidentes de extensión de efectos, el que ya se hubiera admitido y se estuviera resolviendo un recurso de casación sobre esa misma cuestión (lo que obligaba a interponer, y tramitar, el recurso de casación aunque ya estuviera pendiente la resolución de un recurso de casación sobre ese mismo asunto) había provocado el efecto contrario al que se perseguía dando lugar a la interposición repetitiva de recursos sobre la misma materia. Entendemos que la nueva modificación realizada a la LJCA por el ya mencionado Real Decreto-ley 5/2023, de 28

80. En igual sentido (por todas): STS 4206/2022, de 18 de noviembre. En su FJ IV expone: «Ahora bien, a los efectos del artículo 110.6, interpretado en los términos antes expuestos, la Administración apelante le advirtió de que pendían diversos recursos de casación sobre la cuestión litigiosa y la Sección sentenciadora bien pudo constatar que ante la Sección Séptima de la misma Sala de Madrid se habían preparado varios. Estas circunstancias aconsejaban que esperase a que este Tribunal Supremo se pronunciase en firme para así evitar que, extensión de efectos mediante, se propagase un criterio al menos cuestionado y, en todo caso, necesitado de confirmación. De ahí que no hubiera razones para denegar la suspensión. Así, pues, procede acoger el recurso de casación y anular la sentencia impugnada, pues se debió estar a las resultas de los recursos de casación pendientes».

81. *Vid.* LÓPEZ FUERTES, Francisco Javier, «La extensión a terceros de los efectos de una sentencia y el recurso de casación. Sobre la doctrina en casación de circunstancias que motivan la desestimación del incidente de extensión de efectos», en *Revista Aranzadi Doctrinal*, num.10/2022. Es interesante a este respecto la STS 2471/2019, de 27 de junio.

de junio (con la introducción del apartado quinto del artículo 56) responde, en cierta medida, a estas críticas[82].

### 2.3. COMUNICACIÓN DE LA INTERPOSICIÓN DE LOS RECURSOS

Otra de las cuestiones a las que no responde el artículo es la relativa a las comunicaciones de la interposición de recursos que conlleven la suspensión de la decisión del incidente. Aquí MARTÍN CONTRERAS entiende que son las Administraciones las que deben comunicar las sentencias obtenidas a todos los órganos jurisdiccionales que estén conociendo de extensiones de efectos a las que puedan influirles las citadas sentencias[83].

Con relación a este asunto, el TSJ de Madrid en su STSJ M 17193/2005, de 12 de septiembre (FJ II) expone lo siguiente:

> «Distinta suerte debe correr la alegación planteada por el Ayuntamiento en la instancia y en esta apelación de litispendencia por existencia de un recurso de casación en interés de ley interpuesto contra la sentencia cuya extensión de efectos se pretende. En efecto, dispone el artículo 110.6 de la Ley de la Jurisdicción que si se encuentra pendiente un recurso de revisión o un recurso de casación en interés de la ley, quedará en suspenso la decisión del incidente hasta que se resuelva el citado recurso. Esta es la situación que se da en el presente caso: la parte recurrente comunicó al Juzgado en la primera oportunidad que tuvo la existencia de ese recurso, y por ello el juzgador de instancia pasa a conocer la existencia de un hecho que provoca la suspensión del incidente, para lo que, si lo consideraba oportuno recabar de la parte que lo alega más datos o acordar de oficio las diligencias oportunas, pero no entender que como la parte no reiteró en sus sucesivas actuaciones procesales el recurso aducido "ha terminado por cualquier causa". El Ayuntamiento demandado reitera en esta alzada esa misma alegación, dándose la circunstancia de que se trata de un recurso planteado contra sentencia dictada en grado de apelación por esta misma Sala, sin que conste que se haya resuelto. Todo ello debe llevar a la estimación de esta alegación con la consiguiente anulación del auto apelado y la suspensión del incidente de extensión de efectos de la sentencia sobre la que pende de resolución el mencionado recurso de casación en interés de ley».

Siguiendo lo dispuesto tanto por MARTÍN CONTRERAS y por los tribunales, entendemos que deberá ser la parte interesada en la suspensión la que se encargue de su comunicación.

## 3. A MODO DE CONCLUSIÓN

Hemos podido comprobar que, para la figura de la extensión de efectos de sentencias firmes, los límites a su estimación llegan a tener, en algunos casos, más importancia que el cumplimiento de los requisitos que establece el art. 110

82. Se abre el debate si, en los términos en los que está redactado, el artículo 56 puede o debe aplicarse también a las solicitudes de extensión de efectos. A nuestro juicio, la respuesta ha de ser afirmativa.
83. Cfr. MARTÍN CONTRERAS, Luis, *La extensión de efectos…*, *op. cit.*, págs. 240 y ss.

LJCA. En nuestra opinión, las causas desestimatorias de cosa juzgada y doctrina determinante del fallo sí que tienen un rol importante dentro del ordenamiento jurídico en aras de la coherencia y la seguridad jurídica. Sin embargo, entendemos que la rigidez de la inexistencia de acto firme y consentido para que pueda operar una extensión de efectos debería ser superada (como parece que lo está entendiendo la jurisprudencia) si la finalidad principal de la institución es hacer frente a la litigiosidad dentro del sistema contencioso-administrativo.

En relación al esfuerzo interpretativo que ha realizado el TS últimamente (apartados 5.º y 6.º del art. 110), entendemos junto a CHAMORRO GONZÁLEZ[84] que ha servido en alto grado a dotar de un marco mayor de seguridad jurídica a la figura, en tanto que ha clarificado conceptos que no podían desprenderse del tenor literal del precepto.

84. *Vid.* CHAMORRO GONZÁLEZ, Jesús María, «De nuevo sobre la extensión de efectos de sentencias en el proceso contencioso-administrativo en materia de personal», en *Actualidad Administrativa*, núm. 11, Sección Personal y Recursos Humanos, noviembre 2022.

# *Capítulo VI*

# Conclusión y recursos



## 1. RESOLUCIÓN

### 1.1. CONSIDERACIONES GENERALES

Como ya habíamos anunciado, el apartado cuarto *in fine* del art. 110 LJCA dispone que:

> «Una vez evacuado el trámite, el Juez o Tribunal resolverá sin más por medio de auto, en el que no podrá reconocerse una situación jurídica distinta a la definida en la sentencia firme de que se trate».

El precepto es absolutamente clarificador. El procedimiento de la extensión de efectos termina mediante auto, que declarará la inadmisibilidad, la estimación o la desestimación del procedimiento de extensión[1]. En ningún caso está previsto que pueda terminarse de un modo anormal, es decir, mediante allanamiento o por una satisfacción extraprocesal. No obstante, entendemos que si cupiera el desistimiento o la renuncia.

Es bastante peculiar que, reconociendo los efectos de una sentencia, sea un auto el que acabe el procedimiento. Consideramos que esta circunstancia solo puede explicarse por la consideración de cuasi incidente en la fase de ejecución de sentencias que parece que el legislador ha otorgado a la extensión de efectos. El art. 206 de la LEC es claro a la hora de establecer la necesariedad del auto[2]. De nuevo, y como en multitud de ocasiones durante el desarrollo de este trabajo, podemos comprobar la importancia de la delimitación de la naturaleza jurídica en un procedimiento judicial de estas características tan peculiares. Lo analizaremos más profundamente en el apartado siguiente.

Por último, junto a DE MIGUEL PAJUELO, consideramos que «extendidos los efectos de la sentencia a terceros, ésta producirá plenos efectos jurídicos materiales para ello y tratándose ya de una sentencia firme producirá los efectos

---

1. Como menciona PUEBLA AGRAMUNT, Nuria, «¿Quiere realmente el supremo acabar con la extensión de efectos en materia tributaria?», *op. cit.*, pág. 19: «Nótese que el órgano jurisdiccional no podrá entrar en el fondo de la cuestión planteada, sino que se limitará a comprobar si concurre el requisito de la identidad de pretensiones, y que el contenido de la sentencia no podrá ser modificado por el órgano jurisdiccional cuando dicte su resolución, sino que se dictará exclusivamente un auto de extensión de los efectos de la misma».
De hecho, como indica la SAN 5468/2000, de 15 de septiembre (n.º rec. 53/200), en su FJ II: «La jurisprudencia tiene indicado que, en virtud del principio dispositivo, las partes pueden libremente formular sus pretensiones, no solo sobre sus derechos sustantivos, sino también sobre los procesales, y por ello, el órgano jurisdiccional competente ha de juzgar dentro de ellas, es decir que la congruencia requiere que exista la debida correlación literal entre lo pedido y lo resuelto sobre todas las cuestiones planteadas; pronunciándose en tal sentido las SSTS. de 12-V-92 y 5-V-94 y, en análogo sentido las del TC. 206/98, de 26-X y 230/98, de 1-XII...».
2. En su apartado primero, punto segundo establece lo siguiente:
*«Se dictarán autos cuando se decidan recursos contra providencias o decretos, cuando se resuelva sobre admisión o inadmisión de demanda, reconvención, acumulación de acciones, admisión o inadmisión de la prueba, aprobación judicial de transacciones, acuerdos de mediación y convenios, medidas cautelares y nulidad o validez de las actuaciones.*
*También revestirán la forma de auto las resoluciones que versen sobre presupuestos procesales, anotaciones e inscripciones registrales y cuestiones incidentales, tengan o no señalada en esta Ley tramitación especial, siempre que en tales casos la ley exigiera decisión del Tribunal, así como las que pongan fin a las actuaciones de una instancia o recurso antes de que concluya su tramitación ordinaria, salvo que, respecto de estas últimas, la ley hubiera dispuesto que deban finalizar por decreto».*
De igual forma la Ley de Enjuiciamiento Civil de 1881, ya disponía peculiaridades para los Autos dictados en ejecución de sentencia. Así, por ejemplo, el antiguo art. 1695 de la LEC antes de la reforma de 1984 establecía lo siguiente: «no habrá lugar a recurso de casación contra los autos que dicten las Audiencias en los procedimientos para la ejecución de sentencias a no ser que se resuelvan puntos sustanciales no controvertidos en el pleito ni decididos en la sentencia, o se provea en contradicción con lo ejecutoriado».

de la cosa juzgada»[3]. Sin embargo, nos mostramos contrarios a la opinión de MARTÍNEZ ALARCÓN cuando entiende que las medidas de ejecución han de ser las mismas que las recogidas en la sentencia de origen[4], pues seguimos defendiendo la interpretación de que la extensión de efectos posee más rasgos de procedimiento autónomo que de incidente de ejecución y, como tal, ostentará su propio régimen ejecutivo que podrá ser igual o distinto al de la sentencia de origen dependiendo de las circunstancias.

## 1.2. LA POSIBILIDAD DE FINALIZAR POR SENTENCIA

Está claro que la resolución por auto deviene de su carácter incidental. No obstante, como venimos reiterando, entendemos que en función de su naturaleza jurídica (si se considera un procedimiento distinto y autónomo), la forma de terminación correcta debería ser la sentencia, ya que como indica el punto tercero del apartado primero del citado art. 206 LEC:

> «Se dictará sentencia para poner fin al proceso, en primera o segunda instancia, una vez que haya concluido su tramitación ordinaria prevista en la ley. También se resolverán mediante sentencia los recursos extraordinarios y los procedimientos para la revisión de sentencias firmes».

En este caso, no es descabellado pensar que nos encontramos ante un proceso autónomo con entidad suficiente para que pudiera ser resuelto por sentencia[5], pues no debemos olvidar que se reconocen situaciones jurídicas individualizadas que, en un momento anterior, sí fueron concedidas mediante sentencia. Teóricamente no han de existir diferencias entre las situaciones reconocidas en ambos procesos y si es así ¿por qué unas son reconocidas mediante sentencia y otras mediante auto? En nuestra opinión este hecho se produce únicamente por la condición de proceso en ejecución de sentencias que ha definido tradicionalmente a la extensión de efectos, pues no tendría sentido tal diferenciación al ser ambas resoluciones, como ya hemos apuntado, declarativas de situaciones jurídicas individualizadas[6]. No obstante, en el caso de que

3. Cfr. DE MIGUEL PAJUELO, Francisco, «La extensión A Terceros de los Efectos de la Sentencia», en PALOMAR OLMEDA, Alberto (dir.) *et al.*, *Tratado de la Jurisdicción Contencioso-Administrativa, op. cit.*, pág. 949.
4. Cfr. MARTÍNEZ ALARCÓN, M.ª de la Luz, en MORENO MOLINA, José Antonio (dir.) et al., *Procedimiento y Proceso Administrativo…, op. cit.*, pág. 990. De la misma opinión es OLEA GODOY, Wenceslao («Extensión de los efectos de las sentencias en materia tributaria», *op. cit.*, pág. 39).
5. Esta es la posición mantenida por SANTAMARÍA PASTOR, Juan Alfonso, *La Ley reguladora de la Jurisdicción Contencioso-Administrativa…, op. cit., pág.* 1161. De hecho, para DE MIGUEL CANUTO, Enrique (*Extensión a terceros de los efectos…, op. cit.*, pág. 123) no puede decirse que estos autos no tengan un valor similar al de una sentencia, puesto que no dejan de ostentar esa condición.
6. Igualmente, el fundamento de economía procesal presente en la figura puede que sea también la razón de la terminación por auto, lo que otorga una cierta ligereza, al menos teórica, al mecanismo de extensión de efectos.

se considerase la extensión de efectos como un mero instrumento o mecanismo técnico podría llegar a aceptarse su terminación a través de auto.

Asimismo, se prohíbe expresamente que el auto de finalización reconozca una situación jurídica diferente a la que reconoció la sentencia de contraste que da origen al procedimiento. Como podemos observar, el legislador deja bien claro que la extensión de efectos no puede utilizarse como un mecanismo suplementario al procedimiento ordinario contencioso-administrativo reconociendo distintas situaciones, por lo que su objeto está totalmente delimitado.

### 1.3. MEDIOS ANORMALES DE TERMINACIÓN DE LA EXTENSIÓN DE EFECTOS

Muy poco se ha reflexionado en la doctrina acerca de la posibilidad de terminación anormal del procedimiento de extensión de efectos de sentencias firmes. Bajo nuestro punto de vista esta situación se debe a que se admite, sin lugar a dudas, que pueda producirse un desistimiento o renuncia por parte del solicitante en un procedimiento de estas características, a semejanza de lo que sucede en los procedimientos ordinarios y abreviados a tenor de lo dispuesto en los arts. 74 y siguientes de la LJCA.

Más dudas nos produce, en cambio, la posibilidad de allanamiento. En primer lugar, porque no tendría sentido un allanamiento cuando la Administración, como parte pasiva en un procedimiento de extensión de efectos, puede, directamente, mostrarse en el trámite de alegaciones favorable a la extensión, sin necesidad de provocar el acuerdo que exige el art. 74.2 LJCA. Pero, es más, cuando la Administración demandada en el procedimiento de origen ha perdido el asunto puede utilizar la vía administrativa para, en los casos semejantes al enjuiciado, proceder a dictar actos administrativos en el nuevo sentido, acorde a lo dispuesto en la sentencia. Por todo ello, consideramos posible en el plano teórico un hipotético allanamiento, aunque no hemos encontrado resoluciones judiciales en dicho sentido[7]. Respecto a la transacción, nos mostramos contrarios a su posibilidad, pues de nuevo recordamos que no nos encontramos en un procedimiento plenario y, además, encontramos el obstáculo de la reserva material que de por sí establece el art. 110 LJCA y que, en la mayoría de los casos, haría inviable un acuerdo de estas características.

7. No obstante, como indicaba GONZÁLEZ PÉREZ: «Bien está la defensa de la Administración, acudiendo a todos los medios de oposición que el Derecho concede a las partes de un proceso. Pero cuando el acto impugnado infringe manifiestamente el Ordenamiento jurídico y así lo ha consagrado una jurisprudencia constante, la oposición a la pretensión del demandante carece de sentido, pues la única finalidad que con la misma se consigue es alargar la duración de un proceso, aumentar los gastos del demandante y el trabajo de los propios defensores de la Administración. De aquí que, ante estos supuestos, la única posición admisible de los defensores de la Administración sea el allanamiento». Cfr. GONZÁLEZ PÉREZ, Jesús, «El allanamiento de la Administración», en *Revista de Administración Pública*, núm. 27, 1958, pág. 91.

## 1.4. CONTENIDO DEL AUTO RESOLUTORIO

En lo que se refiere al contenido del auto en cuestión, el art. 110 LJCA nada dice sobre ello, salvo cuando establece el límite negativo de no poder reconocer una situación jurídica distinta a la reconocida en la sentencia de origen. Debemos, por tanto, remitirnos al apartado segundo del art. 248 LOPJ que expresa que:

> «Los autos serán siempre fundados y contendrán en párrafos separados y numerados los hechos y los razonamientos jurídicos y, por último, la parte dispositiva. Serán firmados por el Juez, Magistrado o Magistrados que los dicten».

En este caso parece claro que el auto habrá de referirse a los requisitos que permiten la extensión, así como a la identidad de las situaciones jurídicas implicadas. No obstante, como recuerda la STS 4481/2012, de 21 de junio (n.º rec. 3281/2011) en su FJ II b):

> «(...) la vía de extensión de efectos no es el cauce adecuado para discutir la cuestión de fondo, que ya fue resuelta, aplicándose aquí extensivamente a situaciones iguales; y ello con independencia de la materia propia del recurso de casación en interés de ley y para unificación de doctrina, pues la sentencia del propio Tribunal Superior de Madrid resuelve una cuestión de ilegalidad, que no afecta a la situación jurídica ya generada por la sentencia de origen cuestionada (...)Los estrictos términos que configuran el recurso de casación en relación a los autos dictados en extensión de efectos no permiten efectuar consideración alguna respecto de la sentencia de origen, de forma que el control que esta Sala puede realizar de los citados autos se limita a verificar la concurrencia de los requisitos que el artículo 110 de la Ley Jurisdiccional exige a fin de posibilitar la extensión de efectos a terceros de la situación jurídica reconocida en la sentencia».

## 1.5. EFECTOS DEL AUTO RESOLUTORIO

Igualmente es necesario atender a los efectos de este auto resolutorio, ya sea de carácter positivo (estimando la extensión de efectos) o negativo (inadmitiendo o desestimando la extensión).

### 1.5.1. Efectos del auto estimatorio

El auto por el que se estima una extensión de efectos despliega fuerza de cosa juzgada[8]. Se trata de una resolución que pone fin a lo que podríamos llamar primera instancia dentro de la extensión de efectos y, por tanto, es definitiva tal

8. Se trata de una cuestión pacífica y así lo expresan por ejemplo ROSENDE VILLAR, Cecilia, *La Eficacia Frente a Terceros..., op. cit.*, pág. 230 (estableciendo que los efectos de cosa juzgada se limitan a lo decidido en el incidente) o PERA VERDAGUER, Francisco, *Comentarios a la Ley de lo Contencioso Administrativo, op. cit.*, pág. 764: «Los autos de extensión, en cuanto a su contenido, revisten los mismos caracteres que la sentencia que es extendida. Si ésta produce efectos de cosa juzgada, no se percibe por qué aquéllos iban a quedar privados de esa eficacia. La diferente forma no parece suficiente para tratarlos de modo

como establece el art. 207.2 LEC[9]. Debido a ello, según el apartado cuarto del mismo artículo, transcurridos los plazos previstos para recurrirlo sin haber sido impugnado, quedará firme y con autoridad de cosa juzgada, debiendo el tribunal del proceso en que recaiga estar en todo caso a lo dispuesto en él. No obstante, como expone SANTAMARÍA PASTOR[10] el propio artículo 110 de la LJCA no hace ninguna referencia a si el auto ha de poseer o no fuerza de cosa juzgada, por lo que lo dicho anteriormente es fruto de una interpretación jurídica de la norma en su contexto y circunstancias.

Asimismo, a pesar de ser un cauce más ágil también posee alguna desventaja, por lo que antes de elegir solicitar la extensión frente a iniciar un nuevo procedimiento deben calibrarse los posibles resultados. Como indica PUEBLA AGRAMUNT, que la extensión de efectos de sentencia acabe mediante auto puede ser un inconveniente, ya que sea la cuantía que sea, podrá ser recurrido en casación por la Administración[11].

Lo que es indudable, como expone PÉREZ DEL BLANCO[12] es que la extensión de efectos produce un nuevo título de ejecución de carácter independiente y autónomo[13] para su solicitante. No obstante, no podemos perder de vista que también posee efectos para la Administración que, como recuerda FONT I LLOVET[14], en muchos casos sufrirá las consecuencias económicas y personales de un procedimiento de estas características.

---

diverso.». Sin embargo, DE MIGUEL CANUTO, Enrique (*Extensión a terceros de los efectos..., op. cit.*, págs. 127 y ss.) expone las dos corrientes, mostrando las tesis a favor y en contra. Llama principalmente la atención la tesis negativa en cuanto entiende que la cosa juzgada solo se predica de la sentencia firme de fondo, con la consecuencia primordial de que podría volverse a iniciar la vía judicial de extensión con vistas a obtener un auto estimatorio. No obstante, este autor llega a la misma conclusión que nosotros y aprecia que el auto resolutorio de carácter estimatorio de una extensión de efectos ha de desplegar efectos de cosa juzgada.

9. Para mayor información sobre la cosa juzgada, *vid.* NIEVA FENOLL, Jordi, *La cosa juzgada, op. cit.*
10. *Vid.* SANTAMARÍA PASTOR, Juan Alfonso, La Ley reguladora de la Jurisdicción Contencioso-Administrativa..., *op. cit.*, pág. 1161.
11. Cfr. PUEBLA AGRAMUNT, Nuria, «¿Quiere realmente el supremo acabar con la extensión de efectos...?», *op. cit.*, págs. 23 y 24.
12. *Vid.* PÉREZ DEL BLANCO, Gilberto, «La extensión subjetiva de los efectos de la sentencia administrativa en los supuestos de litigios en masa», *op. cit.*, pág. 90.
13. Además, como indica ROJÍ BUQUERAS, José María («La extensión de los efectos de sentencias en materia tributaria...», *op. cit.*, pág. 287), el Tribunal puede utilizar la facultad que establece el art. 103.4 LJCA en el sentido de declarar nulos de pleno derecho los actos que se dicten con la finalidad de eludir el cumplimiento de lo dispuesto en los autos de extensión de efectos.
14. Así, este autor plantea la consecuencia negativa de extensión de efectos en masa para la Administración, por ejemplo, trastornos graves a Hacienda. (*Vid.* FONT I LLOVET, Tomás, en «la extensión a terceros de los efectos de la sentencia en vía de ejecución», *op. cit.*, pág. 177).

### 1.5.2. Efectos del auto negativo

Más dudas plantea, sin embargo, los efectos que han de poseer el auto desestimatorio o de inadmisión de una extensión de efectos. La mayoría de los autores[15] entienden que este auto no ostenta efectos de cosa juzgada, ya que no entra al fondo de la cuestión y, en palabras de SANTAMARÍA PASTOR[16]: «el auto resolutorio del incidente tiene un objeto concretísimo, la determinación de la identidad de supuestos, y esto es lo único que ha de resolver y en lo que podría reconocérsele fuerza de cosa juzgada. Pero ello no debe poder incidir de ninguna forma en el paralelo proceso ordinario que se haya emprendido, cuyo contenido y fundamentación son diversos».

Sin embargo, otro sector considera que el auto desestimatorio también habrá de poseer efectos de cosa juzgada, siendo el de inadmisión el único que no ostentará este carácter[17]. De nuevo surge aquí la cuestión de la división entre inadmisión y desestimación que, como vimos anteriormente, no es pacífica. Realmente, el efecto de cosa juzgada que plantea la doctrina para los autos desestimatorios está únicamente referido a lo analizado en el procedimiento de extensión[18] (es decir, si ha habido o no identidad y si se cumplen los requisitos exigidos por el art. 110 LJCA) por lo que, a nuestro juicio, no va a influir de una manera determinante si el auto de carácter negativo posee o no efectos de cosa juzgada, pues se podría acudir de nuevo al proceso común (ordinario o abreviado, según el caso). Lo que no podría llevarse a cabo sería la solicitud de otra extensión de efectos, aún referente a una sentencia distinta (pero de idéntico contenido) a la ya solicitada y desestimada vía auto de extensión de efectos. No tiene sentido que puedan reabrirse dentro del plazo de un año distintos procesos de extensión de efectos cuando ya el Tribunal ha considerado que, de fondo, la sentencia de contraste no puede ser extendida a un caso concreto. Con relación al auto que deniega la extensión de efectos por defectos formales, es decir, el auto de inadmisión, consideramos (como ya dijimos) que ha de tener efectos de cosa juzgada, pero en este caso unos efectos limitados a la concurrencia de esa concreta causa de inadmisibilidad.

## 1.6. ¿EXTENSIONES DE EFECTOS PARCIALES?

En ningún momento ha previsto la LJCA que puedan producirse extensiones de efectos parciales. Sin embargo, existen casos en los que se podría originar

15. *Vid.* por ejemplo: OLEA GODOY, Wenceslao, «Extensión de los efectos de las sentencias en materia tributaria», *op. cit.,* pág. 37 o DE MIGUEL CANUTO, Enrique, *Extensión a terceros de los efectos..., op. cit.*, pág. 126.
16. Cfr. SANTAMARÍA PASTOR, Juan Alfonso, La Ley reguladora de la Jurisdicción Contencioso-Administrativa..., *op. cit.*, pág. 1162.
17. *Vid.* por ejemplo: ROSENDE VILLAR, Cecilia, *La Eficacia Frente a Terceros..., op. cit.*, págs. 230 y ss.
18. *Vid.* ALONSO MAS, María Josefa, «Reflexiones sobre la nueva regulación...», *op. cit.*, pág. 287.

esta circunstancia. Si bien es cierto que no se contempla, en ningún caso se prohíbe y de sobra es conocido que multitud de sentencias reconocen parcialmente el *petitum* expresado en el suplico. A esta posibilidad de extensión parcial se refirió por ejemplo el TSJ de Castilla y León en su Sentencia de 12 de abril de 2002 (STSJ CL 1607/2002)[19].Con esta sentencia puede observarse que el Tribunal deja la puerta abierta y no se niega a que puedan producirse extensiones de efectos parciales.

De hecho, el TS ha considerado que, de forma general, las extensiones parciales no deben llevarse a cabo[20] salvo en algunas situaciones, teniendo en cuenta si éstas pueden individualizarse. De la siguiente forma se expresaba en

19. FJ IV: «(...) No concurriendo por tanto el requisito de identidad de situaciones jurídicas, es claro que no procede declarar la extensión de efectos que aquí se interesa, pues no hemos de olvidar que se pretende extender una sentencia que condena al Estado para el que ya no se prestan servicios, como consecuencia de la transferencia de competencias, y sin embargo absuelve a la Comunidad Autónoma que sí que es a la que se vienen prestando los servicios, pero que fue absuelta en su día en el Fallo de la sentencia cuya extensión de efectos se interesa, siendo indudable que no es posible la extensión sin alterar sustancialmente el fallo de la sentencia, debiendo señalarse que el hecho de que pueda verse afectada ahora la Comunidad Autónoma, no es un simple aspecto de carácter formal, como pretende la recurrente, sino que afecta al derecho mismo de defensa de tal Administración, lo que evidencia que es distinta la situación jurídica aquí controvertida, que la examinada en la sentencia citada, ya que los cursos académicos allí debatidos, fueron anteriores al traspaso de competencias, razón por la que se estimó la excepción de falta de legitimación ad causan de la Administración Autónoma, lo que como hemos visto no acontece en el presente caso, no siendo posible la extensión sin alterar sustancialmente el Fallo de la sentencia citada, lo que jurídicamente no es posible, no siendo admisible tampoco la extensión parcial de efectos que se interesa, ya que al margen de que tal posibilidad no está prevista como tal en la Ley Jurisdiccional, en todo caso, tal petición no fue la efectuada en su día por la actora, ya que lo solicitado, no fue la extensión parcial de efectos de la sentencia, sino la extensión íntegra a su situación jurídica individualizada, lo que como hemos dicho no es procedente por las razones expuestas.» (El subrayado es nuestro).

20. Por ejemplo en el ATS 1856/2004, de 17 de febrero (FJ IX): «(...) La «ratio legis» del artículo 110 de la Ley 29/1998, de 13 de julio, contempla la existencia de «actos en masa», repetitivos e iguales, y la existencia de una sentencia que se pronuncie resolviendo un caso idéntico, de forma que todos sus pronunciamientos sean traspasables, en vía de ejecución, íntegramente a los casos referidos, encontrando así su absoluta e íntegra resolución, por la vía de la extensión de los efectos de la sentencia de que se trate.
De esta «ratio legis» se deduce que no es posible pretender la extensión de los efectos de una sentencia, para resolver solamente una parte de las pretensiones relativas al acto administrativo de que se trate, recurrido o no en vía económico-administrativa o jurisdiccional, porque el artículo 110 trata de resolver íntegramente «el petitum» del interesado, es decir la totalidad de las pretensiones, pues sería absurdo procesalmente romper la «continencia de la causa», interfiriendo parcialmente en el acto administrativo recurrido, y dejando en consecuencia vivo el resto de dicho acto y, por ende, la sustanciación y resolución de las reclamaciones económico-administrativas o recursos jurisdiccionales existentes o, dicho de otro modo, el artículo 110 pretende, por la vía de la extensión de la ejecución de las sentencias dejar zanjadas todas las cuestiones suscitadas o planteadas por los interesados, terminando así, de modo total, los litigios pendientes».

la STS 6617/2010, de 12 de noviembre, en un asunto en materia tributaria donde, en la extensión de efectos, el suplico era más amplio que lo reconocido en la sentencia de origen (se demandaba atender al Impuesto especial sobre electricidad al igual que en la sentencia de contraste pero se sumaba la petición en lo referente al IVA). Así, en el FJ II *in fine* se expone:

> «(...) Con carácter general no resulta pertinente la extensión parcial de los efectos de una sentencia, en tanto que la simple división de la continencia de la causa, dando lugar a estimaciones parciales respecto de la pretensión ejercitada, conlleva de por sí la falta de identidad requerida, en los términos absolutos en los que se exige»[21].

Lo que si se produce con más frecuencia es que los recursos de casación frente a autos resolutorios de extensión de efectos reconozcan situaciones parciales. Por ejemplo, la STS 1633/2012, de 15 de marzo, estima parcialmente un recurso de casación interpuesto contra un auto de extensión de efectos en materia de personal[22]. En este caso entendemos con ROSENDE VILLAR que los autos estimatorios de extensiones de efectos parciales poseen efectos de cosa juzgada en lo reconocido[23].

21. Y continúa: «Ahora bien, la singularidad del supuesto que nos ocupa hace que sin forzar ni alterar el anterior principio, quepa matizarlo, puesto que como ha puesto de manifiesto, en numerosa ocasiones este Tribunal, constituyendo doctrina reiterada y completamente consolidada, que excusa de citar sentencias o autos concretos, en el Derecho Tributario el elemento identificador de la cuantía a efectos de la admisión del recurso de casación es cada acto administrativo de liquidación, sin que a estos efectos tenga relevancia alguna el hecho de que por razones de economía, eficacia y celeridad, la Administración Tributaria tramite y resuelva en unidad de expediente varios actos de liquidación, porque tal acumulación no les priva de su independencia intelectual y jurídica. Por ende, si la acumulación no altera su sustancia ni independencia, de suerte que las pretensiones que se actúan responden a situaciones jurídicas individuales, al punto que las liquidaciones derivadas de la regulación de los Impuestos Especiales, en cada uno de los ejercicios incluso, y del IVA, también en iguales condiciones, hubiera podido dar lugar naturalmente a sendos procedimientos independientes y con sustantividad propia, se hace posible subsumir de forma independiente cada una de las pretensiones acumuladas con la situación jurídica individualizada reconocida en la sentencia cuyos efectos se pretende extender y examinar si respecto de cada una se dan las identidades que se requiere legalmente. No cuestionándose las identidades requeridas respecto de las liquidaciones referidas al Impuesto Especial sobre Electricidad, procede estimar el recurso en cuanto a este concepto y ejercicios correspondientes».
22. En su fallo se expone: «Estimamos parcialmente el recurso de casación número 6661/2010 interpuesto por el Abogado del Estado contra los Autos de 5 de octubre de 2009 y 24 de junio de 2010 sobre reconocimiento de extensión de efectos a la sentencia dictada con fecha 3 de marzo de 2006 por la Sala de lo Contencioso-Administrativo (Sección Sexta) del Tribunal Superior de Justicia de Madrid en el recurso número 1544/2003, reconociendo la plena validez de los Autos recurridos, con el límite del plazo de prescripción de cuatro años y efectos desde el 2 de marzo de 2003, así como la exclusión de cualquier percepción de igual naturaleza incompatible con el precedente reconocimiento, a concretar en fase de ejecución de sentencia, sin costas».
23. *Vid.* ROSENDE VILLAR, Cecilia, La Eficacia Frente a Terceros..., *op. cit.*, pág. 231.

## 1.7. ACLARACIÓN DEL AUTO RESOLUTORIO

Por último, llegados a este punto nos parece interesante incluir aquí la reflexión que hace DE MIGUEL CANUTO[24] respecto a la posibilidad de solicitar la aclaración del auto de extensión con base al art. 267 de la LOPJ. Evidentemente, entendemos con el autor (como no podía ser de otra forma) que los autos de extensión de efectos son susceptibles de aclaración. Tal como indica el art. 267 LOPJ, en su apartado primero:

> «Los tribunales no podrán variar las resoluciones que pronuncien después de firmadas, pero sí aclarar algún concepto oscuro y rectificar cualquier error material de que adolezcan».

El plazo para poder llevar a cabo esta aclaración es de dos días hábiles desde la publicación del auto si se trata de una aclaración de oficio, a petición de parte o del Ministerio Fiscal. En estos dos últimos casos será resuelta por el tribunal dentro de los tres días siguientes al de la presentación del escrito en que se solicite la aclaración. La resolución se lleva a cabo también mediante auto.

Respecto a la aclaración, el problema se encuentra en que mediante ésta se ha pretendido en ocasiones, cambiar el sentido del auto en cuestión[25], en este caso del auto que resuelve una extensión, puesto que ¿qué debe entenderse por aclaración de conceptos oscuros en una extensión de efectos? No debemos olvidar que no estamos frente a un recurso de apelación ni el procedimiento de la aclaración se concibe como tal.

En este aspecto el TS ha sido claro y rotundo y ha entendido que la modificación del sentido del auto resolutorio no puede concebirse de ningún modo como una aclaración de un concepto obscuro. Un ejemplo de ello podemos ver en la STS 5557/2007, de 19 de julio. En ella el TS estima un recurso de casación contra un auto del TSJ de Andalucía, por el que se aclara el contenido de otro auto anteriormente dictado por el mismo Tribunal en un procedimiento de extensión de efectos. Así, el TS se muestra de acuerdo con el fondo (por el cual se considera que no procedía extender los efectos del fallo de la sentencia en cuestión a la totalidad de los solicitantes al existir otra sentencia firme en un proceso distinto que producía el efecto de cosa juzgada para aquéllos que fueron parte en el mismo) pero considera que el Tribunal de instancia no puede rectificar, mediante el sistema previsto para la aclaración, el contenido del primero de sus autos, por lo que, al suponer una modificación sustancial del anterior, reconoce la infracción de la norma procesal en la que se basa la casación y mantiene el contenido del primero de los autos en su integridad[26].

---

24. Cfr. DE MIGUEL CANUTO, Enrique, *Extensión a terceros de los efectos..., op. cit.*, pág. 124.
25. Cuestión que, como ya hemos dicho, está prohibida por el propio art. 110 LJCA.
26. Reproducimos aquí su FJ VIII por su interés: «OCTAVO.- El recurrente considera que se ha infringido el artículo 267 LOPJ porque este precepto dispone que los tribunales no pueden variar las resoluciones que pronuncien después de firmada, y aunque permite aclarar

En el mismo sentido y de igual forma, tampoco pueden estos autos efectuar pronunciamientos a los que no hace referencia la sentencia de contraste[27].

Prosigue el art. 267 LOPJ en su apartado cuarto que:

> «Las omisiones o defectos de que pudieren adolecer sentencias y autos y que fuere necesario remediar para llevarlas plenamente a efecto podrán ser subsanadas, mediante auto, en los mismos plazos y por el mismo procedimiento establecido en el apartado anterior».

---

algún concepto oscuro, en este caso el segundo auto, de 13 de diciembre de 2002, representa una modificación sustancial del anterior dictado con fecha 11 de diciembre.
La invariabilidad de las sentencias y autos, a que se refiere el motivo de casación no sólo está reconocida en los artículos 267.1 LOPJ y 214 de la Ley de Enjuiciamiento Civil, sino que integra el contenido del derecho fundamental a la tutela judicial efectiva (STC 119/1988) y si un órgano judicial se aparta sin causa justificada de lo previsto en el fallo o parte dispositiva que debe ejecutarse vulnera el artículo 24.1 CE.
Es cierto que dicha invariabilidad no impide que puedan ser aclaradas e, incluso rectificados, en cualquier momento, sus errores materiales y aritméticos (arts. 267 LOPJ y 214 LEC). Y las aclaraciones pueden hacerse de oficio dentro del día hábil siguiente (en la actualidad, dentro de los dos días hábiles siguientes) al de la publicación de la sentencia, o a petición de parte (art. 267 LOPJ).
Ahora bien, ni conforme a la redacción originaria de dicho precepto ni a la ampliada procedente de la LO 19/2003, ni tampoco de acuerdo con el artículo 215 LEC, puede un Tribunal realizar una rectificación de lo decidido en sentencia o auto después de haber sido firmado y al margen de un recurso legalmente previsto. Y esto es precisamente lo que se aprecia que ha sucedido con el auto de 11 de diciembre de 2002 mediante la nueva versión dada el 13 de diciembre siguiente.
Así, si consideramos el alcance sustantivo de la parte dispositiva de dichas resoluciones, en la primera se extienden los efectos de la sentencia dictada en el recurso 1466/1998 a la totalidad de las parcelas de la URBANIZACIÓN000, mientras que en la segunda se dice que los efectos de la sentencia dictada en el recurso 1466/98 se refiere a la totalidad de las parcelas de la URBANIZACIÓN000, a excepción de las que fueron objeto del recurso 694/95. Esto es, se incorpora una restricción que altera el sentido del inicial auto.
Es verdad que, como ha quedado razonado en nuestros anteriores fundamentos jurídicos, el alcance que debió darse a la extensión de efectos de la sentencia era con la limitación que se contiene en el segundo auto. Pero las aclaraciones y las rectificaciones son lo que son y no lo que resulta de una mera calificación, y la misma justificación que impedía extender los efectos de la sentencia a lo ya decidido en sentencia firme impedía también alterar el contenido del auto dictado con fecha 11 de diciembre de 2002».
Por otra parte, si observamos cómo se produce el segundo auto, de 13 diciembre de 2002, llegamos también a la conclusión de que supone una rectificación y no una aclaración. (...) El auto pretendió «aclararse», por medio de un auto, de fecha 13 de diciembre de 2002, que, pese a denominarse de «aclaración», era de rectificación, sin que ello pudiera hacerse sin mediar la oportuna impugnación por quien estaba legitimado para hacerlo.

27. *Vid.* por ejemplo el AAN 98/2005, de 17 de junio, Secc. 1.ª, FJ II:
«Respecto a la aclaración solicitada lo primero que hay que señalar es que la resolución de 9 de marzo de 2005 resuelve un incidente de extensión de efectos y que se limita a extender los efectos de la sentencia de fecha 22 de enero de 1999 respecto de la petición formulada por Dª Amparo sin que pueda ir más allá de dicha sentencia y efectuar un pronunciamiento sobre intereses que no efectúa la referida sentencia y que es impropia del presente procedimiento».

Además, es necesario decir que este auto aclaratorio no sería susceptible de recurso de reposición, como recuerda el art. 79.2 de la LJCA:

> «No es admisible el recurso de reposición contra las resoluciones expresamente exceptuadas del mismo en esta Ley, ni contra los autos que resuelvan los recursos de reposición y los de aclaración».

Sin embargo, como hemos visto, sí puede ser objeto de un recurso de casación, al menos hasta la entrada en vigor de la nueva regulación.

## 2. IMPUGNACIÓN DEL AUTO QUE PONE FIN AL PROCESO DE EXTENSIÓN

### 2.1. RÉGIMEN DE RECURSOS. PALABRAS PREVIAS

En la redacción originaria del art. 110 LJCA no se contemplaba la regulación de la impugnación del auto de extensión de efectos, pues los trámites para la extensión se remitían a los contemplados para los incidentes. Así, la regulación propia del régimen de recursos en el seno del procedimiento de la extensión de efectos se introdujo a partir de la entrada en vigor de la LO 19/2003, de 23 de diciembre, de modificación de la LO 6/1985, de 1 de julio, del Poder Judicial[28].

En la actualidad, los trámites para el procedimiento de la extensión de efectos finalizan en el apartado séptimo del art. 110 LJCA mediante el cual se establece, a través de una norma de remisión, el régimen de recursos pertinentes al auto que debe poner fin a la extensión. El apartado séptimo del mencionado artículo establece lo siguiente:

> «El régimen de recurso del auto dictado se ajustará a las reglas generales previstas en el artículo 80».

Como vemos, en la regulación propia del procedimiento de extensión, la impugnación no se regula sino que reenvía al artículo de impugnación relativo al procedimiento ordinario[29]. Concretamente, es el apartado segundo del art. 80 el que sistematiza este régimen de recursos:

> «La apelación de los autos dictados por los Juzgados de lo Contencioso-Administrativo y los Juzgados Centrales de lo Contencioso-Administrativo en los supuestos de los artículos 110 y 111, se regirá por el mismo régimen de admisión de la apelación que corresponda a la sentencia cuya extensión se pretende».

28. Con esta reforma no se establecía un régimen unitario. Además, se volvía a diferenciar la tramitación de la extensión de la de los incidentes.

29. Este sistema de remisión ha sido criticado por la doctrina. Por ejemplo, *vid.* SANTAMARÍA PASTOR, Juan Alfonso, *La Ley reguladora de la Jurisdicción Contencioso-Administrativa...*, *op. cit.*, pág. 1162.

## 2.2. ANÁLISIS DEL SISTEMA DE RECURSOS

### 2.2.1. Recursos ordinarios

No está de más recordar aquí la doctrina del TC sobre el acceso a los recursos. Dicha doctrina apoya la configuración legal que hace la extensión de efectos del sistema de recursos que ha sido modificado a lo largo del tiempo, pues entiende que esta materia es territorio exclusivo del legislador[30].

A pesar de lo establecido por el TC, podemos decir que en el ámbito de la extensión de efectos el legislador ha sido coherente y ha considerado que el auto resolutorio ha de recibir la misma atención que la sentencia que ha servido de base para llevar a cabo la extensión[31]. Por ello, en el caso de los autos dictados por los Juzgados de lo Contencioso-administrativo y por los Juzgados Centrales de lo Contencioso-administrativo, éstos serán recurribles o no en apelación según lo fuere la sentencia de origen (art. 80.2 LJCA), lo que nos lleva a descartar aquellos cuya cuantía no supere los 30.000 euros. Tan claro es el artículo que parece que no han de producirse problemas en este aspecto. Sin embargo, en la práctica se han producido, al ser un procedimiento con tantos factores a los que prestar atención.

Como ejemplo de lo comentado, podemos observar la STSJ de Cantabria de 30 de diciembre de 2013 (STSJ CANT 1475/2013)[32]. En ella se discute la posibilidad o no de recurso de un auto de extensión en función a la consideración de la recurribilidad de la sentencia de origen. Expone lo siguiente:

30. Así, la STC 37/1995, de 7 de febrero, consideraba que:
*«El sistema de recursos se incorpora a la tutela judicial en la configuración que le de cada una de las leyes de enjuiciamiento reguladoras de los diferentes órdenes jurisdiccionales, sin que ni siquiera exista un derecho constitucional a disponer de tales medios de impugnación, siendo imaginable, posible y real la eventualidad de que no existan, salvo en lo penal (STC 140/1985, 37/1988 y 106/1988). No puede encontrarse en la Constitución ninguna norma o principio que imponga la necesidad de una doble instancia o de unos determinados recursos, siendo posible en abstracto su inexistencia o condicionar su admisibilidad al cumplimiento de ciertos requisitos; que la regulación, en esta materia, pertenece al ámbito de libertad del legislador (STC 3/1983), que el principio hermenéutico «pro actione» no opera con igual intensidad en la fase inicial del proceso, para acceder al sistema judicial, que en las sucesivas, conseguida que fue una primera respuesta judicial a tal pretensión que es la sustancia medular de la tutela y su contenido esencial, sin importar que sea única o múltiple, según regulen las normas procesales el sistema de recursos y que es distinto el enjuiciamiento que puedan recibir las normas obstaculizadoras o impeditivas del acceso a la jurisdicción o aquellas otras que limitan la admisibilidad de un recurso extraordinario contra una sentencia anterior dictada en un proceso celebrado con todas las garantías STC 3/1983 y 294/1994 (...)».*

31. No obstante, como indica PÉREZ DEL BLANCO, Gilberto («La extensión subjetiva de los efectos de la sentencia administrativa en los supuestos de litigios en masa», *op. cit.*, pág. 106), esta coherencia se retocó con la LO 19/2003 que modificó el art. 80.2 LJCA para evitar que todos los autos de extensión independientemente de la sentencia originaria de la que derivaran fueran susceptibles de apelación.

32. En igual sentido, STSJ de Cantabria de 5 de julio de 2013 (STSJ CANT 395/2013). Aunque parezca que nos encontramos ante un precepto que no debe dar lugar a confusiones, la realidad es que éstas se producen, y en multitud de casos deliberadamente, sobre todo al no ser el art. 110 LJCA el que dispone el régimen de recursos, ya que utiliza la técnica de

«CUARTO.- De todo lo expuesto se infiere que el Auto impugnado no era susceptible de recurso de apelación, pues, trae causa de una sentencia no susceptible de recurso de apelación y por tanto, abstracción hecha de la concreta pretensión objeto de la extensión de efectos, la resolución que pone fin al incidente regulado en el art. 110 de la LJCA tampoco es apelable.

En consecuencia, procede la inadmisión del recurso de apelación, inadmisión que en fase de recurso, se torna en causa de desestimación de acuerdo a reiterada doctrina del Tribunal Supremo, lo que impide el análisis de las alegaciones opuestas por los apelantes respecto de las infracciones que denuncia tanto del art. 110 como del art. 139 ambos de la LRJCA».

No obstante, a pesar de que el apartado segundo del art. 80 LJCA sea el que dispone las normas relativas a los autos dictados en el seno de procedimientos de extensión de efectos, el apartado séptimo del art. 110 LJCA indica que han de respetarse las reglas generales, por lo que ha habido dudas acerca de si debe entenderse que la aplicación a los autos de extensión ha de ser de todo el art. 80 en su conjunto. Efectivamente, la respuesta de los Tribunales ha sido afirmativa. El TSJ de Madrid en su Auto de 5 de mayo de 2009 (ATSJ M 3908/2009, Sección 9.ª) estimó un recurso de queja presentado ante la inadmisión de un recurso de apelación que se interpuso frente a un auto que inadmitía una extensión de efectos y revocó la inadmisión permitiendo la apelación[33]. Como puede pensarse, el juego entre el art. 80 y el 110 de la LJCA ha producido múltiples

---

la remisión. Así como la posibilidad o no de recurso del auto va a depender de la determinación de la cuantía del asunto de origen, en multitud de ocasiones se juega con estas variables para intentar llegar de una forma u otra al recurso. Respecto a este asunto, vid: STSJ de Navarra, de 30 de mayo (STSJ NA 1301/2011) o STSJ de Madrid, de 26 de junio, de 2008 (STSJ M 11736/2008).

También se ha discutido qué ha de ocurrir cuando la sentencia de origen por su cuantía no es susceptible de recurso pero el auto sí. A nuestro juicio esta circunstancia sería interpretable aunque, siguiendo a RODRÍGUEZ CARBAJO (*vid.* RODRÍGUEZ CARBAJO, José Ramón, en «la extensión de efectos de las sentencias (y II)», *op. cit.*, pág. 2523), consideramos que sí ha de caber el recurso de apelación, en tanto que si la sentencia recurrida hubiese alcanzado la cuantía mínima sí sería susceptible de recurso. De esta forma se garantiza el derecho de defensa que ha de ser el mismo si nos encontramos ante un procedimiento contencioso-ordinario de los denominados comunes o ante un procedimiento de extensión de efectos.

33. La argumentación jurídica del citado auto exponía lo siguiente:
*«PRIMERO.- El sistema de recursos devolutivos en los incidentes de extensión de efectos aparece regulado en los arts. 80.2 y en el número 7 del art. 110 LJ, el último de los cuales establece que el régimen del recurso del auto dictado en tales incidentes se ajustará a las reglas generales del 80. Éste, entre otras resoluciones susceptibles de apelación, prevé los autos que, con independencia de otras condiciones, contengan un pronunciamiento de inadmisibilidad. Así pues, aunque en aplicación del citado art. 80.2 el recurso de apelación resultara inadmisible por razón de la cuantía contra el auto estimatorio o desestimatorio de la extensión de efectos, lo cierto es que sí cabe dicho recurso contra los autos que inadmiten a limine dicho incidente, y ello por el juego de los arts. 110.7 y 80.1 c).*
*Al haber ocurrido dicha eventualidad en el presente supuesto, el recurso de apelación debió admitirse, lo que determina la estimación de la queja».*

problemas, sobre todo por las modificaciones llevadas a cabo a lo largo de los años en uno y otro artículo[34].

Otro de los recursos que suelen interponerse por parte de las Administraciones públicas de manera masiva cuando se ha producido una extensión de efectos que afecta a una multitud de personas es el recurso de reposición (cuando no cabe apelación[35]). En nuestra opinión, este recurso con la pretensión de enervar los efectos de la extensión no tiene ningún sentido, salvo ralentizar el Juzgado que ha de resolver los múltiples asuntos, paralizando de esta forma al mismo. No obstante, aunque su utilización pueda parecer descabellada, simplemente se está usando otra posibilidad que para garantizar el derecho de defensa brinda la LJCA. Siendo así, puede parecer correcto; sin embargo, no debe olvidarse que puede ser también un modo de obstaculización de la justicia por parte de las Administraciones, con el gasto tanto de personal como de tiempo para el poder judicial, que se ha visto, en ocasiones, desbordado ante tal afluencia de asuntos a los que hacer frente. Debe plantearse aquí, por tanto, la cuestión de que si nos encontramos ante una extensión de efectos de sentencia de carácter masivo y en los que todos se producen frente a la misma Administración, no sería más conveniente que, al ser todos iguales, solo pudiese plantearse un recurso de reposición y, en función del resultado del mismo, actuar en consecuencia. Así, se reducirían tanto costes como tiempo, siendo más congruente con la propia figura de la extensión. A primera vista, parece la solución más adecuada pero, creemos que, tal como entendemos esta institución (como procesos individualizados y diferenciados), la Administración está en su derecho de recurrir cada uno de ellos por separado[36]. Cuestión distinta sería si nos encontrásemos ante un incidente dentro de la ejecución de sentencias donde no estamos ante procesos judiciales diferenciados sino en una prolongación del mismo. En ese caso, si pudiéramos plantear que solo se pudiese recurrir en una de las extensiones.

### 2.2.2. La posibilidad de que la sentencia de origen sea una sentencia dictada en apelación

Aunque sea curioso por el juego del recurso de apelación, debe plantearse el caso de que la sentencia de origen sea una sentencia que provenga de un recurso de apelación. El art. 110 LJCA no pone ninguna objeción a que estas

34. *Vid.* Auto del TSJ del País Vasco de 2 de junio de 2005 (ATSJ PV 420/2005, Secc. 2.ª).
35. Como indica DE DIEGO DÍEZ, Luis Alfredo (*Extensión de efectos y pleito testigo…*, *op. cit.*, pág. 116) la reposición queda como recurso residual.
36. Como ejemplo podemos ver que esto es lo sucedió en el Juzgado de lo Contencioso-Administrativo n.º 10 de Sevilla donde se extendieron los efectos de una sentencia que reconocía la devolución de la paga extra de 2012 a una multitud de funcionarios de la Junta de Andalucía. *Vid.* VELIS, Rocío, (22 de marzo de 2017), *El juez de las pagas extra de Justicia se planta ante «la avalancha» de asuntos*, El correo web Sevilla. Recuperado de: http://elcorreoweb.es/sevilla/el-juez-de-las-pagas-extra-de-justicia-se-planta-ante-la avalancha-de-asuntos-NH2786168.

sentencias puedan servir de base para llevar a cabo un procedimiento de extensión de efectos, pero ¿se podría en este caso plantear un recurso de apelación al auto resolutorio de la extensión?

Esta circunstancia se planteó ante el Tribunal Superior de Justicia de Madrid en un asunto en materia tributaria. Así, este Tribunal en su Sentencia de 22 de diciembre de 2006 (STSJ M 19826/2006), estableció lo siguiente:

> «En este caso resulta que la sentencia cuya extensión de efectos se pretende fue dictada precisamente en apelación por esta misma Sala, por lo que no cabe duda de que se cumplen los requisitos establecidos en los citados preceptos para admitir la apelación del Auto dictado en el presente incidente, no siendo razonable dividir ni separar las cuestiones del litigio inicial cuando son inescindibles desde el punto de vista jurídico»[37].

Sin embargo, esta sentencia cuenta con un voto particular que puso en entredicho la afirmación anterior, al considerar que la apelación era inadmisible por no alcanzar la cuantía y que la extensión de efectos era absolutamente independiente de la sentencia de contraste[38].

Puede observarse que la complejidad del procedimiento de extensión no radica en uno solo de sus aspectos, sino que se revela difícil y susceptible, en

37. El subrayado es nuestro.

38. El voto particular fue emitido por el Señor SABÁN GODOY y lo reproducimos aquí por su interés e importancia dentro del procedimiento de extensión en su conjunto: «El presente voto tiene por objeto disentir con mis compañeros del planteamiento procesal de las cuestiones planteadas que, en mi opinión, debieron concluir en la inadmisión de la apelación, si bien y por lo que luego se dirá, la conclusión del voto es igual, con relación a las pretensiones de las partes, a la alcanzada por la Sentencia.
PRIMERO.- La apelación debió ser declarada inadmisible por no alcanzar cuantía suficiente las liquidaciones anuladas por el órgano de instancia. A ello no se puede oponer la apelabilidad de la sentencia originaria pues ésta contiene una acumulación de pretensiones que la convierte en escindible a efectos de apelación. La nulidad de la Ordenanza pudo comportar o no nulidad de liquidaciones y si en este caso se «conectaron» las pretensiones es porque la apelación inicial lo fue por impugnación indirecta. En el caso de que hubiesen sido liquidaciones simples y que la apelación se refiriese a una sola porque fuera la única de cuantía apelable la aplicación de la regla expuesta hacía apelables a las demás en contra de la regla de incomunicación de cuantía que contiene la propia Ley de la Jurisdicción. Por todo ello entiendo que no debió admitirse la presente apelación.
SEGUNDO.- Sin embargo, conforme el artículo 7 de la Ley de la Jurisdicción existe una cuestión de orden público procesal que consiste en el examen de la competencia jurisdiccional, de oficio, del órgano de instancia para dictar el Auto apelado. Esta competencia pudo y debió ser apreciada por la Sala con carácter previo a la admisibilidad de la apelación y en mi opinión hubiese conducido a negar aquélla que hubiera recaído en este mismo Tribunal que fue quien en su día declaró los efectos que se pretenden extender. Este es en mi opinión el sentido del art. 110,2 de la Ley de esta Jurisdicción en el texto inserto en la Ley 19/2003. Es obvio que una primera interpretación lleva a entender que dicho precepto entra en contradicción con los números 1 y 4 de igual precepto, los cuales se refieren al Tribunal de ejecución como el competente para dictar las resoluciones de extensión de efectos. Ahora bien, partiendo de la obligación judicial de aplicar las leyes entiendo que existe una posibilidad de interpretación integradora que a continuación expongo.

todo caso, de interpretación. En este ejemplo vemos que ambas posibilidades pueden llegar a ser correctas y que es la visión con la que se observe la norma la que va a cambiar por completo el sentido de ésta.

### 2.2.3. Recursos extraordinarios

#### *2.2.3.1. La posibilidad de interponer recurso de casación*

En lo que respecta a los recursos extraordinarios que pueden interponerse contra el auto, es necesario decir que este auto resolutorio de la extensión (y el que termina con el procedimiento del art. 111 LJCA) era siempre recurrible en casación[39], según la versión original del apartado segundo del art. 87 LJCA. El art. 110 LJCA nada menciona referente al recurso de casación, por lo que se ha de estar a las normas que regulan la casación en general. Este art. 87 establecía:

> «Serán susceptibles de recurso de casación, en todo caso, los autos dictados en aplicación de los artículos 110 y 111».

---

TERCERO.- La posibilidad anunciada parte de que en el muy especial trámite ante el que nos encontramos no existe, en puridad, una ejecución de sentencia. Se trata sencillamente de que el legislador, obligado por la doctrina constitucional que con anterioridad había legitimado la intervención de un tercero en la ejecución de una sentencia ajena, articuló la extensión de los efectos consecuencia de dicha doctrina en el seno del procedimiento de ejecución de sentencias pero comprendiendo, y esto es lo realmente singular en dicho procedimiento, una fase declarativa de derechos que es la que se pronuncia sobre los requisitos tanto de identidad de situaciones como del resto de los dispuestos para la extensión. De esta manera la sentencia no sólo se ejecuta sino, en dicha ejecución, incorpora nuevos derechos que, a su vez, se declaran «ejecutorios». A partir de lo expuesto el legislador ha querido mediante el precepto introducido en la Ley 19/03 que quien en su día llevo la fase declarativa sea quien se pronuncie sobre esta misma fase en relación a los derechos incorporados ahora y se impidiese de esta forma, como sucedería en el caso de autos de no admitirse la apelación, que un órgano judicial ajeno pronuncie una declaración del derecho diferente a la que sostiene la declaración previa de quien abrió la puerta a dicha declaración, más aún cuando se trata de un órgano jerárquicamente superior. El precepto, por ello, es por completo coherente con el sistema general establecido para la extensión de los efectos de una sentencia y no se puede excluir su interpretación como innovadora del artículo legal donde se inserta. Es obvio que, a partir de ahí resta la pregunta de cuál es el papel reservado al órgano de ejecución a que se refieren los números 1 y 2 del propio art. 110. La respuesta no puede ser otra que la de la ejecución material de la declaración hecha, en su caso, por un Tribunal distinto, mediante el dictado de los Autos de aplicación oportunos. Podrá decirse, con razón, que esta solución peca de complejidad y aboca a la tardanza pero entiendo que cualquier otra pasa por ignorar parte de un precepto cuya redacción posiblemente precisa de mejora pero cuya aplicación es imperativa para los órganos judiciales.

En suma, creo que la Sala debió avocar la competencia anulando el Auto dictado y rechazando, como lo hace, la extensión de efectos pretendida. Al no haberse dispuesto así disiento concurrentemente de mis compañeros y formalizo expresamente dicha disidencia en base a considerar que el diferente parecer puede tener relevancia en futuros incidentes de esta misma clase».

39. Con relación a la facultad revisora del recurso de casación nos remitimos a lo ya expuesto en el tema anterior al ser una cuestión en conexión con ambos capítulos.

Sin embargo, tras la reforma de gran calado producida en el seno del recurso de casación contencioso-administrativo llevada a cabo por la LO 7/2015, de 21 de julio la situación ha cambiado un poco y la LJCA muestra más cautela. Se pretendía que la reforma incorporase las reclamaciones tradicionales de un sector de la doctrina que entendía que el régimen del recurso de casación aplicable a los autos de extensión debía ser el mismo que el que ya se había modificado para la apelación[40], es decir, en función del régimen de recurso aplicable a la sentencia originaria[41]. No obstante, el legislador ha seguido considerando que estos autos de extensión de efectos han de ser susceptibles de recurso de casación, pero ha eliminado la expresión «en todo caso»[42]. Entendemos que, por la capacidad de la institución de la extensión de llegar a multitud de situaciones, el legislador ha considerado necesario establecer este acceso general.

A pesar de la supresión consideramos que, en cualquier caso, estos autos son susceptibles de casación, pues la limitación que hace el apartado primero del nuevo art. 87 LJCA («También son susceptibles de recurso de casación los siguientes autos dictados por la Sala de lo Contencioso-administrativo de la Audiencia Nacional y por las Salas de lo Contencioso-administrativo de los Tribunales Superiores de Justicia, con la misma excepción e igual límite dispuestos en los apartados 2 y 3 del artículo anterior») con remisión a los apartados

40. Por ejemplo, *vid.* BAEZA DÍAZ-PORTALES, Manuel José, «Extensión de los efectos de las sentencias a terceros...», *op. cit.*, pág. 15. Este autor consideraba que sería necesario que la posibilidad de recurrir en casación se sometiera, al igual que la apelación, a la posibilidad de recurso que tuviera la sentencia de origen: «parece evidente que existe plena identidad de razón para sujetar los Autos dictados sobre extensión de efectos al mismo régimen de recursos que el de la Sentencia de cuya extensión de efectos se trate, con independencia de que tales Autos hayan sido dictados por los Juzgados o por las Salas.» En el mismo sentido, *Vid.*: PÉREZ DEL BLANCO, Gilberto, «La extensión subjetiva de los efectos de la sentencia administrativa en los supuestos de litigios en masa», *op. cit.*, pág. 106 o BLÁZQUEZ LIDOY, Alejandro, «La extensión de efectos de las sentencias en materia tributaria (art.110 de la LJCA)», *op. cit.*, pág. 812. En nuestra opinión, el legislador había considerado de más importancia los autos de extensión de efectos, si bien es cierto que por coherencia en la aplicación legal, el apunte de estos autores tenía su relevancia y, de hecho, con la modificación del año 2015 ha quedado demostrado.

41. Como expresaba CASTILLO BADAL, Ramón («Algunas consideraciones sobre la ejecución de sentencias en materia de personal», en *Gabilex, n.º Extraordinario realizado con motivo de las XXVII Jornadas de Letrados de las Comunidades Autónomas*, abril 2015, pág. 146) era paradójica la situación que se producía en el sentido del acceso directo de los autos dictados en extensión de efectos al recurso de casación frente a las sentencias de origen que, a lo mejor, no tenían este acceso. Algunos autores como ROSENDE VILLAR, Cecilia («La nueva regulación de la extensión de los efectos de la sentencia a terceros...», *op. cit.*, págs. 1-7) entendían que podía deberse a un olvido del legislador que, como ya dijimos *ut supra*, corrigió el acceso al recurso de apelación de los autos de extensión, pero no ha hecho igual con el acceso al recurso de casación.

42. Porque, como indica DE DIEGO DÍEZ, Luis Alfredo (*Extensión de efectos y pleito testigo...*, *op. cit.*, pág. 117): «la casación de autos tiene un ámbito más reducido que el de las sentencias respectivas. En efecto: solo son recurribles en casación los autos sobre extensión de efectos dictados por tribunales (TSJ o AN); no lo son los autos dictados por los juzgados, pese a que lo hubiera sido la sentencia por vía del artículo 86.1.2 de la LJCA».

segundo y tercero del art. 86 no afecta, en principio, a las materias que pueden optar a ser extendidas. Al igual que en su regulación anterior, el citado artículo, en su apartado segundo, establece como requisito previo que se interponga recurso de reposición[43].

De forma clara puede observarse que el apartado segundo del art. 86 LJCA en ningún caso afectará a los autos de extensión pues establece que:

> «Se exceptúan de lo establecido en el apartado anterior las sentencias dictadas en el procedimiento para la protección del derecho fundamental de reunión y en los procesos contencioso-electorales».

La cuestión se complica si atendemos al apartado tercero del mencionado art. 86:

> «Las sentencias que, siendo susceptibles de casación, hayan sido dictadas por las Salas de lo Contencioso-administrativo de los Tribunales Superiores de Justicia sólo serán recurribles ante la Sala de lo Contencioso-administrativo del Tribunal Supremo si el recurso pretende fundarse en infracción de normas de Derecho estatal o de la Unión Europea que sea relevante y determinante del fallo impugnado, siempre que hubieran sido invocadas oportunamente en el proceso o consideradas por la Sala sentenciadora.
>
> Cuando el recurso se fundare en infracción de normas emanadas de la Comunidad Autónoma será competente una Sección de la Sala de lo Contencioso-administrativo que tenga su sede en el Tribunal Superior de Justicia compuesta por el Presidente de dicha Sala, que la presidirá, por el Presidente o Presidentes de las demás Salas de lo Contencioso-administrativo y, en su caso, de las Secciones de las mismas, en número no superior a dos, y por los Magistrados de la referida Sala o Salas que fueran necesarios para completar un total de cinco miembros.
>
> Si la Sala o Salas de lo Contencioso-administrativo tuviesen más de una Sección, la Sala de Gobierno del Tribunal Superior de Justicia establecerá para cada año judicial el turno con arreglo al cual los Presidentes de Sección ocuparán los puestos de la regulada en este apartado. También lo establecerá entre todos los Magistrados que presten servicio en la Sala o Salas».

En principio, entendemos que los autos resolutorios de los procesos incluidos en los arts. 110 y 111 LJCA no van a encontrarse en esta situación, ya que gozan de una protección y unas características singulares (salvo los que deriven de normas emanadas de las Comunidades Autónomas, los cuales, a nuestro juicio, deberán ser recurridos en casación ante esta Sala especial que regula el citado art. 86 LJCA). De hecho, esta protección se ve reforzada con el art. 86.1

43. El Real Decreto-ley 8/2021, de 4 de mayo, por el que se adoptan medidas urgentes en el orden sanitario, social y jurisdiccional, a aplicar tras la finalización de la vigencia del estado de alarma declarado por el Real Decreto 926/2020, de 25 de octubre, por el que se declara el estado de alarma para contener la propagación de infecciones causadas por el SARS-CoV-2, modificó la redacción cambiando ya expresamente el recurso de súplica por el recurso de reposición.

*in fine* que establece la posibilidad de recurso para sentencias dictadas en primera instancia, siempre y cuando «contengan doctrina que se reputa gravemente dañosa para los intereses generales y sean susceptibles de extensión de efectos»[44]. Efectivamente, así lo ha expresado el TS en su ATS 7400/2018, de 27 de junio, donde en su FJ II trae a colación lo ya expuesto en el ATS 12524/2017, de 21 de diciembre (n.º rec. 684/2017):

> «(...) En este contexto se enmarca la previsión contenida en el art. 86.1 párrafo segundo. El hecho de que la ley establezca la posibilidad de recurrir en casación las sentencias dictadas en única instancia por un juzgado unipersonal cuando sean susceptibles de extensión de efectos está justificada por la especialidad que representa el mecanismo previsto en el art. 110 de la LJ, al permitir que las sentencias en materia tributaria, de personal y unidad de mercado que hubieran reconocido una situación jurídica individualizada a favor de una o varias personas "pueda extenderse a otras, en ejecución de sentencia" si los interesados se

44. El Tribunal Supremo está siendo claro a la hora de la aplicación de este artículo. Podemos encontrar multitud de autos que desestiman los recursos de quejas presentados ante autos que acuerdan tener por no preparados los recursos de casación debido al incumplimiento del art. 86.2 LJCA. *Vid.* por ej. ATS 2094/2017, de 15 de febrero (n.º rec. 120/2016) y también ATS 2083/2017, de 15 de febrero (n.º rec. 129/2016). En sentido contrario: ATS 2106/2017, de 27 de febrero (n.º rec. 36/2017) y ATS 2086/2017, de 28 de febrero (n.º rec. 37/2017).
Además, los requisitos son acumulativos. El TS lo ha dejado claro en distintas resoluciones. Por todos, ATS 7742/2018, de 9 de julio (n.º rec. 202/2018), FJ I: «La Ley Orgánica 7/2015, de 21 de julio, por la que se modifica la Ley Orgánica 6/1985, de 1 de julio, del Poder Judicial, introduce en su Disposición Final Tercera una reforma del recurso de casación contencioso-administrativo con la finalidad de intensificar las garantías en la protección de los derechos de los ciudadanos. Una de las novedades radica en la extensión de la posibilidad de recurso contra las sentencias dictadas en única instancia por los Juzgados de lo Contencioso-administrativo, si bien únicamente si dichas sentencias reúnen dos requisitos cumulativos: a) que contenga doctrina que se reputa gravemente dañosa para los intereses generales, y, 2) que sean susceptibles de extensión de efectos (artículo 86.1 LJCA). Esta previsión ha de ponerse en relación con el artículo 89.2 que, al enumerar los requisitos que debe reunir el escrito de preparación del recurso, establece en primer lugar —en su apartado a)— la necesaria acreditación «[d]el cumplimiento de los requisitos reglados en orden al plazo, la legitimación y la recurribilidad de la resolución que se impugna».
La alusión a la extensión de efectos no puede entenderse de otra manera que referida a la contemplada en los arts. 110 y 111 de la Ley de esta Jurisdicción. En lo que aquí concierne, el mencionado art. 110 LJCA establece la posibilidad de extender los efectos de una sentencia firme que hubiera reconocido una situación individualizada a favor de una o varias personas, si se ha dictado en materia tributaria, de personal al servicio de la Administración pública o de unidad de mercado y si concurren las circunstancias enumeradas en el precepto. No se produce en este sentido innovación alguna; la reforma de la casación no altera conceptos presentes en la ley de la jurisdicción.
La cuestión, pues, estriba en determinar si la sentencia dictada por el Juzgado reúne las características que determinan su posible extensión de efectos, para verificar así si es susceptible de recurso de casación. Y no puede sino darse la razón al Juzgado de instancia puesto que la sentencia que se impugna es de signo desestimatorio y, por tanto, no reconoce ninguna situación jurídica individualizada a la recurrente, que sea susceptible de extensión de efectos; y, por esta razón, no se cumple el presupuesto de recurribilidad que exige el art. 89. 2 a) LJCA en relación al ya citado art. 86. 1 in fine LJCA».

encuentran "en idéntica situación jurídica que los favorecidos por el fallo". En definitiva, la posibilidad de extender los efectos de una sentencia favorable a otros muchos afectados, mediante un incidente de ejecución y sin necesidad de entablar un recurso autónomo en materias en las que existen potencialmente otros afectados en la misma situación, dota a estos pronunciamientos de un efecto multiplicador que trasciende del caso concreto y tiene la virtualidad de proyectarse sobre otros muchos, lo que tradicionalmente ha justificado que puedan tener acceso al recurso de casación los Autos dictados en aplicación del art. 110, tanto en el anterior régimen casacional (art. 87.2) como en el actual (art. 87.1.e). Estas sentencias trascienden, por su eventual fuerza expansiva, del caso singular enjuiciado, lo que justifica que la decisión adoptada pueda ser revisada en casación, impidiéndose así que una sentencia equivocada y gravemente dañosa para los intereses generales tenga una fuerza expansiva de la que carecen los pronunciamientos que limitan sus efectos a un supuesto concreto».

El problema lo encontramos si asimilamos las sentencias de origen con los autos que ponen fin a la extensión de efectos. No obstante, entendemos que el auto de extensión no puede verse afectado por esta norma, pues no entra en el fondo sino que se limita simplemente a comprobar que se haya producido una identidad de situaciones y que se hayan respetado los requisitos establecidos en el art. 110 LJCA.

Igualmente puede observarse que, al contrario de lo que pudiera pensarse, el legislador no ha olvidado la importancia de la figura de la extensión de efectos. Implícitamente, en el art. 88 LJCA a la hora de regular el importante requisito de interés objetivo casacional, entiende que el Tribunal de casación puede apreciar que entre otras cuestiones «afecte a un gran número de situaciones, bien en sí misma o por trascender del caso objeto del proceso.» A la vista está que el legislador del año 2015 seguía preocupado por los actos en masa y sus consecuencias.

A pesar de esta situación, sí que debemos tener en cuenta que el legislador siempre que hace mención a que estos autos son susceptibles de casación, lo hace en lo referente a los autos resolutorios de extensión de efectos como tal y no a otros autos que pueden producirse en este procedimiento. Nos estamos refiriendo, claro está, a los autos dictados para la ejecución de extensión de efectos. El art. 87.1 c) LJCA establece la posibilidad de recurrir en casación los autos «recaídos en ejecución de sentencia, siempre que resuelvan cuestiones no decididas, directa o indirectamente, en aquélla o que contradigan los términos del fallo que se ejecuta». El precepto no deja lugar a dudas: autos recaídos en ejecución de sentencias. En cambio, aquí lo que tenemos son autos recaídos en ejecución de autos (resolutorios de extensión de efectos) ¿serían, por tanto, estos autos susceptibles de recurso de casación?

Aunque no es una cuestión pacífica, el TS ha considerado que no es posible recurrir en casación los autos dictados en ejecución de extensión de efectos. Traemos aquí la STS 339/2015, de 26 de enero, donde en su FJ III expone:

> «(...) Sólo son susceptibles de recurso de casación los autos por los que se acuerda la extensión de efectos, y no a los dictados en su ejecución, pues la finalidad de admitir recursos contra estos no es tanto para hacer recurrible en casación el fondo resuelto en la sentencia, que no lo era en el pleito principal, sino controlar la identidad de supuestos entre el previsto en la sentencia y el que da lugar a la extensión».

Debemos decir que esta postura nos parece acorde con la nueva configuración del sistema de casación en la LJCA. Sin embargo, no entendemos que, por el mero hecho de que las extensiones de efectos deban ser resueltas por auto, pueda producirse la paradoja de que el auto dictado en ejecución de la sentencia de origen sí sea susceptible de una hipotética casación y, en cambio, ese mismo auto dictado en un procedimiento de extensión de efectos no lo sea. De nuevo, la cuestión de la naturaleza jurídica de la institución es la que subyace como fondo de la problemática en torno a las extensiones.

#### *2.2.3.2. ¿Posibilidad de interponer un recurso de revisión?*

Poco o casi nada se ha discutido en la doctrina acerca de la posibilidad de interponer un recurso de revisión frente a un auto resolutorio de extensión de efectos, ya que en virtud de lo establecido en el art. 102 LJCA solo es posible su interposición frente a sentencias.

No obstante, ALONSO MAS sí que ha profundizado en el impacto de la interposición de un recurso de revisión frente a una sentencia que fue extendida. Entendemos junto a esta autora que si el auto de extensión ya es firme no le afectará en nada el mencionado recurso de revisión, en cambio, si no lo fuera, se perdería el parámetro de comparación de la identidad por existir un recurso de revisión estimado frente a la sentencia originaria[45], por lo que entraría en juego la suspensión preceptuada en el apartado sexto del art. 110. De todas formas, tal como indica esta autora en la mayoría de los casos los recursos de revisión afectan más a cuestiones de hecho que de Derecho[46].

## 3. LAS COSTAS DEL PROCEDIMIENTO DE EXTENSIÓN DE EFECTOS DE SENTENCIAS FIRMES

### 3.1. ASPECTOS GENERALES

El art. 110 LJCA no hace referencia a la pronunciación que ha de hacer el auto resolutorio de la extensión de efectos sobre las costas del procedimiento. Por ello entendemos que hemos de remitirnos al régimen general. Las costas en el contencioso-administrativo han sufrido una evolución desde la Ley de la

45. En la misma línea se muestra DE MIGUEL CANUTO, Enrique (*Extensión a terceros de los efectos..., op. cit.*, pág. 125).
46. *Vid.* ALONSO MAS, María Josefa, «Reflexiones sobre la nueva regulación...», *op. cit.*, págs. 290 y 291.

Jurisdicción Contencioso-Administrativa de 1956 hasta la actualidad. En su redacción, la Ley de 1956 establecía la gratuidad en el sistema contencioso-administrativo y consideraba que aquéllas debían aplicarse según su art. 131:

> «(...) a la parte que sostuviera su acción o interpusiere los recursos con mala fe o temeridad».

Este criterio ha ido siendo sustituido por el criterio del vencimiento objetivo, como podemos ver en el apartado primero del art. 139 de la actual LJCA[47].

Sin embargo, en lo que a ejecución se refiere ninguna norma habla expresamente de las costas. Entendemos, junto a MARTIN CONTRERAS[48] que en el procedimiento de extensión de efectos y en la ejecución en general, las costas están subsumidas en el régimen general establecido en el art. 139 reproducido *ut supra*. De hecho, así lo ha entendido también la jurisprudencia y se puede observar en los pronunciamientos sobre costas de los autos que resuelven extensión de efectos en sentido negativo, es decir, desestimando la extensión[49].

Asimismo, hay que hacer constar que el TS viene haciendo uso de la facultad que le otorga el art. 139.4 LJCA, por lo que impone una cifra máxima cuando condena en costas en caso de denegación de pretensiones de extensión de efectos.

Sin embargo, cuando hay lugar a la extensión de efectos, en algunos casos el TS no condena en costas a la Administración, basándose en el apartado segundo del art. 139 LJCA[50].

---

47. Art. 139 LJCA: «En primera o única instancia, el órgano jurisdiccional, al dictar sentencia o al resolver por auto los recursos o incidentes que ante el mismo se promovieren, impondrá las costas a la parte que haya visto rechazadas todas sus pretensiones, salvo que aprecie y así lo razone, que el caso presentaba serias dudas de hecho o de derecho.
En los supuestos de estimación o desestimación parcial de las pretensiones, cada parte abonará las costas causadas a su instancia y las comunes por mitad, salvo que el órgano jurisdiccional, razonándolo debidamente, las imponga a una de ellas por haber sostenido su acción o interpuesto el recurso con mala fe o temeridad».
48. *Vid.* MARTÍN CONTRERAS, Luis, *La extensión de efectos..., op. cit.*, pág. 252.
49. Por ejemplo, el ATS 4162/2016, de 6 de mayo, en un asunto en materia de personal dispone en su FJ IV: «Procede, en consecuencia, denegar la extensión de efectos solicitada, debiendo imponerse las costas a la parte actora al ser rechazadas sus pretensiones, por imperativo del artículo 139.1 de la LJCA, según la nueva redacción dada por la Ley 37/2011, de 10 de octubre, de medidas de agilización procesal (BOE 11 de octubre) y que entró en vigor el 31 de octubre. Si bien la Sala, haciendo uso de la facultad que le concede el artículo 139.3 fija en 600#00 euros como la cantidad máxima que la Administración del Estado puede reclamar por todos los conceptos».
En igual sentido: ATS 6691/2016 de 15 de julio (FJ V), ATS 5855/2016 de 15 de junio (FJ IV), ATS 9704/2015 de 12 de noviembre (FJ IV), ATS 126/2014 de 2 de junio, (FJ VI) o AAN 108/2014 de 12 de mayo (FJ V).
50. «En los recursos se impondrán las costas al recurrente si se desestima totalmente el recurso, salvo que el órgano jurisdiccional, razonándolo debidamente, aprecie la concurrencia de circunstancias que justifiquen su no imposición.» Este fue el caso del ATS 12543/2012, de 20 de diciembre. Exactamente igual en el ATS 6363/2014, de 16 de julio, Secc. 7.ª, FJ II.

### 3.2. LOS PROBLEMAS DE LA TASACIÓN DE COSTAS EN LA EXTENSIÓN DE EFECTOS DE SENTENCIAS FIRMES

A pesar de lo expresado en el punto anterior, el art. 139 LJCA encierra una profundidad mayor en lo que a la extensión de efectos se refiere. Debemos de centrarnos en dos aspectos. Por un lado, no hemos de olvidar las peculiares características que nos llevan a la extensión de efectos en la mayoría de los casos, esto es, los procedimientos en masa. Debemos preguntarnos si en un procedimiento como el que analizamos, en el caso de que sea la Administración la condenada en costas, deba pagar una y otra vez en cada uno de los procedimientos de extensión de efectos, pues el acto que ha generado los distintos procedimientos de extensión es único y la condena en costas ya fue, en su caso, impuesta en la sentencia base. Por tanto, entendemos que el apartado cuarto del art. 139 LJCA es fundamental a la hora de conjugar los distintos puntos en conflicto, ya que le otorga la facultad al tribunal de poder imponer las costas a la totalidad, a una parte de éstas o hasta una cifra máxima.

A pesar de lo dicho, consideramos que la intención del legislador en el momento de crear la extensión de efectos de sentencias firmes no fue en ningún caso el evitar la reiteración de la condena en costas a la Administración, por lo que en nuestra opinión (en la línea de lo que venimos defendiendo) cada procedimiento de extensión es independiente de la sentencia de origen con lo que genera sus propias costas.

Por otro lado, hemos de considerar el nuevo precepto que se ha integrado en el art. 139 LJCA con la modificación de la LOPJ que lleva a cabo la LO 7/2015, de 21 de julio. Se introduce el apartado tercero por el que se establece que:

> «En el recurso de casación se impondrán las costas de conformidad con lo previsto en el artículo 93.4».

Como vemos, de nuevo se utiliza una forma de remisión que dificulta aún más la sistemática de la Ley y, por ende, el régimen de las costas en la extensión de efectos. Esta remisión se hace a uno de los artículos que integra la nueva configuración que se le da al recurso de casación en el seno de lo contencioso-administrativo, concretamente al artículo 93.4 LJCA[51].

Con esta regulación estimamos que, de nuevo, el auto de extensión de efectos cuya sentencia de origen pueda ser sometida a casación y, por tanto, pueda

51. «La sentencia que se dicte en el momento procesal a que se refiere el apartado 8 del artículo anterior, resolverá sobre las costas de la instancia conforme a lo establecido en el artículo 139.1 de esta ley y dispondrá, en cuanto a las del recurso de casación, que cada parte abone las causadas a su instancia y las comunes por mitad. No obstante, podrá imponer las del recurso de casación a una sola de ellas cuando la sentencia aprecie, y así lo motive, que ha actuado con mala fe o temeridad; imposición que podrá limitar a una parte de ellas o hasta una cifra máxima».

acudir al procedimiento de casación, ha de equipararse en el régimen de costas a la sentencia base, aunque este precepto no lo recoja.

## 4. EJECUCIÓN DE LOS AUTOS DE EXTENSIÓN DE EFECTOS DE SENTENCIAS FIRMES

### 4.1. PALABRAS PREVIAS

Nos encontramos ante uno de los puntos de la extensión de efectos que menos atención ha recibido por parte de la doctrina[52].

Es cierto que el art. 110 LJCA nada dice acerca de la fase de ejecución del auto que haya reconocido la extensión de los efectos de una determinada sentencia. Sin embargo, sí se han producido situaciones que han dado lugar a que el TS se pronuncie y despache mandato de ejecución.

La primera matización que debemos hacer es de carácter terminológico. Parece que, de un cierto tiempo a esta parte, ya no se habla de proceso de ejecución de sentencias, sino de incidentes de ejecución de sentencias, donde se aglutina todo lo que tiene que ver con esta fase procesal. En nuestra opinión esto es del todo incorrecto, pues como ya dijimos, debe diferenciarse claramente por un lado, lo que es la propia ejecución de sentencias y por otro, lo que es un incidente dentro de la ejecución de sentencias. Desde el punto de vista procesal, no podemos hablar de incidente de ejecución de sentencias para referirnos al proceso propio de ejecución. Un incidente no es una fase del proceso, sino un obstáculo que se produce dentro del mismo. Otra cuestión diferente es el análisis de la naturaleza jurídica de la institución de extensión de efectos que ya se ha analizado en este trabajo y que, como advertimos, presenta dudas en su carácter incidental.

### 4.2. TRÁMITES PARA LA EJECUCIÓN

En nuestra opinión, éste es uno de los puntos por los cuales no debemos considerar que la extensión de efectos sea un incidente de la fase de ejecución. Nos decantamos más por su carácter declarativo al entender que el auto que concede la extensión reconoce, por tanto, unos efectos que han de ser ejecuta-

52. El conjunto de la doctrina se ha limitado, en su mayor parte, a obviar este punto en el tratamiento de la institución. No obstante, un sector ha optado por hacer una brevísima referencia a este aspecto, simplemente remitiéndolo a las normas generales para la ejecución de las sentencias (arts. 103 y ss. LJCA). *Vid.* por ejemplo: ROSENDE VILLAR, Cecilia, «La nueva regulación de la extensión de los efectos de la sentencia a terceros...», *op. cit.*, pág. 231. Ya sabemos que la ejecución ha sido y sigue siendo el gran desafío del ámbito contencioso-administrativo debido a la dificultad que existe para hacer cumplir a la Administración las resoluciones judiciales, por lo que se ha entendido que las medidas de ejecución serán las mismas de la sentencia de contraste como ya vimos *ut supra*, sin embargo, a nuestro juicio, las medidas de ejecución han de ser independientes al tratarse de procesos distintos.

dos. Se abre una fase de ejecución que es totalmente distinta a la que pudiese estar abierta (o incluso terminada) de la sentencia de origen que dio lugar a la solicitud de extensión[53].

La duda que surge en este momento es acerca de los trámites a seguir para llevar a cabo la ejecución. Podemos decir que se trata de una ejecución totalmente distinta a la de la sentencia de origen, puesto que falta el elemento de la vinculatoriedad, pero debe quedar claro que será distinta en cuanto al fondo (por las personas implicadas) pero no en cuanto a los trámites que deben seguirse, porque lo único que cambia es la forma de la resolución, que en vez de sentencia es auto. Así, en principio, entendemos que los artículos a aplicar son los mismos que aplicamos en la ejecución de sentencias contenciosas, es decir, los arts. 103 a 109 de la LJCA[54].

No obstante, debe reflexionarse sobre si sería plausible que se planteara un incidente procesal de los establecidos en el art. 109 LJCA dentro del trámite de ejecución de una extensión de efectos. El art. 109 nos habla de la posibilidad de promover incidente mientras no conste en autos la total ejecución de la sentencia[55]. Si bien es cierto que únicamente se menciona este tipo de resolución, entendemos que, por analogía, en una ejecución de una extensión de efectos también pueden producirse estos incidentes, por lo que igualmente sería aplicable este artículo. Si afirmásemos la tesis contraria, es decir, que en la ejecución de una extensión de efectos no pudiesen plantearse los incidentes previstos en el art. 109 LJCA (puesto que se trata de autos y no de sentencias), estaríamos cercenando las posibilidades de defesa de las partes, pudiendo incluso llegar a producir indefensión (se suprimirían también los hipotéticos incidentes que pudiesen producirse si se presentara una oposición a la ejecución). Entendemos que con la extensión de efectos, el resultado declarativo es el mismo pero la ejecución y su desarrollo no tiene por qué serlo. Es por ello que argumentamos que no puede afirmarse que la propia extensión es un incidente de un proceso anterior, sino que se trata de un proceso en sí mismo que debe ser considerado individualmente.

---

53. En sentido absolutamente contrario puede verse la opinión de ALUM LÓPEZ, Cristina, «El proceso contencioso-administrativo en materia tributaria...» *op. cit,* pág. 476 que expone: «Técnicamente puede decirse que se trata de un incidente declarativo en la fase de ejecución de Sentencia, es decir, una incidencia en la ejecución de un determinado proceso en el que la situación jurídica individualizada reconocida hace recomendable su extensión a otros sujetos, es decir, hacer extensible los efectos de lo juzgado».

54. Así lo ha entendido también, por ejemplo, PERA VERDAGUER, Francisco, *Comentarios a la Ley..., op. cit.*, pág. 765.

55. Ya lo decía en 1999, ORTEGA ÁLVAREZ, Luis, en «La ejecución de sentencias», *op. cit.*, pág. 160: «Mientras no conste en autos la total ejecución de la sentencia, sabemos que el at. 109 LJCA articula en beneficio de cualquiera de las personas afectadas por el fallo el incidente de ejecución para decidir cuantas cuestiones se planteen en la ejecución y, en especial, las relativas al órgano administrativo responsable de la ejecución, al plazo de cumplimiento y a los medios y al procedimiento con que el cumplimiento ha de llevarse a efecto».

No debemos olvidar que, en este caso, el título ejecutivo es el auto (junto con la sentencia, si queremos) pero no la propia sentencia, porque el solicitante de la extensión de efectos no fue parte en el procedimiento que dio lugar a ésta[56], como ya hemos dicho falta el elemento de la vinculatoriedad[57].

La aplicación de las normas especiales de ejecución en el ámbito contencioso-administrativo no es óbice para descartar las normas de ejecución de la LEC que ya sabemos que tienen carácter supletorio[58].

### 4.3. EJECUCIÓN PROVISIONAL

En línea con lo manifestado hasta este momento en relación con los trámites de la ejecución por analogía aplicados a la extensión de efectos de sentencias, debemos decir que igualmente deben poder ser usados los artículos referentes a la ejecución provisional para los autos de extensión. Así, entendemos que al caso de un solicitante de extensión de efectos que hubiera recibido auto confirmatorio de la misma y quisiera solicitar la ejecución provisional de su auto, le serían aplicables las normas de ejecución provisional que se recogen en la LJCA, es decir, los arts. 84 y 91, sin que fuese necesario que el primer demandante

56. Frente a esta corriente de defensa de los trámites especiales para la ejecución que establece la LJCA, existe otra vía alternativa que considera que la forma de tratar las extensiones de efectos debe remitirse a la regulación general para los incidentes que realiza la LEC en sus arts. 387 y ss. (*Vid.* GIMENO SENDRA, Vicente, MORENO CATENA, Víctor y SALA SÁNCHEZ, Pascual, *Derecho Procesal…*, *op. cit.*, pág. 281). En la línea con lo expuesto, no debemos sino mostramos contrarios a este planteamiento, ya que no consideramos que la extensión de efectos sea un incidente dentro de un proceso contencioso-administrativo. Además, entendemos que en este caso puede traerse a colación el aforismo latino *lex specialis derogat generali*.

57. Así lo indicó el TS en su ATS 3004/2010, de 11 de marzo (FJ III) al hablar de la extensión de efectos: «(…) Se trata, como es bien sabido, de un mecanismo dirigido a evitar procesos innecesarios cuando, sobre una situación idéntica a la que vaya a encarnar el tema de un litigio, existe ya un precedente judicial con carácter de firmeza; y pretende por ello dar cumplida satisfacción a los derechos a la igualdad en la aplicación de la ley y a la tutela judicial efectiva reconocidos en los artículos 14 y 24 de la Constitución. Ésa es la que pudiéramos llamar la vertiente sustantiva de la institución, pero también desde el punto de vista procesal tiene un perfil propio: su finalidad es crear un título de ejecución, del mismo contenido que el que presente una determinada sentencia firme, en favor de una persona que, aun no habiendo sido parte en el proceso donde esta haya sido dictada, se encuentre en idéntica situación a las personas individualmente favorecidas por el fallo de dicha sentencia.
Por lo cual, el incidente de extensión de efectos es un proceso de cognición destinado a crear, en favor del instante, un título de ejecución con el mismo contenido que el de la sentencia de cuya extensión se trata, si bien con una limitación en cuanto a lo que puede de ser objeto de esa cognición, que a la vista de lo dispuesto en el artículo 110 LJCA, habrá de limitarse necesariamente a lo siguiente: (1) si concurren las circunstancias a), b) y c) que según el apartado 1 del mencionado precepto son necesarias para que la extensión de efectos resulte procedente; y (2) si es de apreciar alguna de las circunstancias impeditivas para la extensión de efectos previstas en las letras a), b y c) del apartado 5 de ese mismo artículo 110».

58. Por ejemplo, podría producirse un incidente de acumulación de ejecuciones de los regulados en el art. 555 LEC.

(recurrente de origen que da lugar a la sentencia de contraste) lo haya solicitado[59].

De hecho, entendemos con DE DIEGO DÍEZ que contra el auto que despacha la ejecución provisional de la extensión de efectos cabe recurso de apelación o casación[60]. Así lo ha considerado también el TS que no ha tenido ningún problema en reconocer la eficacia de la ejecución provisional para las extensiones de efectos. Un ejemplo de ello lo encontramos en el ATS 5847/2010, de 13 de mayo (n.º rec. 2043/2009), que en su FJ III expone:

> «En consecuencia, el presente recurso de casación carece de contenido, como subraya la parte oponente en este recurso, toda vez que la ejecución provisional de las resoluciones judiciales, como medida precautoria, está subordinada en su eficacia a que la resolución que se trate de ejecutar no sea firme, como cabe deducir del artículo 91 de la Ley Jurisdiccional. A partir de ese momento el cumplimiento anticipado del fallo deviene sustituido por la ejecución propiamente dicha de la resolución judicial al haber ésta ganado firmeza, haciendo inútil toda discusión acerca de su ejecución provisional.
>
> Esto es lo que ha sucedido en este asunto, en que la situación provisional creada por la pendencia del recurso de casación contra el Auto de cuya ejecución provisional se trata ha quedado concluida a consecuencia de la Sentencia de esta Sala y Sección de 18 de junio de 2009, por lo que el presente recurso de casación contra el Auto que acordaba la ejecución provisional carece de contenido, procediendo, en consecuencia, declararlo así y ordenar el archivo de las actuaciones...».

## 4.4. CONSTITUCIONALIDAD DE LA EJECUCIÓN

Una cuestión peculiar es la que plantea FONT I LLOVET[61] acerca del impacto de la extensión de efectos en la obligación constitucional de ejecutar las sentencias en sus propios términos. Ya en 1999 se preguntaba si los recurrentes iniciales que obtuvieron la sentencia favorable de origen podrían oponer que este sistema de extensión de efectos vulneraba su derecho fundamental a la ejecución de sentencia en sus propios términos.

A pesar de haber pasado ya casi veinte años, esta reflexión sigue estando vigente. Debemos decir que, a nuestro parecer, el legislador no tuvo en cuenta el juego de este derecho fundamental cuando creó la figura de la extensión de efectos, sobre todo por el carácter administrativo previo que se le dio en su origen. Si bien para los potenciales recurrentes de inicio es un lastre el que luego puedan sumarse a los resultados obtenidos multitud de personas, en nuestra

59. No obstante, existen opiniones en contra como la de MENÉNDEZ PÉREZ, Segundo, en BAENA DEL ALCÁZAR, Mariano (dir.), *Ley Reguladora de la Jurisdicción Contencioso Administrativa*, *op. cit.*, págs. 707 y 708.
60. *Vid.* DE DIEGO DÍEZ, Luis Alfredo, Extensión de efectos y pleito testigo..., *op. cit.*, pág. 121.
61. *Vid.* FONT I LLOVET, Tomás, «La extensión a terceros de los efectos de la sentencia...», *op. cit.*, pág. 177.

opinión no debe considerarse que la extensión a éstas de los resultados obtenidos previamente pueda provocar una vulneración de esta manifestación del derecho fundamental a la tutela judicial efectiva que es la ejecución de las sentencias en sus propios términos. Esto se debe a que, como venimos reiterando, la extensión de efectos no es un incidente de la ejecución de la primera sentencia, sino que se ha de configurar como un proceso aparte separado en todo caso del asunto original. En este sentido se manifestó el TC en su Sentencia 111/1992, de 14 de diciembre, en su FJ III[62].

De nuevo recordamos que entendemos que el recurrente inicial si debe ser oído durante el proceso de extensión de efectos.

### 4.5. LOS INTERESES EN LA EJECUCIÓN DE LOS AUTOS DE EXTENSIÓN DE EFECTOS DE SENTENCIAS FIRMES

Siguiendo con la línea que hemos mantenido, entendemos que, con carácter general, en relación con los intereses se habrá de estar a lo dispuesto para las sentencias en la LJCA, y así lo ha entendido también el TS[63].

## 5. PUBLICIDAD Y EFECTOS DE LA EXTENSIÓN DE EFECTOS DE SENTENCIAS FIRMES

### 5.1. PUBLICIDAD DE LA EXTENSIÓN DE EFECTOS

Cuando se habla de extensión de efectos de sentencias firmes la pregunta que surge a continuación es hacia dónde se extienden éstos, más allá de qué. Sin embargo, se ha podido comprobar que esta institución no responde a esta cuestión, pues la extensión no es espacial ni temporal, sino que es de carácter subjetivo. Así, entendemos que la publicidad que han de recibir las extensiones de efectos debería poseer un tratamiento particularizado. Sin embargo, es cierto que nada dice la Ley acerca de esta cuestión ni tampoco la doctrina se ha manifestado. De hecho, aunque consideremos que la regulación legal de esta institución carece de elementos tan significativos como éste cuando se ha introducido en la Ley para paliar la acumulación de asuntos sobre idéntico tema, hemos de afirmar que la publicidad de estos autos ha de seguir los mismos cauces que las sentencias, que se traduce en lo dispuesto en la Disposición Adicional Tercera de la LJCA:

> «1. Las Salas de lo Contencioso-administrativo de los Tribunales Superiores de Justicia, de la Audiencia Nacional y del Tribunal Supremo remitirán al Consejo

62. «En sí misma, esta posibilidad de extensión de los efectos de una resolución judicial, más allá de la ordinaria eficacia inter partes, no resulta contraria a la Constitución, siempre que se respeten los derechos constitucionales de todos los afectados por la ejecución de la sentencia».
63. *Vid.* ATS 5512/2016, de 1 de junio.

> General del Poder Judicial, dentro de los diez días siguientes a su firma, testimonio de las sentencias dictadas en los procesos de que conozcan.
>
> 2. El Consejo General del Poder Judicial constituirá, con dichas sentencias, un Registro, cuyas certificaciones harán fe en todo tipo de procesos».

Como vemos, esta Disposición Adicional se centra únicamente en las sentencias, pero no habla de los autos. Creemos que por el carácter masivo que se pretende que tengan éstos, también deberían formar parte del Registro. De todas formas, la regulación empieza para las sentencias de los Tribunales Superiores de Justicia, con lo que las sentencias y autos dictados por los Juzgados de lo contencioso-administrativo quedarían siempre fuera de la misma, por lo que el régimen de publicidad sigue siendo un elemento que no casa bien con el sentido que el legislador quiso otorgarle a esta institución (sobre todo si tenemos en cuenta que el ser susceptible de extensión de efectos permite el acceso a la casación de las sentencias dictadas en primera instancia). No obstante, no debe pasarse por alto que, por la importancia en el número de casos a los que afectan algunas resoluciones judiciales, las extensiones de efectos a veces suelen salir en la prensa[64].

Sin embargo, debe mencionarse que ya MENÉNDEZ PÉREZ en 1999 criticaba la omisión en el articulado de una previsión que obligase a la publicación del fallo de una sentencia firme cuyos efectos fuesen extensibles a través del procedimiento de extensión de efectos[65]. Como no podía ser de otra forma nos sumamos a esta petición, pues consideramos, junto a este autor, que «sería deseable que se estableciesen medios o sistemas de información que garanticen al ciudadano un conocimiento fácil, rápido y completo sobre la existencia o inexistencia de aquellas sentencias». Si bien es cierto que hace casi veinte años esta publicidad podría parecer más complicada, en la actualidad y gracias a la digitalización no parece una petición extremadamente difícil[66].

---

64. Este ha sido el caso de la extensión de efectos llevada a cabo por el Juzgado de lo Contencioso-Administrativo n.º 10 de Sevilla que ha decidido extender los efectos devolviendo las pagas extras de 2012 a funcionarios de la Junta de Andalucía. *Vid.* por ejemplo, BENÍTEZ, M. (11 de febrero de 2017). *La Junta debe devolver la extra a miles de funcionarios judiciales*. ABC de Sevilla, pág. 29.

65. *Vid.* MENÉNDEZ PÉREZ, Segundo, en BAENA DEL ALCÁZAR, Mariano (dir.), *Ley Reguladora de la Jurisdicción Contencioso Administrativa. Doctrina y Jurisprudencia*, *op. cit.*, pág. 703.En la misma línea, MARTÍN FERNÁNDEZ, Javier («Incidencia de la nueva Ley de la Jurisdicción Contencioso-administrativa en materia tributaria...», *op. cit.*, pág. 37) también critica que la obligación de remitir las sentencias no se extienda a los juzgados de lo contencioso-administrativo, lo que impide a los potenciales solicitantes de extensión de efectos el conocimiento de dichas sentencias.

66. Por ejemplo, y como indica PUEBLA AGRAMUNT, Nuria («¿Quiere realmente el supremo acabar con la extensión de efectos...?», *op. cit.*, págs. 17 y ss.) el TSJ de Valencia publicaba cada año como mínimo una sentencia sobre la que pudiera instarse una extensión de efectos. De hecho, con fecha 8 de octubre de 2018 se han publicado en el Diario Oficial de la UE las Conclusiones del Consejo y de los representantes de los Estados miembros reunidos en el

## 5.2. EFECTOS DE LA EXTENSIÓN

Parece claro que el primer efecto de la extensión es su efecto sustantivo, consistente en la aplicación del contenido de una resolución judicial firme a un caso sustancialmente igual sin necesidad de cubrir todos los trámites legales de un nuevo procedimiento. Así, se obtiene un auto de carácter declarativo reconociendo al solicitante los mismos derechos o situaciones que ya obtuvo un reclamante previamente, puesto que no puede reconocerse ninguna otra situación distinta a la reconocida en la sentencia de origen[67].

Con relación a su efecto procesal, podemos decir que obtenemos un auto que es directamente ejecutable y sujeto al régimen de recursos que ya hemos visto. Sus efectos económicos dependerán del régimen de costas al que haya sido sometido[68]. Entendemos que la extensión de efectos estimatoria otorga al solicitante un título ejecutivo autónomo que provocará efectos económicos, sustantivos y procesales.

seno del Consejo sobre buenas prácticas relativas a la publicación en línea de las resoluciones de órganos jurisdiccionales (2018/C 362/02) que, aunque no son de obligado cumplimiento muestran el interés institucional por la transparencia en el funcionamiento de los órganos jurisdiccionales. La conclusión n.º 1 deja a la vista esta necesidad de transparencia en los siguientes términos: «En las democracias modernas, el Estado de Derecho exige que la aplicación de la ley por el poder judicial sea transparente y que los ciudadanos dispongan de un acceso adecuado a las fuentes del Derecho. La publicación de las resoluciones de los órganos jurisdiccionales ayuda a entender cómo aplican la legislación los jueces. El conocimiento de los asuntos de referencia es de la mayor importancia para los profesionales del Derecho, los organismos públicos y los ciudadanos, a fin de estar informados de la evolución del Derecho».

67. Además, entendemos junto a SALA SÁNCHEZ, XIOL RIOS y FERNÁNDEZ MONTALVO que el auto podrá pronunciarse sobre la nulidad de pleno derecho de los actos que la Administración hubiere dictado después de la solicitud contrarios a la extensión de los efectos de la sentencia (Cfr. SALA SÁNCHEZ, Pascual, XIOL RÍOS Juan Antonio y FERNÁNDEZ MONTALVO, Rafael, *Práctica Procesal Contencioso Administrativa*, *op. cit*., pág. 275).

68. No obstante, admitimos junto a PÉREZ ANDRÉS, Antonio Alfonso (*Los Efectos de las Sentencias…*, *op. cit.* págs. 274 y 275) la aplicabilidad del art. 106.4 LJCA para el caso de que la Administración sufra trastorno grave a su Hacienda en los casos de extensión de efectos.

# *Bibliografía*


ACOSTA ESTÉVEZ, José Benito, *Pretensión procesal administrativa, ejecución de sentencias y construcción jurisprudencial de la litispendencia en lo Contencioso-Administrativo,* Promociones y Publicaciones Universitarias (PPU), Barcelona, 1987.

AGÚNDEZ FERNÁNDEZ, Antonio (dir.) *et al.*, *El proceso Contencioso-Administrativo, Comentarios y Jurisprudencia a la Ley 29/1998 de 13 de julio (Actualizada a la Ley 37/2011 de 10 de octubre)*, Comares, Granada, 2013.

ALBERT, Jean Luc, *Finances publiques*, Dalloz, Paris, 2015.

ALMUDÍ CID, José Manuel y MARTÍNEZ LAGO, Miguel Ángel (dirs.), *Litigación tributaria y protección de los derechos de los contribuyentes*, Tirant Lo Blanch, Valencia, 2023.

ALONSO MÁS, María Josefa, «Reflexiones sobre la nueva regulación de la extensión de los efectos de las sentencias», en *Revista de Administración Pública*, núm. 164, mayo-Agosto, 2004.

ALUM LÓPEZ, Cristina, «El proceso contencioso-administrativo en materia tributaria: extensión de efectos de sentencias y problemas de ejecución», en VV. AA., *Nuevo régimen jurídico de los procedimientos tributarios*, *Estudios de derecho judicial*, Consejo General del Poder Judicial, núm. 77, Madrid, 2005.

ARIZA COLMENAREJO, María José (dir.) *et al.*, *Revisión del sistema de fuentes y su repercusión en el derecho procesal*, Dykinson, Madrid, 2021.

ARMENTA DEU, Teresa, *Acciones colectivas: Reconocimiento, cosa juzgada y ejecución*, Marcial Pons, Madrid, 2013.

ARNALDO ALCUBILLA, Enrique y FERNÁNDEZ VALVERDE Rafael (directores) *Jurisdicción Contencioso-Administrativa. Comentarios a la Ley 29/1998 de 13 de julio, Reguladora de la Jurisdicción Contencioso-Administrativa*, El Consultor de los Ayuntamientos, La Ley, Madrid, 2007.

AYALA MUÑOZ, José María *et al.*, *Comentarios a la Ley de la Jurisdicción Contencioso-Administrativa de 1998*, Aranzadi, Cizur Menor (Navarra), 2012.

BACIGALUPO, Mariano *et al.*, *Introducción a la Jurisdicción Contencioso-Administrativa,* Open, Madrid, 2014.

BAENA DEL ALCÁZAR, Mariano (dir.), *Ley Reguladora de la Jurisdicción Contencioso Administrativa. Doctrina y Jurisprudencia*, Trivium, Madrid, 1999.

BAEZA DÍAZ-PORTALES, Manuel José, «Extensión de los efectos de las Sentencias a terceros (regulación legal, doctrina judicial y examen crítico)», en *Tribuna Fiscal: Galería del mes*, CISS, núm. 246, abril 2011.

BALLESTEROS MOFFA, Luis Ángel, «Causas de nulidad procesal: una revisión de la teoría de las identidades en el orden contencioso-administrativo», en *Revista de Administración Pública,* 218, 2022.

BARRACHINA JUAN, Eduardo, «Alguna particularidad sobre la extensión de efectos en materia fiscal», en *Consell obert: Recull informatiu del Consell General de Col•legis de Graduats Socials de Catalunya,* núm. 257, 2011.

— «Requisitos formales de la extensión de efecto en materia tributaria», en *El Fisco*, noviembre 2010, núm. 168.

BARRAY, Clémence y BOYER, Pierre-Xavier, *Contentieux administratif*, Flammarion, Paris, 2015.

BENITO SANCHO, Ernesto, «La extensión de efectos de sentencias en la Ley 29/1998, de 13 de julio, de la Jurisdicción Contencioso-Administrativa», en *Estudios Jurídicos,* 2005.

BOUVIER, Michel, *Introduction au droit fiscal général et à la théorie de l'impot,* LGDJ, Paris, 2016.

BUJOSA VADELL, Lorenzo, *Procesos colectivos*, Palestra, Perú, 2023.

CACHÓN CADENAS, Manuel, *La ejecución procesal civil,* Atelier, Barcelona, 2018.

CALAZA LÓPEZ, Sonia, *Rebus sic stantibus, extensión de efectos y cosa juzgada,* Wolters Kluwer, Madrid, 2021.

CALVO DÍAZ, Gloria, «Extensión de efectos de las sentencias dictadas por los Tribunales de la Jurisdicción Contencioso-Administrativa. Comentario al artículo 86.2 de la Ley de la Jurisdicción Contencioso-Administrativa», en *Actualidad Administrativa*, 1991, núm. 30.

CANCIO FERNÁNDEZ, Raúl César, «Incidencia en el orden jurisdiccional contencioso-administrativo de los nuevos procedimientos previstos en el Texto Refundido de la Ley de Contratos del Sector Público, en la Ley de Garantía de la Unidad de Mercado y en la Ley de Transparencia, Acceso a la Información Pública y Buen Gobierno», en *Revista Jurídica de Castilla y León*, mayo 2015, núm. 37.

— «Procedimiento testigo y extensión de efectos en materia tributaria. Significado de su vinculación por vía remisoria», en *Quincena Fiscal,* julio, 2009, núm.13.

CAPDEVILA FIGOLS, Trinitat, *Anotaciones sobre práctica y jurisprudencia en el procedimiento administrativo,* Bosch, Barcelona, 2012.

CARBONELL PORRAS, Eloísa (dir.), y CABRERA MERCADO, Rafael (coord.), *Intereses colectivos y legitimación activa*, Aranzadi, Cizur Menor (Navarra), 2014.

CASTILLEJO MANZANARES, R. (dir), *et al., El proceso administrativo (LJCA): Cuestiones problemáticas, procedimiento abreviado y procedimientos especiales*, Tirant Lo Blanch, Valencia, 2021.

CASTILLO BADAL, Ramón, «Algunas consideraciones sobre la ejecución de sentencias en materia de personal», en *Gabilex*, núm. Extraordinario realizado con motivo de las XXVII Jornadas de Letrados de las Comunidades Autónomas, abril 2015.

CAZORLA PRIETO, Luis María y CANCIO FERNÁNDEZ, Raúl César (coords.), *Estudios sobre el Nuevo Recurso de Casación Contencioso-Administrativo*, Thomson Reuters Aranzadi, Cizur Menor (Navarra), 2017.

CHAMORRO GONZÁLEZ, Jesús María, «De nuevo sobre la extensión de efectos de sentencias en el proceso contencioso-administrativo en materia de personal», en *Actualidad Administrativa*, núm. 11, Sección Personal y Recursos Humanos, noviembre 2022.

— «Recientes pronunciamientos judiciales sobre la extensión de efectos de sentencias en materia de función pública», en *Actualidad Administrativa*, número 5, mayo, 2022.

— «La extensión de efectos de Sentencias del Orden Jurisdiccional Contencioso-Administrativo», en *Tributos Locales*, núm. 94, abril-mayo 2010.

CHAPUS, René, *Droit du contentieux administratif,* Lextenso, Paris, 2008.

CONTÍN TRILLO-FIGUEROA, Eloísa, «Extensión de los efectos de la sentencia en la Jurisdicción Contencioso-Administrativa», en *Revista Aragonesa de Administración Pública,* junio 2008, núm. 32.

CORDERO LOZANO, Fernando, «La extensión de los efectos de la sentencia a terceros en el artículo 110 de la LJCA; una reflexión», en *Revista Aragonesa de Administración Pública*, diciembre 2002, núm. 21.

— «La extensión de los efectos de la sentencia a terceros; un nuevo reto jurisdiccional», en A*dministración de Andalucía: Revista andaluza de Administración Pública,* 2002, núm. 47.

CÓRDOBA CASTROVERDE, Diego (coord.) «Situación de la jurisdicción contencioso-administrativa: propuestas de futuro», en *Revista de Jurisprudencia El Derech*o, febrero de 2013, núm. 1.

— «El nuevo recurso de casación contencioso-administrativo», en *Revista de Jurisprudencia El Derecho*, octubre, 2015, núm. 1.

— «¿Puede el Tribunal devolver a las partes los escritos procesales presentados a fin de que los ajusten a una longitud máxima?» *Foro Abierto, Revista de Jurisprudencia El Derecho*, octubre, 2015, núm. 2.

— «Dificultades y problemas que plantea en la actualidad la extensión de efectos de las sentencias en el orden contencioso-administrativo», en *Revista de Jurisprudencia El Derecho*, diciembre, 2011, núm. 4.

— «La extensión de efectos como cauce alternativo a la interposición del recurso contencioso-administrativo. Foro Abierto», en *Revista de Jurisprudencia el Derecho*, enero, 2011, núm. 2.

— «Réquiem por la extensión de efectos de las sentencias en el orden contencioso-administrativo», en R*evista de Jurisprudencia el Derecho*, febrero, 2007, núm. 2.

— «Extensión de efectos de las sentencias contencioso-administrativas: El concepto de identidad y el agotamiento de la vía administrativa y judicial. Respuesta de los tribunales», en *Revista de Jurisprudencia el Derecho*, mayo, 2005, núm. 1.

CORTÉS DOMÍNGUEZ, Valentín y MORENO CATENA, Víctor, *Derecho Procesal Civil*, Tirant Lo Blanch, Valencia, 2015.

CUADRADO ZULOAGA, Daniel, «El efecto de cosa juzgada material», en *Actualidad Administrati*va, 2008, núm. 18, Tomo 2/2008.

CUERNO LLATA, José Ramón, «Extensión de efectos de las sentencias dictadas por los Tribunales de la Jurisdicción Contencioso-Administrativa», en *Revista de Estudios Locales CUNAL*, El Consultor de los Ayuntamientos y de los Juzgados, 1998, núm. 22.

DE ANDRÉS CAMAZÓN, Carmelo, «Extensión de efectos de sentencia firme y litispendencia en el ámbito tributario: ¿una cuestión correctamente resuelta?», en *Uría.com*, 11 de mayo de 2023.

DE DIEGO DÍEZ, Luis Alfredo, *Extensión de efectos y pleito testigo en la Jurisdicción Administrativa*, Civitas, Cizur Menor (Navarra), 2016.

DE LA NUEZ SÁNCHEZ-CASCADO, Elisa «La extensión de efectos de las Sentencias firmes favorables al contribuyente.», en *Tribuna Fiscal*, CISS, 1999, núm. 102.

DE LA VALLINA VELARDE, Juan Luis y DE LA VALLINA MARTÍNEZ DE LA VEGA, Luis, «Extensión ultra partem de los efectos de las sentencias del orden Contencioso-Administrativo», en *La Ley: Revista jurídica española de doctrina, jurisprudencia y bibliografía*, 2001, núm.5, D-162.

DE MIGUEL CANUTO, Enrique, *Extensión a Terceros de los Efectos de las Sentencias Tributarias*, Aranzadi, Navarra, 2001.

DE LA OLIVA SANTOS, Andrés, *Sobre la cosa juzgada: civil, contencioso-administrativa y penal, con examen de la jurisprudencia del Tribunal Constitucional*, Editorial Centro de estudios Ramón Areces, Madrid, 1991.

DE VICENTE DOMINGO, Ricardo, *La demanda en el proceso contencioso-administrativo: motivos de impugnación y función jurisdiccional*, Aranzadi Thomson Reuters Civitas, Cizur Menor (Navarra), 2017.

— *La inactividad administrativa en la ejecución de actos firmes. Análisis del artículo 29.2 LJCA*, Aranzadi Thomson Reuters Civitas, Cizur Menor (Navarra), 2015.

DÍEZ PICAZO GIMÉNEZ, Luis María, «Sobre la estructura de la jurisdicción contencioso-administrativa», en *Revista de Administración Pública,* 220, 2023.

DÍEZ SASTRE, Silvia, *El precedente administrativo. Fundamentos y eficacia vinculante,* Marcial Pons, Madrid, 2008.

DOMÍNGUEZ BARRAGÁN, María Luisa, «La controvertida naturaleza jurídica de la extensión subjetiva de efectos de las sentencias firmes en el ámbito contencioso-administrativo», en *Revista General de Derecho Procesal*, núm. 51, 2020.

— «Historia y Fundamentos de la extensión de efectos de sentencias firmes como figura procesal autónoma», en *Estudios de Deusto*, Vol. 67/2, julio-diciembre 2019, págs. 235-261.

DORD, Oliver, *Droit de la fonction publique*, Paris, 2017.

ESPÍN TEMPLADO, Eduardo (coord.), *Comentarios de la Ley de la Jurisdicción Contencioso-Administrativa*, Tirant Lo Blanch, Valencia, 2016.

ESPINAL MANZANARES, Javier, «La extensión de efectos de las sentencias contencioso-administrativas; el artículo 110 de la L.J.C.A.», en *Revista Jurídica de la Comunidad de Madrid*, 2005, núm. 20.

EZQUERRA HUERVA Antonio, y OLIVÁN DEL CACHO, Javier, *Estudio de la Ley de la Jurisdicción Contencioso-Administrativa*, Tirant Lo Blanch Tratados, Valencia, 2014.

FERNANDO PABLO, Marcos Matías, «El Contencioso-Administrativo de la unidad de mercado: ¿objetivización de la jurisdicción contenciosa?», en *Revista europea de Derechos Fundamentales*, primer semestre 2014:23.

FONT I LLOVET, Tomás, «La extensión a terceros de los efectos de la sentencia en vía de ejecución», en *Justicia Administrativa,* 1999, núm. 1 (núm. Extraordinario).

FOUCHER, Bernard, «*Les réponses d'une juridiction de première instance confrontée aux contentieux de masse*», en *RFDA*, 2011.

FUERTES LÓPEZ, Francisco Javier, «La extensión a terceros de los efectos de una sentencia y el recurso de casación. Sobre la doctrina en casación de circunstancias que motivan la desestimación del incidente de extensión de efectos», en *Revista Aranzadi Doctrinal*, núm.10/2022.

— «Unidad de mercado y actividad administrativa. Una aproximación a la Ley 20/2013, de 9 de diciembre, de garantía de unidad de mercado», en Revista de Derecho Local El Derecho, 2013, núm. 14.

GAMERO CASADO, Eduardo (dir.) *et al., Tratado de procedimiento administrativo común y régimen jurídico básico del sector público* (Tomo I), Tirant Lo Blanch, Valencia 2017.

— (coord.), *Simplificación del procedimiento administrativo y mejora de la regulación. Una metodología para la eficacia y el derecho a la buena administración,* Tirant Lo Blanch, Valencia, 2014.

GARBERÍ LLOBREGAT, José (coord.), *La nueva Ley de la Jurisdicción Contencioso-Administrativa. Estudio y Aplicación Práctica de la Ley 29/1998,* Colex, Madrid, 1999.

GARBERÍ LLOBREGAT, José y BUITRÓN RAMÍREZ, Guadalupe, *La tercería de mejor derecho*, Bosch, Barcelona, 2008.

GAUDEMET, Yves, *Droit Administratif,* LGDJ, Paris, 2015.

GIMENO SENDRA, Vicente, MORENO CATENA, Victor y SALA SÁNCHEZ, Pascual, *Derecho Procesal Administrativo*, Centro de Estudios Ramón Areces, Madrid, 2004.

GOHIN, Olivier, *Contentieux administratif*, LexisNexis, Paris, 2014.

GÓMEZ DÍAZ, Ana Belén, «La eficacia de las sentencias contencioso-administrativas: entre la dogmática y la ingeniería judicial», en *Revista de Administración Pública,* núm. 144, septiembre-diciembre, 1997.

GONZÁLEZ CANO, María Isabel, *La protección de los intereses legítimos en el proceso administrativo,* Tirant Lo Blanch Monografías, Valencia, 1997.

GONZÁLEZ PÉREZ, Jesús, *Comentarios a la Ley de la Jurisdicción Contencioso-Administrativa (Ley 29/198, de 13 de julio)*, Civitas, Navarra, 2013

— «El allanamiento de la Administración», en *Revista de Administración Pública,* núm. 27, 1958.

— «La cosa juzgada en lo contencioso-administrativo», en *Revista de Administración Pública*, Centro de Estudios Políticos y Constitucionales, 1952, núm. 8.

GONZÁLEZ-VARAS IBÁÑEZ, Santiago, «35 posibles reformas de la LJCA y una propuesta de reforma global», en *Diario La Ley,* núm. 10336, Sección Tribuna, 26 de julio de 2023.

— *Tratado de Derecho Administrativo*, Aranzadi Thomson Reuters Civitas, Cizur Menor (Navarra), 2012.

— *La Jurisdicción Contencioso-Administrativa en Alemania,* Civitas y Ministerio de Justicia, Madrid, 1993.

GONZÁLEZ DE LARA MINGO, Sandra, «La extensión de efectos de sentencias tributarias en materia de derechos fundamentales», en *Actualidad Administrativa,* número 5, mayo, 2022.

GRANDE SEARA, Pablo, *La extensión subjetiva de la cosa juzgada en el proceso civil,* Tirant lo Blanch, Valencia, 2008.

HAMON, Francis, *Droit des fonctions publiques*, LGDJ, Paris, 2002.

IGLESIAS CANLE, Inés Celia, *Recursos en el proceso contencioso-administrativo,* Tirant Lo Blanch, Valencia, 2016.

JIMÉNEZ SHAW, Concepción y NAVARRO CABALLERO, Teresa, *El nuevo recurso de casación contencioso-administrativo*, DM Diego Marín, Murcia, 2017.

LEGUINA VILLA, Jesús, SÁNCHEZ MORÓN, Miguel *et al.*, *Comentarios a la Ley de la Jurisdicción Contencioso-Administrativa, Lex* Nova, Valladolid, 2001.

LÓPEZ BENITEZ, Mariano, «Comentarios a la Ley de la Jurisdicción Contencioso-Administrativa de 1998», en *Edición especial del núm. 100, Revista Española de Derecho Administrativo*, 1999.

LOZANO CUTANDA, Blanca, «La reforma del recurso de casación contencioso-administrativo por la Ley Orgánica 7/2015: análisis de sus novedades», en *Diario la Ley*, septiembre 2015, núm. 8609.

— «Caso Mercadona: extensión de los efectos de Sentencia anulatoria de una sanción a quienes no recurrieron contra ella (STS de 2 de junio de 2014)», en *Diario La Ley*, septiembre de 2014, núm. 8384.

LUNA SERRANO, Agustín, *La seguridad jurídica y las verdades oficiales del derecho,* Dykinson, Madrid, 2015.

MARTÍN CONTRERAS, Luis, *La extensión de efectos de una sentencia a terceros: el artículo 110 de la Ley reguladora de la Jurisdicción Contencioso-Administrativa,* Comares, Granada, 2010.

MARTÍN DELGADO, Isaac, *Función jurisdiccional y ejecución de sentencias en lo contencioso-administrativo. Hacia un sistema de ejecución objetivo normalizado,* Marcial Pons, Madrid, 2005.

MARTÍN FERNÁNDEZ, Javier, «Incidencia de la nueva Ley de la Jurisdicción contencioso-administrativa en materia tributaria: suspensión de la ejecución del acto impugnado y extensión de los efectos de una sentencia firme a personas que no han sido parte en el procedimiento», en *Revista de Información Fisca*l, 1999, núm. 32.

MARTÍN QUERALT, Juan, «Vientos de fronda en la extensión de efectos de sentencias firmes. Reaparecen los actos consentidos...Pese al Tribunal Constitucional», en T*ribuna Fiscal,* CISS, 2004, núm. 169.

— «La existencia de un acto consentido no veda la extensión de los efectos de las sentencias firmes», en Tribuna Fiscal, CISS, 2000, núm. 111.

MARTÍNEZ MICÓ, Juan Gonzalo, «Extensión de los efectos de una sentencia firme en materia tributaria», en *Tribuna Fisca*l, CISS, 2009, núm. 221.

MELLERAY, Fabrice, *Droit de la fonction publique,* Economica, Paris, 2017.

— *Essai sur la structure du contentieux administratif français: pour un renouvellement de la classification des principales voies de droit ouvertes devant les juridictions à competence génerales*, LGDJ, Paris, 2001.

MERINO JARA, Isaac y LUCAS DURÁN, Manuel, *Estudio sobre el proceso contencioso-administrativo en materia tributaria,* J.M. Bosch Editor, Barcelona, 2015.

MOLTÓ DARNER, Josep María, «Extensión de efectos de sentencias de lo Contencioso-Administrativo: Derecho transitorio», en *Revista Jurídica de Catalunya*, 2008, núm. 1.

MONTESINOS GARCÍA, Ana y CATALÁN CHAMORRO, María José (coords.), *La tutela de los derechos e intereses colectivos en la justicia del siglo XXI*, Tirant Lo Blanch, Valencia, 2020.

MONTOYA MELGAR, Alfredo (coord.), *Cuestiones actuales de la jurisdicción en España,* Real Academia de Jurisprudencia y Legislación, Madrid, 2010.

MORAL SORIANO, Leonor, *El precedente judicial*, Marcial Pons, Madrid, 2002.

MORENO MOLINA, José Antonio (dir.) *et al.*, *Procedimiento y Proceso Administrativo Práctico*, La Ley, Madrid, 2006.

MORÓN PALOMINO, Manuel, *Derecho Procesal Civil (Cuestiones Fundamentales)*, Marcial Pons, Madrid, 1993.

NIEVA FENOLL, Jordi, *La cosa juzgada*, Atelier, Barcelona, 2006.

NOYA FERREIRO, M.ª Lourdes, «Extensión de efectos de la sentencia y el pleito testigo. ¿Una apuesta por la eficacia?», en *Revista española de Derecho Administrativo*, 200/2019.

OLEA GODOY, Wenceslao, «Extensión de los efectos de las sentencias en materia tributaria», en *Nueva fiscalidad*, 2005, núm.2.

OROMÍ VALL-LLOVERA, Susana, *Intervención voluntaria de terceros en el proceso civil: facultades procesales del interviniente*, Marcial Pons, Madrid, 2007.

ORTEGA ÁLVAREZ, Luis, «La ejecución de sentencias», en *Justicia Administrativa,* 1999, núm. 1 (núm. Extraordinario).

ORTELLS RAMOS, Manuel, «Proceso colectivo, procesos en serie y proceso testigo. Jueces y CGPJ ante los litigios civiles en masa», en *Revista General de Derecho Procesal*, núm. 54, 2021.

— (coord.) et al., *Derecho Procesal Civil*, Thomson Reuters Aranzadi, Cizur Menor (Navarra), 2015.

PALOMAR OLMEDA, Alberto, «La reforma de la jurisdicción contencioso-administrativo en una tarde de verano: a propósito del RDL 5/2023, de 28 de junio», en *Diario La Ley*, núm. 10319, Sección Tribuna, 3 de julio de 2023.

— (dir.) *et al.*, *Tratado de la Jurisdicción Contencioso-Administrativa*, Aranzadi Thomson Reuters, Cizur Menor, Navarra, 2012.

PERA VERDAGUER, Francisco, *Comentarios a la Ley de lo Contencioso-Administrativo,* Bosch, Barcelona, 2004.

PÉREZ ANDRÉS, Antonio Alfonso, *Los Efectos de las Sentencias de la Jurisdicción Contencioso-Administrativa*, Aranzadi, Navarra, 2000.

PÉREZ DEL BLANCO, Gilberto, «La extensión subjetiva de los efectos de la sentencia administrativa en los supuestos de litigios en masa» en *CEFLegal*, junio, 2005, núm. 53.

PÉREZ MARÍN, M.ª Ángeles, «La protección de los derechos de los consumidores a través del pleito testigo o la ilusión del legislador», en *Revista General de Derecho Procesal,* núm. 60, 2023.

PLANTEY, Alain y BERNARD, François-Charles, *La preuve devant le Juge Administratif,* Economica, Paris, 2003.

PLANTEY Alain y PLANTEY, Marie-Cécile, *La Fonction publique*, LexisNexis, Paris, 2012.

PLANTEY Alain, *La fonction publique. Traité Général,* Litec, Paris, 2001.

PUEBLA AGRAMUNT, Nuria, «¿Quiere realmente el supremo acabar con la extensión de efectos en materia tributaria?», en *Quincena Fiscal*, 2009, núm. 18.

QUINTANA CARRETERO, Juan Pedro (dir.) *et al.*, *Comentarios a la Ley de la Jurisdicción Contencioso-Administrativa,* Thomson-Reuters, Valladolid, 2013.

REQUERO IBÁÑEZ, José Luis, «Ejecución de sentencias en la Ley de la jurisdicción contencioso-administrativa», en *Cuadernos de Derecho Local,* 2005, núm. 8.

RICCI, Jean Claude, *Contentieux administratif*, Hachette, Vanves, 2016.

RODRÍGUEZ CARBAJO, José Ramón, «La extensión de efectos de las sentencias dictadas en los procesos testigo/piloto», en *Actualidad Administrativa,* 2009, núm. 15.

— «Nueva jurisprudencia sobre la extensión a terceros de los efectos de las sentencias», en *Actualidad Administrativa*, 2004, núm. 14.

— «La extensión a terceros de los efectos de las sentencias», en *Actualidad Administrativa*, 2006, núm. 8.

— «El recurso de casación contra los autos dictados en aplicación del art. 111 de la LJCA» (extensión de efectos de las sentencias dictadas en los procesos-testigo/piloto), en *Actualidad Administrativa,* 2007, núm. 8.

— «La extensión de efectos de las sentencias (I)», en *Actualidad Administrativa*, 2010, núm. 18.

— «La extensión de efectos de las sentencias (y II)», en *Actualidad Administrativa*, 2010, núm. 20.

ROJÍ BUQUERAS, José María, «La extensión de los efectos de sentencias en materia tributaria. (Un análisis del art.110 de la Ley 29/1998, de 13 de julio, reguladora de la Jurisdicción Contencioso-Administrativa)», en *Impuestos: Revista de doctrina, legislación y jurisprudencia,* 2001, Año núm. 17: núm. 1.

ROSENDE VILLAR, Cecilia, «La nueva regulación de la extensión de los efectos de las sentencias a terceros (la reforma del art. 110 LJCA)», *en Actualidad Jurídica Aranzadi,* 2004, núm. 633.

— *La Eficacia Frente a Terceros de las Sentencias Contencioso-Administrativas*, Aranzadi, Cizur Menor (Navarra), 2002.

— «Efectos directos y reflejos de la sentencia», en *Revista chilena de derecho*, 2001, vol. 28, núm. 3.

ROUANET MOSCARDÓ, Jaime, «¿Extensión de efectos de una sentencia que anula una sanción tributaria, por prescripción, a las sanciones firmes impuestas al mismo contribuyente en anteriores ejercicios, al derivar todas del mismo procedimiento inspector, concurriendo las mismas circunstancias en todas las actas levantadas?», en *Diario La Ley*, marzo 2013, núm. 8036.

— «¿Extensión de efectos de una sentencia a otra persona en relación con el derecho a obtener íntegras las pensiones por incapacidad permanente con cargo al régimen de clases pasivas IRPF?», en *Diario la Ley*, junio 2012, núm. 7876.

RUIZ MIGUEL, Alfonso, «La igualdad en la jurisprudencia del TC», en *DOXA: Cuadernos de Filosofía del Derecho* n.º 19, Alicante, 1996.

RUIZ PIÑEIRO, Fernando Luis, «La extensión de efectos de las sentencias y sus plazos», en *Actualidad Administrativa,* núm. 3, marzo, 2018.

SALA SÁNCHEZ, Pascual, XIOL RÍOS Juan Antonio y FERNÁNDEZ MONTALVO, Rafael, *Jurisdicción y competencia en el proceso Contencioso-Administrativo*, Bosch, Barcelona, 2002.

— *Práctica Procesal Contencioso Administrativa*, Bosch, Barcelona, 2001.

SÁNCHEZ PEDROCHE, José Andrés, *Revisión Administrativa en Vía Tributaria,* CEF, Madrid, 2006.

SANTAMARÍA PASTOR, Juan Alfonso, *La Ley reguladora de la Jurisdicción Contencioso-Administrativa. Comentario*, Iustel, Madrid, 2010.

SENÉS MOTILLA, Carmen, «La ejecución de las sentencias en la nueva Ley de la Jurisdicción contencioso-administrativa», en *La Ley: Revista jurídica española de doctrina, jurisprudencia y bibliografía,* 1998, núm.6 (D-323).

SERRA DOMÍNGUEZ, Manuel, *Estudios de Derecho Procesal*, Ariel, Barcelona, 1969.

SOSPEDRA NAVAS, Francisco José, «La ejecución de sentencias en materia de función pública», en *Cuadernos de Derecho Local*, junio 2011, núm. 26.

THOMAS-TUAL, Beatrice, *Droit de la fonction publique*, Larcier, Bruxelles, 2015.

TOSCANI GIMÉNEZ, Daniel y VALENCIANO SAL, Antonio, «La situación jurídica de los trabajadores interinos tras la STJUE (C-596/14): posibles efectos sobre la normativa interna de interinos y la de los demás trabajadores temporales» en *Trabajo y derecho: nueva revista de actualidad y relaciones laborales*, núm. 24, 2016.

VEGA CASTRO, José Luis, «La extensión a terceros de los efectos de las sentencias dictadas por los Tribunales de la Jurisdicción Contencioso-Administrativa en el seno de la vía de ejecución: una solución problemática», en VVAA, *La Justicia Administrativa, Libro Homenaje al Prof. Dr. D. Rafael Entrena Cuesta,* Atelier, Barcelona, 2003.

XIOL RÍOS, Juan Antonio, *El precedente judicial y otros estudios sobre el proceso administrativo,* Colegio de Registradores de la propiedad, Mercantiles y bienes muebles de España, Madrid, 2005.

# *Anexo jurisprudencial*

**Tribunal Constitucional**

STC 35/1990, de 1 de marzo

STC 94/1993, de 22 de marzo

STC 212/1993, de 28 de junio

STC 65/1994, de 28 de febrero

STC 37/1995, de 7 de febrero

STC 105/1995, de 3 de julio

STC 10/1998, de 13 de enero

STC 28/1998, de 27 de enero

STC 85/1998, de 20 de abril

STC 97/1998, de 4 de mayo

STC 122/1998, de 15 de junio

STC 1/2000, de 17 de enero

STC 3/2002, de 14 de enero

STC 173/2004, de 18 de octubre

STC 29/2005, de 14 de febrero

STC 2/2005, de 17 de enero

STC 146/2005, de 6 de junio

STC 16/2008, de 31 de enero

STC 87/2008, de 21 de julio

STC 138/2008, de 27 de octubre

STC 111/2009, de 11 de mayo

STC 13/2011, de 28 de febrero

STC 37/2012 de 19 de marzo

STC 207/2015, de 5 de octubre
STC 128/2018, de 29 de noviembre
STC 18/2019, de 11 de febrero
STC 26/2019, de 25 de febrero
STC 145/2022, de 15 de noviembre

**Tribunal Supremo**

**Sentencias del orden jurisdiccional contencioso-administrativo**

STS 1461/1997, de 3 de marzo
STS 873/2003, de 11 de febrero
STS 1424/2005, de 8 de marzo
STS 6946/2005, de 15 de noviembre
STS 212/2006, de 25 de enero
STS 4801/2006, de 27 de abril
STS 7128/2006, de 20 de septiembre
STS 6014/2006, de 3 de octubre
STS 8501/2006, de 4 de diciembre
STS 8041/2006, de 4 de diciembre
STS 8383/2006, de 21 de diciembre
STS 2970/2007, de 12 de abril
STS 5172/2007, de 13 de julio
STS 5470/2007, de 19 de julio
STS 5557/2007, de 19 de julio
STS 5563/2007, de 19 de julio
STS 5567/2007, de 19 de julio
STS 5569/2007, de 20 de julio
STS 6342/2007, de 25 de septiembre
STS 6344/2007, de 2 de octubre
STS 7053/2007, de 3 de octubre
STS 9056/2007, de 26 de octubre
STS 8004/2007, de 7 de diciembre

STS 8337/2007, de 11 de diciembre

STS 33/2008, de 4 de enero

STS 1641/2008, de 8 de abril

STS 2080/2008, de 16 de abril

STS 2407/2008, de 9 de mayo

STS 5476/2008, de 22 de octubre

STS 6837/2008, de 16 de diciembre

STS 2238/2009, de 26 de febrero

STS 1969/2009, de 1 de abril

STS 1750/2009, de 1 de abril

STS 7981/2009, de 26 de octubre

STS 6962/2009, de 12 de noviembre

STS 4451/2010, de 12 de julio

STS 6617/2010, de 12 de noviembre

STS 2966/2011, de 11 de abril

STS 7139/2011, de 21 de septiembre

STS 7567/2011, de 24 de octubre

STS 7804/2011, de 14 de noviembre

STS 1633/2012, de 15 de marzo

STS 3010/2012, de 26 de abril

STS 4481/2012, de 21 de junio

STS 7299/2012, de 5 de noviembre

STS 7890/2012, de 21 de noviembre

STS 8823/2012, de 19 de diciembre

STS 743/2013, de 14 de febrero

STS 1457/2013, de 3 de abril

STS 6373/2013, de 30 de diciembre

STS 583/2014, de 10 de febrero

STS 2641/2014, de 2 de junio

STS 5594/2014, de 22 de diciembre

STS 339/2015, de 26 de enero

STS 2278/2015, de 11 de mayo

STS 2390/2015, de 1 de junio

STS 5538/2015, de 16 de diciembre

STS 562/2016, de 16 de febrero

STS 705/2016, de 22 de febrero

STS 725/2016, de 24 de febrero

STS 727/2016, de 24 de febrero

STS 1153/2016, de 17 de marzo

STS 2207/2016, de 20 de mayo

STS 4465/2016, de 27 de septiembre

STS 4529/2016, de 17 de octubre

STS 1821/2017, de 10 de mayo

STS 2943/2017, de 11 de julio

STS 607/2018, de 21 de febrero

STS 1604/2018, de 26 de abril

STS 2002/2018, de 31 de mayo

STS 2707/2018, de 11 de julio

STS 2710/2018, de 18 de julio

STS 2846/2018, de 18 de julio

STS 2824/2018, de 18 de julio

STS 3443/2018, de 9 de octubre

STS 3445/2018, de 9 de octubre

STS 4104/2018, de 5 de diciembre

STS 4194/2018, de 19 de diciembre

STS 4322/2018, de 19 de diciembre

STS 2471/2019, de 27 de junio

STS 971/2020, de 18 de mayo

STS 1930/2020, de 18 de junio

STS 2714/2020, de 23 de julio

STS 3540/2020, de 27 de octubre

STS 1881/2021, de 10 de mayo

STS 2149/2021, de 20 de mayo

STS 2333/2021, de 10 de junio

STS 3474/2021, de 15 de septiembre

STS 4641/2021, de 2 de diciembre

STS 4662/2021, de 9 de diciembre

STS 4642/2021, de 14 de diciembre

STS 4644/2021, de 14 de diciembre

STS 4613/2021, de 15 de diciembre

STS 4782/2021, de 16 de diciembre

STS 4789/2021, de 22 de diciembre

STS 71/2022, de 12 de enero

STS 116/2022, de 12 de enero

STS 72/2022, de 13 de enero

STS 114/2022, de 13 de enero

STS 115/2022, de 13 de enero

STS 117/2022, de 13 de enero

STS 112/2022, de 17 de enero

STS 236/2022, de 17 de enero

STS 237/2022, de 17 de enero

STS 1031/2022, de 16 de marzo

STS 1901/2022, de 19 de mayo

STS 2845/2022, de 12 de julio

STS 3135/2022, de 20 de julio

STS 3741/2022, de 14 de octubre

STS 4206/2022, de 18 de noviembre

STS 318/2023, de 23 de enero

**Autos del orden jurisdiccional contencioso-administrativo**

ATS 322/1991, de 31 de julio

ATS 11998/2001, de 21 de diciembre
ATS 2314/2003, de 27 de febrero
ATS 1856/2004, de 17 de febrero
ATS 18498/2005, de 30 de diciembre
ATS 9341/2009, de 24 de junio
ATS 14962/2009, de 5 de noviembre
ATS 16505/2009, de 3 de diciembre
ATS 3004/2010, de 11 de marzo
ATS 5847/2010, 13 de mayo
ATS 12543/2012, de 20 de diciembre
ATS 126/2014, de 2 de junio
ATS 6363/2014, 16 de julio
ATS 9704/2015, de 12 de noviembre
ATS 4162/2016 de 6 de mayo
ATS 4177/2016, de 11 de mayo
ATS 5512/2016, de 1 de junio
ATS 5855/2016, de 15 de junio
ATS 6691/2016, de 15 de julio
ATS 353/2017, de 1 de febrero
ATS 354/2017, de 1 de febrero
ATS 2083/2017, de 15 de febrero
ATS 2094/2017, de 15 de febrero
ATS 2106/2017, de 27 de febrero
ATS 2086/2017, de 28 de febrero
ATS 4211/2017, de 8 de mayo
ATS 4307/2017, de 8 de mayo
ATS 5315/2017, de 30 de mayo
ATS 12185/2017, de 20 de diciembre
ATS 12524/2017, de 21 de diciembre
ATS 3139/2018, de 21 de marzo

ATS 4457/2018, de 18 de abril

ATS 6595/2018, de 16 de mayo

ATS 5744/2018, de 25 de mayo

ATS 6154/2018, de 12 de junio

ATS 6155/2018, de 12 de junio

ATS 6156/2018, de 12 de junio

ATS 6594/2018, de 12 de junio

ATS 8740/2018, de 12 de junio

ATS 7400/2018, de 27 de junio

ATS 7352/2018, de 7 de julio

ATS 7742/2018, de 9 de julio

ATS 8103/2018, de 16 de julio

ATS 12594/2019, de 29 de noviembre

ATS 14061/2019, de 19 de diciembre

ATS 12258/2020, de 4 de diciembre

ATS 12233/2020, de 11 de diciembre

ATS 2525/2021, de 26 de febrero

ATS 2210/2021, de 19 de febrero

ATS 3590/2023, de 13 de abril

ATS 14670/2022, de 18 de octubre

ATS 4811/2023, de 20 de abril

ATS 8196/2023, de 31 de mayo

Audiencia Nacional (orden jurisdiccional contencioso-administrativo)

Sentencias

SAN 5468/2000, de 15 de septiembre

SAN 5694/2005, de 5 de octubre

SAN 4912/2016, de 7 de diciembre

SAN 4508/2017, de 10 de noviembre

SAN 1765/2018, de 12 de abril

SAN 493/2021, de 10 de febrero

SAN 2872/2023, de 5 de junio

Autos

AAN 98/2005 de 17 de junio

AAN 182/2012, de 17 de septiembre

AAN 2015/2012, de 8 de octubre

AAN 154/2013, de 23 de septiembre

AAN 108/2014 de 12 de mayo

AAN 6412/2023, de 2 de junio

Tribunales Superiores de Justicia (orden jurisdiccional contencioso-administrativo)

Sentencias

*Andalucía*

STSJ AND 18328/2001, de 17 de diciembre

STSJ AND 18344/2001, de 27 de diciembre

STSJ AND 11026/2003, de 30 de julio

*Baleares*

STSJ BAL 106/2000, de 1 de febrero

*Cantabria*

STSJ CANT 395/2013, de 5 de julio

STSJ CANT 1475/2013, de 30 de diciembre

*Castilla La Mancha*

STSJ CLM 437/2014, de 17 de febrero

*Castilla y León*

STSJ CL 1607/2002, de 12 de abril

STSJ CL 989/2007, de 22 de mayo

STSJ CL 2434/2007, de 2 de julio

*Cataluña*

STSJ CAT 11254/2001, de 26 de septiembre

STSJ CAT 2212/2011, de 11 de febrero

*Comunidad de Madrid*

STSJ M 2066/2002, de 14 de febrero

STSJ M 5014/2002, de 17 de abril

STSJ M 13343/2002, de 10 de octubre

STSJ M 15339/2002, de 8 de noviembre

STSJ M 2153/2004, de 23 de febrero

STSJ M 17193/2005, de 12 de septiembre

STSJ M 1760/2006, de 11 de diciembre

STSJ M 19826/2006, de 22 de diciembre

STSJ M 7044/2008, de 9 de mayo

STSJ M 11736/2008, de 26 de junio

STSJ M 4607/2015, de 1 de abril

STSJ M 82/2017, de 18 de enero

*Comunidad Valenciana*

STSJ CV 5610/2013, de 12 de noviembre

*Extremadura*

STSJ EXT 1908/2003, de 17 de octubre

*Murcia (Región de)*

STSJ MU 1089/2018, de 25 de mayo

STSJ MU 1100/2018, de 31 de mayo

*Navarra (Comunidad Foral)*

STSJ NA 1301/2011, de 30 de mayo

*País Vasco*

STSJ PV 2332/2020, de 7 de diciembre

**Autos**

*Cataluña*

ATSJ CAT 662/2022, de 14 de septiembre

*Castilla La Mancha*

ATSJ CLM 57/2022, de 18 de noviembre

*Castilla y León*

ATSJ CL 182/2022, de 28 de noviembre

*Comunidad de Madrid*

ATSJ M 203/2001, de 11 de diciembre

ATSJ M 442/2008, de 17 de junio

ATSJ M 3908/2009, de 5 de mayo

ATSJ M 495/2022, de 14 de noviembre

*País Vasco*

ATSJ PV 240/2004, de 20 de octubre

ATSJ PV 420/2005, de 2 de junio

ATSJ PV 694/2011, de 7 de julio

ATSJ PV 716/2011, de 7 de julio

ATSJ PV 753/2011, de 7 de julio

ATSJ PV 146/2018, de 25 de mayo

**Juzgados de lo Contencioso-Administrativo**

*Cantabria*

SJCA Cantabria 1025/2023, de 17 de febrero